다문화교육의 탐구: 다섯 가지 방법들

6판

저자
Christine E. Sleeter
Carl A. Grant

역자
문승호
김영천
정정훈

Making Choices for Multicultural Education

WILEY | 아카데미프레스

Making Choices for Multicultural Education
Five Approaches to Race, Class and Gender, 6/E

Christine E. Sleeter, Carl A. Grant

역자 서문

다문화교육의 초창기인 한국에서는 교육학자, 교육행정가, 교사들마다 다문화교육에 대해 나름대로 다양한 생각과 관점을 가지고 있는 듯하다. 그러한 가운데 다문화교육과 관련한 정책을 어떻게 수립하고 교육현장에 다문화교육을 어떻게 접목시켜야 할지에 대한 혼선이 빚어지기도 한다. 이에 역자들은 다문화교육에 대한 다양한 자료와 서적을 접하면 접할수록, 다문화교육에 대한 개념의 혼재가 말끔히 사라지기보다, 다문화교육의 개념과 그 접근방법에 대한 난해함이 점점 더 깊어지는 것을 느낄 수 있었다. 이러한 혼재, 혼란, 그리고 혼선을 겪는 가운데 이 책 『다문화교육의 탐구: 다섯 가지 방법들』은 다문화교육에 대한 이론적이고 실질적인 개념을 정립하는 데 중요한 역할을 할 것으로 기대한다. 이 책의 저자인 크리스틴 슬리터와 칼 그랜트는 다문화교육에 대한 접근방법을 크게 다섯 가지로 이론화한 후, 이를 어떻게 교육현장에서 활용할 수 있는지 제시하고 있다. 다문화교육에 대한 이해를 인종, 계층, 성, 장애, 성적지향 등과 같은 범주로 나누어 설명함으로써 문화의 다양성을 개별적으로 설명하기보다, 다문화교육의 기저에 깔려있는 문제점과 담론을 중심으로 문화, 다양성, 차이점/유사점, 정의, 평등, 사회 개혁과 같은 개념을 유추해 내려고 하였다. 또한 이 책은 단순히 여러 가지 이론을 나열한 것이 아니라, 현상과 이론에 기초한 교육과정, 수업전략, 실행전략, 수업의 사례 등을 제시함으로써 다문화교육의 이론과 실제를 겸비할 수 있도록 도와준다. 다문화교육에 대한 좀 더 근본적이고 이론적인 접근과, 이러한 이론에 근거한 교육적 실제를 실행하는 것이 절실한 한국의 시점에서 이 책을 번역하는 것이 시의적절하다는 결론에 이르렀다.

『다문화교육의 탐구: 다섯 가지 방법들』은 미국의 교육대학, 사범대학, 대학원에서뿐만 아니라 대학의 다문화교육 관련과 관련한 교양, 전공강좌에서 필독서로 활용되는 가장 인기 있는 교재 중 하나이다. 한국의 예비교사, 현장교사, 교육행정가, 교사교육자들은 이 책을 통해 다문화교육의 개념적 특징들을 이해하고, 이들 사이의 차이점과 장단점을 분석함으로써, 다문화교육의 실제에 대한 청사진을 그리는 데 이론적 전초작업을 할 수 있을 것이다. 특히 다문화교육에 대한 다양한 이론이 어떠한 방식으로 전개되고 그 저변에 깔려있는 이념적, 정치적, 경제적, 사회적, 문화적, 역사적, 실제적 논의들을 이해하고 나면, 현재 자신의 교육현장에서 어떠한 접근방법들이 가장 필요하고 향후 어떠한 비전을 가지고 다문화교육에 대한 교육과정과 정책을 수립해 나갈 수 있을지에 대해 도움을 받을 수 있다고 생각한다. 다만 이 과정에서 다섯 가지 접근방법들이 서로 확연히 분리되고 상치되는 것이 아니라, 상호 보완이 가능하고 공동체 간의 논의를 통해 교육 정책과 실제를 수립하는 데 도움이 되는 이론적 이정표라는 점을 간과해서는 안 된다.

이 책에 나오는 역사적 사례들이나 저자들이 사용하는 예시들이 전적으로 미국의 담론이기 때문에, 한국의 독자들은 왜 이러한 미국의 담론을 바탕으로 다문화교육을 이해해야 하는지 논쟁을 제기할 수도 있을 것이다. 물론 이 책은 미국의 교재를 번역한 것이므로 그 내용 자체는 전적으로 미국적일 수밖에 없다. 하지만, 한 사회의 근저에 담겨 있는 정치적, 역사적, 문화적, 사회적, 경제적 담론을 비판적이고 창의적 시각으로 바라봄으로써, 어떻게 미국의 경험을 한국의 문제를 이해하기 위한 타산지석으로 삼을 수 있을지 배울 수 있을 것으로 생각한다.

제1장 '진보에 대한 환상: 일상적인 비즈니스' 에서는 우리가 사회적 진보, 다시 말해 '어제보다 오늘이 인종차별, 성차별, 사회 계층 간 격차 면에서 더욱 개선되고 있다' 라는 생각에 담긴 환상이 무엇이고 그 실제가 무엇인지 사회통계적인 자료를 통해 비판적으로 살펴볼 수 있다. 한국의 최신 사회통계 자료를 미국의 자료와 비교하면서, 왜 다문화교육의 문제가 미국과 같이 전통적으로 다인종, 다문화로 이루어진 사회만의 문제가 아닌지 파악해볼 수 있다. 특히 학생들은 우리나라의 사회통계 수치의 변화를 조사하고 미국의 그것과 비교해

봄으로써, 한국 사회가 어떻게 문화적으로 다양해지고 있는지, 그리고 경제적, 정치적, 사회적 불평등이 어떠한 식으로 전개되고 있는지 고찰할 수 있다. 특히 제1장은 다문화교육이 단순히 인종적, 민족적 다양성의 문제뿐만 아니라 저소득층, 하위계층, 여성, 비이성애자, 장애인 등과 같이 사회적 소외 계층을 위한 담론임을 되짚어보는 중요한 기초 자료가 된다.

제2장 '특수학생(exceptional student)과 문화적으로 다른 학생들에 대한 교수' 에서는 다양한 문화적 배경을 지닌 학생들과 집단들에 대해 어떠한 방식으로 다문화교육을 접근할지 논의한다. 독자는 이 장을 학습하는 가운데 전통적인 한국인과 문화적으로 다른 다문화가정 아동이나 이민자 자녀 학생들에게 어떠한 방식으로 교육할 수 있을지 생각해볼 수 있다. 또한 특수학생에 대한 담론을 생각해보면서, 왜 특수학생에 대한 논의가 특수교육만의 문제로 한정되지 않고 일반학생들을 포함한 다문화교육의 쟁점이 되는지 고찰해볼 수 있다. 이 장을 학습하는 동안 학교에서의 '성공' 이 뜻하는 바가 무엇인지, 비한국적인 문화적 배경을 지닌 학생들을 문화적, 언어적 결핍을 지닌 것으로 볼 것인지, 아니면 문화적, 언어적 다양성의 측면으로 볼 것인지에 대해 진지하게 논쟁할 수 있을 것이다. 무엇보다 이 장에서는 우리가 흔히 생각하는 주류/비주류, 정상/비정상, 성공/실패 등의 이분법적인 범주가 특수학생과 문화적으로 다른 학생들에게 어떠한 방식으로 접목되는지도 심도 있게 논의해 볼 수 있다.

제3장 '대인관계' 의 내용은 한국 교육에서 누누이 강조해 왔던 교육철학인 '조화,' '협동,' '전인교육' 의 쟁점을 다문화교육의 논의와 접목시킬 수 있는 중요한 발판이 된다. 여기에서는 나와 다른 이들에 대한 관용이 다문화교육에서 왜 중요하고, 어떻게 이를 실생활에 접목시킬 수 있을지 생각해볼 수 있다. 교실에서 학생들이 자신과 문화적으로 다른 사람들을 접하면서 어떠한 대인관계 기술을 쌓아갈 수 있는지, 여기에 담긴 정의적인 측면은 무엇인지, 그리고 교육심리학의 이론을 기초로 볼 때, 학생들이 어떻게 '서로 더불어 잘 사는' 학급 공동체, 학교 공동체, 사회 공동체를 창출해 나갈 수 있는지 생각해볼 수 있다.

제4장 '단일집단 연구' 는 특정 문화 집단의 쟁점들을 다문화교육에서 어떻게 논의하는지 살펴보는 중요한 계기가 된다. 다문화교육에 대한 많은 개론서

들은 이 책에서 소개하는 단일집단 연구의 논점을 중심으로 다문화교육에 대해 기술하는 경향이 있다. 미국에서 뜨거운 쟁점으로 논의되고 있는 인종 문제, 여성 문제, 비이성애자 문제, 장애인 문제 등을 지켜보면서, 한국의 상황에서 현재 벌어지고 있는 단일집단별 사회운동(예, 여성인권운동, 장애인인권 운동, 이주노동자 인권운동, 저소득층 인권운동)이나 사회개선 정책 등을 고찰해보는 계기가 될 수 있다. 이 책에 나와 있는 미국의 사례들은 여성학 연구소, 동남아시아학 연구소와 같은 한국의 많은 학술연구소, 비영리단체, 학교 내의 조직들을 미국의 것들과 비교하고 탐구하는 작업을 위한 기초가 될 것이다. 뿐만 아니라, 미국의 성공적인 사회운동 사례들을 통해, 향후 한국에서 소수민족 집단, 경제적 소외계층, 여성 집단, 비이성애자 집단, 장애인 집단 등의 사회정의와 평등을 위한 운동의 필요성을 학생들에게 인식시키고, 이를 펼쳐나갈 수 있는 아이디어를 얻는 데 중요한 자료가 될 것이다.

第5장 '다문화교육' 에서는 문화적 다원주의에 기초한 다양성을 추구해가려는 목표를 지닌 교육적 접근방법에 대해 논의한다. 저자들은 다문화교육에 대한 개념이 천차만별이기 때문에 별도의 장을 만들어 '문화적 다원주의' 에 기초한 다문화교육을 설명한다. 독자들은 이 장을 접하면서 한국 사회에서 논의하는 다문화교육이 '동화' 위주의 다문화교육인지, 아니면 '다원성' 중심의 다문화교육인지 비판적으로 고찰할 수 있다. 그리고 이를 바탕으로 다문화교육의 실제를 위한 이론적 기반을 더욱 공고히 다질 수 있다. 예를 들어 학교에서 다문화가정 자녀에 대한 이중언어 정책에 대한 찬반론, 다문화가정 자녀들을 위한 정규수업 중 한국어 특수학급의 운영에 대한 찬반론, 인종별, 민족별로 학교를 설립하는 것에 대한 찬반론 등의 주제들을 논의해볼 수 있다.

第6장 '다문화사회정의교육' 은 다문화교육이 단순히 나와 다른 문화를 이해하고 상호간의 협력만을 중요시하는 것이 아니라, 사회적 불평등과 부정의를 초래하는 사회 구조에 대한 이해, 사회 비판, 그리고 참여 민주주의의 이념을 교육하는 것이라는 점을 강조한다. 이 장을 학습하면서 독자들은 비판이론에 기초하여 사회적 차이 및 불평등을 논의하게 될 것이다. 한국의 상황에서 사회적 불평등의 근저에는 무엇이 있는지, 그리고 전 세계적으로 만연한 신자유주의 물결 속에서 다문화교육을 어떻게 바라볼 것인지 생각할 수 있다.

제7장에서 저자들은 자신들이 지지하는 다문화교육이 무엇인지 밝히고 있다. 독자들은 이 장을 접하면서 자신에게는 이 책에서 설명하는 다섯 가지 접근방법 중에서 어떠한 접근방법이 호소력이 있는지, 한국의 상황에는 어떠한 접근방법이 필요한지, 그리고 한국에서 궁극적으로 어떠한 접근방법들을 접목하여 문화적으로 다양한 학생들을 어우를 수 있는 교육을 펼쳐 나갈 수 있는지 고민해볼 수 있다. 특히 자신의 문화적, 사회적 배경에 대한 진지한 성찰과 숙의를 통해 자신의 가치관이 어디에서 기원하고 있으며, 나와는 문화적으로 다른 학생이나 동료들에게 어떻게 다가갈 수 있는지 생각해볼 수 있을 것이다.

역자들은 이 책을 번역하면서 최대한 원문에 충실하고자 하였다. 그러나 원문이 너무 길거나 문맥적으로 이해하기 힘든 경우에는 한국 독자들을 위하여 의역을 하였다. 미국에 대한 문화적, 역사적 사실이 많아서 배경지식이 필요한 경우 각주를 달아 이를 설명하기도 하였다. 다문화교육에 대한 수많은 개념들이 혼재하는 상황에서, 다섯 가지 기본적인 틀을 통해 다문화교육을 명료하게 설명하는 이 책이 더욱 값지다고 생각한다. 이와 같이 소중한 책을 저술하고 흔쾌히 한국판 서문을 작성해 준 캘리포니아 주립대학의 크리스틴 슬리터 교수와 위스콘신 주립대학의 칼 그랜트 교수에게 진심으로 감사의 뜻을 표한다. 그리고 한국어판 번역을 인가해준 와일리 프레스(Wiley Press)와 이 번역을 한국어판으로 출간할 수 있도록 해 주신 아카데미프레스 홍 진기 사장님에게도 감사를 전한다.

FOREWORD

We first wrote *Making Choices for Multicultural Education* to help prospective and practicing teachers in the U.S. to realize that there are multiple conceptualizations of multicultural education, and that teachers do multicultural education differently. Because of that origin, the examples and specific references in this book are rooted in the U.S. However, increasingly teachers around the world are grappling with many of the same issues.

South Korea's interest in multicultural education has grown rapidly in recent years. In 1996, Mitchell and Salisbury, after briefly describing Korea's long history of ethnic homogeneity, concluded that, "Due to its monocultural society, Korea has not seen fit to develop multicultural education programs" (p. 214). But over the last few years, South Korea has attracted many foreign workers. In response, in 2007 the city of Ansan opened the Migrant Workers Support Center to aid migrant workers, teach Korean culture and language, and build relationships between migrants and native Koreans. Further, a significant proportion of Korea's marriages are international, with children of mixed marriages now entering schools. Although numbers of such children are small at the moment, some analysts project that by 2020, as many as 30% of children in Korean schools will be of mixed families (Immigration to South Korea, 2009).

These changes call into question Korea's traditional image of homogeneity, as reflected in a special issue of *Korea Journal* (2007), which took up the question of "South Korean Society and Multicultural Citizenship." To assist educators in thinking through implications of Korea's diversifying population, the Korean Association for Multicultural Education was recently established. Its mission is "to eliminate discrimination and other social disadvantages in the interest of advancing all educational fields towards the benefit of everyone regardless of race, social status, gender, or religion in Korea" (http://kame.or.kr/eng/intro.html).

When first considering implications of multicultural education for schools, many teachers assume that it means developing cross-cultural appreciation. Cross-cultural appreciation activities are often implemented in response to conflict and/or school problems that immigrant or other ethnic minority students experience, such as name-calling or fighting. If teachers assume that conflict results from ignorance about or prejudice against cultural or linguistic characteristics of people who differ from each other, they may offer experiences and information about diverse groups–about their differences as well as similarities, their cultural contributions, and their life ways, in order to build harmony in the classroom and school.

Teachers may also seek strategies to help immigrant students who are experiencing academic problems due to conflict between the culture and language of the school and that of the home. Welcome programs or Newcomer schools are a common way in which school districts prepare new immigrant students for transition into local schools. Teachers may try classroom strategies such as supplementing language with pictures or pairing immigrant students with native-born students to attempt to build bridges between immigrant students and the school curriculum.

Chapters Two and Three of *Making Choices for Multicultural Education* explore and develop these kinds of strategies. While they are helpful beginnings and potentially make for good human relations and better teaching, multicultural education addresses a range of concerns beyond teaching students to be open and accepting of others. Culturally, Korea may be less homogeneous than many people recognize, with communities differing by factors such as by region, urban/rural lifestyles, and religion. Although Korean society may be less male-centered than it used to be, gender discrimination as well as preference for sons still exists (Banerjee, Benabou, & Mookherjee, 2006). As Korea's economy develops and general living standards rise, poverty–a significant form of inequity–still exists. Multicultural education prepares students through history, economics, demographics, and other areas of study to learn about inequity and to act for the betterment of life for all who live in South Korea. Chapters Four, Five, and Six discuss implications of such study.

Increasing globalization is also connecting local issues of human rights, justice, cultural difference, and self-determination to global issues With more mass communication and mass travel, the increasing speed of global economies and the migratory ebb and flow of lives, contemporary societies everywhere are confronted with the need to take differences into account and move toward positive pluralistic engagement. Large-scale migrations of peoples, in the wake of expanding global capitalism, are repopulating schools and communities on a grand scale (Suárez-Orozco, 2001); South Korea's diversifying population is, in part, a response to globalization. Chapters Five and Six of *Making Choices for Multicultural Education* offer ways to think about how to meet the challenges, problems, issues, and opportunities that come with migration.

Globally shifting patterns of job distribution, wealth, and power are realigning relations among peoples, leading to new social movements for rights and justice. For example, in summer of 2006, large-scale protests took place in Korea against scheduled talks to establish a Korea-US Free Trade Agreement, because such international agreements, based on neoliberal economic principles, tend to benefit those with economic capital at the expense of workers such as farmers and factory laborers (Doucette, 2006). Multicultural education, and especially Chapters Five and Six of this book, helps readers to analyze the how neoliberal policies work and whom they actually do and do not help.

It is this broader range of issues that we wish you to consider, along with the more immediate concerns you might have about teaching immigrant students. As you read this book, ask yourselves what parallels the issues we discuss in the U.S. might have in South Korea. As you discover parallels, what implications might there be for schooling and for you as teachers? What choices will you make about the most significant conceptions and practices of multicultural education for your work as a teacher?

Making Choice for Multicultural Education is in its sixth edition. This means that for more than twenty years we have been talking with teachers and teacher candidates about the book and how it helps them to learn about and do multicultural education. We have learned two things over the years: that teachers want to be successful with all of their students, and that they enter the discussion about multicultural education at different places. That teachers want to be successful with all their students can serve as an excellent place to start when teachers come together to learn about and begin to work with multicultural education. That teachers enter the discussion about multicultural education at different places suggests the need to have patience with each other. Not all will agree on the approach to use; teachers need space and support to work through these issues, which is important since students are living in an interdependent world. This second point will require change on the part of most–if not all–teachers. It is here that we want to remind teachers and ourselves of Mahatma Ghandi's words "We must become the change we want to see in the world."

References

Banerjee, A. V., Benabou, R., & Mookherjee, D. (2006). Understanding Poverty. London: Oxford University Press.

Doucette, J. (2006). Korean neoliberalism and empire. *ZNet*. Retrieved August 6, 2009 from http://www.zmag.org/znet/viewArticle/3589.

Immigration to South Korea (2009). Wikipedia. Retrieved August 5, 2009 from http://en.wikipedia.org/wiki/Immigration_to_South_Korea.

Mitchell, B. E. & Salisbury, R. E., Eds. (1996). *Multicultural education: An international guide to research, policies, and programs.* Greenwood Press.

Suárez-Orozco, M. M. (2001). Globalization, immigration, and education: The research agenda. *Harvard Educational Review 71* (3), 345-365.

한국어판 저자 서문

우리가 처음 미국에 있는 예비교사와 현장교사들을 위해 『다문화교육의 탐구: 다섯 가지 방법들(Making Choices for Multicultural Education: Five Approaches to Race, Class, and Gender』이라는 책을 저술할 당시, 우리는 다문화교육에 대한 다양한 개념이 있고, 교사들이 다문화교육을 서로 다르게 이해한다는 점을 발견하였다. 미국 내에서는 이러한 문제점을 해결하기 위한 일환으로, 이 책에 수록된 예시들과 여러 참고문헌들을 사용하고 있다. 전 세계에 있는 교사들 역시 점차적으로 이와 유사한 이슈로 인해 어려움을 겪고 있다.

다문화교육에 대한 한국의 관심은 최근 급격히 증가하고 있다. 1996년 미첼과 살리즈버리(Mitchell & Salisbury)는 단일민족에 기초한 장구한 역사를 지닌 한국을 간략히 묘사한 후, "한국은 단일문화에 기반한 사회이므로, 다문화교육 프로그램을 개발하기에 적합하게 않은 것으로 여겨져 왔다"(p. 214)라고 제시하였다. 그러나 최근 몇 년 사이 많은 외국 노동자가 한국으로 유입되었다. 이에 대한 대응으로, 2007년 안산시에서는 이주노동자를 위한 이주민 지원센터를 개설한 후, 이들에게 한국문화와 언어를 가르치고, 이주민들과 한국인들 사이의 관계를 증진시키기 위해 노력하고 있다. 이와 더불어, 한국인의 국제결혼은 눈에 띨 정도로 증가하였으며, 다문화가정 자녀들이 점차 학교에 입학하고 있다. 비록 현재 다문화가정 아동의 수가 적을지라도, 일부 인구분석가들은 2020년 기준으로 약 30%의 학령아동이 다문화가정 자녀일 것으로 추정하고 있다(Immigration to South Korea, 2009).

이와 같은 변화는 한국이 지녀 왔던 단일문화의 전통에 의문을 제기하고 있다. 2007년 「한국저널」의 특별호에서 언급하였듯이, '한국의 사회와 다문화

시민의식' 에 대한 관심이 주목되고 있다. 최근 교육자들을 지원하고, 한국의 문화적 다양성에 발맞추기 위해, 한국다문화교육학회(Korean Association for Multicultural Education)가 창설되기도 하였다. 이 학회에서 표방하는 목적은 다음과 같다. "교육현장에서 인종, 종교, 국적, 계층, 성별 등에 의한 차별과 불이익을 제거함으로써 한국 사회의 모든 구성원들이 자유롭고 평등한 교육적 수혜를 누리는 데에 기여하고자 한다"(http://kame.or.kr/about.html).

많은 교사들은 무엇보다도 교차-문화적인(cross-cultural) 이해를 개발하는 것이 다문화교육에서 제시하는 시사점이라고 가정한다. 교차-문화적 이해를 위한 활동은 대개 학교에서 발생하는 갈등에 대응하는 방식으로 진행되곤 한다. 이민자나 다른 소수 민족 학생들이 학교에서 놀림을 당하거나 싸움에 휘말리는 사례 등이 그 예가 될 수 있다. 만약 이러한 갈등이 서로 다른 문화적 언어적 배경을 지닌 학생들에 대한 무지나 편견에서 비롯된 것이라고 가정한다면, 교사는 다양한 집단에 대한 경험과 정보를 제시할 수 있을 것이다. 다시 말해, 교사들은 교실이나 학교에서의 조화를 추구하기 위해, 한국문화와 다른 문화 간의 차이점과 유사점, 문화적 기여도, 그리고 삶의 방식을 학생들에게 제공할 것이다.

또한 교사들은 학교와 가정 사이에 존재하는 문화적 언어적 차이로 인해, 이민자 학생들이 겪고 있는 학문적 고충을 덜어주기 위해 노력할 것이다. 대환영 프로그램이나 새내기 학교(Newcomer Schools)는 새로운 이민자 학생들이 학교에 잘 적응할 수 있도록 관할 교육기관에서 제공하는 프로그램 중 하나이다. 교사들은 이민자 학생들과 학교 교육과정 사이의 다리를 놓는 방안을 모색할 것이다. 그 일환으로, 교사들은 이와 같은 학생들의 한국어에 대한 언어적 이해를 돕기 위해 그림을 사용하거나 혹은 수업 중에 이민자 학생들과 한국 학생들을 짝지어주는 방식으로 교실 교수-학습 전략을 고려할 수 있다.

이 책의 제2장과 제3장에서는 이와 같은 종류의 교수-학습 전략을 탐구하고 개발한다. 이와 같은 전략들은 다문화교육의 초기단계에 도움이 되고, 잠정적으로 바람직한 인간관계와 수업을 위한 바탕이 될 것이다. 그러나 다문화교육은 학생들에게 타인에 대한 개방성과 수용성의 범주를 넘는 또 다른 다양한 쟁점들에 대해서도 논의한다. 많은 이들이 생각하는 바와 달리, 한국은 단일문화에 기반한 국가가 아닐 수도 있다. 지역 간, 도시/시골 간의 삶의 방식 차이, 그리고 종교 간의 문화 차이가 그 예이다. 또한 비록 한국의 남성 중심적인 문화가 감소했다 하더라도, 성 차별이나 남아 선호 사상은 여전히 존재한다(Banerjee, Benabou, & Mookherjee, 2006). 한국이 경제적으로 성장하고, 일반적인 생활수준이 높아지고 있지만, 불평등의 대표적인 형태인 가난은 여전히 존재한다. 다문화교육은 학생들이 역사학, 경제학, 인구학, 기타 다른 분야에 대한 학습을 통해 불평등을 배우고, 한국에 거주하는 모든 시민들의 좀 더 나은 삶을 위해 활동할 수 있도록 교육한다. 제4, 5, 6장은 이러한 연구들이 주는 시사점에 대해 논의한다.

세계화의 물결로 말미암아, 지역이나 국가 수준의 인권, 정의, 문화 차이, 그리고 자기 결단력의 이슈가 세계적인 이슈와 맞물린다. 현대 사회에서는 매스컴의 발달, 국가 간의 교류의 증가, 세계 경제 속도의 점증, 그리고 많은 이들의 해외 이주 등을 목도하고 있다. 이로 인해, 현대 사회는 언제 어디에서나 서로간의 차이를 인지하고, 상호간에 긍정적이고 다원적인 계약을 이루어야 할 필요성에 직면하고 있다. 세계 차원의 자본주의의 팽창으로 인해, 거대한 규모의 사람들이 세계 무대로 이동하고 있으며, 학교와 지역 공동체가 거대한 수준으로 재조정되고 있다(Suarez-Orozco, 2001). 한국 인구의 다원화 역시 이와 같은 세계화의 일환이다. 제5장과 6장에서는 이러한 이주와 관련한 변화, 문제, 쟁점, 기회에 어떻게 대면해야 하는지 생각할 기회를 제공한다.

전 세계적으로 진행되는 직업의 배치, 부, 권력 등의 패턴은 사람들 사이의 관계를 재조정하고, 권리와 정의를 위한 새로운 움직임을 창출한다. 예를 들어, 2006년 여름 한국에서는 한미자유무역협정에 반대하는 대규모 집회가 열렸다. 이와 같은 국제적 협약은 신자유주의 경제 원칙에 근거하고 있으며, 농민이나 공장 근로자들의 희생을 바탕으로 경제적 자본력을 창출하는 경향이 있다(Doucette, 2006). 다문화교육은 신자유주의 정책이 어떻게 운영되고, 이러한 정책이 실질적으로 누구에게 이득이 되고 손해가 되는지에 대해 분석의 기반을 마련한다. 이는 특히 이 책의 제5장과 6장에 소개되어 있다.

이주민 학생들을 어떻게 가르쳐야 하는지에 대한 급박한 문제와 더불어, 여러분들이 이와 같은 광범위한 범주의 쟁점들도 고려하기를 기원한다. 이 책을 읽으면서 미국의 쟁점과 한국의 쟁점 사이의 유사점이 무엇인지 자문해보기 바란다. 만약 유사점을 발견한다면, 여러분은 교육자로서 학교와 교실에 어떠한 시사점을 유추할 수 있을지 생각해보기 바란다. 다문화교육을 위한 개념과 실행을 위해, 이 책에서 제시하는 다섯 가지 접근방법 중 어떠한 결정을 내릴지에 관해서도 생각해보기 바란다.

『다문화교육의 탐구: 다섯 가지 방법들』은 현재 6판까지 출간되었다. 지난 20년 동안 우리는 교사 및 예비교사들과 함께 이 책에 대해 논의하여 왔다. 이는 우리가 교사들이 다문화교육을 배우고 실행하는 데 있어서 이들을 어떻게 도울 수 있을지에 대해 지속적으로 토론해왔다는 것을 의미한다. 우리는 이 과정 속에서 크게 두 가지 점을 배웠다. 첫째는 교사들이 모든 학생들의 성공을 원한다는 점이고, 둘째는 다문화교육에 대한 논의에서 교사들이 서로 다른 입장을 취한다는 점이다. 모든 학생들의 성공을 원하는 교사는 다른 교사들과 협력하여 다문화교육에 대해 배우고, 이에 대해 함께 작업하는 것이 그 출발점이 된다. 다문화교육에 대해 서로 다른 입장을 지닌 상태에서 다문화교육에 대한 논의를 시작하는 교사들은 상호간에 인내심을 가질 필요가 있다. 모든 교육자가 특정 접근방법에 대해 동의하지 않을 것이다. 교사들은 이와 같은 쟁점에 대해 함께 일할 공간과 지지가 필요하다. 이는 학생들이 독립적인 세상에서 살아가기 때문에 특히 중요하다. 위의 두 번째 관점은 대부분의 교사들의 변화를 촉구할 것이다. 결국 우리는 간디의 명언을 되새길 필요가 있다. "우리가 원하는 세상을 위해 우리가 변해야만 한다!"

참고문헌

Banerjee, A. V., Benabou, R., & Mookherjee, D. (2006). *Understanding Poverty.* London: Oxford University Press.

Doucette, J. (2006). Korean neoliberalism and empire. ZNet. Retrieved August 6, 2009 from http://www.zmag.org/znet/viewArticle/3589.

Immigration to South Korea (2009). Wikipedia. Retrieved August 5, 2009 from http://en.wikipedia.org/wiki/Immigration_to_South_Korea.

Mitchell, B. E. & Salisbury, R. E., Eds. (1996). *Multicultural education: An international guide to research, policies, and programs*. Greenwood Press.

Suárez-Orozco, M. M. (2001). Globalization, immigration, and education: The research agenda. *Harvard Educational Review 71* (3), 345-365.

저자 서문

우리는 학생들을 가르치는 교수 상황에서 접하게 되는 인종, 언어, 문화, 계층, 성, 장애의 문제를 교육 공동체와 함께 생각할 기회를 마련하기 위해 이 책 『다문화교육의 탐구: 다섯 가지 방법들』을 저술하였다. 1988년에 초판이 출간된 이래로 주요한 관점이나 더 풍부해진 자료 그리고 다문화교육과 관련된 논점들을 편집하여 여러 차례에 걸쳐 개정판을 발행해왔다. 이번 제6판에서는 다문화교육과 관련하여 끊이지 않는 쟁점, 이 분야에 대한 지속적인 반성, 그리고 이론과 실제 사이에서 변화되고 있는 새로운 안목을 총괄할 수 있는 최근의 문헌들을 통합하였다. 좀 더 구체적으로 말하자면, 이번 판본에서는 최근의 통계 자료, 책무성(accountability)과 관련하여 논의되고 있는 평등의 문제, 특히 『낙오 학생 방지법(No Child Left Behind)』과 관련한 책무성과 평등의 문제, 결핍 이념(deficit ideology)에 대해 재조명, 종교의 문제, 그리고 문화를 기반으로 한 교수-학습과 학생의 학업 성취도를 연계하는 연구들을 포괄하였다.

초판에서는 무려 다문화교육과 관계되는 200편이 넘는 논문들과 60권을 초과하는 책을 총괄하였다. 우리는 초판 이후로 꾸준히 연구 자료들을 고찰하고 있다. 매일매일 다문화교육과 관련한 자료가 출간되는 이상, 우리의 이러한 탐색은 결코 사그러지지 않는 꾸준한 작업이라고 할 수 있다. 출간되는 자료들은 모든 교과를 섭렵하고 다양한 배경과 수준의 학생들과 교육자들을 그 목표로 하고 있다.

우리가 정의하는 다문화교육이란 무엇인가

사람마다 '다문화교육' 이라는 용어의 의미를 다양하게 해석한다. 무엇보다, 다문화교육이 어떠한 형태의 다양성을 말하고 있는 것인지에 대해 전혀 합의점을 찾지 못하고 있다. 어떤 이들은 인종이나 문화적 다양성에 대해서만 생각하는 데 반해, 다른 이들은 성(gender), 사회 계층, 다른 형태의 다양성에 대해 개념화한다. 이와 동시에, 양성의 평등을 논의하는 이들은 다른 다문화교육 주창자처럼 사회 문제를 공유하지만, 가시적으로는 인종과 문화에 대해 간과하기도 한다. 또 다른 이들은 다문화교육을 이민문제(예, 캘리포니아 주의 세납자 보호 정책)나 이중언어 정책(예, 영어 전용 법안)과 같은 공공정책의 쟁점 차원에서 개념화한다.

우리는 이 책에서 미국 내의 불평등한 권력의 입장을 또다시 규명하는 다양한 형태의 차이에 중점을 둔다. 이는 인종, 언어, 계층, 성, 장애, 성적 지향(sexual orientation)을 포함한다. 우리는 일반적으로 학교가 기득권자들에게 호의적으로 운영된다는 입장에 서 있다. 제1장에서는 학교 교육과 관련한 자료를 종합하고 이러한 입장을 지지하는 사회적 맥락을 설명한다. 다음에 이어지는 장들에서 우리는 학교 교육이 다양한 집단을 좀 더 공평하게 대하기 위해 어떻게 다르게 운영될 수 있는지 질문한다.

제2장에서는 '특수학생(exceptional)과 문화적으로 다른 학생들에 대한 교수' 를 탐색한다. 이 접근방법을 지지하는 교사들은 성공적인 학교 교육을 통해, 학업 성취도가 낮은 학생들이 주류 사회에 합류할 수 있도록 조력하는 것이 주요 관심사이다. 교사들은 기존의 주류 사회 자체를 비판하거나 변화시키는 것보다 학생들과 주류 사회 간에 다리를 놓는 것에 더 큰 관심이 있다.

제3장에서는 '대인관계' 접근방법에 대해 고찰하는데, 이는 교실에서 정의적인 측면을 향상시키는 것에 중점을 둔다. 예를 들어, 학생들 상호간에 어떠한 관계를 맺는지, 학생들이 자신에 대해 어떻게 느끼고 공동체나 사회 내에 있는 다양한 집단에 대해 어떻게 느끼는지에 대해 주력한다.

제4장에서는 '단일집단 연구' 접근방법에 대해 설명한다. 이 방법을 사용하는 교사는 아프리카계 미국인, 미국 원주민, 여성, 장애인과 같이 특정한 시

대의 특정 집단에 대해 가르친다. 많은 연구가 이 접근방법을 바탕으로 진행되고 있고, 대학 내의 민족학, 게이나 레즈비언 연구와 관련된 학과나 연구소를 통해 이론화가 이루어지고 있다. 이와 같은 연구들은 많은 현장 교사들을 처음에 생각한 것보다 훨씬 더 복잡한 방향으로 이끌기도 한다.

'다문화교육' 접근방법은 제5장의 논점이다. 이는 다문화교육의 주창자들이 가장 오랜 기간에 걸쳐 논의해온 접근방법이다. 이는 학교 교육의 교육과정, 우열반 편성(tracking), 그룹화(grouping), 교직원 배치, 시험 등과 같은 전반적인 교육 운영에서 다양성을 반영하고, 이를 지지할 수 있는 총체적인 개혁을 포괄한다. 이 접근방법 또한 학업 성취에 초점을 맞추는데, 이는 제2장에서 정의하는 바와 같이 비주류 학생들이 주류 문화에 동화되는 것을 성공으로 정의하지 않는다. 오히려, 문화 다원주의적인 차원에서 주류의 개념을 재조명하고 이를 바탕으로 한 학생의 발달을 지지한다.

제6장에서는 '다문화사회정의교육'을 논의하는데, 이는 평등의 쟁점과 사회 변화를 위해 젊은이들의 임파워먼트(empowerment)를 향상시키는 것에 관심을 기울인다. '다문화교육' 접근방법과 마찬가지로, 이 접근방법은 전반적인 교육 운영의 개혁을 요구하기도 하지만, 좀 더 명시적으로 사회 비판과 민주적인 시민 참여에 초점을 맞춘다.

우리는 다문화교육의 의미가 무엇인지 교육자들 스스로가 그 의미를 명료하게 이해할 필요가 있다고 믿는다. 교사들이 어떠한 교육 목표를 머리속으로 그리고 있는가? 그들이 염두에 두고 있는 학생의 인구학적 배경은 무엇인가? 사회에 대해 어떠한 비전을 품고 있는가? 좀 더 나은 사회로 나아가기 위해 어떠한 아이디어를 가지고 있는가? 학습에 대한 자신의 가정이 무엇인가? 이는 독자인 여러분 자신이 스스로 의도하는 바에 이르기 위해, 자신의 신념을 명료하게 성찰해 보는 것이 중요하다.

이 모든 접근방법을 살펴본 후, 제7장에서는 우리가 지지하는 접근방법에 대해 설명한다. 앞의 여섯 장을 최대한 객관적으로 기술하는 과정에서, 우리는 독자들이 무엇을 생각하고 말하는지 알고 있다. 또한 그들의 세계관은 자신들의 이념, 배경, 그리고 세상에 대한 비전을 바탕으로 형성된다는 것을 알고 있다. 학생들은 우리가 어떠한 접근방법에 대해 호의적인지 알고 싶어하고, 이

호기심은 독자 또한 마찬가지일 것이다. 또한 우리의 독자가 되는 동료들이나 학생들이 우리의 생각에 따라 쉽게 좌지우지되지 않는 지각이 있는 사람들이라는 점도 알고 있다. 결국 우리는 대부분의 독자들이 자신이 선호하는 접근방법에 대해 스스로 결정을 내릴 수 있으리라고 믿는다.

이 책의 사용법

이 책을 사용하는 데에는 크게 두 가지 방법이 있다. 일부 사람들은 다문화교육의 역사에 대한 전반적인 흐름을 알고, 다문화교육에 대해 생각해보기 위해 이 책을 읽는다. 대개 이러한 독자는 속독을 하고, 다섯 가지 다른 접근방법 사이에 있는 차이점들에 대해 다시 한 번 숙고한다. 이 교재는 다문화교육 관련 강좌에서, 이 분야에 대한 전반적인 이해를 높이기 위해 한두 가지 다른 교재와 병행하여 사용할 수 있다.

이 책을 사용하는 또 다른 방법은 다문화교육을 위해 교실에서 어떻게 각각의 접근방법을 적용할 수 있을지 탐구하는 것이다. 이를 위해 우리가 별도로 저술한 『학습으로의 전환(Turning on Learning)』은 매우 효과적일 것이다. 우리가 이 교재를 저술한 목적도 거기에 있다. 이 책에서도 같은 순서로 다섯 가지 접근방법을 기술하고, 각 접근방법을 바탕으로 한 교수-학습의 사례들을 제시하였다. 예를 들어, 교사와 학생은 이 두 교재를 같이 사용하면서, 제4장에서 제시한 '단일집단 연구' 접근방법에 수록된 이론을 먼저 학습하고, 『학습으로의 전환』의 제4장을 이와 병치할 수 있다. 독자는 이 이론을 바탕으로 개발할 수 있는 교수-학습 방안에 대해 생각해볼 수 있을 것이다. 우리는 수업 계획서와 더불어, 『학습으로의 전환』의 각 장에서 제시하는 교재 분석 도구나 고정관념 퀴즈 등의 실질적인 연구 활동을 제시하였다.

교사 교육자는 『다문화교육의 탐구: 다섯 가지 방법들』에 맞추어 전체 강좌를 개발할 수 있다. 이들은 이 책을 단독으로 사용할 수도 있고, 다른 자료나 교재와 더불어 사용할 수도 있다. 예를 들어, 제2장을 기초로 하여 저소득층 학생과(혹은) 유색인종 학생의 학업 성취도를 높이기 위한 다양한 교수-학습 전략에 대해 몇 주 동안 수업을 진행할 수 있다. 그리고 이중언어 교육이나 문화와 인지 유형에 대한 자료들을 보충하여 사용하면 좋다. 이와 유사하게 제6장 '다문화사회정의교육'은 비판이론이나 반인종차별교육(antiracist education)과 병치할 수 있다.

우리는 『다문화교육의 탐구: 다섯 가지 방법들』이 다문화교육, 성 연구(gender studies), 장애 학생과 비장애 학생 간의 통합교육, 그리고 비판적 교수 등과 같은 개념의 발달이 중요한 시점에서 주요한 기여를 한다고 믿는다. 우리 노력의 열매를 맛보고 여러분의 생각은 어떠한지 자발적으로 우리에게 알려 주길 바란다. 지금까지 여러분의 의견을 바탕으로 새로운 것을 배웠고, 이 지식을 바탕으로 이 책을 개정할 수 있었다. 또한 우리는 여러분의 생각이 앞으로 우리가 성장하는 데 크나큰 밑거름이 되리라 믿는다.

차 례

제 1 장

진보에 대한 환상: 일상적인 비즈니스

제 2 장

특수학생과 문화적으로 다른 학생들에 대한 교수

제 3 장

대인관계

제 4 장

단일집단 연구

제 5 장 다문화교육

제 6 장

다문화사회정의교육

제 7 장

우리의 선택: 다문화사회정의교육

제 1 장

진보에 대한 환상: 일상적인 비즈니스[1)]

핵심 질문

1. 개인적으로 '다문화교육' 을 무엇이라 정의하는가?
2. '비즈니스와 일상' 라는 말을 접할 때, 학교의 정책 및 학교의 실제와 관련하여 어떤 생각이 드는가?
3. 학생들의 실패에 대한 책임은 누구 혹은 무엇에 있다고 생각하는가?
4. 사회가 그 사회를 구성하는 상이한 집단들에 대해서 어느 정도 정당하고 공평한가?
5. 문화적으로 다양한 집단이 동등한 기회를 갖지 못한다고 생각하는가?

1) 역주: Business as usual을 일상적인 비즈니스로 번역한다. 이 관용구는 한 사회나 조직 내에서 평소에 하는 일상적인 방식으로(usual) 행동하는 일(business)이나, 발전 없이 현재의 상태를 유지하는 것을 의미한다. 이 책의 저자들은 인종차별, 여성차별, 장애인에 대한 차별과 같은 사회적 불평등이 과거에 비해 확연히 진보했다는 사회 일각의 의견에 대해, 이것이 환상에 불과하다고 비판한다. 그리고 현재의 사회적 불평등을 '일상적인 비즈니스' 라는 부제목을 통해 제시하고 있다.

다음 교실을 상상해보자. 한 교실에 남학생이 15명, 여학생이 15명이 있다. 이 중 18명은 백인이고, 다섯 명은 아프리카계 미국인, 다섯 명은 라틴계('멕시코' 계 미국인 세 명, 푸에르토리코인[2] 한 명, 쿠바계 미국인 한 명), 한 명은 미국 원주민이며, 나머지 한 명은 아시아계 미국인 2세이다. 아프리카계 미국인 두 명, 라틴계 학생 두 명, 백인 학생들 세 명은 빈곤선(빈곤 여부를 결정하는 최저 수입)상의 아래에서 살고 있는 반면, 다른 백인 학생 세 명은 고소득의 가정에서 살고 있다. 학생들의 3/4은 기독교 집안에서 살고 있으며, 한 명은 유대교, 다른 학생들은 종교가 없거나, 이슬람교나 불교와 같은 다른 종교를 가지고 있다. 대부분의 학생들이 청바지에 면 남방 혹은 티셔츠를 입고 다니기 때문에, 이러한 개인적 특징이 눈에 잘 띄지 않는다. 그럼에도 불구하고, 학생들의 거주지 혹은 점심식사를 무료로 제공받는 학생들의 명단을 살펴보면, 그들의 사회경제적 위치를 알 수 있다.

학부모들 또한 매우 다양하다. 30명의 학생 중, 단 네 학생만이 아버지가 일하고 어머니는 전업주부인 가정에서 살고 있다. 전체 학생 중 여섯 명은 편부 혹은 편모 가정(그중 두 명은 빈곤선 상의 아래)에서 살고 있으며, 나머지 20명 정도의 학생들의 학부모는 직업이 있거나 현재 시간제 아르바이트 일지라도 직업을 가지고 있다. 대부분의 학생들은 영어를 배우고 말하면서 자랐고, 세 명의 라틴계 학생들은 집에서는 스페인어를 하며, 다른 한 명의 백인 학생은 집에서 프랑스어를 사용한다. 학생들의 학습 능력 또한 다양하다. 두 명의 학생은 일과 중 특정 시간에는 학습장애가 있는 학생들을 위한 수업을 듣고, 다른 한 명은 특수교육을 필요로 하는 학생들을 위한 수업에 참가하며, 또 다른 한 명은 영재학급에서 공부한다. 나머지 한 명은 언어 치료를 받는다.

한 교사가 이렇게 다양한 학생들을 어떻게 가르쳐야 하는가? 교사는 어떠한 교육과정에 기초하여 가르쳐야 하는가? 모든 학생들이 같은 교육과정을 배워야 하는가? 규준(standards)과 매년 치러지는 시험은 무슨 역할을 하는가? 교사는 어떠한 교수법을 사용하는가? 수업을 위해, 혹은 다른 목적을 위해 학생들

2) 역주: 푸에르토리코(Puerto Rico)는 카리브 해에 있는 미국의 자치령 섬. 하와이 섬도 1959년 미국의 50번째 주로 편입되기 전에는 미국의 자치령이었음.

의 집단을 어떻게 구성하는가? 자리배치는 어떠한 식으로 활용하는가?

여러분들의 머리속은 여러 가지 이미지가 떠올라 복잡할 것이다. 이러한 이미지 중에서 여러분은 아마 다음과 같은 생각을 할 것이다. 그중 하나는 교사가 이 학생들을 가르쳐야만 하는가에 대한 신념에 대한 것이다. 다른 하나는 당신이 관찰한, 혹은 알고 있는 교사가 이러한 학생들을 어떻게 가르치는가에 대한 것이다. 그리고 또 하나는 대부분의 교사가 정말로 이 학생들을 어떻게 가르치는가에 대한 것이다.

21세기 첫 10년의 끝자락에서, 미국 공립학교에 대한 통계에 기초하여 가상적인 교실을 꾸며보았다(Hardy, 2003. Orfield & Lee, 2005. U.S. Department of Commerce, Bureau of the Census, 2004a; U.S. Department of Education, National Center for Educational Statistics, 2005; World Christian Encyclopedia, 2001). 사실 인구통계학적으로 학생들이 어떻게 구성되어 있는지에 대해서는 전국적으로는 물론, 한 학교 내에서도 매우 다양하다. 이렇게 다양한 미국의 학생, 학교, 교실을 고려할 때, 여전히 몇 개의 질문들이 남는다. 교사들은 정말로 학생들을 어떻게 가르치는가? 그리고 학생들은 어떻게 하면 더 잘 학습할 수 있는가?

이 책은 이러한 중요한 질문들에 대해 논의한다. 그러나 우리는 학교가 진공상태로 존재하는 것이 아니라, 세계화의 영향력의 증가로 인해 사회와 밀접하게 관련되어 있다는 점을 염두에 두고 있다. 그러므로 우리는 점점 다양해지는 미국의 학생들을 위해 어떤 형태의 교육이 좋을지를 고려할 때, 세계화의 사회적, 정치적, 경제적 영향과 함께, 학교가 존재하는 사회의 본질을 염두에 둘 필요가 있다. 우리는 이 장에서 먼저 인종, 언어, 문화, 섹슈얼리티(sexuality)[3], 성, 사회 계급, 장애와 관련한 2000년대 우리 사회에서 형평성의 본질과 사회의 다양성에 대해 간단히 논의할 것이다. 그리고 난 후, 최근의 연구들을 종합함으로써, 실제로 미국의 교사들이 다양한 학생 집단을 어떻게 가르치는지, 교육개혁을 위한 노력이 교수를 위한 교사의 노력에 어떠

3) 역주: 학자에 따라 섹슈얼리티를 성적 기원, 성적 성향, 성욕 등으로 번역하지만, 본서에서는 원문 그대로 섹슈얼리티로 번역한다.

한 영향을 미치는지 설명할 것이다. 마지막으로, 교수를 위한 대안적인 접근 방법을 소개하기 위해 개념적 구조를 설명할 것이다.

현대 사회

어떤 관점에서 볼 때, 인종주의, 성차별주의, 장애인에 대한 편견은 더 이상 심각한 사회문제가 아닌 것처럼 보일 수 있다. 점점 더 많은 백인 여성과 흑인 남성과 여성들이 대도시의 시장으로 선출되고 있으며, 현재 미국의 대통령은 흑인 남성이다. 정치활동을 하는 라틴 아메리카 남성과 여성의 수가 증가하고 있다. 빌 리차드슨(라틴 아메리카계)은 뉴멕시코 주의 주지사이다. 많은 수의 미국 원주민들이 자신의 사업체를 가지고 있으며 많은 수가 기업의 발전에 기여하고 있다. 2007년 기준으로, 미국 의회에는 여성이 87명 있다. 그중 상원에 16명이 있으며, 하원에 70명이 있다. 9명은 여성 주지사이며, 11명은 여성 부지사이다(CAWP, 2007). 라틴계, 아시아계 미국인, 미국 원주민들의 정치적 영향력은 서서히 커지고 있다: 2007년 당시 하원의원 435명 중 52명(9.6%)은 아프리카계 미국인이고, 22명(5%)은 히스패닉이며, 7명(1.6%)은 아시아계 미국인이다(Ethic Majority, 2008).

이와 더불어, 아프리카계 미국인들은 TV 오락 분야에서 선두적인 역할을 하고 있다. 그리고 대도시 TV 시장에서, 유색인종 혹은 남성과 여성이 공동으로 뉴스를 전하거나, TV 프로그램을 진행하는 것을 쉽게 볼 수 있다. 윌 스미스(세븐 파운즈를 제작하고 주연한 유명한 아프리카계 미국인 영화배우)는 미국 헐리우드의 최고의 배우 중 한 사람이다. 혹자는 지난 10년간 이루어진 진보에 대한 환상의 예를 생각할 수 있다. 여성과 유색인종 우주비행사들은 더 이상 뉴스의 큰 화젯거리가 되지 않는다. 미 연방 대법원에는 의욕적인 여성 한 명과 두 번째 아프리카계 미국인 사법관이 있다. 그리고 미국에는 두 번째 아프리카계 미국인 국무장관이 있다.

그러나 이러한 진보의 예들은 사회를 거시적으로 볼 수 있는 시야를 흐리게 한다. 여기서 우리는 통계자료를 통해 인종, 민족, 성, 성적 지향, 사회 계층, 장애에 대한 지속적인 불평등과 차별의 양상을 제시하고자 한다. 이는 많은 사람들이 당연시하는 지속적인 진보에 대한 단조로운 생각을 복잡하게 만들기 위해서이다. 미국 사회가 여전히 인종, 성, 섹슈엘러티, 장애에 따라 계층화되었다는 사실을 뒷받침할 상당량의 증거가 있다. 사회경제적 지위와 관련한 사회 계층화는 미국 사회의 두드러진 현상이다. 그리고 지난 40년간의 사회 정책은 그것을 변화시키는 데 미미한 영향을 미쳐 왔다.

인종과 민족

미국인들은 미국의 인구가 급속하게 인종적, 민족적으로 더욱 다양해지고 있다고 반복적으로 상기된다. 2003년 기준으로 볼 때, 미국 인구의 12.1%는 아프리카계 미국인, 13.9%는 라틴 아메리카계, 4.3%는 아시아인 및 태평양 제도인(Pacific Islander), 0.8%의 미국 원주민 혹은 알래스카 원주민, 76.2%의 비라틴계 백인(Non-Latino White)이었다(U.S. Department of Commerce, Bureau of the Census, 2003). 2000년과 2003년 사이에 세계 여러 나라로부터 360만 명 이상이 미국으로 이민 왔다. 약 50만 명은 유럽에서 왔고, 20만 명은 아프리카, 120만 명은 아시아로부터 왔다. 약 45%(160만 명)의 가장 큰 비율을 차지하는 사람들은 라틴 아메리카와 캐리비안 사람들인데, 이들은 "미국의 히스패닉화(the Hispanization of America)"라고 불리는 사회 현상에 기여하였다(U.S. Department of Homeland and Security, 2003).

이런 공식적인 통계와 더불어, 인구 전문가들은 2004년 기준으로 미국 내에 서류미비 이민자(undocumented immigrants)[4]의 수가 대략 천만 명에 이를 것으로 추정한다. 대략 60%는 멕시코 출신이며, 20%는 기타 라틴 아메리카에서 이주한 것으로 추정된다. 결국 라틴계 계열의 사람들이 전체 이민자의 80%인 8백만 명을 차지하는 셈이다(Passell, 2005). 어린 나이에 출산을 시작하는 라틴계 이민자들은 같은 나이의 비라틴계 사람들과 출산율을 비교하였을 때

4) 역주: 이전에는 합법적인 절차 없이 미국으로 이주하거나 기존의 비자가 만료했음에도 불구하고 미국에 상주하는 이들을 불법 이민자(illegal immigrants)라고 표현하였다. 그러나 최근 학계에서는 이들을 서류미비 이민자라고 다르게 부른다.

약 2배 정도로 높다. 라틴계 인구의 증가는 이민과 이민 2세대 출산율의 증가라는 두 가지 측면에 기인한 것이다. 역사적으로, 대부분의 라틴계 이민자들은 캘리포니아, 텍사스, 일리노이, 뉴욕, 뉴저지, 플로리다, 뉴멕시코 주와 같이 전통적인 라틴계 사람들이 밀집해 있는 주에 집중적으로 거주했었다. 라틴계 인구는 비록 이러한 주에서 지속적으로 증가세를 보였지만, 1980년 이래로 농업, 건축, 제조업, 서비스업 등 다양한 직종에 종사하게 되면서, 미국 전역의 노동시장으로 퍼져나갔다. 2004년 기준으로 라틴계 인구의 약 절반은 그들이 주류가 아니었던 지역에 살고 있다. 애리조나, 네바다, 조지아, 노스 캐롤라이나, 오리건, 버지니아, 워싱턴, 매사추세츠와 같은 "새로운 정착지"에서는 1990년부터 2000년까지 라틴계 인구가 130% 증가하였다. 네브래스카, 캔자스와 같이 라틴계 인구가 급격히 증가하는 주에서는 그 절대 인구수가 비록 적기는 하지만(1980년과 2000년 사이에 20만 명 수준의 증가를 보임), 성장 면에서는 매우 월등한 수치를 보여주고 있다(200% 이상)(Suro & Tafoya, 2004). 2050년이 되면 라틴계가 미국 인구의 25%를 차지할 것으로 추정하고 있다.

인종적, 민족적 다양성의 확대와 함께 문화, 언어, 종교 또한 다양해졌다. 에크(Eck, 2002)는 "미국은 세계에서 가장 종교적으로 다양한 나라다"라고 지적하였다. 분명히 기독교가 주류를 이루는 종교임에도 불구하고, 이슬람 사원, 힌두교와 불교의 사철이 더욱더 증가하고 있다. 뿐만 아니라 이러한 종교의 다양성은 도심지에서만 나타난 것이 아니라 미국 전역의 소도시들에서도 나타난다.

이러한 다양성은 미국에 존재하는 문화 자원을 확장시키는 동시에, 오해와 적대감도 양산한다. 이와 더불어, 미국의 인종적, 민족적 다양성의 증가는 미국에서 인종차별의 문제를 대처해야 할 급박한 필요성을 강조한다. 유럽계 이민자들이 한 세대 혹은 두 세대 이후에 주류의 사람들과 융화될 수 있었던 것과 대조적으로, 비유럽권 이민자들은 여전히 유럽계 미국인과 확연히 구분되고 있다. 그리하여, 미국에 대해 희망과 낙관적인 생각을 가지고 있는 사람들조차 그러한 환상을 깨뜨리는 인종차별주의를 경험한다.

미국인들은 종종 인종차별주의에 대한 진보의 징후로서, 인종에 대한 개선된 일반인들의 태도를 열거한다. 2004년 갤럽(Gallup polls)조사에 따르면, 대부분의 미국인들은 친밀한 관계를 유지하는 다른 인종의 친구가 있다고 설문에 응하였다. 흑인[5)]의 78%와 라틴계의 61%는 여러 인종의 사람들이 섞여 있는 지역에서 살기를 선호한다고 답한 반면, 백인은 오직 57%만이 긍정적으로 답하였다. 실제로 미국에서 인종 평등에 대한 인식은 응답자의 민족성에 따라 유의미한 차이가 있다. 갤럽 조사에 따르면, 백인은 61%가 "흑인과 소수 인종의 지위에 만족한다"고 답한 반면, 백인이 아닌 사람은 그 44%만이 이에 "만족한다"고 답하였다. 백인의 77%는 흑인도 동등한 직업 기회를 가진다고 생각한 반면, 흑인은 41%만이 그렇게 생각한다고 답하였다. 이와 유사하게 백인은 86%가 흑인도 교육과 주거에 대해 동등한 기회를 가진다고 생각한 반면, 흑인 중 51%만이 흑인들에게 동등한 교육과 주거의 기회가 열려있다고 생각하였다 (Carlson, 2004; Jones, 2004; Mazzuca, 2004).

미국 헌법에 명시된 바에 따르면 모든 미국인은 동등한 지위를 부여받음에도 불구하고, 아프리카계 미국인, 라틴계, 미국 원주민들은 현저하게 낮은 교육적, 경제적, 정치적으로 지위에 머물고 있다. 2003년에 아프리카계 미국인의 80%가 고등학교 전 과정을 마친 반면, 오직 17%만이 4년제 대학을 졸업하였다. 같은 해, 라틴계는 57%가 고등학교 과정을 마쳤으며, 11%만이 4년제 대학을 다녔다. 백인의 경우 그 비율은 각각 85%와 28%였다(U.S. Department of Commerce, Bureau of the Census, 2004a). 아프리카계 미국인과 라틴계는 교육 수준이 같은 백인보다 여전히 수입이 낮다. 고등학교 졸업자의 수입을 비교해보면, 백인의 평균 연수입은 30,700달러인 반면, 흑인의 평균 수입은 25,580달러이며, 라틴계는 25,500달러로서 22%의 차이를 보인다. 전문직에 종사하는 고학력 백인의 평균 연수입은 60,320달러인 반면, 교육 수준이 같은 흑인은 51,220달러, 라틴계는 41,000달러로 나타났다(U.S. Department of Labor, Bureau of Labor Statistics, 2005a). 이러한 불균형은 교사에게서도 나타났다. 라틴계 교사의 평균 연봉이 41,000달러인 반면 백인 교사 연봉의 평균은

---

5) 역주: African American은 아프리카계 미국인으로, Blacks는 흑인으로 번역한다. 대개 비아프리카계 출신의 미국 내 흑인들(예, 카브리해 연안국가)은 자신들의 정체성을 African American으로 정의하기보다 Black으로 정의한다.

표 1.1 25세 이상 정규직 종사자의 임금(2002)

교육 수준	4년제 고등학교	1~3년제 대학	학사 학위
백인	28,145달러	30,570달러	52,470달러
흑인	22.823달러	26,711달러	42,285달러
라틴계	24,163달러	26,459달러	40,848달러

출처: 미국 상무성 인구통계국(U.S. Department of Commerce, Bureau of the Census, 2004a, Table 215)

43,000달러이다(U.S. Department of Commerce, Bureau of the Census, 2004a). 표 1.1은 백인이 경제적으로 그리고 고용기회의 측면에서 상당한 이점을 가지고 있으며, 교육 수준이 가진 다른 인종의 사람들이 보수 면에서 동등한 대우를 받지 못한다는 것을 명확하게 보여 준다.

유색인종은 여전히 계속해서 불평등한 실업과 빈곤을 겪는다. 그림 1.1은 1960년부터 2002년까지 인종별 빈곤율을 보여주는데 그 경향은 현재까지도 지속되고 있다. 예를 들어 2004년 빈곤을 겪은 백인은 8.2%, 라틴계는 22.5%, 흑인은 24.4%로 나타났다(U.S. Department of Labor, Bureau of Labor Statistics, 2004a). 미국 원주민의 자료는 다른 집단들처럼 체계적으로 보고되지 않

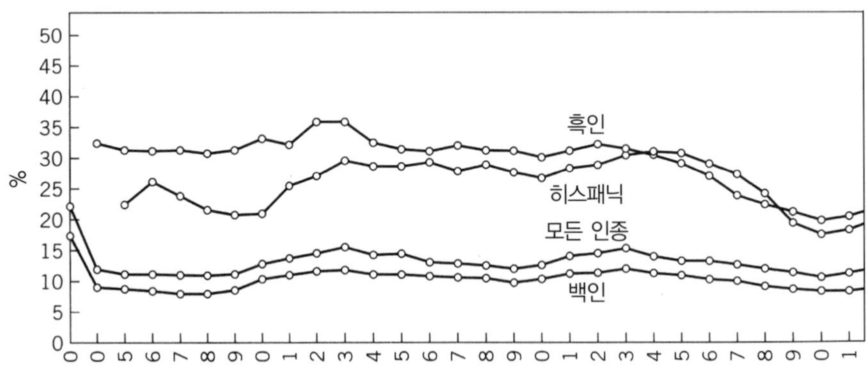

그림 1.1 미국의 빈곤율: 빈곤선 아래에 있는 사람들의 비율

출처: 미국 인구 통계국(U.S. Department of Commerce, Bureau of the Census, 2004a, Table 683)

왔지만, 많은 부족들이 실업과 심각한 빈곤을 겪는다. 2003년, 미국 인디안과 알래스카 원주민 가정의 평균 수입은 35,441달러였다. 상대적으로 같은 해 백인 가정의 수입은 44,687달러였다(U.S. Department of Commerce, Bureau of the Census, 2007). 2000년도 미국 원주민의 빈곤율은 25.7%였으며, 2005년도 미국 원주민과 알래스카 원주민의 실업률은 12%였다(U.S. Department of Education, National Center for Education Statistics, 2005).

아동들이야말로 빈곤의 영향을 더 크게 받는다(표 1.2 참조). 2006년에는 7,300만 명의 미국 아동이 빈곤으로 고통받았다. 전체 아동의 39%인 2,860만 아동이 저소득 가정에, 17%인 1,270만 아동이 빈곤 가정에 살았다(National Center for Children in Poverty, 2007, www.nccp.org). 2006년 기준으로, 백인 아동의 10%가 빈곤한 삶을 사는 것으로 분류되었다. 이는 아프리카계 미국인 아동의 33%, 라틴계 아동의 27%, 아시아계 아동의 12%, 그리고 미국 원주민 아동의 40%가 빈곤한 삶을 사는 것과 대조된다. 미국의 1,300만(전체 미국 아동의 17%) 아동들이 미국 연방이 지정한 빈곤 수준 이하의 가정에서 살고 있다(4인 가정 기준, 연소득 20,650달러). 4인 가족의 생활비를 감당하기 위해서는 적어도 이보다 약 두 배가 되는 41,300달러의 수입이 필요하다. 3인 가족이 살아가기 위해서는 연방 빈곤선인 17,170달러가 아니라 최소한 34,340달러가 필요하다. 마찬가지로 2인 가족이 살기 위해서는 연방 빈곤선인 13,690달러가 아니라 27,360달러가 필요하다. 이 자료에 따르면 미국 아동의 39%가 저소득 가정에서 살고 있다. 또한 대부분의 이러한 아동들의 부모들은 일을 한다. 하지만 그들은 저임금과 불안정적인 직업으로 인해 생계에 어려움을 겪고 있다.

빈곤은 아동들의 학습능력을 감소시킬 뿐만 아니라 사회적, 정서적, 행동상의 문제를 유발한다. 또한 빈곤은 아동들의 신체적, 정신적 건강에도 영향을 미친다. 어릴 때 심각하고 지속적인 빈곤을 경험하는 것은 아동들에게 가장 심각한 해가 된다. 표 1.2를 보면 여성 가장과 생활하는 아동 중 백인 아동의 35%, 흑인 아동의 48%, 아시아계의 30%, 라틴계 50%가 빈곤한 생활을 하고 있다(National Center for Health Statistics, 2004).

집중된 빈곤 문제(concentrated poverty matters)는 아동들 삶의 질에 관한 문제뿐만이 아니라, 학교에서의 학업성취에 있어서도 중요하다. 오르필드와

표 1.2 빈곤에 처해 있는 아동 수: 1960~2002

빈곤에 처한 아동 비율				
연도	백인	흑인	히스패닉	계
1960	20.0	65.5	–	26.5
1965	14.4	47.4	–	20.7
1970	10.5	41.5	–	14.9
1975	12.5	41.4	34.5	16.8
1980	13.4	42.1	33.0	17.9
1981	14.7	44.2	35.4	19.5
1982	16.5	47.3	38.9	21.3
1983	17.0	46.2	37.7	21.8
1984	16.1	46.2	38.7	21.0
1985	15.6	43.1	39.6	20.1
1986	15.3	42.6	37.1	19.8
1987	15.0	45.1	39.3	20.0
1988	14.1	43.5	37.6	19.2
1989	14.1	43.2	35.5	19.0
1990	15.1	44.2	37.7	19.9
1991	16.1	45.6	39.8	21.1
1992	16.5	46.3	39.0	21.6
1993	17.0	45.9	39.9	22.0
1994	16.3	43.3	41.1	21.2
1995	16.2	41.9	40.0	20.8
1996	16.3	39.9	40.3	20.5
1997	16.1	37.2	36.8	19.9
1998	15.1	36.7	34.4	18.9
1999	13.5	33.1	30.3	16.9
2000	12.4	30.9	27.6	15.6
2001	12.8	30.0	27.4	15.6
2002	13.1	52.1	28.2	16.3
여성 가장과 함께 사는 아동의 빈곤율				
연도	백인	흑인	히스패닉	계
1960	21.0	29.4	–	23.7
1965	27.0	49.7	–	31.7
1970	36.6	60.8	–	45.8

(이어짐)

1975	41.7	70.1	42.9	51.4
1980	41.3	75.4	47.1	52.8
1981	42.0	74.3	48.5	52.2
1982	–	–	–	–
1983	39.3	74.5	42.5	50.0
1984	41.8	74.9	47.2	52.4
1985	43.0	78.4	49.6	53.8
1986	45.7	80.5	49.5	56.6
1987	46.0	79.0	47.2	56.9
1988	49.7	78.4	48.7	58.7
1989	46.3	78.1	46.4	56.7
1990	46.9	80.3	47.8	57.9
1991	47.4	83.1	47.0	59.0
1992	43.2	79.1	37.5	55.3
1993	45.0	81.6	45.6	56.8
1994	46.4	82.2	45.6	57.7
1995	38.0	55.5	59.3	44.8
1996	38.9	52.8	61.2	44.3
1997	39.7	49.0	56.7	43.5
1998	35.7	48.9	53.2	40.9
1999	31.6	47.2	46.4	37.4
2002	22.6	35.8	35.3	26.5

출처: 미국 상무성 인구통계국(U.S. Department of Commerce, Bureau of the Census, 2004a, Tables 684, 690)

리(Orfield and Lee, 2005)에 따르면, 인종차별과 집중된 빈곤 문제는 동시에 일어나는 경향이 있다. 이러한 과정 속에서, 가난하고 낙후된 학교에 다니는 학생들은 부유하고 풍요로운 학교에 다니는 학생들에 비해서 숙련된 교사와 도전적인 교육과정과 같은 고품질의 교육(high-quality education)에 접할 수 있는 기회가 상대적으로 적다. 미국인에게는 빈곤을 해소하고, 인간의 기본 욕구를 충족시킬 수 있는 실질적인 정책이 절실히 필요하다.

고용에서의 격차는 특히 백인과 라틴계 사이에서 다소 개선되었으나, 흑인들의 경우에는 그러하지 못하다.

16~24세 고졸자의 실직률을 보면, 백인이 11%, 라틴계가 12%로 이들 사이

에는 그다지 두드러진 차이가 없다. 하지만 흑인은 25%로서, 백인과 라틴계의 약 두 배에 달한다. 25세 이상의 교육 수준이 같은 사람들을 보면, 백인, 히스패닉, 아시아계의 실직률은 약 5% 내외인 반면, 흑인의 실직률은 약 9%에 달한다(Status and Trends in the education of Racial and Ethnic Minorities, 2007).

여전히 백인들에게 가장 많은 취업 기회가 주어지고 있다. 2005년, 백인의 실업률은 4.4%, 라틴계 실업률은 6.6%이고, 흑인의 실업률은 무려 10.4%에 달했다(U.S. Department of Labor, Bureau of Labor Statistics, 2005b). 2003년에는 백인 고등학교 졸업생의 89%가 취업하였고 고등학교 중퇴자의 83%가 취업한 반면, 고등학교를 졸업한 아프리카계 미국인 중에서는 단 72%만이 취업하였다(U.S. Department of Commerce, Bureau of the Census, 2004a). 이러한 현상에는 몇 가지 이유가 있다. 고용에 있어서의 인종 차별이 그 하나이며 또 다른 이유 는 유색인종이 사는 곳에는 그다지 많은 일자리가 존재하지 않는다는 것이다. 제2차 세계대전 후 수백만 명의 유색인종들이 제조업과 같은 일자리를 구하기 위해서 도시로 이주하였다. 이 제조업들 중 많은 회사가 지난 20년간 제3세계의 많은 나라로 공장을 옮겼다. 이러한 현상으로 인해, 많은 사람들이 대도시의 저소득층 거주지역 안에 머물게 되었으며, 최저임금을 주는 서비스업을 제외하고는 직업에 대한 접근성이 감소하였다. 결국 직종에 대한 경쟁이 전국적으로 높아지고 있다. 이와 더불어 미국 노동국(Bureau of Labor)은 고소득자와 저소득자의 소득격차는 줄고 있지 않다고 보고한다. 예를 들어, 그 보고서는 일리노이 주와 그외 많은 주에서, 향후 10년 동안 새로 생기는 일자리는 평균 임금이 현재의 약 두 배가 될 것으로 언급한다. 그러나 세 배에 달하는 직종에서는 현재 임금의 절반, 다시 말해 연간 20,108달러를 지급할 것으로 예상되는데, 이는 4인 가족 기준 연방 빈곤선의 이하수준이다.「시카고 트리뷴 신문의 기사(Chicago Tribune, 2007)에 따르면, 이 보고서는 급속한 세계적인 변화의 시대에서, 미국에서 다섯 번째로 큰 경제를 심층적으로 조명한 후, 다음과 같은 정보를 제공한다. 즉, 가족의 생계를 담당하고 있는 제조업관련 직업은 사라지고 있으며, 현대의 많은 직업이 서비스업으로 대체되고 있다. 특히

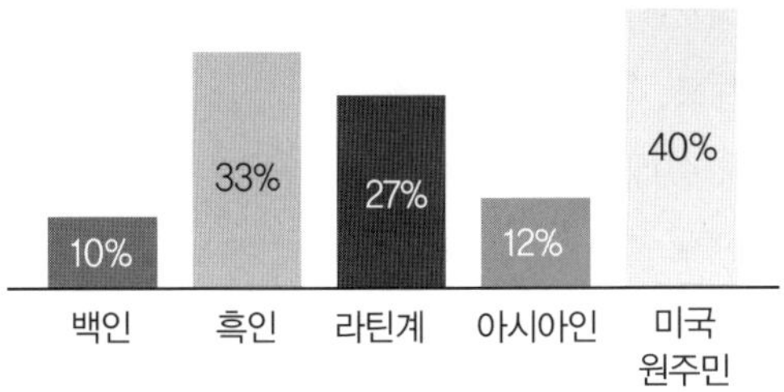

미국 내 인종별 빈곤 가정(2006)

- 10%(4,154,521)의 백인 아동이 빈곤 가정에서 산다
- 33%(3,604,328)의 흑인 아동이 빈곤 가정에서 산다
- 27%(4,044,244)의 라틴계 아동이 빈곤 가정에서 산다
- 12%(363,414)의 아시안계 아동이 빈곤 가정에서 산다
- 40%(200,070)의 미국 원주민의 아동이 빈곤 가정에서 산다

출처: 국가 아동 빈곤 연구소(National Center for Children in Poverty). 저임금 아동에 대한 기본 사실: 출생부터 18세까지. 2007년

그림 1.2 아동들의 인종/민족

이러한 업종에서는 단순노동과 대졸자 간의 임금 격차가 심하다. 경제학자 마크 잰디(Mark Zandi)는 트리뷴지에서 다음과 같이 기술하였다. "중요한 점은 여기에 두 개의 경제 집단이 있다는 것이다. 한쪽은 아주 잘 유지되고 있는 반면, 다른 한쪽은 하루 벌어 하루 쓰기에 바쁜 가정들로 구성되어 있다. 그들은 부동산 대출금을 상환하기에도 벅차며, 경제적인 벽에 부딪혀 힘겨워한다"(p. 4). 미국 내의 훈련된 기술자들에게 큰 피해가 되는 기술직의 수출에서조차 고학력 유색인종 인력에 타격을 입혔다. 기술 고용평등 연합(2004)은 "미국 내의 기술집약적 산업이 해외로 이동하게 되면, 현재 가장 빠르게 성장하고 있는 흑인 고급 기술자와 사업가의 성장 가능성을 빼앗아 간다"(p. 3)고 지적하였다. 새로운 직업의 기회는 점점 유색인종보다 백인의 비율이 높은 교외 지역에서 창출되고 있다.

미국의 주택들도 여전히 인종이나 계층에 따라 분리되어 있다(Orfield & Lee, 2005). 주거에 대한 차별로 유색인종은 백인보다 이주하는 것이 더 어렵다. 비용이나 가족 수 등의 조건을 동등하게 놓고 계산할 때, 과반수 이상의 백인에게 더 많은 선택이 주어지고, 거주지의 집을 선정하는 데에 있어서도 백인의 선택의 폭이 더 넓다. 2000년대에도 주거 차별 현상은 미미하지만 아직도 넓게 퍼져있다. 연구자들은 일부 도시에서 전화상으로 흑인 특유의 영어 혹은 치카노(Chicano)[6] 영어를 구사하는 이들에게 주택 임대를 거부하는 실재를 기록해 왔다(Purnell, Idsardi, and Baugh, 1999).

직업, 주거, 병원에 대한 차별화된 접근성으로 인해, 삶의 질에 대한 여타 예측치가 인종에 따라 가변한다. 예를 들어, 2002년에 아시아계 미국인의 83%, 아프리카계 미국인의 81%, 라틴계의 66%, 미국 인디안과 알라스카 원주민의 약 61% 정도가 의료 보험 혜택을 받은 반면, 백인의 85%가 의료 보험의 혜택을 받았다. 의료 보험을 받지 못하는 미국인의 비율은 1998년 16.3%에서 2002년 17%로 증가하였다. 이와 더불어, 가난한 아동들을 위한 국가 기구에 따르면, 가난한 아동들(48%)이 부유한 아동들(70%)에 비해서 훨씬 적게 의료 서비스를 받는 것으로 나타났다(National Center for Children in Poverty, 207).

더욱이, 그림 1.3에 나타난 것처럼, 백인이 미국 내의 다른 유색인종보다 기대 수명이 길다는 점을 알 수 있다. 예를 들어 2002년에, 흑인 남성의 기대 수명은 69세인 반면 백인 남성의 기대 수명은 75세로 나타났다(National Center for Health Statistics, 2004). 미국 원주민들의 평균 기대 수명은 다른 집단들보다 2.5년 짧은 것으로 나타났다(U.S. Department of Health and Human Services, 2001). 일반적인 인구 증가에 대한 기대 수명에 따라, 인종 간의 차이는 지속된다.

유색인종의 교도소 수감률이 백인에 비해 높다. 1990년대까지의 투옥률에 관한 연구에서는 대략 라틴계 남성의 16%, 백인 남성의 4.4%가 평생동안 한 번 이상 수감되는 반면, 약 28%의 흑인 남성이 주 정부 감옥 혹은 연방 정부 감옥에 수감될 것이라고 예측하였다(U.S. Department of Justice, 2002). 2004년, 교도소 수감자 중 비라틴계 백인이 35.7%인 반면, 43.2%가 흑인, 18.9%가 라틴계인, 2.2%가 그외 인종이었다(Harrison & Beck, 2005). 이와 더불어 2005년

6) 역주: 멕시코계 인을 칭하는 용어.

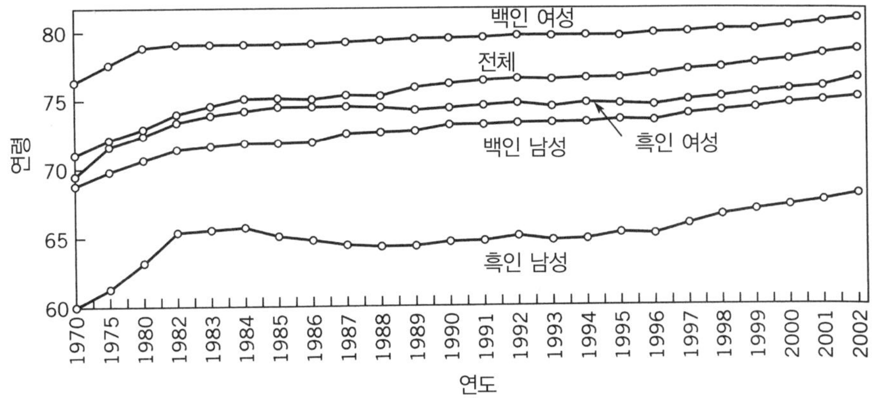

그림 1.3 출생 시 기대 수명

출처: 미국 보건통계국, 미국 보건복지부(U.S. Center for Health Statistics, U.S. Department of Health and Human Services, 2004)

1월 1일 기준으로, 3,455명의 사형수가 있었다. 그중 흑인이 1,444(42%)명, 히스패닉이 356(10%)명, 미국 원주민이 39(1%)명, 아시아인이 40(1%)명, 백인이 1,576(46%)명이었다(1명은 "기타"로 표시함)(Fins, 2005). 이러한 교도소 통계는 특히 전체 미국 인구에서 각 인종이 차지하는 비율(흑인 12%, 히스패닉 12%, 미국 원주민 1%, 아시아계 4%, 백인 76%)을 감안할 때, 이와 같은 교도소 수감률에 대한 통계자료는 경종을 울린다.

유색인종은 그들 중 많은 사람들이 시장이고, 현재 미국 대통령이 흑인임에도 불구하고 여전히 많은 정치적 중심 세력에 근접하지 못하고 있다. 미국 하원과 상원에서 특정 성과 인종의 정치적 위상이 지금까지 증가해 왔다 하더라도, 매우 미미할 뿐이다. 지금까지 단 5명의 아프리카계 미국인이 미 상원의원으로 선출되었다. 2007년까지 미국 상원의 역사상 오직, 흑인 5명, 아시아계 5명, 히스패닉 6명, 미국 원주민 3명이 상원의원이 되었다. 미국 역사를 통틀어 나머지 상원의원들은 모두 백인이었다. 110번째 국회에, 아프리카계 미국인 1명, 라틴계 상원의원 2명이 있었다(U.S. Senate Historical Office, 2005). 435명의 하원의원들 중 아프리카계 미국인은 42명(9.6%), 라틴계가 22명(5%), 아시아계가 7명(1.6)이었다(Ethnic Majority, 2007).

요약하면, 지금까지 논의한 각각의 사실로 미루어볼 때 교육, 경제적 위치,

직업, 건강, 주거, 정치적 영향력의 측면에서 유럽계 후손들의 특권이 미국 사회 내에서 제도화되어 지속적으로 되물림되고 있다.

성(Gender)

여성 또한 최근의 여러 가지 변화에도 불구하고 정치, 경제적 및 다른 여러 사회적 측면에서 현저하게 낮은 위치에 있다. 이것은 미국뿐만이 아니라 전 세계적인 현상이다. 미국 사회학회(American Sociological Society) 회장인 엡스타인(Cynthia Fuchs Epstein, 2006)은 "거대한 분할: 여성에 대한 세계적 종속에 대한 문화적, 인지적, 사회적 기저(Great Divides: The Cultural, Cognitive, and Social Bases of the Global Subordination of Women)"라는 연설에서 다음과 같이 발언하였다.

> 성(sex)에 기초한 범주화는 사람들을 구분하는 가장 기본적인 사회적 분할 요소이다. 그것은 가정에서의 노동의 분리, 직업, 정치, 종교를 포함한 가장 주요한 관례로서의 조직적인 원칙 같은 것이다. 전 세계적으로 여성의 역할은 남성의 보조 혹은 그 아래의 낮은 것으로 간주된다. 성(gender)은 여성의 역할을 남성의 역할과 구분한다. 여성은 자녀출산, 활동의 보조 등으로 그 역할을 강요받으며, 자율성을 제한받는다. 여성은 의사 결정에 참여하는 것과 높은 보수를 받는 역할을 맡는 것에 제한이 있으며, 때로는 여성이기 때문에 곤경에 빠지기도 한다. 이러한 과정은 사회적, 문화적, 심리학적인 메커니즘을 통해 유지되고 있다. 차별(differentiation)은 집단적 안정성과 사회적 이동(social movements)의 성공 여부에 따라 변화한다. 성에 대한 분석은 고정관념이나 편견을 바탕으로 진행되는(ghettoized) 경향이 있다. 결국 모든 사회학자들은 자신들의 연구에서 성에 대한 이슈를 고려하는 것이 요청되는데, 이는 사회 내의 주요 기관들과 사회적 관계에 대한 이해를 증진시키기 위함이다(p. 1).

노동시장에 참여하는 여성이 지속적으로 증가하고 있다. 하지만 정규직 여성 수입은 정규직 남성 수입의 약 76% 수준이다(U.S. Department of Labor,

Bureau of Labor Statistics, 2004a). 표 1.3과 1.5를 참조하라. 이러한 임금의 격차는 지난 30년간 변동적이었으며, 여성이 남성 지배적인 분야에 종사하면서 줄어드는 것처럼 보인다. 그러나 표 1.4를 보면 알 수 있듯이, 동일한 교육 수준의 남성과 여성 사이에는 분명한 임금 격차가 존재한다(U.S. Dept. of Commerce, 2005).

이러한 상황을 지속시키는 주요한 제도적 사실은 남성과 여성이 관리직과 전문직에서 특정한 다른 업무를 수행하며, 여성은 저임금의 업무에 편중되어 있다는 것이다. 현대 여성은 전통적으로 남성의 영역으로 여겨졌던 법조계와 같은 고임금의 분야에 상당히 많이 진출하고 있다. 그럼에도 불구하고, 2003년 당시, 대부분의 여성은 저임금의 '핑크 칼라(전통적인 여성의 직업)' 에 집중되어 있다. 전문적이거나 그에 준한 직종(기술직, 컴퓨터 관련, 수학적 분야 등 가장 높은 보수를 받는 일부 직업들)에서 남성이 여성보다 훨씬 더 많이 고용되는 경향이 있다. 대신에, 여성은 교육, 훈련, 도서관 관련 업무 등에 더 많이 종사하고 있다(U.S. Department of Labor, Bureau of the Census, 2004a). 예를 들어, 2003년에 법조계의 27%만이 여성이었던 반면, 변호사 보조원 및 사무원은 무려 84%가 여성이었다. 교육행정가의 65%, 건강 서비스 매니저의 71%가 여성이었던 반면, 경영에 있어서는 최고경영자의 23%, 총책임자의 28%만이 여성이었다. 사회 사업가의 80%, 유치원부터 고등학교까지 교사의 82%, 간호사의 92%가 여성이었다. 그러나 기술자의 90%, 대학교수의 55%, 의사의 70%는 남성이었다. 식품관련 업종을 보면, 주방장의 80%는 남성인 반면, 음식 준비와 서비스 관련 업무의 72%를 여성이 담당했다. 판매 업종을 보면, 남성은 대부분 관리직을 맡았으나, 여성은 출납과 회계 혹은 점원을 담당했다(U.S. Department of Commerce, Bureau of the Census, 2004a).

더욱이 이러한 직종들에서 여성 주급의 평균은 남성에 비해서 낮았다. 하이디 하트만(Heidi Hartmann, 여성 정책 조사 국장)은 "2001년 이래로 임금률에 대한 진보가 없었다. 그리고 …… 여성에 대한 임금률의 저하는 그들 직업에서의 질적인 저하를 가리킨다" 고 기술한다(Longley, 2004, p. 1에서 재인용). 이 문제를 논의하기 위해 세계 전쟁과 평화 보도 연구소의 국장인 바바라 골트(Barbara Gault)는 다음과 같이 진술하였다. "남성과 여성 임금 간의 지속적인

표 1.3 시대에 따른 임금 격차: 동일한 교육 수준의 남성 노동자 임금 대비 정규직 여성 노동자의 임금(1955~2003)

연도	남성 임금 1달러당 여성 임금	연도	남성 임금 1달러당 여성 임금
1955	63.9센트	1985	68.2센트
1959	61.3센트	1986	69.2센트
1960	60.8센트	1989	68.0센트
1962	59.5센트	1990	71.0센트
1965	60.0센트	1991	74.3센트
1967	57.8센트	1992	75.8센트
1970	59.4센트	1993	77.1센트
1972	57.9센트	1994	76.4센트
1973	56.6센트	1995	75.4센트
1975	58.8센트	1996	75.0센트
1977	58.9센트	1997	74.5센트
1979	59.6센트	1998	76.3센트
1980	60.2센트	1999	73.1센트
1981	59.2센트	2000	74.9센트
1982	61.7센트	2001	75.8센트
1983	63.8센트	2002	76.4센트
1984	67.8센트	2003	76.3센트

출처: 미국 노동성, 노동통계국(U.S. Department of Labor, Bureau of Labor Statistics, 2005)

불균형의 문제 해결을 위해서, 우리는 최저 임금을 인상시켜야 하며 동등한 직업 기회 균등 법률(Equal Employment Opportuntiy Laws)을 시행해야 한다. 또한 여성이 전통적으로 남성의 전유물로 여겨졌던 영역에서 성공할 수 있도록 도와주어야 할 뿐만 아니라, 좀 더 유연하며 가정 친화적인 근무 정책을 수립해야 한다" (Longley, 2004, p. 2에서 재인용).

점점 더 많은 여성들이 한 가정의 가장이 됨에 따라, 이러한 지속적인 임금 문제는 여성과 아동의 삶을 아주 궁핍하게 한다. 2002년, 남성이 가장인 편부 가정의 12.1%가 빈곤한 반면, 여성이 가장인 편모 가정의 26.5%가 빈곤하다는 통계가 있다. 마찬가지로 2002년에, 결혼 가정의 총평균 수입은 61,254달러, 남성이 가장인 가정의 평균 수입은 41,711달러였던 반면, 여성이 가장인 가정

표 1.4 교육 수준과 성에 따른 정규직 노동자의 평균 임금(2002)

교육 수준	평균 임금	
	남성	여성
고등학교 졸업 이하	22,092달러	13,459달러
고등학교 졸업	32,673달러	21,141달러
대학(무학위)	36,869달러	22,292달러
준학사학위	42,392달러	27,341달러
학사학위	63,503달러	37,909달러
석사학위	73,629달러	47,368달러
전문직	138,827달러	61,583달러
박사학위	99,607달러	66,426달러

출처: 미국 노동성, 노동통계국(U.S. Department of Labor, Bureau of Labor Statistics, 2004a).

표 1.5 남성과 여성의 정규직 임금 격차(2002)

직종	남성 임금	여성 임금	남성 임금 대비 여성 임금 비율
관리, 사업, 금융 직종	59,716달러	41,276달러	69%
전문가 관련 직종	56,438달러	40,080달러	62%
서비스	26,105달러	20,008달러	71%
판매원과 사무직	37,400달러	26,950달러	66%
천연자원, 건축, 정비	32,618달러	25,901달러	59%
생간, 운송, 물건 옮기는 직종	31,144달러	21,907달러	69%

출처: 미국 노동성, 노동통계국 (U.S. Department of Labor, Bureau of Labor Statistics, 2005)

의 평균 수입은 21,001달러였다. 또한 2002년, 여성이 가장인 가정의 26.5%가 빈곤선 아래에서 생활하였다. 더구나 흑인 혹은 히스패닉 여성이 가장인 편부모 가정의 35%가 빈곤선 아래에서 생활하였다(U.S. Department of Commerce, Bureau of the Census, 2004a).

이러한 상황은 아동들에게 아주 많은 영향을 미친다. 전체 이혼한 가정의 84%에서 여성이 아동 양육권을 차지하며, 때때로 아주 적은 예산으로 가족을 부양해야만 한다. 2002년 기준으로 전체 아동의 16%, 흑인 아동의 32%, 히스패닉 아동의 28%가 실제로 빈곤하게 살았다.

미국 인구 통계국은 2005년 18세 이하의 인구는 전체의 18%, 65세 이상의 인구는 12%였으며, 2050년까지 아동의 비율은 거의 비슷하게 유지되겠지만, 노인 인구는 약 21%를 차지할 것이라고 예측하였다(U.S. Department of Commerce, Bureau of the Census, 2004a). 국가 아동 위원회 (National Commission on Children, 1991)에 의하면, 이러한 인구 통계적 변화는 "노동자 개개인이 은퇴한 노인들을 부양하기 위해 커다란 짐을 짊어져야 한다는 점"을 암시한다(p. 5).

노동시장으로의 여성의 유입은 여성에게도 또 다른 짐을 지운다. 왜냐하면, 육아와 가사는 여전히 여성의 일로 인식되고 있기 때문이다. 물론 남성이 20년 전에 비해 더 많은 가사를 분담하고 있지만, 여전히 대부분의 남편은 이러한 역할을 분담하려고 하지 않는다. 결과적으로, 결혼한 직업여성은 자신을 위해 많은 여가시간을 가지지 못한다. 빈곤의 증가와 중산층의 감소로 인해, 소수의 여성만이 적은 시간 동안 일하고, 가사 도우미를 두며 고상하게 산다. 가난한 가정에서 얻지 못하는 이러한 삶의 특권은 그들의 자녀에게 대물림된다.

여성을 상대로 하는 범죄 또한 여성의 사회적 위치를 절하시키는 다른 이유이다. 2000년의 여성 대상 사회 범죄 조사는 모든 여성의 25%가 가까운 동료로부터 육체적 학대를 당했으며, 이 사건들 중 1/4만이 경찰에 신고되었다(Tjaden & Thoennes, 2000). 많은 여성들은 이러한 범죄들이 육체적 힘에 관한 문제라고 생각한다. 이러한 힘은 여성의 낮은 지위를 재확인하려는 시도로서의 물리적인 압박이다.

여성의 정치적 위상이 다소 올라간 것은 사실이나, 그들의 경제적인 능력과 견주었을 때 그리 많이 개선된 것은 아니다. 많은 여성들이 선거에서 당선되어 지역 혹은 주 연방정부 사무실에서 근무하지만, 여성은 여전히 주 정부 수준에서 작은 소수 집단에 불과하며, 국가 수준에서 본다면 더욱 작은 집단이다. 미국 역사상 여성 주지사는 단 29명에 불과하며, 2008년에는 단 9명(18%)뿐이었다. 지금까지 유색인종의 여성이 주지사로 당선된 예는 없었다. 2007년 7,382명의 입법자 중에서 여성은 1,735명이었으며, 그중 347명만이 유색인종이었다. 미국 100대 도시 중에서 여성이 시장인 곳은 단지 세 곳뿐이다. 인구 3만이 넘는 미국의 도시들, 1,145명의 시장들 중 단 185명(16.2%)만이 여성이었다(Center for American Women and Politics, 2007).

2008년에 16명(16%)의 여성이 상원의원이었고, 74명(17%)의 여성이 하원에 있었다. 전체적으로, 미 의회 535명 중 90명(16.8%)이 여성이었다. 모든 여성 상원의원은 백인이었으며, 단지 1명의 유색인종 여성만이 상원의원으로 당선된 적이 있다. 미국 의회 535명 중 유색인종 여성 의원은 단 4.3%에 불과하다. 그들은 불행하게도 정치적으로 아주 힘없는 존재로 남아있었다.

2003년 12월, 미국은 직선제를 시행하는 전 세계 180개국 중에서 입법부와 의회에서 차지하는 여성의 지위에 대한 평가에서 60위에 머물렀다. 1992년 프레스지에서 '여성의 해' 를 선포한 이래로, 미국 내에서 여성의 정치 참여는 제한적으로 아주 약간의 변화만 가미되었을 뿐이다. 반면에 다른 나라들은 정당을 통하여 정치 참여 여성의 수를 늘리기 위한 국가 수준의 정치적 변화를 추구하기 위해 여러 가지 아이디어와 방법을 찾았다(The White House Project, 2005).

1970년에 후반부터 1980년대까지 정치 분야와 고용시장 양쪽에서 여성들이 기반을 얻자, 남성들의 반발이 거세졌다. 즉, 많은 여성들은 이러한 움직임을 여성을 집안으로 다시 몰아넣고, 보다 나은 직업에 대한 남성의 접근성을 보호하는 것으로 간주한다. 울프(Wolf, 1991)는 이러한 반발을 주시하면서 미용 산업의 성장을 분석하였다. 그녀는 방송매체가 여성에게 아주 날씬하고 그야말로 '완벽한' 미의 이미지를 조장하고 있으며, 결국 여성은 체중 감량과 외모에 더 많이 신경을 쓰게 된다고 지적하였다. 예를 들어 그녀는 '미국 여성의 90%는 자신이 과체중이라고 생각하고, 5~10%는 식이 장애가 있으며, 다른 어떤 목표보다도 몸무게 3~5kg 줄이는 쪽을 택할 것이다' 라고 보고하였다.

신경성 거식증은 1980년대까지 공식적으로 신경의학적인 문제로 분류되지 않았다. 그러나 이것은 청년기 여성에게서 점점 심각해지는 문제로 대두되었고 미국에서 이 정신 질병의 발생률은 1970~2000년에 약 두 배로 높아졌다. 여성 청소년의 약 0.5~1%가 이 장애를 가진 것으로 추정된다. 1998년 현재 이 장애로 진단받은 사람의 90% 이상이 여성이다. 최근의 연구를 보면 거식증은 인종과 연령에 상관없이 미국 내의 모든 여성에게서 지속적으로 증가하고 있다. 신경성 거식증은 심각한 증가율뿐만 아니라, 어떤 정신과적 질병보다 치사율이 높다는 점에서 대단히 심각한 사회 질병이다. 거식증의 증가율은 여성의 아름다움 그리고 상류 사회의 상징으로서의 '이상적인 날씬함'을 반영하는 것으로 간주된다(Frey, 2002). 미국 거식증/과식증 연합은 일 년에 약 천명의 사람들이 거식증으로 목숨을 잃는다고 발표하였다(National Mental Illness Screening Project, 1996). 울프는 미와 관련된 강박관념을 알아보기 위해, 이윤 추구를 위한 미용 산업, 출세와 성공(예, 텔레비전 리포터)을 위한 미용 충족 요건, 여성들에게 어필하는 매체 이미지에 대해 조사하였다.

성적 지향(Sexual Orientation)

여성을 위한 정치적 사회적 환경이 개선되면서 게이, 레즈비언, 양성애자에 대한 일부 개선이 있어 왔다. 성적 지향과 관련된 이슈는 특히 1969년 뉴욕에서 일어난 스톤월 소요(Stonewall Riots) 이래로 대중에게 표면화되었다. 그 사건은 동성애자와 양성애자에게 있어서 현대적 투쟁을 위한 전환점과 같은데, 이는 이들이 경찰의 공격에 반격한 첫 번째 사건이었기 때문이다. 그 이후로, 게이, 레즈비언, 양성애자, 성전환자는 자신들의 성적 기원을 질병이 아닌 시민으로서의 권리를 위한 투쟁으로 전환하기 위해 투쟁하였다.

여러 가지 측면에서, 이러한 현상은 점점 가중되었다. 예컨대 동성애자와 양성애자의 약 10%가 여전히 사회적인 편견과 차별이 존재함에도 불구하고 자신들의 성정체성을 밝혔다. 2004년 대통령 선거의 가장 중요했던 쟁점의 하나는 동성애자 간의 결혼 문제에 초점이 맞춰져 있었다. 보수주의 정치인들이 동성애자 간의 결혼을 금지하는 법 개정을 제안할 때, 일부 주에서는 그것을 합법화하려는 움직임이 있었다. 동성애자 간의 결혼은 종교가 정치에 커다란 영향을 끼치는 것처럼, 우리 사회를 '도덕적' 혹은 '비도덕적'으로 나누는 상징이 되었다. 미국에는 동성애자, 양성애자, 성전환자를 보호하기 위한 그 어떤 연방법도 있지 않다. 그리고 일부 주에는 '동성애적인 행위(homosexual conduct)'를 금지하는 법안이 있다. 이 잔존하는 편견은 동성애 보호자가 있는 가정의 아동에게 깊은 영향을 미친다. 이 아동들은 학교에서 친구나 선생님과 가정에 대해서 이야기하는 것을 꺼리거나 극도로 싫어한다.

많은 GLBT(게이, 레즈비언, 양성애자, 성전환자) 젊은이들이 자신의 성적 지향으로 인해 그다지 갈등하지 않지만, 모든 이들이 그러한 것은 아니다. 전반적으로, 게이, 레즈비언, 양성애 젊은이들은 활동성, 스트레스에 대한 대처 능력, 혹은 불안감 등에서 또래의 이성애자보다 더 우위에 있는 것으로 나타난다(Herdt & Boxer, 1993). 그러나 동성애자의 자살 위험성에 관한 국가 연구를 보면, 게이, 레즈비언 젊은이들의 자살 시도율이 또래의 다른 청소년들보다 약 두 배 정도 높다는 것을 확인할 수 있다(Russell & Joyner, 2001). 또한 그 연구는 동성애자들의 알코올 중독 비율이 1.7배 정도 높고, 우울증이나 가족이나 친구의 자살 시도에 영향을 더 많이 받으며, 더 많이 괴로워하는 경향을 보여준다. 아주 높은 비율의 GLBT 청소년이 이성애자 청소년보다 노숙자가 되는 경우가 많다. 일부 연구들은 이러한 문제의 심각성을 지적하고 있다. 크럭스(Kruks, 1991)는 로스엔젤레스 가출, 노숙자 청소년 대책 본부(the Los Angeles County Task Force on Runaway and Homeless Youth)는 그들이 수용하고 있는 청소년 중 25~30%가 게이, 레즈비언이거나 양성애자라는 사실을 지적하였다. 이와 유사하게 그는 또한 시애틀 아동 청소년 보호시설(the Seattle Commission on Children and Youth)에 있는 청소년의 40%가 동성애자 혹은 양성애자라고 보고하였다. 이러한 수치는 미국 전체 인구의 약 4% 혹은 5%의 사람이 게이, 레즈비언, 양성애인 것을 감안하면 훨씬 더 높을 것이다(Smith & Gates, 2001). 그 청소년들은 빈약한 생활 조건으로 인한 건강, 영양실조, 불충분한 의료 관리, 폭력 범죄로 고통받고 있다.

사회 계층

미국은 사회경제적 수준에 따라 명백히 계층화되어 있고, 이러한 현상은 점점 심해지는 것으로 보인다. 인종차별주의(racism)와 성차별주의(sexism)가 항상 존재해 왔고, 지난 30년 동안 더 심각해졌음에도 불구하고, 미국인들은 이러한 사회 계층화에 대해 점점 더 무관심해지고 있다. 아직까지 부의 분배에 있어서 불평등은 매우 크다. 미국 상무국, 인구 통계국(U.S. Department of Commerce, Census Bureau, 2004a)에 따르면, 1973년에 상위 5%의 부자들이 미국 전체 수입의 44%를 차지했고, 2002년에는 50%에 달했지만, 다른 사람들의 몫은 줄어들었다. 율리치(Ulrich, 2004)에 따르면, "1%의 미국인이 국가 부의 약 절반을 소유하고 있다." 달리 말하면, 지난 30년 동안 더 많은 미국인들의 경제적 상황이 나빠졌고, 가장 부유한 집단과 대부분의 다른 사람들과의 경제적 격차는 매우 크게 벌어졌다. 이러한 하락 국면의 양상은 노동자들의 실직 형태를 보면 알 수 있다. 실직을 하면 다른 직업을 찾거나 정규직이 아니면서 더 낮은 보수를 받는 직업으로 옮기게 된다. 예를 들어, 2001년과 2003년 사이에 1,140만 명의 사람들이 해고되었다. 그 이전의 2년 동안에 약 100만 명이 해고된 것과는 대조적이다. 이들의 2/3는 2004년 1월 당시 새로운 일자리를 찾았고, 20%는 아직 실직 상태이며, 13%는 직업 찾는 것을 포기하였다. 재고용된 사람의 43%만이 이전 직장에서 받던 것과 비슷한 보수를 받았다(U.S. Department of Labor, Bureau of Labor Statistics, 2004b). 결과적으로, 의료, 식품, 주거와 같이 삶의 기본 요건이 충족되지 않는 사람은 늘고 있다. 2003년에, 공식적인 빈곤율은 12.5%의 3,590만 명이었지만, 지난 3년간 그 수는 꾸준히 증가하고 있다(U.S. Department of Labor, Bureau of Labor Statistics, 2004b). 유색인종이 극빈으로 고통받고 있지만, 백인의 극빈 수준은 이 수치의 절반에 불과하다. 2003년에 미국 인구의 15.6%인 4,500만 명의 사람들이 의료보험의 혜택을 받지 못했으며, 그 수는 점점 증가하고 있다. 그것은 최저 임금을 주는 일자리는 노동자들에게 의료보험의 혜택을 주지 않고, 보수가 좋은 직종에서는 의료보험료를 대폭 삭감하고 있기 때문이다(U.S. Department of Labor, Bureau of Labor Statistics, 2004b).

빈곤 문제는 점점 증가하고 있기 때문에 식량에 대한 원조가 필요하다. 미국 내에도 여전히 기아에 허덕이는 이들이 존재하고 있다. 노드, 앤드류, 칼슨(Nord, Andrew, & Carlson, 2005)에 따르면, 1,260만 명의 아동을 포함한 3,550만 명의 사람들이 배고픔 혹은 굶주림의 위험 속에서 살고 있다. 이 수치는 전체 미국 인구의 10.9%로서, 미국 내 열 가구 중 한 가구 이상이 식량 문제로 고통받고 있다는 것을 보여준다. 또한 연구와 교육 협회(Institute of

Research and Education)에서는 2006년 기준으로, 대략 3,800만 명의 사람들이 식량 교환권 프로그램에 참여할 수 있는 자격을 받았다. 이들 중 약 65%는 혜택을 받았으며, 그 비율은 2001년의 16%부터 점점 증가하고 있다. 주요 대도시의 공무원들은 2000년 한 해 동안 그 이전에 비해 식량 보조 요청이 17%까지 증가했다고 보고하였다. 전체의 약 2/3가 보조가 필요한 아동들이 있는 가구세대였다. 공무원들은 증가하는 식량 문제의 원인을 증가하는 저임금 직종의 증가, 주택 임대 비용의 상승, 실업 때문이라고 분석하였다. 또한 그들은 제공 가능한 주택의 부족으로 급격하게 증가하는 노숙자들을 위한 긴급 구호 요구의 증가에 대해서도 보도하였다(Headley & Lowe, 2000).

미국은 비교적 부유한 국가임에도 불구하고, 빈곤을 근절하지 못하고 있다. 많은 사람들은 실직자들은 일을 하려고 하지 않는다고 주장하면서, 빈곤 문제를 가난한 사람들의 탓으로 돌리기도 한다. 그러나 미국의 경제는 그 실업률을 7% 아래로는 내리기 힘들다. 이러한 통계는 충분한 일자리가 없다는 것을 의미한다. 즉 7%의 실직자가 적극적으로 직업을 찾으려 노력한다고 할지라도 직업을 구할 수 없다. 이 수치에는 구직을 포기하거나 직업을 찾으려 하지 않는 사람은 포함되지 않은 것이다. 미국 내의 빈부격차가 심해지고 가난한 사람들이 다양해짐에 따라, 부자들은 빈곤의 문제를 점점 더 인지하지 못하게될 것이다. 또한 이들은 빈곤 문제에 대해 어떠한 행동을 취해야 한다는 책임감도 감소하게 될 것이다. 그러나 모순되게도 그것은 용역 일을 하거나 적은 이익을 남기는 가난한 사람들 때문이 아니라, 엄청난 돈을 사업에 투자하며 많은 이익을 가져가려는 부자들 때문이다.

30년 전에, 해링튼(Harrington, 1984)은 미국의 부자들과 빈민들의 빈부격차가 점점 더 극화되고 있으며, 경제 구조의 변화로 중산층이 점차 붕괴될 것이라고 주장하였다. 10, 20년 전에 안정적인 직업과 공동체에 속해 있던 사람들이 지금은 경제의 낭떠러지 가까이에서 빈곤과 준빈곤의 사이를 걷고 있다. 아직 멀기만 하지만, 만약 경제가 회복된다면 그들의 문제는 개선될지도 모른다. 하지만 미국 경제가 더 나은 국면으로 접어들지 않는다면, 그들 혹은 그들과 비슷한 수준에 있는 사람들은 20~30년 동안 사회유동성 악화에 직면할 것이다. 이들은 1982~1983년 겨울, 경제가 꽁꽁 얼어붙었던 당시 매스미디어에서 밝혀낸 일시적인 '새로운 빈곤층'이 아니다. 해커(Haker, 1992)는 『두 국가(Two Nations)』에서 경제의 많은 방면은 여전히 암흑 속에 있다고 지적하였다. 그는 직업을 가진 많은 사람들이 하루 종일 일할 수 있는 직업이 아니거나, 일 년 중 일부만 직장에서 일하게 된다고 제시하였다. 그는 또한 공식적으로 실직 상태인 남성과 여성을 합한 수만큼의 사람들이 구직을 포기하고 있다는 것을 발견하였다. 구직에 있어서 무기력하고 무능한 이 사람들 때문에 미국 노동 통계국(the Bureau of Labor Statistics)은 '낙심한 근로자(discouraged worker)' 라는 노동자 분류 범주를 새로 만들었다. 미국 사회는 증가하는 분극화에 맞서기보다, 이것이 더욱 심해지도록 방치하고 있다. 핵커(Hacker, 2006)는 다음의 세 가지 책을 고찰한 후 사회 내의 장벽이 그 어느 때보다 높고, 경제적 불평등은 그 어느 때보다 뚜렷하다고 주장하였다: 사회 계층의 문제, 불평등의 문제(Class matters, Inequality Matters), 미국 내 증대되는 경제적 분화 및 독약과 같은 결과들(The Growing Economic Divide in America and its Poisonous Consequences), 선택받은 자: 하버드, 예일, 프린스턴 대학의 합격과 불합격에 숨겨진 역사(The Chosen: The Hidden History of Admission and Exclusion at Harvard, Yale, and Princeton).

장애

미국에서 장애인은 18%에 이른다. 약 5,120만 명의 사람들이 정도의 차이는 있지만 장애를 지니고 있다(U.S. Census Bureau, 2006). 역사적으로, 장애인들의 복지에 대한 대중의 관심은 높을 때도 있었고 낮을 때도 있었다. 1990년 미국 장애인법(The Americans with Disabilities Act)에서는 대중의 관심을 요구하고 있지만, 역사적인 사실을 기초로 할 때, 그 관심은 감퇴된 것으로 보인다. 장애인을 위한 연방과 주의 법은 장애인의 권리를 더욱더 보호할 것을 제안하고, 장애인 보조 사업을 확장할 것을 표명한다. 그러나 장애인을 위한 법과 사업은 대부분 비장애인에 의해서 만들어지고 있으며, 종종 이러한 법은 장애인이 제시하는 바를 종합적으로 반영하지 못한다. 더욱이 한 부류로서 장애인은 빈곤에 대한 서열에서는 과대적으로 대표되는(overrepresent) 경향이 있고, 그들의 실직률이나 수입 등에 대해서는 통계적으로 자세하게 조사되거나 알려진 것이 없다. 결국 이들은 빈곤층에 대한 담론에서 비가시화되기도 한다. 과거에는 21세부터 64세 사이의 장애인 중 약 56%가 직업을 가지고 있었다. 경증 장애가 있는 사람들의 평균 수입은 22,000달러이다. 비장애인의 평균 수입은 25,000달러이며, 중증 장애가 있는 사람들의 평균 수입은 12,800달러이다(U.S. Census Bureau, 2006). 고용시장에서 이중의 차별을 당하고 있는 유색인종 장애인의 실직 및 빈곤 문제는 특히 더 심각하다.

지난 10년간 다소 개선되었다고는 하지만, 여전히 장애인에게는 비장애인보다 편의시설에 대한 접근성이나 기회가 부족하다. 한 가지 예로, 토지 사용 규제 제도(Zoning law)는 정신지체인들의 주거지역을 제한한다. 시각, 청각, 신체적으로 손상을 입은 이들은 공공 편의 시설을 이용할 수 있는 법적인 권리를 가지고 있다. 그러나 사실상, 장애인의 입장에서 보면 많은 건물에서 공공 서비스 직원과 의사소통하거나, 의사소통을 위한 어떤 채널을 사용하는 것도 아주 어렵거나 불가능하다. 1990년 미국장애인법은 이러한 장벽을 허물고, 그 영향력을 넓히며, 사람들이 이를 인식하도록 도와주는 것을 목표로 한다. 『장애의 단편(Disability Rag)』(장애 운동가들의 출판물)은 "장애인들이 가지고 있는 어려움은 건강상의 문제가 아니라 무엇보다도 차별의 문제라는 사실로 대중적인 관심을 돌려야 한다."고 지적하고 있다(The Americans with Disabilities Act, 1991, p. 11). 그렇지만 그 법안의 시행과정에서는 장애인을 그들의 지적 수준보다 더 낮게 취급한다. 더욱이, 그 법안을 시행하는 과정에서 소비되는 비용으로 인해, 그 법안에 대한 반대가 늘어나고 있다. 예를 들어, 존슨(Johnson, 2005)은 캘리포니아 주에서 사업가 이익집단이 지지한 두 개의 입법안을 연구하였는데, 이 법안들에서는 장애인의 접근 용이성을 위반한 내용을 고소하는 것을 더 어렵게 만들었다. 그녀는 사업가들이 그 법령을 따르고, 교육적인 세미나에 참석하는 것 대신에 장애인 접근성의 수요를 무시하는 것을 택했으며, 또한 법령이 정하는 장애인의 권리도 무시하고 있다고 지적하였다. 이와 더불어, 존슨은 사업가들이 장애인의 고소를 적극적으로 무효화시키고 있다고 주장하였다.

2007년에 미국 장애인 협회(National Council on Disability), 장애인 대학

기구 연합(Association of University Centers on Disability), 국가 범죄 피해자 센터(National Center for Victims of Crime)는 함께 다음의 결론에 도달하였다.

> 장애인은 자신의 공동체에 완전히 참여하는 것을 불가능하게 하는 명백하고 사소한 사회적 주변화(marginalization)의 여러 형태를 경험한다. 이러한 사회적 주변화는 사회 구성원으로서 이용할 수 있는 다양한 사회 서비스, 프로그램, 활동(안전, 주거, 교통, 취업 기회, 사회 복지, 여가활동, 성인교육, 평생교육, 정치적 과정으로의 참여 기회 등)의 접근성을 심각하게 저해하는 현상을 야기한다.

미국 장애인법(Americans with Disabilitis Act: ADA)은 일부 쟁점을 해결하지 못한다. 예를 들어, 장애인의 건물 출입이 용이해야 한다고 규정하고 있지만, 많은 건물주들은 그 문제를 알고 있지 않으며 관심을 두지도 않는다(Johnson, 1991). 입법부는 저가 주택의 부족에 대해서는 규정하지 않는다. 시카고 액세스 리빙(Chicago' s Access Living)[7]은 장애인들에게 제공되는 주거 공간이 있지만, 실질적으로 저가의 저택 수가 매우 부족하다고 지적하였다. 왜냐하면, 저가 주택 제공을 위한 연방 기금이 대폭 삭감되었기 때문이다("No housing", 1990).

장애인들은 종종 폭력과 증오 범죄(hate crimes)의 대상이 된다. "장애인에게 행해지는 성 폭행, 아동 성 학대, 근친상간, 성 희롱, 구타, 무시, 명예 훼손, 그 밖에 여러 종류의 범죄에 대한 자료를 보면, 비장애인 집단보다 현저하게 쉽게 범죄의 표적이 됨을 알 수 있다("Hate", 1992, p. 5). 이와 더불어, 미국 장애인 협회, 장애인 대학 기구 연합, 국가 범죄 피해자 센터는 다음과 같이 보고했다.

> 미국 내의 장애인을 대상으로 한 범죄에 대한 신뢰할 만한 자료는 거의 없다. 지금까지 수행된 제한된 규모와 연구의 형태로는 국가 전체 대상의 연구 결과를 추정할 수 없다. 수집된 자료를 토대로 살펴보면, 장애인의 범죄로 인해 희생되는 비율은 비장애인보다 매우 높게 나타난다.

---

7) 역주: 미국에 있는 기관으로 장애인들에게 일시적으로 안식처를 제공한다.

- 공식적으로 등록된 장애 아동이 학대받을 확률은 비장애 아동보다 68% 높다.
- 발달 장애가 있는 여성은 그렇지 않은 여성보다 성 폭행을 당할 확률이 4~10배 정도 높다.
- 과거에 심각한 정신 장애가 있는 사람의 1/4 이상은 폭력범죄의 피해자가 되었다. 그 비율은 일반 사람의 11배에 이른다.
- 미국에서는 매년 15,000~19,000명에 이르는 발달 장애가 있는 사람들이 강간을 당한다.

일상적인 비즈니스

교사들이 다양성과 불평등을 구성적으로 다룰 수 있는 접근방법을 논의하기 이전에, 교실과 학교에서 주로 어떤 일이 발생하는지에 대해 논의해 보아야 한다. 학교는 그들이 속한 사회의 반영이다. 사회에서 이루어지는 인종차별주의, 성차별주의, 사회 계층에 대한 편견, 장애에 대한 편견에 대한 일부 개선점이 사회 개선에 대한 불완전하며 잘못된 관점을 보여준다. 이와 마찬가지로 학교 내에서 발견하게 되는 일부 진보적인 현상은 진정한 사실을 감춘다. 우리는 많은 학교에서 뛰어난 백인 학생과 유색인종 학생들을 발견할 수 있다. 남학생의 독점적인 영역으로 여겨졌던 자동차 수업이나 목공 수업을 여학생이 듣는 것, 가정학이나 소비자 관리학과 같이 금남의 영역으로 여겨졌던 수업을 남학생이 듣는 것, 수학수업에서 교사와 학생이 스페인어로 의사소통하는 것, 휠체어에 앉아 있는 학생들이 무도회나 다른 학교의 행사에 참여하는 것 등이 그 예이다. 또한 일부 학교의 응원단, 밴드, 스포츠 팀을 보면, 그 학교에 얼마나 다양한 학생들이 있는지 알 수 있다. 무엇보다, 통합학교(integrated schools)에서 유색인종이 학생 회장, 학급 임원, 캠퍼스 여왕, 미식축구에서 핵심 역할을 하는 쿼터백을 차지하는 것은 아주 흔한 일이다.

또한 대부분의 교사와 학교의 경영자들은 모든 재학생에게 학교의 모든 수업에 대해 동등한 기회를 제공한다. 그들은 유색인종과 여성의 기여를 인정하는 학교 행사들을 지원한다. 많은 학생들이 특수교육 대상 학생이 자신들의 교실로 들어오는 것을 환영한다. 대부분의 학생들은 성차별주의적 행동이 자신들의 교실에서 이루어지는 것을 용납하지 않는다. 그리고 사실상 모든 학생들이 자신과 다른 사회경제적 위치에 있는 학생들이 같은 학교에 다니는 것을 지지한다. 또한 많은 교사들은 자신의 교수 자료들이 편견과 관련되지 않는지 면밀히 조사하고, 다문화교육과 같은 워크숍에 가기를 희망하며, 편견과 관련된 것이 명백한 수업자료를 사용하지 않으려고 노력한다.

이러한 예들은 모든 학생들의 성공은 학교가 어디에 우선순위를 두느냐에 달려 있다는 것을 보여준다. 그러나 통찰력이 있는 관찰자의 관점에서 볼 때 아직 해결되어야 할 과제들이 많이 남아 있다. 이미 언급한 사회처럼, 학교 역시 형평성의 문제를 안고 있다. 우리의 표현 '일상적인 비즈니스'는 1990년대와 2000년대에 연구자들이 실제 학교에서 어떤 일들이 일어나고 있는지에 대해 연구한 것에 기초한 것이다. 우리는 발현되는 주된 패턴을 기술할 것이다. 물론 우리는 학교와 교실의 차이가 클 수도 있고 작을 수도 있다는 점을 인정한다. 우리는 여러분이 익숙한 학교의 상황에서 지금 묘사하는 것들을 비교해 보기 바란다. 우리는 학교의 상황을 교육과정, 학생 평가, 교수법, 학생 그룹화, 학생들의 문화라는 다섯 개의 범주로 나눈다.

교육과정

최근 교육과정에 대한 논의는 주로 교육과정 규준(standards)으로 귀결된다. 그 시작은 「위기의 국가(A Nation at Risk)」 보고서로 거슬러 올라간다(National Commission on Excellence in Education, 1983). 이 위원회는 "학교의 주된 목표는 국제 사회에서 미국의 경제적 우위를 되찾는 것이다"라고 규정하였다. 1980년대에 발간된 많은 보고서들은 미국의 학생들은 미국이 세계 경제에서 우위를 점하기 위해 필요한 지식이나 기술을 습득하는 데 점점 더 많이 실패하고 있다고 제시하였다. 그리고 미래의 노동자들은 아마도 "기술의 시각화 · 추상화 추론, 수학, 과학, 컴퓨터 전문성 · 생산 기법과 특정 기술에 대한 지식과 같은 테크놀로지 패키지가 필요할 것이라고 주장하였다"(Berliner & Biddle, 1995, p. 141).

1980년대에는 보수주의의 비판 물결로 인해 다문화교육과정이 지적으로 취약한 것으로 비판받았고, 소수 인종 학생들의 학업 성취도에 대한 논의도 열심히 공부하는 것보다는 자존감의 문제로 간주되었다(Bloom, 1989, Ravitch, 1990; Scheslinger, 1992).

이에 대한 반응으로, 1980년대 주 정부들은 규준상의 내용 기준과 평가 프로그램을 개발하기 시작하였다. 미국 수학 교사 협회(NCTM)가 대부분의 주에서 그동안 사용해 오던 수학 규준을 개발했음에도 불구하고, 규준들 안에서 모든 학생들이 무엇을 알아야만 하는가에 대한 철학적 불일치 때문에 국가 수준의 내용 규준을 만들려는 노력은 성공하지 못했다. 국가적 규준을 위한 문서의 초안은 다양한 과목의 규준을 위해 그들이 작성한 것을 각 주에 알렸다. 1990년대 중반까지, 대부분의 주들은 내용 규준을 갖게 되었고, 결과적으로 각 주와 각 학교에 있는 학생들이 배우는 것은 매우 유사해졌다. 미국 내 다양한 지역에 있는 초등학교 교사 1,289명을 대상으로 한 연구에 기초하여, 문, 브라이튼, 캘러한(Moon, Brighton, & Callahan, 2003)은 매우 보편적인 신념을 발견하였다. 그것은 "주 정부의 판단에 의해 만들어진 그 규준들은 성경과 같은 것이며, 대부분의 교사들은 그것을 벗어날 수 없다고 여긴다는 점이다. 많은 경우, 이러한 생각은 학교나 지역 정책, 엄밀히 관리되는 진도 안내서, 그리고/혹은 행정적인 의무사항에서 확인되었다. 글릭맨(Glickman, 2000/2001)은 표준화된 교육과정의 성격을 잘 교육받은 사람들에 대한 '유일한 정의(single definition)' 에 대한 제도화(institutionalization)로 묘사하였다. 이는 다양한 견해와 전문적인 기술 영역의 다양성을 촉진하기보다, 교사나 학생의 관심과는 상관없이 점차적으로 미국의 모든 학생들에게 같은 내용을 가르치는 것으로 연결된다. 각 주와 지역 교육청에서는 교과서와 규준을 맞추려고 노력하는데, 이는 학생들이 시험 볼 내용을 배우는지에 대한 논의로 직결된다.

20년 전, 교과서의 다양성에 대한 논의는 매우 보편적이었음에도 불구하고, 오늘날의 많은 교육자들은 현재의 교육과정이 충분히 다문화적인 내용을 포괄하고 있으며, 그것은 더 이상 중요한 문제가 아니라고 생각한다. 그러나 교과서에 나타난 남성과 여성, 다양한 인종 집단의 사람들을 살펴보기 위해 이를 면밀히 조사해 볼 필요가 있다. 교과서 논쟁의 역사적인 분석에 기초하여, 짐머맨(Zimmerman, 2002)은 다음과 같이 진술하였다. "우리는 역사적으로 많은 인종들의 역사를 가지고 있으나, 한 가지 아이디어만을 가지고 있고, 문화적으로 다양하나, 지적으로는 고착 상태에 있다" 교과서들은 다양한 집단을 묘사하는 질적인 측면에서는 다양하지만, 여전히 하나의 공통된 패턴을 지닌다. 백인은 대부분 주목을 받고 많은 업적과 이야기를 주도하며 가장 넓고 다양한 역할을 맡고 있다. 백인 다음으로 가장 대표적인 인종인 흑인은 역사적으로 덜 주목받으며, 더 제한된 영역의 역할을 차지하고 있다. 아시아계 미국인과 라틴계인은 주로 주변 배경으로 등장하며, 가시적으로 역사나 현 시대의 민족적 경험이 없다. 미국 원주민들은 과거에 주로 등장하며, 아랍계 미국인은 교과서 속에 존재하지 않을 뿐만 아니라 교과서 분석에서 제외된다. 교과서에서 현재 인종 간의 관계와 그와 관련한 문제들은 그것이 의미하는 바가 대부분 삭제되고 아주 조금 언급되고 있을 뿐이다(Byrne, 2001; Clawson, 2002; Foster, 1999; Loewen, 1995; Marquez, 1994; Sleeter & Grant, 1991). 대부분의 교과서 안에서 성에 따라 직업을 구분하는 것과 같은 성차별적인 용어들은 거의 완벽하게 삭제되었다. 그렇지만 남성은 여성보다 더 많이 등장한다. 일부 교과서는 다른 교과서보다 여성의 역할을 전통적인 것에서 탈피시키려고 더 노력하고 있지만, 여전히 많은 교과서들에서 여성은 전통적인 역할과 비전통적인 역할을 겸하고 있다. 특히 사회과 교과서 속의 주제들은 여성에 관한 내용보다 남성에 관한 것이 많다. 클릭(Click, 2006)은 양성평등의 정도를 알아보기 위해 유치원부터 고등학교까지의 역사책을 검토하였다. 그녀는 초등학교, 중학교, 고등학교 역사 교과서 내용과 삽화에 수록되어 있는 남녀 각각의 역사적인 주요 인물들을 분석하였다. 그녀는 초, 중, 고등학교 교과서에 있는 글과 삽화 모두에서 남성이 차지하는 비중이 현격하게 높음을 확인하였다. 그 모든 차이는 .001 수준에서 통계적으로 의미가 있었다. 그러나 그녀는 "미국 역사 교과서는 국가 역사 규준(National History Standards)이 발간된 이후로, 그 전보다 많은 여성을 포함시키고 있다."고 하였다. 마지막으로 클릭은 다음과 같은 경험적 지식을 제공한다.

> 우리는 남성들이 분명히 지금까지 역사에 중요한 영향을 끼쳐온 것을 인정해야 한다. 미국의 남성 대통령, 전쟁 영웅, 세계적인 남성 지도자를 고려해 볼 때, 역사 교과서 안에서 남성과 여성의 완벽한 평등을 기대하는 것은 비현실적일 것이다. 그런 균형을 이루려는 노력은 스월(Sewall, 2005)이 논의한 "균형이라는 이름 아래 조작된 역사기록"을 초래할 수 있다
>
> 그러나 학년 수준에 따라서 적어도 남성이 차지하는 비율만큼 여성이 차지하는 비율을 늘리는 정도는 합당할 것이다. 그러므로 교육자들은 미래의 역사 교과서에서 출판가들에게 남녀 비율을 균형 있게 조정할 것을 요구해야 할 것이다. 아마도 역사 교과서 저자들은 중학교와 고등학교에 걸쳐서 '이야기로서의 역사' 개념을 사용하는 것을 고려할지도 모른다. 더 많은 여성들이 등장할 뿐만 아니라, 역사 교과서들이 청소년기 학습자들의 시선을 끌지도 모른다.(p. 6)

역사적으로 그리고 지금도 일반적으로 교과서는 성차별주의와 관련된 쟁점을 무시한다(Foley & Boulware, 1996; Humphreys, 1997; Jones, Kitetu, & Sunderland, 1997; Koza, 1994; Sleeter & Grant, 1991). 교과서에서 게이와 레즈비언은 사실상 완전히 비가시적이다(Hogben & Waterman, 1997). 많은 교재들은 결혼한 두 사람을 다룰 때 성 중립적인 단어를 사용한다. 그러나 일부 주는 법으로 결혼을 남성과 여성의 결합으로만 인정하기 때문에, 몇몇 출판가들은 성 중립적인 단어들을 이성적인 단어로 바꾸고 있다(예, '결혼 상대자' 에서 '남편과 부인' 으로).

일반적으로, 교재들은 미국은 계층화된 집단이 아니라고 암시한다. 즉 대부분의 사람들은 중산층이며, 사람들은 '부의 분배' 에 대해 불만을 가지고 있지 않다는 것이다. 더군다나 교과서는 특히 삽화에서 빈곤을 유색인종과 결부시킨다(Clawson, 2002; Loewen, 1995; Sleeter & Grant, 1991). 장애는 단지 일부 교과서에서 소외된 장애인들 그리고 부족한 장애인들의 삶의 소개 정도로 언급되었을 뿐이다(Sleeter & Grant, 1991; Taub & Franflik, 2000).

언어적 소수 학생들을 위한 적절한 교육과정은 계속해서 거론되고 있는 문

제이다. 라우와 니콜라스 간의 법정 소송(Lau v. Nichols, 1974)[8]에 대한 연방 법원의 결정 이후로, 학교는 영어 학습 자체에 대한 지원을 제공해야 할 뿐만 아니라 학생들이 영어를 배우는 동안 학생들의 모국어로 강의를 제공해야 한다고 요구해 왔다. 일상적인 비즈니스의 상황에서, 이것은 학생들이 적절한 영어 사용 능력을 갖출 때까지 가능한 한 짧은 시간 동안 이중언어로 혹은 제2외국어로서의 영어 수업(ESL)을 제공해야 한다는 것을 의미한다. 이중언어 교육 운동이 상당한 진척을 이루면서, 언어적 소수 학생들의 요구를 충족시키기 위한 프로그램과 전략들이 개발되었다. 반면 1980년부터 2000년 사이에는 특히 미국의 남서부와 북동부를 중심으로 이중언어 사용 능력을 신장시키는 것보다, 어떻게 하면 영어를 더 효과적으로 가르칠 것인가에 관한 연방 수준의 논의가 생겨났다.

영어를 배우고 있는 언어적 소수 학생들을 위한 연방정부의 정책은 미국 정부의 낙오 학생 방지 법안(No Child Behind Left)[9]과 함께 급격하게 변화하였다(U.S. Department of Education, 2001). 비영어 사용자들을 위해 학생들의 모국어로 수업을 제공해야 한다는 연방법은 폐지되었다. 오로지 영어의 습득에 초점이 맞춰져 있던 교육법안 제3조(Title III)에서는 이중언어 교육의 장점에 대한 인식, 문화적 차이와 다문화 이해 교육의 필요성에 대한 문제, 영어 습득을 위한 교육에 부정적으로 영향을 주는 것들(예, 분리로 인한 차별, 특수교육의 부적절한 배치, 재능이 있는 학생에 대한 과소평가, 그리고 이중언어 교육을 위한 교사의 부족)에 대한 인식을 고려하지 않았다. 연방 정책은 언어적 소수 학생들을 "영어 전용 수업 환경" 속으로 잠수시키는 것을 확고히 하는 데 초점이 맞춰져 있다(Wright, 2002, p. 80).

요약하면, 교사들이 가르치는 것에 대한 내용은 점차적으로 연방과 주의 정책에 의해서 좌우되는데, 여기서는 교육 내용을 규정하는 데에 있어 문화적/언어적 동화에 초점을 맞추고 있다. 이러한 동화주의는 다양성에 대한 인식은 있

---

8) 역주: 캘리포니아 샌프란시스코의 라우라는 중국계 학생이 부족한 영어실력 때문에 학교에서 적절한 도움을 받지 못한 것을 제기한 문제에 대한 재판

9) 역주: 2002년 1월 미국 조지 부시(George W, Bush) 대통령에 의해서 만들어진 법안

지만, 실제로 다양성의 관점이라고는 볼 수 없다.

학생 평가

학생들의 학습 내용을 평가하는 방식은 매우 다양할 수 있다. 표준화된 평가는 학생 개개인의 점수를 어떤 학년 혹은 연령 수준에 있는 다른 학생과의 점수를 비교하거나, 미리 제시되어 있는 성취 수준과 비교한다. '고위험 평가(High-stakes testing)' [10]는 표준화 검사에 기초해서 만들어졌다. 한편, 실제적인 평가(authentic assessment)는 실제적인 상황에서 과제 수행의 질에 기초한 학생들의 학습 평가를 포함한다. 라이안(Ryan, 1994)은 "실제적 평가는 실제적인 환경에서 학생들의 학습과 성장의 자료와 증거들을 모으는 과정이다" (p. 1) 라고 설명하였다. 일반적으로, "실제적인 평가에서 학생들의 작업은 동료들의 작업과 비교하는 것이 아니라 그들 자신들이 이전에 해놓은 작업과 비교하여 진보와 발전의 정도를 알아보는 것이다" (p. 1).

현재 진행되는 학생자의 학습에 대한 평가는 낙오 학생 방지 법안을 그 기원으로 하는데, 이는 연방으로부터 자금 지원을 받는 모든 주에서는 모든 공립학교와 학생에 대한 책무성을 재확인하는 정책을 펼쳐야 한다는 점을 필수로 표방하고 있다.

이 제도들은 반드시 읽기와 수학의 주 단위 규준에 도전하고 이를 재고하는 것, 3~8학년의 모든 학생들에 대한 연간 평가, 모든 학생들이 고등학교를 졸업하기 전에 도달해야 하는 주 단위의 연간 발달 목표에 도달하는 것에 기초해야 한다. 평가의 결과와 각 주의 발달 목표는 어떤 집단도 뒤처지는 것을 방지하기 위해 각 학생들의 빈곤 유무, 인종, 민족, 장애 유무, 영어능력을 표기해야 한다(U.S. Department of Education, 2001).

2013~2014학년도까지 모든 학생들은 그들의 주 정부가 정해 놓은 성취 수

---

10) 역주: 학생들이 학위를 받거나 상급학교에 진학하거나 법률가로서의 자격증을 받는 등, 시험을 통과할 경우 아주 큰 이익을 얻는 중요한 시험이다. 반대로 실패할 경우 졸업을 못하는 등 큰 손해를 볼 수 있는 시험.

준 혹은 그 이상에 도달해야 한다. 이러한 요구는 학교가 실제적인 평가 대신에 전통적인 평가들을 더 많이 사용하도록 조장한다. 대부분의 주들이 주 단위의 광범위한 표준화 평가 제도가 있음에도 불구하고, 다소 다르게 대처한다. 예를 들어, 캘리포니아 주에서는 2학년부터 고등학교 3학년에 걸친 광범위한 시험을 요구한다. 이 시험은 준거 지향적 평가(criterion-referenced test)[11]로서 영어, 수학, 과학, 그리고 중등학교의 역사 및 사회 과학을 포함한다. 또한 2학년부터 8학년의 모든 학생들은 읽기, 언어, 철자법, 수학, 과학에서 규준 지향적 평가(norm-referenced test)를 치러야 한다. 10학년의 모든 학생들은 영어와 수학에 있어서 '캘리포니아 고등학교 졸업 시험(준거 지향적 평가)' 을 치러야 한다. 대조적으로, 네브래스카 주에서는 지역 교육청 단위에서 교육과정과 평가를 다룬다. 주 정부는 학생들의 평가만 체크한다. 대부분의 시험은 교사가 참여한 가운데 지역 단위에서 선택되고, 일부는 새로 개발되기도 한다. 표준화된 시험도 일부 있기는 하지만 그것이 반드시 주류를 이루는 것은 아니다

미국 정신의학학회에 따르면, 시험이 과도하게 강조되는 이 같은 상황 아래에서는 시험 그 자체에 문제가 있는 것이 아니라 시험이 학생 개개인, 학생 집단, 교육제도 혹은 더 광범위한 수준에서 의도하지 않은 그리고 잠재적으로 부정적인 결과를 초래할 수 있다. 소수 인종, 장애, 언어 장벽을 가지고 있는 학생들은 시험 혹은 시험을 치르는 조건에 의해서 조직적으로 제외되거나, 불리한 조건에 놓이게 된다. 특히 학생들이 좋은 성적에 도달하지 못한 학교는 비난을 받거나 제재를 받는 '낙오 학생 방지법(NCLB)' 의 상황에서는 더욱 그러하다. 미국의 사설 평가 기관인 전국 교육 향상 평가원(National Assessment of Educational Progress)에서는 지속적으로 인종, 민족, 학부모 소득 수준과 표준화 평가에서 받은 학생들의 성적의 상관관계에 대해 자료를 수집하고 있다(U.S. Department of Education, National Center for Education Statistics, 2003). 백인과 고소득 가정의 학생들은 지속적으로 히스패닉, 흑인, 그리고 저소득층 자녀보다 높은 점수를 기록하고 있다. 영어를 배우고 있거나, 자신들이 능숙하지

11) 역주: 표준화 시험의 한 종류로, 해당 학생이 학습한 분야를 얼마나 제대로 알고 있는지를 확인하는 시험이다. 순위는 나타나지 않고, 일정 기준을 넘어서면 같은 등급으로 분류됨.

않은 언어로 시험을 치를 것을 요구받는 언어적 소수 학생들의 결과는 심각하다. 시험 점수를 올려야 하고, 시험에 초점을 맞춘 수업을 해야 하는 많은 부담을 안고 있는 학교에서, 언어적 그리고 실제적인 문화적 다양성의 필요를 강조하는 수업은 환영받지 못한다(Lipman, 2004; Wright, 2002).

각 학교와 교육자들은 낙오 학생 방지법(NCLB)에서 요구하는 기준치에 도달해야 한다는 큰 부담을 지닌다. 결국 이들은 다른 교육과정 영역을 제외한 시험 준비에 더 많은 주의를 기울인다. 또한 지능과 성취에 대한 다양한 정의와 측정을 무시한 채, 시험 점수에 더 초점을 맞추도록 하고 있다. 이것은 특히 극빈층이 다수를 점유하는 학교들과 같이 학생들의 학업 성취도가 낮은 학교의 경우 더욱 빈번하다. 평가 위주의 개혁은 역사적으로 지금까지 많은 지역의 학교들로부터 좋은 대우를 받지 못한 학생들에게 부정적인 결과를 가져다준다는 염려가 커지고 있다. 예를 들어, 학교 관리자들은 졸업을 위한 최소 능력 평가가 부가적인 대안책 없이 강요된다면, 장애가 있는 학생들이 졸업하지 못하고 학교를 그만두게 된다는 점을 우려하고 있다(Manset-Williamson & Washburn, 2002). 졸업을 위한 평가는 졸업률을 낮추고, 유색인종, 언어적 소수, 가난한 지역 학생들의 중퇴율을 높이는 경향이 있다(Haney, 2000; Madaus & Clarke, 2001; Natriello & Pallas, 2001; Ruiz de Velasco, 2005).

비판가들은 일반적인 성취도와 학습을 측정하기 위해 시험이 존재한다고 하더라도, 이들이 학업 성취 측정을 위해 제작된 고급반 배치 고사[12)]와 같은 다른 평가 결과들과 반드시 상관관계가 있는 것은 아니라고 지적한다(Linn, Baker & Betebenner, 2002; Shepard, 2000). 예를 들어, 앰레인과 베리너(Amrein & Berliner, 2002)는 28개 주의 자료를 조사한 후, 기존의 평가에 대한 전제, 즉 졸업 시험과 같은 고위험 평가는 주 단위의 성취도 평가와 같은 평가에서 학생들의 학습을 증진시켰다는 점에 대한 증거가 빈약하다고 결론지었다. 대조적으로, 그러한 큰 시험을 실시하는 주와 그렇지 않은 주들 간에 나타나는 학업 성취도에 대한 다양한 독립적인 측정을 비교해 보았을 때, 이러한

12) 역주: Advanced Placement Testing(AP): 미국 고등학교에서 이수하는 대학 수준의 과목과 시험.

시험들이 학생들의 학업 성취를 촉진하기보다 오히려 그들의 학업 성취를 억제할 수 있다는 점을 제시하였다.

교사들 스스로는 학생들에게 불리하다고 생각하는 시험 정책을 바꿀 수 없다. 그러나 그것들에 대해서 눈을 감기보다는 그 시험의 효과/영향(긍정적이든 부정적이든)에 대해서 공론화하고, 수업의 진행을 위한 교실 기반의 평가 과정을 배우는 것은 아주 중요하다.

교수법

교수에 대한 논의에서는 완전히 다른 두 개의 모델이 거론된다. 학생들에게 지식을 전달하는 것과 학생들이 학습하는 개념을 지각할 수 있는 상황을 만드는 것이 그것이다. 첫 번째 모델에서는 교사가 무엇을 가르치는가가 중요하고 학생들은 수동적인 역할을 한다. 두 번째 모델에서는 학생들이 무엇을 배우는가가 중요하다.

역사적으로, 첫 번째 모델이 중등학교보다 초등학교에서 주류를 이루는 경향이 있었다(Cuban, 1984; Goodlad, 1984). 시험을 준비시켜야 한다는 교사의 부담은 '가르치는 것은 전달하는 것(telling)' 으로 규정하는 패턴을 강화시킨 것으로 보인다. 정치적인 힘에 의해 위에서 아래로 행해진 '성적에 대한 책무성' 정책은 많은 교육적 결정이 교육자들의 손을 거치지 않고 행해지도록 하였으며, 교사들을 비전문화시키는 결과를 낳았다. 존슨과 존슨(Johnson & Johnson, 2002)은 '교실이 과도한 책무성' 에 놓이게 되면, 교사들은 학생들을 시험에 대비시키도록 요구받는다는 점을 발견하였다. 결과적으로, 수업은 시험을 통과하는 데에 초점을 맞추며, 이는 대개 전인교육을 희생하는 대가를 치른다. 문, 브라이튼, 칼라한(Moon, Brighton, & Callahan, 2003)은 초등학교 교사 1,289명에 관한 연구에서, 이와 같은 평가에 대한 부담으로 말미암아 교사들은 자신이 고안한 과제나 다른 창의적인 교수법 사용을 줄이고 제공된 안내서를 엄밀히 따르는 것으로 나타났다. 그들은 이것이 더 나은 학습 결과를 낳기 때문이 아니라, 교사들이 이러한 방식을 강요받기 때문이라는 점을 발견하였다. 반어적으로, 학교들을 이런 시험의 틀 속에 밀어넣는 것은 교사들로 하여금 바람직한 학습을 자극하는 역동적이고 몰입된 수업을 제공하는 것을 등한시하게 한다. 예를 들어, 코헨과 로탄(Cohen and Lotan, 2004)은 지금까지의 연구들을 보면 “학생들이 더 많이 토의하고 협동적인 과제를 수행하면 할수록, 그들이 학습을 통해 얻는 내용은 점점 더 많아진다”고 결론지었다.

활동 중심적이고 구성주의적인 수업은 제3차 국제 수학/과학 경시대회에서 미국보다 높은 점수를 얻은 나라에서 더 적극적으로 진행되고 있다. 위긴스와 맥타이(Wiggins & McTighe, 2001)는 미국의 교사들은 학생들에게 아이디어를 제시하지만, 미국보다 높은 점수를 얻은 일본과 독일의 교사들은 아이디어를 생성하는 작업에 학생들을 참여시킨다고 주장하였다.

시험에 대한 교수(그리고 시험 치르는 방법에 대한 교수), 다시 말해 지식전달(telling)로서의 교수가 깊이 있는 지적 탐구를 대치하고 있다. 이는 특히 저소득층 학생과 유색인종 학생이 다수를 이루는 학교에서 더욱 심하다(Hillocks, 2002; Jones, Jones & Hargrove, 2003; Kornhaber, 2004; Lipman, 2004; Madaus & Clarke, 2001; McNeil & Valenzuela, 2001; Meier, 2002). 예를 들어, 립만(Lipman, 2003)은 평가 중심의 책무성 개혁(test-driven accountability reform)을 따르는 시카고에 있는 4개의 학교 비교 연구에서 단지 일부 학생들만이 전문가가 되기 위한 그리고 지적인 일에 종사할 준비가 되어 있다고 제시하였다. 반면 많은 수의 학생(대부분 유색인종)들은 기술이 필요하거나 혹은 필요하지 않는 저임금 노동자가 되기 위한 준비를 하거나 학교로부터 퇴학당하는 처지에 있다고 밝혔다. 사실상 그 새로운 책임 정책은 가난한 학교의 교수의 질을 높이지 못했고, 단지 불평등한 교육이 행해지는 형태만 바꾸었을 뿐이다.

교수에 있어서 교사들이 염려할 정도의 부정정인 효과가 있다. 예를 들어, 학교의 특성에 따라 차이가 있겠지만, 1993~1994년의 자료에 의하면 정규 교사들이 근무시간 이외에 평균 11~13시간 일하는 것으로 나타났다(U.S. Department of Education, National Center for Education Statistics, 1996). 불행히도, 교사에 대한 지나친 요구, 수업과 그 계획 시간의 부족, 수업 방해는 대부분 소외되고 경제적으로 여유가 없는 학생들에게 직접적인 영향을 준다.

일부 교실에서 생겨나는 또 다른 구조적인 문제는 ‘편애’이다. 많은 교사들은 간혹 교실에서 높은 지적 수준에 있는 학생들(백인, 아시아계, 남성, 중산층)과 상호작용을 더 많이 하고, 그들을 더 자주 호명하며, 그들을 더 많이 칭찬한다. 교사들은 종종 흑인 남학생을 가장 많이 꾸짖는다. 어떤 교사들은 여학생보다 남학생에게 훨씬 더 많은 관심을 나타낸다. 이것은 교사들 자신보다 학부모 봉사자들 사이에서 널리 알려진 사실이다. 동성애자 학생이 있는 교실을 관찰해 보면, 교사들은 동성애 혐오적인 욕설이나 놀림보다, 인종차별주의자와 성차별주의자들이 사용하는 욕설이나 놀림에 대해서 더 많이 다룬다. 반인종차별에 대해 교육하는 리(Lee, 2002)는 교사들이 확산적 발문을 제한적으로 사용하고 있는 점, 이것이 수업에 참여하는 학생과 그렇지 않은 학생에게 미치는 영향, 기회의 부족으로 인해 수업에 적극적으로 참여하지 못한 학생들이 갖게 되는 좌절에 대해 지적한다.

> 나는 교실에서 참여 관찰하는 동안 첫 번째 학생이 정답을 이야기하고 나면 교사의 발문이 끝나는 경우를 수도 없이 관찰하였다. 결국 많은 학생들은 계속해서 손을 들고 있었지만 수업에는 적극적으로 참여할 기회를 갖지 못했다. 한번은 내 옆에 앉아 있던 학생이 질문마다 손을 들다가 좌절하여 발을 구르며 "선생님은 절대로 나에게 기회를 주지 않아요!"라고 말했다. 불행히도, 교사는 발을 동동 구르는 소리만 들었을 뿐 그때 그 아동이 한 말은 듣지 못했다. 결국 그 학생은 자신의 행동에 대해 질타를 당했다(p. 30).

물론 많은 교사들은 이를 위한 행정적인 지원에 의존하기는 하지만, 이러한 패턴에 저항하고자 한다(Berger, 2003; Sleeter, 2005). 그러나 많은 일반적인 수업은 일부 학생들의 의욕을 떨어뜨리고, 흥미를 잃게 하며, 많은 학생들의 집중을 지속시키는 데 실패한다. 무엇보다, 흥미를 잃기 쉬운 학생, 의욕이 없거나, 좌절하기 쉬운 학생들은 불공평하게도 저소득층 학생이거나 유색인종이다.

학생 그룹화

학생들은 학교 테두리 안에서 교육 기회의 불평등을 재생산하는 여러 가지 방식으로 집단화된다. 오늘날 많은 사람들은 '학교 교육은 더 이상 차별적이지 않다' 고 생각한다. 그러나 실제로는 인종, 계층, 언어에 따라 점점 더 그렇게 되어가고 있다. 오르필드와 리(Orfield & Lee, 2005)에 따르면, "차별은 단지 인종에 의해서만 일어나지 않는다. 인종에 따른 차별은 다른 형태의 차별 즉 사회경제적 위치에 따른 차별, 거주 지역에 따른 차별, 증가하고 있는 언어에 따른 차별과 조직적으로 관련되어 있다."(p. 14). 그들은 "교육적 관점에서 보면, 그러한 관계에서 가장 중요한 관련성은 학교에서 가난이 어느 정도 집약되어 있는지 여부이다."(p. 5)라고 지적한다.

백인 학생은 다른 인종 집단과의 교류가 가장 뚜렷하게 단절된 집단이다. 그리고 그들은 자신들의 인종이 압도적으로 많은 학교에 다니는 경향이 있다. 또한 시골에 사는 백인이 빈곤한다는 엄연한 사실에도 불구하고, 백인과 아시아계 학생은 다른 흑인이나 라틴계 학생보다 가난한 학생이 대부분을 차지하는 학교에 다니려고 하지 않는 경향이 있다. 오르필드와 리(2005)는 주거와 학교 내 차별의 결과로서 "흑인과 라틴계 학생은 백인 학생에 비해 가난한 학교에 다닐 확률이 3배 높으며, 전교생이 대부분 가난한 학교에 다닐 확률은 백인 학생에 비해 12배가 높다"고 지적하였다(p. 18). 이와 더불어, 라틴계 학생에 대한 차별의 증가는 그들의 영어 습득을 저해한다(Garcia, 2001). 차별과 관련한 이와 같은 패턴은 학생들의 자원에 대한 접근성에 주요한 영향을 끼친다.

가난한 학교의 교사들은 부유한 학교의 교사들에 비해 자격이 떨어지거나 신임교사일 확률이 높다. 결과적으로 전자에 속해 있는 학생들은 가르치는 것에 대해 더 많이 배우고, 열정적인 교사를 만나기가 어렵다. 또한 캘리포니아에서 진행된 두 개의 연구 결과에 의하면, 유색인종, 언어적 소수 학생, 가난한 학생이 다니는 학교들은 영어 학습자 지도법에 능숙한 전문적인 교사들을 접할 수 있는 기회가 적다(예, 영어 학습자가 할 수 있는 것, 수업 구성을 위한 지식, 학생들이 학교에 있는 동안 의미 있는 시간, 충분한 교과서, 컴퓨터, 다른 교구들, 영어 학습자를 위한 자료 그리고 여러 가지 학교 편의시설)(Gandara, Rumberger, Maxwell-Jolley, & Callahan, 2003; Oakes, Blasi & Rogers, 2004). 더욱이 유색인종이나 가난한 학생이 많은 학교는 그렇지 않는 부유한 학교들보다 매우 정형화된(highly scripted)된 교육과정 패키지를 적용하는 경향이 있다. 이는 시험을 대비하기 위한 것이며, 신임교사에게 사고를 하는 대신에 암기 활동을 강조하는 교수법 사용을 훈련시키기 위한 것이기도 하다(Achinstein, Ogawa, & Speiglman, 2004).

초등학교에서 광범위하게 사용되는 능력에 따른 그룹화는 고등학교의 주요 과목에서 점점 확산되어 나타나는 '능력별 학급 편성'과 상호 관련이 있다. 능력에 따른 집단 편성과 능력별 학급 편성에 대한 찬반양론은, 미국 교사 연합에서 출간한 『학교에서(On Campus)』라는 책의 '발언하기(Speak Out)' 라는 페이지에 잘 나타나 있듯이, 교사들 사이에서 끊이지 않는 논쟁거리이다(Lucas, 1992; Mitchell, 1992). 능력 집단에 관한 교사의 입장은 크게 두 가지이다. 한편에서는 능력별로 집단을 나눌 경우, 이는 평생을 따라다닐 꼬리표(labeling)를 붙이는 결과를 낳을 것이라고 주장한다. 다른 한편에서는 뛰어난 능력을 가진 학생들이 무시되어서는 안 된다고 주장한다. 꼬리표 붙이기나 능력별 학급 편성은 학생들을 다른 교실로 배치시키고 이들을 다르게 가르침으로써, 인종과 사회 계층 간의 불평등을 지속시킨다. 오크스(Oakes' s, 1985)의 1970년대 미국 전역에 걸친 25개 중등학교 연구를 보면, 능력별 학급 편성이 상당히 많이 사용되었음을 알 수 있다. 다문화학교에서 하위 학급의 학생들은 소수 집단이거나 낮은 사회 계층에 있는 학생들인 반면, 상위 학급의 학생들은 불균형적으로 백인들이었다. 상위 학급의 학생들은 적어도 수업시간의 80% 이상이 교수에 집중하였다. 그들은 또한 상당한 양의 과제, 다양한 교수 활동, 명확한 강의, 고차원적 사고 기술이 강조되는 수업, 대학 진학과 관련된 다양한 자료에 대한 노출 등을 제공받았다. 반대로 하위 학급의 학생들은 수업시간의 67%만이 교수활동에 집중하였다. 또한 이들은 상위 학급의 절반 혹은 그 이하 수준의 학습 과제, 다양한 학습 자료이지만 매우 일상적인 학습 활동, 덜 명료한 강의, 기계적 암기의 강조, 일상적인 삶의 기술과 관련된 자료(실용적이지만 대학 진학과 상관없는)를 제공받았다. 대부분의 상위 학급 학생들은 학교와 개인적 능력에 대해서 열정적으로 생각했지만, 대부분의 하위 학급 학생들은 학교에 흥미를 잃거나 학문적인 능력이 없다고 느꼈다. 능력별 학급 편성은 오크스가 지적한 양상대로 여전히 만연하다(Lucas & Berends, 2002).

사람들은 종종 능력별 반편성과 집단 편성은 학생들의 수업 요구를 충족시키고, 발전 기회를 제공한다고 주장한다. 그러나 하위 학습 집단 학생의 대부분은 학교에 대한 흥미를 잃게 되고, 뒤처진 상태를 따라잡고자 하는 생각을 갖지 않으며, 자신이 가진 학문적 능력을 보여주고자 하지 않게 된다. 이는 결국 그들이 학교에서 지내는 시간이 많아질수록 다른 집단의 학생들과의 격차를 양산하게 된다. 또한 하위 성취 수준의 집단과 하급반(lower-track) 학생들에게 주어지는 과제는 종종 지루하다. 일반 통념과는 대조적으로, 한 연구 결과에 따르면 상위 성취 수준의 학생과 하위 성취 수준의 학생 모두 상위의 어려운 과정보다 하위의 쉬운 과정에서 실패하는 경향이 더 크다는 것을 보여준다(A New Curriculum for All, 2003). 이는 하위 수준의 수업이 더 지루하고 상위 수준의 수업이 더욱 흥미롭고 도전적이기 때문이다. 또한 일반 통념과는 다르게, 우리는 하위 과정을 삭제함으로써 우리의 기대치와 학생들의 성취를 높일 수 있다. 이 과정이 수행된 뉴욕 고등학교에서는 모든 학생들이 이질적인 상위 학급에 편성이 되었다. 그리고 시험 결과는 전통적으로 상위 성취자, 하위 성취자 모두에게서 성취도의 향상을 보여주었고 인종 간 성취 수준의 차이도 나타나지 않았다(Burris, Heubert, & Levin, 2004). 특수 교육 또한 많은 경우에서 능력별 반편성(신체적, 시각적, 청각적 손상의 정도가 아닌 다른 범주들)을 사용한다. 최근의 연구들을 종합해보면, 주 교육위원회(2003)는 특수교육의 범주에서 불균형의 문제(지적 장애[13], 정서장애, 학습장애 등에서 가장 큰 문제를 일으키는)는 지속적으로 나타난다고 하였다. 예를 들면, 미국 원주민 학생들은 불균형적으로 많은 학생들이 학습장애의 범주에 포함된다. 그리고 백인 학생들(1.2%)에 비해서 흑인 학생의 두 배 이상(2.6%)이 지적 장애로 간주된다. 사실상, 일부 연구에서는 세 배 이상의 흑인 아동이 또래의 백인 아동보다 '지적 장애' 로 분류되는 경향이 있다고 지적한다.

영재반 학생을 위한 학급은 불균형적으로 백인 학생 차지이다. 일부 학교에서는 라틴계 학생들이 지나치게 많이 특수교육 대상이 된다. 다른 학교들에서

---

13) 역주: 이 번역서에서는 mental retardation을 정신박약 내지 정신지체가 아닌 지적 장애로 번역한다. 이는 2007년 10월 장애인 복지법이 정신지체를 지적 장애로 그 명칭을 개정한 것에 기초한다.

는, 그들은 이중언어 교육 대상(이것이 적절한지 적절하지 않은지에 상관없이)에 포함된다. 이 장의 교정 작업을 하던 한 명의 저자에 따르면, 라틴계 남성과 결혼한 한 백인 친구가 그에게 “어떻게 미국에서 태어나고 영어를 유창하게 잘하는 자신의 아들을, 백인 학생들이 있는 교실에서 따로 떼어내어 라틴계 학생들이 있는 학급에 넣을 수가 있는지 한탄했다”고 전하였다. 그 학부모가 자녀의 학급 이동에 대해서 학교 측에 항의했을 때, 학교의 관계자는 다음과 같이 변명했다고 한다: “그 아동이 학급에 유일한 라틴계로 있는 것이 불편해 보였고, 아동이 영어를 유창하게 잘하는지 몰랐다.” 1970~1980년대 학습장애 학급은 백인, 중산층, 낙제 학생들을 보호하는 영역으로부터, 발달이 부진하다고 미리 분류된 학생들의 치료를 위한 목적으로 바뀌었다. 능력별 반 편성과 집단 편성과 같이 특수교육에 있어서 학급의 배치는 학생들이 높은 기대와 질 높은 교육을 접하는 결과를 낳는다. 특수교육에서는 일부 학생들을 위해 이들이 필요로 하는 학습에 대한 도움이나 지원을 제공한다. 이것이 다른 이들에게는 방해물이나 굴레가 될 수 있다. 1997년 미 의회에 의해 승인 통과된 장애인 교육법(The Individuals with Disabilities Act)[14)]은 유색인종이 지나치게 두드러지게 특수교육으로 분리되는 경우, 주 정부 차원에서 이를 조사하고 향후의 방식에 대한 의사결정을 하도록 의무화하였다.

적어도 개념적으로는 언어적 소수 학생들을 배치할 수 있는 아주 다양한 방안들이 있다(Crawford, 2004). 아무런 언어적 도움 없이 완전히 영어 환경에 잠수시키는 방법(submersion)도 하나의 방법이다. 1974년 라우 대 니콜스(Lau v. Nichols)의 소송에서 이 모델이 불법적이라고 규정했음에도 불구하고, 여전히 여러 학교에서 사용하고 있다. 두 번째 언어로서 영어를 가르치는 것은 일반적으로 하루에 30~45분씩 영어로 수업을 제공하는 것이다. 구조화된 영어 몰입교육은, 학생들이 내용을 이해하고 영어를 배울 수 있도록 교사가 수업을 적절하게 재구성한 영어만 사용되는 교실환경을 포함한다. 과도적 이중언어 교육(Transitional Bilingual Education) 환경에서는 일정 기간 동안 학생들

---

14) 역주: 장애 학생들의 권리를 보호하기 위한 것으로 장애 정도에 상관없이 누구나 적절한 그리고 무료인 공교육의 혜택을 받을 수 있도록 한 법이다.

이 영어를 어느 정도 구사할 때까지 학생들은 하루 중 일부는 자신들이 사용하는 언어로 교육을 받는다. 발달적 이중언어 교육(Developmental Bilingual Education) 환경은, 학생들은 그들의 전체 학업 성취를 두 개의 언어 모두로 수행할 수 있도록 배운다. 이중 몰입 교육(Dual Immersion Education)은 영어를 모국어로 사용하는 학생과 영어를 학습하는 학생 모두를 점차적으로 통합시키고, 언어를 바꾸어가며 두 개의 언어를 가르치는 것이다. 그들의 목표는 이민자 집단과 기존의 집단 모두 두 개의 언어로 학습 능력의 향상을 가져오는 것이다. 이중 몰입 교육은 학업 성취 연구에 대한 관심을 불러일으키지만, 이는 여전히 그다지 흔하지 않다. 영어로 치러지는 시험 결과에 대한 부담을 고려하면, 대부분의 영어 학습자는 잠수(submersion) 프로그램(대안이 없을 경우), 다시 말해 구조화된 영어 몰입 교실이나, 혹은 '제2언어로서의 영어(ESL)' 별도 프로그램에 속해 있다. 이와 더불어, 어떤 학교들은 최근에 이민 온 학생들이 미국에 그리고 학교에 적응하는 것을 돕기 위해 새로운 프로그램을 제공한다. 언어 배치와 관련한 중요한 질문은 어느 선까지 학생들의 언어와 정체성을 지지하는 동시에, 그들에게 도전적인 학문적 학습을 제공하느냐의 문제이다. 이중언어 교육을 지지하는 사람들은 프로그램은 두 가지 목표 모두에 노력을 기울여야 한다고 주장한다. 우리는 학생들을 영어만 사용하는 교실로 밀어넣어야 한다는 압력을 보아 왔다. 그러나 때때로, 이중언어 교육 혹은 제2언어로서의 영어 교육은 학교에 낮은 수준의 단계를 하나 더 만들고 하위 수준의 치료 교실로 전환하곤 한다. 우리가 이 책에서 논의하는 바와 같이, 이러한 상황이 언어적 소수 학생들에 대한 낮은 기대치와 결합할 경우 생기는 문제는, 이중언어 교육 그 자체에 대한 문제가 아니라 그것의 실행에 관한 문제라는 것을 시사한다.

교육법안 제4조(Title IV)[15]에서는 성(gender)으로 특정 활동이나 과목 수강을 제한하는 것을 금지한다. 이삼십 년 전에 비해 수업은 양성 간의 통합이 진행되었지만, 여전히 남녀 학생 간에는 접근성에 차이가 존재한다. 특히, 고

15) 역주: 1972년 연방수준에서 학교에 존재할 수 있는 성에 관한 차별 혹은 편견을 금지하는 법이다.

등학교와 대학 수준에서 남학생이 컴퓨터 수업이나 상위의 과학 수업을 독차지하는 경우가 있다. 그렇지만 양성 간의 공평한 기회적 접근성을 확보하기 위해 그동안 학교에서 이룩해 온 거대한 진보적 성과는 다른 형태의 다양성에서도 본받아야 한다는 점을 주지하고자 한다. 1997년에 교육법안 제4조가 만들어지고 25년이 지난 후, 미국 교육부는 교육법안 제4조에 따른 변화에 관한 보고서를 발표하였다. 다음이 확인된 성취 결과들이다.

- 1994년, 16~24세 고등학교 여성 졸업생의 63%가 대학에 진학했다. 1963년 43%에서 20% 향상된 것이다.
- 1994년, 27%의 여성이 학사 학위를 받았다. 1973년에는 18%의 여성이 4년 혹은 그 이상 대학 과정을 마쳤다.
- 1994년, 의학 박사의 38%를 여성이 차지했다. 1973년에는 의학박사 중 여성이 차지한 비율은 단 9%에 불과했다.
- 1993~1994년, 미국 시민이 받은 모든 박사학위의 44%를 여성이 차지했다. 1977년에는 25%였다.
- 1995년, 여성은 대학 학생 운동 선수의 37%를 차지했다. 1972년에는 15%였다.

그 보고서에서는 이와 같은 성과에도 불구하고, 다음과 같은 측면에서 결정적으로 우려되는 바가 잔존한다고 진술한다.

- 여성은 남성보다 컴퓨터 공학, 기술, 물리학, 혹은 수학에 있어서 학사학위를 받는 경향이 뒤처진다(U.S. Department of Education, 1997).
- 초등학교에서는 여학생이 과학과 수학에서 남학생을 앞지르지만, 중학교 및 고등학교로 진학하면서 뒤처지게 된다(U.S. Department of Education, 1996; National Coalition for Women and Girls in Education, 1997).
- 4학년부터 고등학교까지 흑인, 라틴계, 미국 원주민 여학생은 수학과 과학에서 가장 낮은 성취 수준을 보인다(National Assessment of Educational Progress, NCWGE 1996).

- 소수의 학교만이 성 희롱 방지정책을 시행한다. 이러한 정책이 없는 학교들은 성 희롱 혐의자에 대해 적극적인 조치를 덜 취하는 경향이 있다. 성 희롱 방지정책이 없는 학교에서 발생한 성 희롱 사건 중에서는 52%만이 추후조치가 있었던 반면, 그러한 정책이 있는 학교에서는 84%의 사건에 대한 조치가 있었다(NCWGE, 1997).
- 대학의 여성 운동 프로그램이 운동 관련 전체 예산의 25%를 받는다(NCWGE, 1997).
- 초등학교부터 고등학교까지, 남학생이 낮은 성적을 받는다. 중학교까지 남학생은 낙제를 받거나 재시험을 치르는 경우가 훨씬 더 많다(Sadker & Sadker, 1994).
- 특수교육 대상자로 분류된 대부분의 학생은 남학생이다. 그 남학생의 대부분은 흑인 혹은 라틴계 학생이다(National Urban League, 1998).
- 학교에서 남학생이 일으키는 문제행동에 좀 더 심한 제재가 가해진다. 학교에서 가해지는 정학의 71%를 남학생이 받는다. 유색인종의 남학생이 모든 정학과 퇴학을 받는다(Shaffer & Gordon, 2000).

이 보고서가 발표되고 약 십 년 이상이 흘렀지만, 우리는 추가적인 보고서를 찾을 수 없었다. 우리는 교사들이 이 보고서가 강조한 문제점들에 대해 방심하지 않고 경계하고 있다고 믿는다.

양성 평등에 관한 다른 보고서(특히 이 글을 읽고 있는 학생 중 몇 명에게는 아주 중요한 관계가 있는)에서는 성에 대한 공적 지지 연합(the Gender Public Advocacy Coalition, 2000)에서 147개의 대학들(조사된 학교 수 중에서 절반이 약간 넘는)이 차별 반대 정책을 가지고 있다고 천명하였다. 이러한 정책들은 성 정체성과 표현에 대한 보호된 범주를 포괄한다. 이러한 경향은 소위 말하는 명문대학교(차별 반대 정책과 더불어 보호 조치가 있는 아이비리그 8개 대학을 포함하는 약 2/3의 대학들)에서 더 명백하게 나타난다. '성 정체성과 성 표현' 을 보장하는 정책들은 잠정적으로 교육법안 제9조(Title IX) 의 보호 아래, 성차별을 받는 학생보다 성전환자나 전통적인 성 범주에 맞지 않는 학생을 더 높은 수준에서 안전을 보장한다. 인디애나 주법원은 최근 '교육법안 제9조' 에 근거할 때, 동성애자 학생을 놀리는 것에 대해 개의치 않는 것은 학교의 책임이라고 판결하였다. 특히, 법원은 교육법안 제9조에서 제정한 성차별에 대한 금지조항은, 놀림을 당한 원고가 충분히 주장한 바와 같이, 전통적인 성에 대한 고정관념을 따르는 데 실패한 학생들에 대한 차별을 포함한다고 해석하였다(Seiwert v. Spencer-Owen Community School Corp., 2007).

학생 문화

학생들은 기계적인 방식으로 학교에 반응하지 않는다. 연구자들은 학생 문화는 현재 존재하는 사회 현상을 재생산하고, 학생들의 행동수정을 어렵게 만들며, 학생들을 향한 그들의 행동이 그르지 않다는 것을 재확인시킨다는 사실을 점점 더 많이 지각하고 있다. 간혹 교사와 학생 간에는 그들이 서로를, 그리고 자신을 어떻게 이해하는가에 대한 커다란 차이가 있다.

학생들의 문화는 아동과 청소년이 다른 사람과의 관계, 사회적 상황, 그리고 사회적 지위와 관련하여 자신들에 대해 진술하는 하나의 복잡한 종합적 내러티브로 간주할 수 있다. 아동과 청소년은 같은 세대이며 지배적인 영상 매체에 노출됨에도 불구하고, 그들의 세계 그리고 그들이 사회의 여러 자원들과 접하는 방식은 인종, 성, 사회적 계층, 지리적 위치 등에 따라 매우 다양하다. 그러므로 하나의 예로서 학생들의 문화를 설명하는 것은 그다지 바람직하지 못하다. 예를 들어, 스타인버그와 킨첼로(Steinberg & Kincheloe, 1998)는 부유한 지역에서 성장한 청소년은 자신들이 자원을 소유하고 소비하도록 자격을 부여받았으며, 거짓말을 하거나 부정을 저지르더라도 면책을 받을 것이라는 집단적인 사고를 형성해 나가는 경향이 있다는 것을 발견하였다. 이들 젊은이들은 정기적으로 아주 값비싼 물건을 받고, 그들을 소비자로 만들려는 회사들의 마케팅 표적이 되며, 파티와 파괴적 행동을 보여주는 영화를 보면서 또한 핵가족 제도 내에서 자라면서 '자기'에 대한 인식을 형성한다. 다른 한편으로, 도시의 힙합 청소년들은 빈곤한 환경에서 그리고 약자로서의 가능성을 정의하려는 시도로서의 문화를 만들어 낸다. 예를 들어 랩 음악은 도시 공동체의 문제 그리고 지역적인 권력에 대한 임파워먼트의 전략에 관심을 가진다. 힙합 문화는 도시의 젊은이들을 억누르고 지배하려는 사회적 시도의 맥락에서 자기결단을 위한 저항으로 이해할 수 있다(Ginwright, 2004).

수행(performance)은 문화적 정체성을 표현하는 방식의 하나다. 머리모양, 옷, 장신구, 말투, 걸음걸이 등은 젊은이들의 문화적 정체성을 나타낸다. 종종 교사들은 이러한 표징들에 대해 학생들과 대치하게 되는데, 이는 이러한 표징들이 자신에게서 발현되는 정체성을 정의하고 통제하려는 젊은이 자신들의 시도를 대표한다는 점을 인지하지 않기 때문이다.

학생들의 문화는 '일상적인 비즈니스'과 깊은 관련이 있다. 왜냐하면 그것은 학생들이 학교에 대해 내리는 많은 결정들에 영향을 미치며, 학교 안에서와 마찬가지로 학교 밖의 결정들도 발전시키기 때문이다. 많은 교사들은 자신들이 가르치는 거의 모든 학생들의 믿음과 가치는 학교 밖에서 만들어진다고 믿는다. 자신들이 모든 학생들에게 동등한 기회를 주었음에도 불구하고 실패한 학생, 정학당한 학생, 퇴학당한 학생, 혹은 하위 수준의 교실에 있는 학생들이 생기는 것은 학교 밖의 문화로 말미암은 것이라고 생각한다. 이러한 교사들은 종종 일반적으로 학생들의 가정 문화 혹은 사회를 비난한다. 물론 사회와 가정의 영향을 무시할 수 없지만, 그렇다고 이들이 학생들의 행동을 결정하는 것은 아니다. 매우 현실적으로 볼 때, 학생들은 자신들이 매일 직면하는 학교에서의 경험을 바탕으로 문화를 결정짓는다. 여기서 '일상적인 비즈니스'로 묘사된 모든 양상은 학생들에게 경험을 제공하는데, 이러한 경험은 학생의 인종, 사회계층, 성, 그리고 다른 요소들에 의해 다양하게 전개된다. 학생들이 학교 밖에서 체험하는 것 역시 하나의 틀을 제공하는데 이들 또한 인종, 사회 계층, 성에 따라 변화되고 학생들은 이러한 틀을 학교 생활을 해석하는 데 사용한다.

교사와 학생 간의 거리는 적어도 나이, 역할에 따라 항상 존재해 왔다. 그리고 때때로 문화적 배경의 차이로 복잡해지기도 한다. 최근에 삶의 양식과 가족 구성원이 서로 다른 가정에 사는 학생의 수가 점점 많아짐에 따라, 학생과 교사 간의 그 거리는 점점 더 멀어지고 있다. 어떤 교사들은 이러한 간격을 줄이고 학생들의 문화와 삶의 방식을 매우 잘 이해한다. 하지만 많은 교사들은 그렇지 않다. 그들은 학생들의 행동을 교사가 통제하고 재발을 방지해야 할 자연적인 질서의 부분이라고 간주하였다. 미국의 교사들이 점차 연로해지고 대부분이 백인이기 때문에, 학교에서 교사와 학생, 특히 낮은 사회경제적 위치에 있는 학생들과 유색인종 사이의 거리가 점점 더 벌어지는 것은 당연하다.

다문화교육으로의 접근방법

우리가 지금까지 언급한 문제들은 아주 오랫동안 지속되고 있으며, 많은 교육자들에게 인지되어 왔고 논쟁거리가 되어 왔다. 사실 우리가 논의한 진보는 많은 교육자들의 노력에 의해서 이루어진 것이다. 이들은 여러 가지 사회 제도와 함께, 학교를 좀 더 공정하고 학생들의 요구에 반응하도록 만들기 위한 공동체와 사회 운동 간의 연합적인 노력을 포함한다.

교사들이 지지한 개혁은 다른 이름들로 표현되지만, 공통된 실행으로 이어졌다. 이 제도들의 이름 중 몇 가지를 들면 다문화교육, 비성차별(nonsexist) 교육, 인간관계, 성형평성(gender fair) 교육, 다민족교육, 민족학, 양성평등, 이중언어/이중문화 교육, 반인종차별 교육, 그리고 통합교육 등이다.

다문화교육은 인종, 문화, 언어, 사회 계층, 성, 그리고 장애를 포괄하는 일종의 우산과 같은 개념이다. 어떤 교육자들은 여전히 그것을 인종의 문제라고 생각하지만, 다문화교육은 추가적인 다양성을 포함하기 위해 가장 자주 확장되어 사용되는 용어이다. 이러한 이유에 근거하여, 우리는 '다문화교육' 이라는 용어를 인종, 문화, 언어, 사회 계층, 성, 성적 지향, 그리고 장애와 관련한 교육적 실제를 언급하기 위해 사용할 것이다. 다문화교육이라는 용어를 선택할 때, 우리는 인종이 반드시 최우선적으로 강조되어야 하는 사회적 불평등의 형태라는 것을 의미하는 것이 아님을 밝혀둔다.

교육자들은 단일적이고 통일적인 계획하에 다문화교육을 지지해오지 않았다. 교육자들은 수년간 다문화교육의 다른 접근방법들을 창출해왔다. 이는 다른 학교들 간의 다소 다른 문제들에 대응하고, 학교와 사회에 대한 다른 개념적 입장을 취하며, 더 좋은 사회로 나아가기 위한 다른 목표를 가지면서 가능했다. 예를 들어, 깁슨(Gibson, 1976)은 다문화교육을 지지하는 논문에 대한 검토를 토대로 다섯 가지 접근방법을 정의하였다.

(1) 문화적으로 다른 학생을 위한 교육, 또는 박애주의적 다문화주의(education of the culturally different, or benevolent multiculturalism): 문화적으로 다른 학생들을 효과적으로 문화와 사회의 주류로 합류시키는 것을 돕는 방법을 찾는 것
(2) 문화 차이에 대한 교육(education about cultural differences): 모든 학생들에게 다른 문화 간의 상호 이해를 증진시키려는 노력으로 다른 여러 문화의 다른 점들을 가르치는 것
(3) 문화적 다원주의 교육(education for cultural pluralism): 각 민족의 문화를 지키고 소수 민족의 영향력을 높이기 위한 교육
(4) 이중 문화 교육(bicultural education): 학생들이 다른 두 개의 문화권 속에서 성공적으로 적응할 수 있도록 준비시키는 것
(5) 인간의 정상적 경험으로서의 다문화교육(multicultural education as the normal human experience): 학생들이 다양한 문화적, 인종적, 혹은 다른 환경에서 살아갈 수 있도록 가르치는 것

관용적인 교육에 대해 글을 쓰면서 쿠마시로(Kumashiro, 2002)는 4개의 접근방법을 주장하였다.

(1) 다른 이들(the other)을 위한 교육: 억압과 차별에 직면한 학생들의 교육적 경험을 개선하는 데 중점을 두는 것
(2) 다른 이들에 관한 교육: 역사적으로 억압받았던 사람들을 반영하기 위해 교육과정의 개정
(3) "특권화(privileging)와 타자화(othering)에 대해 비판적인 교육": 학생들이 억압에 대한 제도들을 변화시키는데 관심을 갖도록 하는데 초점을 맞추는 것
(4) 학생들과 사회를 변화시키는 교육: 학교에서 억압을 조장하는 복잡하고 미묘한 과정을 변화시키는 것

이 책에서, 우리는 깁슨과 쿠마시로(Gibson & Kumashiro)의 것과 다소 중복되는 부분이 있는 우리의 전략들을 만들어 내었다. 교사, 행정가, 교수, 인

류학 연구자들, 그리고 광범위한 다문화교육 관련 논문 연구(Grant, 1992; Grant & Sleeter, 1985; Grant, Sleeter, & Anderson, 1986; Sleeter & Grant, 1987; Grant & Chapman, 2008)를 토대로, 우리는 사람들이 '다문화교육을 한다' 고 제시할 때, 그것이 무엇을 의미하는 것인가를 명료하게 하기 위한 하나의 시도로서 다문화교육 접근방법의 유형을 만들었다. 우리는 교육자들이 종종 다른 대안에 대한 고민도 없이 다문화교육의 의미를 짐작한다는 사실을 발견하였다. 그래서 우리는 일부 중요한 대안들을 명료하게 하기 위해 이 책을 저술했다.

1960년대에, 학교 간의 차별화를 제거하려는 통합의 노력으로서, 많은 백인 교육자들은 유색인종 학생들을 "발견"하였고 이들을 문화적으로 결핍된 존재로 보았다. 이러한 입장은 그 학생들이 결핍된 것이 아니라 서로 다른 것이라고 주장하고, 학교가 그들의 문화 차이를 수용해야 한다고 주장하는 이들에 의해서 격렬한 논쟁거리가 되었다. 이와 유사하게, 많은 특수교육자들은 장애가 있는 학생들이 차이를 가져오는데, 이는 수용되어야 하고 이것이 교육의 기초가 되어야 한다고 주장하였다. 특수학생과 문화적으로 다른 학생들에 대한 교수 접근방법은 학생들이 가지고 있는 '다름' 에 따라 그들이 효과적으로 주류사회로 진입하여 적응하는 것을 돕기 위한 목적으로 수업을 변화시키는 데 초점을 둔다.

거의 같은 시기이기는 하지만 제2차 세계대전 이후 문화 간 교육 운동(Intercultural Education Movement)이 일어나면서, 다른 교육자들은 학교에서 다른 사람들끼리 서로 가까워질 수 있도록 사랑, 존중, 그리고 효과적인 상호작용이 이루어져야 한다고 주장하였다. 이것이 '대인관계 접근' 으로 발전하였다.

또한 1960년대에 사람들을 기존의 사회에 끼워 맞추기보다 미국의 주류사회를 변화시키려는 좀 더 적극적인 접근방법이 등장하였다. 민족학 연구, 여성학 연구, 그리고 다른 분야만큼은 아니지만, 노동학 연구 또한 특정한 집단에 대한 학문적 깊이를 더하고 그 집단의 억압에 대한 의식을 높이기 위해, 그 집단의 정체성의 재고를 위해, 그리고 사회적 활동을 결집시키기 위한 노력으로 발전하였다. 1970년대와 1980년대에 동성애자들과 같은 추가적인 집단들이 같은 과정을 겪었다. 우리는 이러한 연구들을 '단일집단 연구(single-group studies)' 라 칭한다. 1970년대에 등장한 다문화교육의 접근방법은 교사들이 초기의 접근방법들을 접하면서 점점 더 현실세계에 눈뜨게 되었고, 교육개혁을 위해 좀 더 복잡하고 완전한 계획의 개념화를 시작하면서 지속적으로 발전해 왔다. 이 접근방법은 인종, 언어, 문화, 성, 장애, 그리고 다소 연관성이 적지만 사회 계층과 연결된다. 이는 모든 학교가 인간의 다양성과 동등한 기회를 실현할 수 있도록 만들기 위해 노력한다. 마지막으로, 1970~1980년대에 우리가 '다문화사회정의교육(multicultural social justice education)' 이라고 부르는 다섯 번째 접근방법이 등장하였다. 1990년대를 거쳐 21세기로 들어오면서, 이 접근방법은 신뢰성을 인정받고 있다. 왜냐하면 그것이 다문화교육 접근방법을 사회적 행동 영역까지 확장시켰고, 적어도 사회의 계층화에 도전적인 것만큼이나 인간의 다양성과 평등을 추구하기 때문이다.

앞으로 이어질 장들의 개요

이러한 다양한 접근방법들에 관한 기존의 연구들은 1998년 우리가 초판을 준비하던 때보다는 더 분석적이지만, 그럼에도 불구하고 여전히 다소 단편적이고 개념적으로 탄탄하지 못하다. 많은 부분들은 교사들이 해야 하는 것에 대해 짧고, 때로는 극단적으로 단순한 이유를 들어 규정하는 데 머무르고 있다. 그 연구들 중 어떤 것들은 다문화교육에 관한 이전의 연구들을 무시하고, 마치 다문화교육에 대한 역사가 없는 것처럼 개념적 논의에서 그치고 만다. 더욱이 다른 연구들은 저자가 논의하고 싶은 다문화교육의 접근방법을 자의적으로 선택하고, 그 이외의 것들은 무시한다. 마찬가지로, 다문화교육의 특정한 영역을 아주 잘 연구하고, 잘 개념화된 일부 책과 연구물의 저자들은 자신들의 접근방법을 유일한 것처럼 소개한다.

다음의 장들에서 이러한 결점의 보완을 위해 고안된 두 개의 중요한 형태를 소개한다. 첫째, 우리는 다섯 가지의 접근방법을 독자들이 비교할 수 있도록 상세히 설명할 것이다. 또한 각 접근방법에 대한 비판을 제공하여 독자들이 비교해볼 수 있도록 하였다. 독자는 어떠한 것이 가장 적절하고 나은지 결정하기 위해, 각 접근방법의 목표, 가정, 실제를 고민해 보기 바란다. 둘째, 각 접근방법을 심도 있게 개발하였다. 각 장의 서두에 각 접근방법의 목표, 가정, 이론적 배경을 논의한다. 그 부분은 각 접근방법이 무엇을, 왜 추구하는지에 대한 명료한 설명을 제공하고, 그것의 실행을 위해 전략을 안내한다. 다음으로, 추천할 만한 실제 활동을 소개한다. 접근방법이 적용되는 실제적 상황을 묘사하는 한두 개의 교육 장면을 요약하여 제공한다. 마지막으로, 독자들이 각 접근방법의 중요한 아이디어를 한눈에 알아볼 수 있도록 주된 목표, 목표로 하는 대상, 추천할 만한 실제적 활동을 요약한 표를 제공한다. 직접적인 교실 적용에 관심이 있는 독자들은 이 책의 반려자라고 할 수 있는 그랜트와 슬리터(Grant & Sleeter, 2009)의 『학습으로의 전환(Turning on Learning)』을 같이 참고하면 좋을 것이다.

우리는 독자들이 어떠한 접근방법이 가장 적절한지 심도 있게 고민하기를 바란다. 물론 우리는 이에 대한 우리의 확고한 의견을 가지고 있다. 우리가 바라는 것처럼 각각의 접근방법을 공정한 방법으로 소개한 후에, 마지막 장에서 우리가 왜 한 가지의 접근방법을 다른 것들보다 선호하는지에 대해 논의할 것이다.

생각해볼 문제

1. 제1장에서 소개한 통계를 볼 때 공정한 기회라는 관점에서 자신의 생각이 바뀌었는가?
2. 교사들의 교수 방식에 영향을 주는 학문적, 사회적 배경과 사실에 대해 설명해보자.
3. 어떤 교사들이 행하고 있을 수 있는 해가 될 수 있는 교수의 실제를 묘사해보자.
4. 다문화교육에 대한 연구들이 학생들의 학교 이탈 혹은 하위 성취 수준에 어떻게 영향을 미치는지 생각해보자.

참고문헌

Achinstein, B., Ogawa, R. T., & Speiglman, A. (2004). Are we creating separate and unequal tracks of teachers? The effects of state policy, local conditions, and teacher characteristics on new teacher socialization. *American Educational Research Journal, 41*(3), 557–603.

American Psychological Association. (2005). *Appropriate use of high-stakes testing in our nation's schools*. Washington, DC: APA Office of Public Affairs.

The Americans with Disabilities Act: Where we are now. (1991, January/February). *The Disability Rag*, 11–19.

Amrein, A. L., & Berliner, D. C. (2002). High-stakes testing, uncertainty, and student learning. *Education Policy Analysis Archives, 10*(18). Retrieved June 13, 2008, from http://epaa.asu.edu/epaa/v10n18

Berger, R. (2003). *An ethic of excellence*. Portsmouth, NH: Heinemann.

Berliner, D. C., & Biddle, B. J. (1995). *The manufactured crisis: Myths, fraud and the attack on America's public schools*. Cambridge, MA: Perseus Books.

Bloom, A. C. (1989). *The closing of the American mind*. New York: Simon & Schuster.

Burris, C. C., Heubert, J., & Levin, H. (2004). Math acceleration for all. *Educational Leadership, 61*(5), 68–71.

Byrne, M. M. (2001). Uncovering racial bias in nursing fundamentals textbooks. *Nursing and Health Care Perspectives, 22*(6), 299–303.

Carlson, D. K. (2004). *As Blacks mark history, satisfaction gap persists*. Gallup Poll News Service. Retrieved April 4, 2005, from http://www.gallup.com/poll/content

Center for American Women and Politics—Eagleton Institute of Politics. (2008). 2007, from http://www.cawp.rutgers.edu/Facts2.html.

Center for Community Change. (2005). *Native American background information*. Retrieved May 30, 2005, from http://www.communitychange.org/issues/nativeamerican/background/.

Chick, K. A. (2006, Winter). Gender Balance in K-12 American History Textbooks. *Social Studies Research and Practice, 1*(3), 284–291.

Clawson, R. A. (2002). Poor people, Black faces: The portrayal of poverty in economics textbooks. *Journal of Black Studies, 32*(3), 352–361.

Coalition for Fair Employment in Technology. (2004). *Outsourcing is cost-shifting*. Retrieved June 2, 2005, from http://www.blackmoney.com/coalition.html

Cohen, E. G., & Lotan, R. A. (2004). Equity in heterogeneous classrooms. In J. A. Banks & C. A. M. Banks (Eds.), *Handbook of research on multicultural education* (pp. 736–750). San Francisco: Jossey-Bass.

Correspondents of New York Times (2005). *Class matter*. New York: H. Holt.

Crawford, J. (2004). *Educating English learners* (5th ed.). Los Angeles: Bilingual Educational Services.

Cuban, L. (1984). *How teachers taught*. New York: Longman.

Diamond, M. (1993). Homosexuality and bisexuality in different populations. *Archives of Sexual Behavior, 22*(4), 291–310.

Eck, D. L. (2002). *A new religious America*. San Francisco: HarperCollins.

Education Commission of the States. (2003). *Addressing the disproportionate number of minority students in special education*. ECS StateNotes. Retrieved February 22, 2005, from http://www.ecs.org/clearinghouse/48/90/4890.htm

Ethnic Majority. (2008). Accessed 2007, http://www.ethnicmajority.com

Ethnic Majority. (2004). *African, Hispanic (Latino), and Asian Americans in politics*. Retrieved June 2, 2005, from http://www.ethnicmajority.com/POLITICAL.HTM

Epstein, C. F. (2007). Great divides: The cultural, cognitive, and social bases of the global subordination of women. *American Sociological Review, 72*, 1–22.

Fins, D. (2005). *Death row U.S.A.* Washington, DC: NAACP Legal Defense and Educational Fund.

Foley, C. L., & Boulware, B. J. (1996). Gender equity in 1990 middle school basal readers. *Reading Improvement, 33*(4), 220–223.

Foster, S. J. (1999). The struggle for American identity: Treatment of ethnic groups in United States history textbooks. *History of Education, 28*(3), 251–278

Frey, D. (2002). *Anorexia nervosa*. Medical Network, Inc. Retrieved June 1, 2005, from http://www.healthatoz.com/healthatoz/Atoz/ency/anorexia_nervosa.jsp

Gándara, P., Rumberger, R., Maxwell-Jolly, J., & Callahan, R. (2003, October 7). English learners in California schools: Unequal resources, unequal outcomes. *Education Policy Analysis Archives, 11*(36). Retrieved October 8, 2003, from http://epaa.asu.edu/epaa/v11n36

Garcia, E. E. (2001). *Latino education in the United States*. Lanham, MD: Rowman and Littlefield.

Gay and Lesbian Families in the United States: Same-Sex Unmarried Partner Households. A Preliminary Analysis of 2000 United States Census Data. August 22, 2001, David M. Smith, and Gary J. Gates, Human Rights Campaign

Gibson, M. A. (1976). Approaches to multicultural education in the United States: Some concepts and assumptions. *Anthropology and Education Quarterly, 7*, 7–18.

Ginwright, S. A. (2004). *Black in school: Afrocentric reform, urban youth, and the promise of hip-hop culture*. New York: Teachers College Press.

Glickman, C. D. (2000/2001, December/January). Holding sacred ground: The impact of standardization. *Educational Leadership*, 46–51.

Goodlad, J. I. (1984). *A place called school*. New York: McGraw-Hill.

Grant, C. A. (Ed.). (1992). *Research and multicultural education*. London: Falmer Press.

Grant, C. A., & Sleeter, C. E. (1985). The literature on multicultural education: Review and analysis. *Educational Review, 37*, 97–118.

Grant, C. A., & Sleeter, C. E. (in press) *Turning on learning*. New York: Wiley.

Grant, C. A., Sleeter, C. E., & Anderson, J. E. (1986). The literature on multicultural education: Review and analysis, Part II. *Educational Studies, 12*, 47–71.

Grant, C.A., & Chapman, T. (2008). *Multicultural education*. New York: Routledge.

Hacker, A. (1992). *Two nations: Black and white, separate, hostile, and unequal*. New York: Charles Scribner's Sons.

Hacker A. (2006) The rich and everyone else. *The New York Review of Books, 53*. http://www.nybooks.com/articles/18995. (Retrieved 8/3/08).

Haney, W. (2000). The myth of the Texas miracle in education. *Educational Policy Analysis Archives, 8*(4). Retrieved August 15, 2004, from http://epaa.asu.edu/epaa/v8n41

Hardy, L. (2003). The politics of gifted education. *American School Board Journal, 190*(8), 26.

Harrington, M. (1984). *The new American poverty*. New York: Holt, Rinehart & Winston.

Harrison, P. M., & Beck, A. J. (2005). *Prison and jail inmates at midyear 2004*. Washington, DC: U.S. Department of Justice Office of Justice Programs.

Hate. (1992, May/June). *The Disability Rag*, 4–7.

Headley, J., & Lowe, E. (2000). *Mayors' 16th annual survey on "hunger and homelessness in America's cities" finds increased levels of hunger, increased capacity to meet demand*. Retrieved June 3, 2005, from http://www.usmayors.org/uscm/news/pree_releases/documents/hunger_release.htm

Herdt, G., & Boxer, A. (1993). *Children of horizons: How gay and lesbian teens are leading a new way out of the closet*. Boston: Beacon Press.

Hillocks, G. (2002). *The testing trap: How state writing assessments control learning*. New York: TC Press.

Hogben, M., & Waterman, C. K. (1997). Are all of your students represented in their textbooks? A content analysis of coverage of diversity issues in introductory psychology textbooks. *Teaching of Psychology, 24*(2), 95–100.

Humphreys, J. T. (1997). Sex and geographic representation in two music education history books. *Bulletin of the Council for Research in Music Education, 131*, 67–86.

Jacobs, D. (1981). Teaching the Arab world: Evaluating textbooks. *Social Studies, 72*(4), 150–153.

Johnson, D., & Johnson B. (2002). *High stakes: Children, testing and failure and American schools: A year in the life of a rural school*. Lanham, MD: Rowman & Littlefield Publishers.

Johnson, M. (1991, March/April). What builders don't know. *The Disability Rag*, 12–17.

Johnson, M. (2005). Business strikes back: California firms press state bills to stop access lawsuits. *Ragged Edge Online*. Retrieved June 3, 2005, from http://www.raggededgemagazine.com/focus/notifact0505.html

Jones, J. (2004). *Blacks more pessimistic than Whites about economic opportunities*. Gallup Poll News Service. Retrieved April 4, 2005, from http://www.gallup.com/poll/content

Jones, M. A., Kitetu, C., & Sunderland, J. (1997). Discourse roles, gender and language textbook dialogues: Who learns what from John and Sally? *Gender and Education, 9*(4), 469–490.

Jones, M. G., Jones, B. D., & Hargrove, T. Y. (2003). *The unintended consequences of high-stakes testing*. Lanham, MD: Rowman & Littlefield.

Karabel, J. (2005) *The hidden history of admission and exclusion at Harvard, Yale, and Princeton*. Boston: Houghton Mifflin.

KewalRamani, A., Gilbertson, L., Fox, M., & and Provasnik, S. (2007). *Status and trends in the education of racial and ethnic minorities*. Washington, DC.: National Center for Education Statistics, Institute of Education Sciences, U.S. Department of Education.

Kornhaber, M. L. (2004). Assessment, standards and equity. In J. A. Banks & C. A. M. Banks (Eds.), *Handbook of research on multicultural education* (pp. 91–109). San Francisco: Jossey-Bass.

Koza, J. E. (1994). Females in 1988 middle school music textbooks: An analysis of illustrations. *Journal of Research in Music Education, 42*(2), 145–171.

Kruks, G. (1991). Gay and lesbian homeless youth. *Journal of Adolescent Health, 12*(7), 515–518.

Kumashiro, K. K. (2002). *Troubling education: Queer activism and antioppressive pedagogy*. New York: RoutledgeFalmer.

Lardner, J., & Smith, D. (2006) *Inequality matters: The growing economic divide in America and its poisonous consequences*. New York: New Press.

Lee, E. (2002). Anti-racist education: Pulling together to close the gaps. In E. Lee, D. Menkart, & M. Okazawa-Rey (Eds.), *Beyond heroes and holidays* (pp. 26–35). Washington, DC: Teaching for Change.

Linn, R. L., Baker, E. L., & Betebenner, D. W. (2002). Accountability systems: Implications of requirements of the No Child Left Behind Act of 2001. *Educational Researcher, 31*(6), 3–16.

Lipman, P. (2003). Chicago school policy: Regulating Black and Latino youth in the global city. *Race Ethnicity and Education, 6*(4), 331–356.

Lipman, P. (2004). *High stakes education*. New York: RoutledgeFalmer.

Loewen, J. W. (1995). *Lies my teacher told me*. New York: The New Press.

Longley, R. (2004). *Gender wage gap widening, Census data shows*. About.com: US Government Info Guide. Retrieved April 8, 2005, http://usgovinfo.about.com/ad/censusandstatistics/a/paygapgrows.htm

Lucas, L. (1992). Does ability grouping do more harm than good? Don't ignore the potential of talented students. *On Campus*, *11*(6), 6.

Lucas, S. R., & Berends, M. (2002). Sociodemographic diversity, correlated achievement, and de facto tracking. *Sociology of Education*, *75*(4), 328–348.

Madaus, G., & Clarke, M. (2001). The adverse impact of high-stakes testing on minority students: Evidence from one hundred years of test data. In G. Orfield & M. L. Kornhaber (Eds.), *Raising standards or raising barriers: Inequality and high-stakes testing in public education* (pp. 85–106). New York: Century Foundation Press.

Manset-Williamson, G., & Washburn, S. (2002). Administrators' perspectives of the impact of mandatory graduation qualifying examinations for students with learning disabilities. *Journal of Special Education Leadership*, *15*(2), 49–59.

Marquez, S. A. (1994). Distorting the image of "Hispanic" women in sociology: Problematic strategies of presentation in the introductory text. *Teaching Sociology*, *22*(3), 231–236.

Mazzuca, J. (2004). *For most Americans, friendship is colorblind*. Gallup Poll News Service. Retrieved April 4, 2005, from http://www.gallup.com/poll/content

McNeil, L., & Valenzuela, A. (2001). The harmful impact of the TAAS system of testing in Texas: Beneath the accountability rhetoric. In G. Orfield & M. L. Kornhaber (Eds.), *Raising standards or raising barriers: Inequality and high-stakes testing in public education* (pp. 127–150). New York: Century Foundation Press.

Meier, D. (2002). *In schools we trust*. Boston: Beacon Press.

Mitchell, B. L. (1992). Does ability grouping do more harm than good? It creates labels that last a life time. *On Campus*, *11*(6), 6–9.

Moon, T. R., Brighton, C. M., & Callahan, C. M. (2003). State standardized testing programs: Friend or foe of gifted education? *Roeper Review*, *25*(2), 49–60.

National Center for Children in Poverty. *Basic facts about low-income children: Birth to age 18, Accessed* 2007, http://www.nccp.org/publications/pub_678.html.

National Center for Health Statistics. (2004). *Health, United States, 2004 with chartbook on trends in the health of Americans*. Hyattsville, MD: National Center for Health Statistics.

National Coalition for Women and Girls in Education. (1997). *Title IX at 25: Report card on gender equity*. Washington, DC: Accessed 2007, http://www.ncwge.org/PDF/TitleIXat25.pdf

National Commission on Children. (1991). *Beyond rhetoric*. Washington, DC: U.S. Government Printing Office.

National Commission on Excellence in Education. (1983). *A nation at risk*. Washington, DC: U.S. Government Printing Office.

National Council on Disability, Association of University Centers on Disabilities, and the National Center for Victims of Crime. (2007). Breaking the silence on crime victims with disabilities in the United States. Washington, DC: Authors.

National Mental Illness Screening Project. (1996). *Who suffers from eating disorders?* Washington, DC.

Natriello, G., & Pallas, A. (2001). The development and impact of high-stakes testing. In G. Orfield & M. L. Kornhaber (Eds.), *Raising standards or raising barriers: Inequality and high-stakes testing in public education* (pp. 19–38). New York: Century Foundation Press.

A new core curriculum for all. (2003). Thinking K-16, a publication of the *Education Trust*, 7(1).

No housing to refer people to. (1990, May/June). *The Disability Rag*, *7*.

Nord, M., Andrews, M., & Carlson, S. (2006, November). *Household food security in the United States, 2005*. Economic Research Report No. (ERR-29).

Oakes, J. (1985). *Keeping track: How schools structure inequality*. New Haven, CT: Yale University Press.

Oakes, J., Blasi, G., & Rogers, J. (2004). Accountability for adequate and equitable opportunities to learn. In K. Sirtonik (Ed.), *Holding accountability accountable: What ought to matter in public education*. New York: Teachers College Press.

Orfield, G., & Lee, C. (2005). *Why segregation matters: Poverty and educational inequality*. Cambridge, MA: Harvard University Civil Rights Project.

Passell, J. S. (2005). *Estimates of the size and characteristics of the undocumented population*. Washington, DC: Pew Hispanic Center.

Purnell, T., Idsardi, W., & Baugh, J. (1999). Perceptual and phonetic experiments on American English Dialect identification. *Journal of Language and Social Psychology, 18*, 10–30.

Ravitch, D. (1990). Diversity and democracy: Multicultural education in America. *American Educator, 14*(1), 16–20, 46–68.

Riley, R. W., & Cantú, N. V. (1997). *Title IX: 25 years of progress*. Accessed 2007, http://www.ed.gov/pubs/TitleIX/index.html.

Rose, B. (December 5, 2007). State's wage gap growing. *Chicago Tribune*.

Ruiz de Velasco, J. (2005). Performance-based school reforms and the federal role in helping students that serve language-minority students. In A. Valenzuela (Ed.), *Leaving children behind* (pp. 33–56). Albany, NY: SUNY Press.

Russell, S. T., & Joyner, K. (2001). Adolescent sexual orientation and suicide risk: Evidence from a natural study. *American Journal of Public Health, 91*(8), 1276.

Ryan, D. C. (1994). *Authentic assessment*. Westminster, CA: Teacher Created Materials.

Sadker, M., & Sadker, D. (1994). *Failing at fairness: How America's schools cheat girls*. New York, NY: Macmillan Publishing Company.

Scheslinger, A. M., Jr. (1992). *The disuniting of America*. New York: Norton.

Seiwert Ex. Rel. S.S. v. Spencer-Owen Community School Corp. 497 F. Supp 2d 942 (S.D. Indiana 2007).

Sewall, G. (2005). Textbook publishing. *Phi Delta Kappan, 86*(7), 498–502.

Shaffer, S., & Gordon, L. (2000). *Why boys don't talk and why we care: A mother's guide to connection*. Chevy Chase, MD: Mid-Atlantic Equity Consortium.

Shepard, L. A. (2000). The role of assessment in a learning culture. *Educational Researcher, 29*(7), 4–14.

Sleeter, C. E. (2005). *Un-standardizing curriculum: Multicultural teaching in standards-based classrooms*. New York: Teachers College Press.

Sleeter, C. E., & Grant, C. A. (1987). An analysis of multicultural education in the U.S.A. *Harvard Educational Review, 57*, 421–444.

Sleeter, C. E., & Grant, C. (1991). Race, class, gender, and disability in current textbooks. In M. W. Apple & L. K. Christian-Smith (Eds.), *The politics of the textbook* (pp. 78–110). New York: Routledge.

Steinberg, S. R., & Kincheloe, J. L. (1998). Privileged and getting away with it: The cultural studies of white, middle-class youth. *Studies in the Literary Imagination, 31*(1).

Suro, R., & Tafoya, S. (2004). *Dispersal and concentration: Patterns of Latino residential settlement*. Washington, DC: Pew Hispanic Center.

Taub, D. E., & Fanflik, P. L. (2000). The inclusion of disability in introductory sociology textbooks. *Teaching Sociology, 28*(1), 12–23.

Tjaden P., & Thoennes, N. (2000). *Full report of the prevalence, incidence, and consequences of violence against women: Findings from the national violence against women survey* (Report NCJ 183781). Washington, DC: National Institute of Justice.

Ulrich, R. (2004). Taxing proposals. TomPaine. *Commonsense*. Retrieved June 3, 2005 from http://www.tompaine.com/articles

U.S. Census Bureau. (2007). *Facts for features: Americans with disabilities act: July 26*. Accessed 2007, http://www.census.gov/Press-Release/www/releases/archives/facts_

for_features_special_editions/006841.html.

U.S. Census Bureau (2007). *Income stable, poverty up, numbers of Americans with and without health rise.* Census Bureau Report. U. S. Census Bureau. Retrieved December 11, 2007, from http://www.census.gov/Press

U.S. Department of Agriculture. (2006). *Trends in Food Stamp Program Participation Rates: 1999–2005.* Wastington, D.C.: Mathematica Policy Research, Inc.

U.S. Department of Commerce, Bureau of the Census. (2003). *American community survey.* Retrieved March 1, 2005, from http://factfinder.census.gov

U.S. Department of Commerce, Bureau of the Census. (2004a). *Statistical abstract of the United States: 2004–2005.* Washington, DC: U.S. Government Printing Office.

U.S. Department of Commerce, Bureau of the Census. (2004b). *Income, poverty, and health insurance coverage in the U.S., 2003.* Washington, DC: U.S. Government Printing Office.

U.S. Department of Commerce, Bureau of the Census. (2005). *Housing and Household Economic Statistics Division.* Retrieved June 3, 2005, from http://www.census.gov/hhes/www/income/histinc/p36ar.html

U.S. Department of Education. (2001). *No Child Left Behind.* Retrieved September 18, 2003, from http://www.ed.gov/nclb/overview/intro/execsumm.html

U.S. Department of Education, National Center for Education Statistics. (1996). *The condition of education 1996.* Washington, DC: U.S. Government Printing Office.

U.S. Department of Education, National Center for Education Statistics. (2003). *Nation's report card.* Retrieved March 29, 2005, from http://nces.ed.gov/nationsreportcard/naepdata/getdata.asp

U.S. Department of Education, National Center for Educational Statistics. (2005). *The condition of education, 2000–2005.* Retrieved June 2, 2005, from http://nces.ed.gov/programs/coe

U.S. Department of Education, National Center for Education Statistics. (1997). *Science proficiency and course taking in high school: The relationship of science course-taking patterns to increases in science proficiency between 8th and 12th grades* (No. NCES 97-838). Washington, DC: U.S. Department of Education.

U.S. Department of Health and Human Services. (2001). *Health disparities trends.* Health and heritage brochure, Indian health service. Retrieved April 28, 2005, from http://info.ihs.gov/Health/Health1.pdf

U.S. Department of Education (1997). *25 years after the passage of Title IX.* Retrieved December 19, 2007, from www.ed.gov/pubs/TitleIX/part3.html

U.S. Department of Homeland Security. (2003). *Yearbook of immigration statistics 2003.* Retrieved June 2, 2005, from http://uscis.gov/graphics/shared/statistics/yearbook/YrBk03Im.htm

U.S. Department of Justice. (2002). *Demographic trends in correctional population by race.* Retrieved June 2, 2005, from http://www.ojp.usdoj.gov/bjs/glance/tables/cpracetab.htm

U.S. Department of Labor, Bureau of Labor Statistics. (1998). *Monthly Labor Review Online.* Washington, DC: U.S. Government Printing Office.

U.S. Department of Labor, Bureau of Labor Statistics. (2004a). *Highlights of women's earnings in 2003.* Retrieved May 25, 2005, from http://www.bls.gov/cps/cpswom2003.pdf

U.S. Department of Labor, Bureau of Labor Statistics. (2004b). *Displaced workers summary.* Retrieved June 3, 2005, from http://www.bls.gov/news.release/disp.nr0.htm

U.S. Department of Labor, Bureau of Labor Statistics. (2005a). *Usual weekly earnings of wage and salary workers: Fourth quarter 2004.* Retrieved April 5, 2005, from http://www.bls.gov/cps

U.S. Department of Labor, Bureau of Labor Statistics. (2005b). *Adjustments to household survey population estimates in January 2005*. Retrieved March 25, 2005, from http://www.bls.gov/cps

U.S. Government. (2007). *Status and trends in the education of racial and ethnic minorities*. NCES Sept 2007. Retrieved December 28, 2007, from http://nces.ed.gov/pubs2007/minoritytrends,ind_7&.asp

U.S. Senate Historical Office. (2005). *Minorities in the Senate*. Retrieved June 2, 2005, from http://www.senate.gov/artandhistory/history/common/briefing/minority_senators.htm

The White House Project. (2005). *Snapshots of current political leadership*. Retrieved June 1, 2005, from http://www.thewhitehouseproject.org/know_facts/snapshots_women.html

Wiggins, G., & McTighe, J. (2001). *Understanding by design* (2nd ed.). Alexandria, VA: Association for Supervision and Curriculum Development.

Wilchins, R., & Taylor, T. (2006). *2006 genius index: Gender equality national index for universities and schools*. Washington, DC: GenderPAC.

Wolf, N. (1991). *The beauty myth: How images of beauty are used against women*. New York: William Morrow.

World Christian Encyclopedia. (2001). *A comparative survey of churches and religions in the modern world* (2nd ed.). New York: Oxford University Press.

Wright, W. E. (2002). The effects of high stakes testing in an inner-city elementary school: The curriculum, the teachers, and the English language learners. *Current Issues in Education* [On-line], *5*(5). Retrieved April 6, 2004, at http://cie.ed.asu.edu/volume5/number5

Zimmerman, J. (2002). *Whose America? Culture wars in the public schools*. Cambridge, MA: Harvard University Press.

제 2 장

특수학생과 문화적으로 다른 학생들에 대한 교수

핵심 질문

1. 당신이 방문한 학교에서 특수학생, 문화적으로 다른 학생은 누구인가?
2. 그들을 특수하고 문화적으로 다르게 만드는 특성이나 요인은 무엇인가?
3. 다양한 학생들로 이루어진 교실에서 가르치는 교사들의 견해에 대해 생각해 보자. 학생들의 문화적 차이에 기초하여 다르게 가르친다는 교사들의 견해가 당신에게 혹시 아이디어를 제공하였는가?
4. 그 교사들의 좋은 의도가 학생들에게 왜 피해가 될 수도 있는가?

교실은 다양하다. 학생들은 학업 성취도, 학습 능력, 성, 인종, 민족적 배경, 가정 배경 등과 같이 매우 많은 관점에서 서로 다르다. 교사로서 우리는 이러한 차이를 어떻게 생각하는가? 특히, 오늘날 학생들의 성적을 높이도록 압박을 받는 학교에서, 어떻게 교사들이 교실에 있는 차이점을 바탕으로 구성적(constructively)으로 일할 수 있을까? 다문화교육에 있어서 이 접근방식은 다양한 학생들이 수업 과정(classroom process)에 잘 적응하는 것에 그 초점을 두고 있다. 여기서는 교사가 다양한 학생들이 직업 세계와 미래의 여러 요구에 대비할 수 있도록 표준화된 교육과정을 학습하는 것을 돕는다.

목표

교사들은 학생들의 학업 성취를 도와야 할 책임이 있다. 많은 교사들이 자신을 학생들이 미국의 주류 사회에 적응하도록 도와주는 책임이 있는 사람들로 간주한다. 그들은 문화적 배경이나 언어, 학습 양식, 학습 능력 때문에 쉽게 어울리지 못하거나 공부를 잘 하지 못하는 학생들에게는, 그 결손을 보충해 주거나 학교와 학생 사이에 다리가 되어 주는 교수 전략이 필요하다고 믿는다. 이러한 교사들에게 다문화교육은 어떻게 교사가 특수학생과 문화적으로 다른 학생들의 성취를 고취시키고, 이들이 전통적인 미국 사회의 요구에 잘 부응할 수 있도록 가르칠 것인가에 대한 선택이 될 수 있다.

표 2.1에서 알 수 있듯이, 이러한 접근의 지지자들은 미국 사회가 기본적으로 좋은 나라이며, 학교 교육의 주요한 목표는 학생들을 그 사회에 동화시키는 것이라고 믿는다. 이 접근의 목표는 학생들이 그 사회에 존재하는 제도나 문화 내에 있는 직업과 기능을 갖기 위해 인지적 기술, 개념, 정보, 언어, 그리고 미국 사회에서 요구되는 가치를 갖추도록 하는 것이다. 대부분의 지지자들은 이민자, 빈곤자, 실업자, 장애인, 그리고 사회로부터 소외된 이들에게는 기본적으로 적절한 기술, 가치, 지식이 결핍되었다고 본다.

이 접근방법에 따르면, 학교 교육을 통해 수정(modifications)이 이루어지며, 학생들은 학문적 성취도를 높이고, 백인 중산층 학생들이 학습하는 주류문화로 전환된다. 이러한 접근은 사회의 인간자본이론(human capital theory of society)에 기초한 것이다. 그것을 제시한 후에 우리는 교사들이 학생의 차이를 해석하는 데 사용하는 완전히 다른 두 입장에 대해 논의할 것이다. 한쪽은 차이를 결핍으로 보고 다른 한쪽은 차이를 단순히 다름으로 해석한다.

교육과 사회의 인간자본이론

인간자본이론에 의하면 교육은 한 개인이 직업을 통해 수입을 얻을 수 있는 기

표 2.1 특수학생과 문화적으로 다른 학생들에 대한 교수 접근방법의 개관

사회적 목표	사람들이 기존의 사회 구조에 어울릴 수 있도록 돕기
학교의 목표	학생과 학교 요구 사이에 가교를 만들어 주요한 전통적 교육 목적을 좀 더 효과적으로 가르치기
대상 학생	하위 계층, 노동자 계층, 특수교육, 제한된 영어 능력, 표준화시험의 통과가 절실한 여학생, 또는 주요 학과 과목의 성취가 뒤처진 유색인종 학생
실행	
교육과정	학생들의 경험적 배경과 관련짓기 기초적 기술과 지식의 차이를 채우기 시험을 통과하도록 가르치기 학생들이 이해할 수 있는 언어로 된 내용을 가르치기 표준 영어를 가르치기 위한 기초로서 모국어를 사용하기
수업	학생의 학습 양식을 만들기 학생의 능력 수준에 맞추기 학생이 받아들일 수 있을 만큼 효과적, 효율적으로 가르치기
교실 내에서 유의할 점 (서비스 지원시)	주류 사회에 포함되어 있다는 것을 구성원들에게 보여줄 수 있는 환경 미화물과 장식을 사용하기 과도기적인 이중언어 교육을 사용하기 제2언어로서의 영어(ESL), 보충반, 특수교육처럼 일시적이고 강화된 도움, 즉 지식의 부족을 채울 수 있는 도움을 제공하기
학교 차원에서 유의할 점	하위 계층 및 유색인종 부모들이 학교의 일을 지원하는 데 관여하기

술이나 지식을 습득하는 투자의 한 형태이다. 당신은 아마도 좋은 직업을 얻기 위해 학교에 다녀야 하며, 학교에서 더 많은 시간과 에너지를 투자할수록 미래에 더 나은 직업을 갖게 될 것이라고 익히 들어 왔을 것이다. 예를 들어, 교육의 수월성을 위한 캘리포니아 사무소(California Business for Education Excellence, 2002)는 사회 변화를 다음과 같이 설명한다. 즉, 세계는 급격하게 변화하고 있으며, 학교는 이런 변화를 반영해야 한다. 이전 세대에는 고임금 조립 라인의 노동자들에게 고급 수학이나 문제 해결 능력을 요구하지 않았다. 그러

나 이와 같은 직업이나 조립라인과 같은 형태의 학교는 과거의 모습이다. 달리 말해, 일부 학생들만 배우고 다수의 학생들은 배우지 않는 학교의 모습은 예전의 것이다. 기술적인 혁신, 빠른 속도의 의사소통, 창조적 문제 해결은 오늘날 사회의 모습을 특징짓는다.

학교는 학생들에게 새로운 경제체제를 대비시켜야 한다. 이 접근방법은 기회는 개인들이 습득한 교육 수준과 거의 동일한 수준으로 열려 있다고 가정하며, 개인들이 그들의 인간자본을 발달시키면 시킬수록 그들의 삶, 우리의 경제, 그리고 전반적인 사회가 더 나아질 것이라고 믿는다. 이 접근방법은 가난한 사람들은 그들의 인간자본을 개발시키지 않아서 대개 가난한 것이라고 가정한다. 결국 이론적으로 이 접근방법의 지지자들은 가난과 불평등이 유색인종, 빈곤층, 장애인, 여성이 사회에서 필요한 지식과 기능을 습득할 충분한 기회를 가지고 있지 않기 때문이라고 전제한다.

미국 시민들은 종종 학교를 사회 문제를 해결하는 장으로 간주한다. 미국이 국가적 위기를 겪고 있다고 깨달았을 때, 인간자본이론에 동의하던 이들은 학교 개혁을 외쳤다. 1959년 구소련이 세계 최초로 우주에 스푸트니크호를 발사했을 때, 많은 미국인들은 냉전 이후 미국이 몰락하고 있다고 우려하기 시작했고, 학교에 과학, 수학, 외국어 교육을 향상시킬 것을 요구하였다.

이와 유사하게, 1980년대 미국은 의심의 여지없이 세계경제 시장의 패권을 잃는 경험을 하였고, 많은 사람들은 다시 미국의 경쟁력을 높이기 위해 필요한 인간자본을 공급할 것을 학교에 요청하였다. 「위험에 처한 미국」(A Nation at Risk, 1993) 보고서에서는 학교 수업을 연장할 것, 학사일정을 연장할 것, 시험에 대한 준비를 높이고 성취기준을 상향조정할 것, 읽기 · 쓰기 · 수학과 같은 기본 교과로 돌아가고, 과학과 수학 수업의 수준을 높일 것 등을 권고하였다. 낙오 학생 방지법(No Child Left Behind, 2001; 2007년 이 법안의 재승인)은 국가나 경제 발전을 위한 인간자본을 개발하기 위해 연방정부가 실시한, 가장 최근의 학교 개혁에 대한 시도를 나타낸다. 이러한 각각의 노력은 책무성에 대한 국가 차원의 선점, 인간자본의 효율적이고 성공적인 생산, 그리고 경제적, 세계적 경쟁을 상징한다.

일부 학생 집단은 학교에서의 성취에서, 더 넓게는 주류 사회에서 뒤처지는 경향이 있다. 그들은 유색인종 아동, 경제적 빈곤층 아동, 장애아, 비영어권 아동, 수학을 어려워하는 여학생을 포함한다. 1970년대에서 1980년대 사이에 인종과 성에 기초한 학업 성취의 격차가 서서히 줄었음에도 불구하고(예를 들어, 교육의 진보에 대한 전국 평가와 대학 수학능력시험), 과거 10년 동안 그 간격은 다시 벌어지기 시작하였으며, 염려스럽게도 성취기준 또한 높아짐으로써 그 차이는 여전히 남아있다.

다문화교육을 특수학생과 문화적으로 다른 학생들을 가르치는 것으로 보는 교육자들은 공통된 목표를 가지고 있다. 이것은 '차이'의 특성이 있는 아동들이 교육을 통해 최대한 주류 사회의 일원이 되게 하는 것이다. 이는 곧 장차 주어질 사회적 보상을 위한 투자라고 볼 수 있다. 그 접근은 궁극적으로 주류 사회로의 동화는 가난, 실업, 인종차별, 성차별, 일반적인 사회적 긴장을 해소하기 위한 최선이라 가정한다. 왜냐하면 그것은 사람들이 사회에서 생산적인 역할을 하고 공통된 문화를 나누도록 돕기 때문이다.

그러나 다문화교육에 있어 이 접근방법을 받아들인 교육학자들은 상당히 다른 두 진영으로 나뉜다. **결핍 지향적**(deficiency orientation) 입장에 있는 이들은 '미국 문화'와 '전형적인 인간 발달'의 일반적인 규범들이 보편적으로 옳다고 본다. 그들은 그러한 규범의 성취의 실패요인을 이들의 가정 환경, 생리학적 · 정신적 재능, 또는 그 두 가지 모두에 대한 결핍에서 찾는다. 반면 **차이 지향적**(difference orientation) 입장에 있는 이들은 일반적인 규범이라는 것을 특정 문화의 요구와 관련 있는 것으로 여긴다. 이들에 의하면, 다른 문화적 내용들도 똑같이 건전한 규범을 생산해 내지만, 다른 양식으로 발전한다고 본다. 개개인은 자신의 공동체 문화에서 원활히 활동하는 것처럼, 주류 문화에서도 생산적인 역할을 하는 것을 배울 수 있다. 우리는 결핍 지향적 관점을 논평한 다음, 차이 지향적인 관점의 전망에 대해서 논의할 것이다.

결핍 지향적 관점

오늘날 사회에서 변호사나 사업가와 같은 성공한 이들을 생각해보라. 그러한 사람은 높은 수준의 소양과, 철저한 시간 관리, 다른 사람으로부터 독립적으로 행동할 수 있는 능력, 적절한 대인관계 능력, 표준영어 사용 등에 있어서 높은 능력을 개발해 왔다. 이제 성공하지 못한 이들을 생각해보자. 성공한 사람과 실패한 사람을 어떻게 비교할 것인가?

우리가 언제나 위와 같은 비교를 하면서, 덜 성공적인 어른이나 학생을 바라본다. 우리는 종종 우리의 신념에 비추어 그 사람에게 무엇이 부족한지 생각한다. 예를 들면, 부족한 읽기 능력, 동기, 지식에의 노출, 훈육, 언어적 기술 등이다.

결핍 지향적인 관점에서는 다른 집단의 사람들이 무엇이 부족하다고 믿는가에 초점을 둔다. 일반적으로 이것은 한 집단의 능력과, 그들이 가지고 있거나 친숙한 문화적 자원의 비교에 기초한다. 결핍 지향적인 사람들은 주류사회가 요구하는 가치, 기술, 그리고 능력을 지닌 사람들을 보편적인 발달의 전형으로 간주한다. 보편적인 발달에 관한 심리학적 이론들은 이 규범에 기반을 두어 왔고, 다양한 지능과 인성 검사의 형태로 이를 체계화시켰다. 결핍 지향적인 관점에 동의하는 사람들은 주로 이미 가정된 문화적 결핍 혹은 심리적, 정신적 결핍에 초점을 맞춘다.

문화 결핍

교육 현장에서 우리는 가난한 학생들이 혜택받지 못하고, 사회적으로 소외되어 있고, 낮은 사회경제적 위치에 있으며, 문화적으로 소외되고 결핍되어 있다고 간주되는 것을 듣는다. 지난 20년 혹은 그 이상 동안, '위기의 아동(child-at-risk)' 은 널리 알려진 문구가 되었다. 다른 문구가 다른 현상들을 강조하더라도(사회경제적인 불이익, 교육적 불이익), 그것들 모두는 어떤 문제점을 아동들의 생활 환경(가정과 지역사회)에서 찾는다.

당신은 아마도 교사들의 휴게실에서 비슷한 분석을 접했을 것이다. 그러나 교육학 연구에서는 위험에 처한 학생들에 대한 분석을 훨씬 조심스럽게 취급한다. 예를 들어 랄프(Ralph, 1989)에 따르면 "오늘날 위험요소들은 배경요소를 모두 포함하는 것(저소득, 낮은 성취, 장애 조건, 소수라는 처지, 대도시 빈민가의 가정 환경, 영어 능력의 한계)에서부터, 고등학교에서 중퇴하는 것과 같은 실제적이고 특수한 통계자료까지 매우 다양하다" (p. 396).

2000년대에는 다른 민족 집단, 언어 집단, 사회경제적 집단 간 "성취 수준의 차이" 에 대한 관심의 결핍에 관한 논의가 고무적으로 부활하였다. 학교에서 백인 학생, 중산층, 모국어로서 영어를 사용하는 학생들이 유색인종 학생, 가난한 지역의 학생들, 영어가 모국어가 아닌 학생들보다 월등한 결과를 나타낸다는 것은 새로운 이야기가 아니다. 그러나 이러한 성취도의 격차가 많은 교육자들과 지역 공동체의 지도자들(이러한 차이를 당연하게 여겼던) 사이에서 이 문제에 대한 논의의 불을 지폈다. 대개 그러한 논의는 종종 문화적 결핍을 당연한 것으로 간주한다.

아더 젠슨(Arthur Jensen, 1969)이 제기하고 차후 헤른스타인과 머레이(Herrnstein & Murray, 1994)가 지지한 의견에 의하면, 가난한 가정의 학생들(대부분 유색인종)은 열등한 유전인자를 갖고 출생했으며, 그들의 결손은 이와 같은 유전인자로 인한 것이다. 그리고 학교와 사회에서의 그들의 실패는 이러한 물려받은 취약점을 반영한다. 우리 자신을 포함한 대부분의 교육학자들은 이러한 생각을 수용하지 않는다. 따라서 우리는 여기에서 그것을 다시 언급하지 않을 것이다.

다른 하나의 관점은 유색인종 학생들(특히 흑인)과 가난한 가정 학생들의 실패에 대한 설명이다. 예를 들어, 혜택받지 못한 사람들의 그러한 경향에 대해서 팔라스, 나트리엘로, 맥딜(Pallas, Natriello, McDill, 1989)은 다음과 같이 분석한다. 즉, "교육적 경험은 공식적인 학교 교육에서뿐만 아니라 그들이 속해 있는 가정과 지역사회로부터 온다. 교육적으로 불리한 위치에 있는 학생들은 이 세 가지의 제도적 영역(학교, 가정, 지역사회) 중에서 적어도 한 가지 부분에서 교육적으로 부적절한 경험에 노출되어 왔다" (p. 16). 노구에라와 에이콤(Noguera & Akom, 2000)에 따르면, "대개 성취 수준의 차이에 대한 설명은 부모와 학생 사이의 결핍에 초점을 둔다. 문제 가정, 게으르고 동기부여가 되지 않은 학생들, 그리고 대도시 빈민가의 '빈곤의 문화', 이러한 것들이 종종 학업 성취 격차의 원인으로 지목된다."

1970년에 대개 신뢰를 받지 못하던 '빈곤의 문화' 에 대한 아이디어는 성공과 실패의 이유를 설명하는 데 있어서 점차적으로 더 많이 사용되고 있다. 예를 들면, 페인(Payne, 2001)은 가난한 사람들의 집안은 정리가 안 되어 있고, 언제나 텔레비전 소리로 시끄럽다고 기술한다. 또한 빈곤의 문화는 생존에 초점을 맞추기 때문에 미래를 계획하기보다 순간순간 먹고 살기에 급급하며, 오락에 우선을 둔다.

빈곤한 문화에 대한 관점에서는 많은 특수한 심리적 결핍의 원인을 '기준치' 이하의 성장 환경으로 돌린다. 많은 교육학자들은 가난한 학생들에게는 적절한 역할 모델이 없고, 그것이 그들의 발전을 저해한다고 믿는다. 예를 들면 실버(Silber, 1988)는 사회복지 의존과 성 쾌락주의를 '하위계층' 의 문화로 특징짓고, 빈곤의 주기를 지속시키는 이유라고 설명한다. 대도시 빈민가 가정의 모습을 다음과 같이 묘사한다.

"엄마는 간혹 집에 있다. 그러나 엄마는 마약에 중독되었거나 가출을 일삼는 십대이다. 학대받고 방치된 시간들로 인해 상처받은 이러한 많은 아동들은 분노하고 좌절한다"(Gross, 1992 pp. 1616). 오늘날 아프리카계 미국인 남성들은 거대한 장벽에 부딪쳐 있다. 그리고 많은 사람들은 여전히 아프리카계 미국인 가족과 공동체를 비난한다(예를 들면 편모 가정의 문제를 탓하는 식으로). 그러나 아프리카계 미국인 남성의 요구를 검토하는 아프리카계 미국인 교육자들은 백인 교육자들보다 훨씬 더 단정적으로 도덕적 타락과 정신적, 불안정보다는 자원에 접근하고 체제를 지원하는 견지에서 논점을 구성한다.

언어 문제는 일반적으로 '문화적 박탈' 의 관점에서 논의되는 또 다른 영역이다. 많은 교육학자들은 저소득층 아동들이 배워온 언어는 매우 지리멸렬하고 고착화하여 추상적인 사고를 요하는 학습을 저해한다고 믿는다. 예를 들어, 오르(Orr, 1987)는 아프리카계 미국인 학생들이 수학을 잘 못하는 것을 흑인 영어의 문법적 구조 탓으로 돌린다. "그들은 as ~ as라는 표현조차 모른 채 학교에 온다."(p. 185) 그녀에 의하면, 흑인 영어를 사용하는 학생들은 'twice as large as' 라는 수학적 표현을 자신들만의 문법적인 사고를 통해 재구조화함으로써 비교급을 두 번씩이나 사용하면서 'twice as larger than' 이라고 표현한다.

모국어가 영어가 아닌 아동들의 경우 종종 언어의 '결핍' 으로 간주된다. 언어적 편견을 지닌(language-biased) 교사나 상담사들이 언어가 뒤처지는 아동들을 '지적 장애' 나 장애인 반에 넣는 것은 드문 일이 아니다(Harry, 1992; San

Miguel, 1987; Sheets, 1995; Trueba, 1989). 이와 더불어, 많은 교육자들은 멕시코계 학생들은 영어나 스페인어 둘 중 어느 하나도 복잡한 학습을 가능하게 할 만큼 유창하게 발달시키는 데 실패한다고 믿는다. 그리고 그것이 멕시코계 학생들의 IQ점수가 미국 백인들의 점수보다 낮은 이유라고 생각한다. 라틴계 학생들에 대한 보충 교육은 낮은 성취도의 첫 번째 결정적인 요인으로서 다른 원인들, 예를 들어 교수의 질, 혹은 가르치는 개념들의 관련성보다 언어에 집중하고 있다. 결과적으로 라틴계 학생들의 성취도는 이중언어 사용, 스페인어의 우세, 영어 사용 능력의 부족 관계를 제외하고 논의되지 않는다. 그리고 성취도와 관련된 다른 요인들은 종종 간과된다(Valenzuela, 1999; Walker, 1987).

임산부의 약물 사용은 아동들의 발달에 장애를 일으키고, 이후의 학습에도 심각한 결과를 낳을 수 있다. 일례로, 우리는 학교에서 중산층의 아동들보다 저소득층의 아동들에게서 이러한 약물 사용의 예를 더 자주 접하게 된다. 우리가 자주 접하는 고정관념으로는 만약 저소득층 아동이 학교에서 아주 낮은 성취 수준을 보일 경우, 그리고 그 아동을 정말로 가르치기 힘든 경우 그 원인을 임신 중 약물 남용으로 인한 뇌의 손상으로 보는 것이다. 이러한 결론은 교사에게 있어서 굉장히 위험한 비약이다. 임신 중의 불법 약물 사용에 관한 의약적 조사에서 실제적으로 약물과 인종 또는 사회경제적 위치와는 관련이 없다고 밝혀졌다. 하지만 중산층의 백인 여성들보다 가난한 아프리카계 미국인 여성들은 보건당국의 불법적인 약물의 남용으로 훨씬 더 쉽게 보고되는 경향이 있다(Chasnoff, Marvey, Landress, & Barrett, 1990). 저소득층과 유색인종 또는 그 모두에 대해서 이러한 결핍적 입장을 견지하는 교사들은 학생이 공부를 못하는 이유를 학생이 공부를 하지 않는 것 등 다른 이유에서 찾으려 하지 않고, 임신 중 약물 남용 때문과 같이 부당하게 가정할 여지가 많다.

리차드슨, 카사노바, 플래서, 걸포일(Richardson, Casanova, Placier, and Guilfoyle, 1989)은 교사들이 어떻게 학생들이 위험에 처해 있다고 결정하는지, 그리고 그 위험이 어디에 귀인하는지에 대해 연구하였다. 그들은 다음과 같이 결론 내렸다. "교사들은 학생들의 성패를 개별적으로 타고난 아동의 고유한 성격 또는 교육 프로그램으로 돌리는 것을 선호하지 않았다. 대신에 그들은 학생들의 문제를 찾기 위해 교실 밖으로 시선을 돌렸다. 그래서 대개 문제점의 원인을 학생들의 가정생활이나 그들의 학부모에게서 찾았다" (p. 37).

교사들은 강력한 유대감이 있는 가정에서 온 아동들은 그렇지 않지만, 결손 가정에 있는 아동들은 위험에 처해 있다고 간주하였다. 그러므로 교사들은 다른 선생님이나 성인들로부터 위험에 처한 학생들의 가족에 대한 어떤 부정적인 이야기들을 잘 받아들이는 경향이 있다.

학교에서는 저소득층이나 소수자 가정(minority home) 출신 학생들의 낮은 학업 성취도를 설명하기 위해 문화적인 박탈 모델을 사용하는 것을 종종 본다. 다음은 그 예이다.

> 그 아동들의 출신이 뭐지요? …… 그 아동들 머리속에서는 어떤 일이 일어나죠? 때때로 나는 여기에 서서 이야기하는 것이 굉장히 부적절하게 느껴질 때가 있어요. 그리고 나는 굉장히 친밀한 가족이 있어요. [남편과 나는] 굉장히 엄격한 가정 환경 속에서 자랐고 그리고 우리는 굉장히 높은 수준의 직업 윤리에 대해 배웠어요. …… 그러나 나는 그 아동들이 나와 비슷한 환경에서 왔다고 생각하는 것이 얼마나 허황된 일이고 주제넘은 일인지 깨달았어요. 정상적인 것은 아무것도 없는 완전히 난장판인 집과 학부모라는 사람들은 들락날락거리는 상황들, 그러니까, 무슨 말이지 아시겠죠? 그들 머리속에 무슨 생각이 담겨있는지, 그리고 그들이 어떠한 배경 출신인지 알지 못해요(Sleeter, 1992, p. 172).

교사들이 학교의 인구통계학적인 변화를 관찰해본 결과, 많은 이들이 이와 같은 변화를 점점 더 많은 학생들이 고차원적인 학습을 할 수 없는 상태로 학교에 온다는 것을 제시하는 것으로 해석한다. 이러한 문제들에 대한 반응으로서, 허쉬(Hirsch, 1996)는 공식적인 국가 교육과정을 채택하자고 주장하였다. 즉, 이는 본질적으로 대개 보정(compensatory)으로 이해되는 수단이며, 문화적인 결핍을 갖고 있는 아동들의 성공을 위해 필수적이다.

문화적으로 결핍되었다는 생각의 문제점은 다음과 같다. 이는 무엇보다 기회의 격차(예를 들면 높은 수준의 유능한 교사를 만나는 길, 훨씬 더 좋은 교육과정, 좋은 의료보험, 최고의 학교 시설)에 대한 논점을 흐리게 한다. 그리고 저소득층 아동들이 가진 장점이나 자원에 대한 관심을 희석시킨다. 더욱이 문화 결핍에 대한 이러한 가정은 많은 청소년들이 관련되어 있는 인종주의의 전형과 연관되어 있다. 노구에라와 에이콤(Noguera & Akom, 2000)은 "프로 스포츠나 연예계에서 성공할 확률이 굉장히 낮음에도 불구하고 유색인종의 많은 청소년들이 의사나 기술자 프로그래머들보다 운동선수나 힙합가수가 되어 돈을 많이 벌 수 있다고 생각한다"고 지적하였다.

더구나 문화 결핍에 대한 생각은 낮은 수준의 학문적 기대치를 만들어 낸다. 연구자들은 많은 교사들의 기대는 학생의 인종 혹은 배경에 따라서 아주 다양함을 발견했다. 일반적으로 종종 교사들은 그 아동들의 가정 배경, 특히 부모의 교육 수준에까지 미치는 자신의 생각을 기준으로 해서 낮은 기대 수준을 정당화하였다(Codjoe, 2001; Contreras & Delgado-Contreras, 1991; Cooper & Moore, 1995; Hauser-Cram, Sirin, & Stipek, 2003; Pang & Sablan, 1998; Tettegah, 1996; Warren 2002). 실제적으로 문화적 결핍에 대한 생각은 낮은 성취도를 뒷받침하였고, 많은 교사들이 그들의 교수법을 검토하고 개발하는 것을 저해한다. 시험 성적을 높이기 위한 압박 속에서 자신들의 학생들에 대해 문화 결핍적 사고를 가진 교사들은, 학생들이 배울 수 있을지 아닐지도 모르는 불분명한 상황 속에서 어떻게 가르치는지에 대한 딜레마에 당면하였다. 예를 들어 아나그노스토퓰러스(Anagnostopoulos, 2003)는 두 개의 도시 고등학교 교사들을 연구하였다. 교사들은 아동들의 낮은 시험 점수를 자신의 부족한 교수법보다는 빈곤한 집안 환경과 문제 있는 친구 탓으로 돌리는 경향이 있었다. 그리고 교사들은 시험 점수를 높이기 위한 방법으로 개선된 교수 전략을 개발하기보다 지속적으로 아동들에게 시험 문제를 주면서 시험 대비를 하였다. 따라서 가난에 처한 아동들이 많은 문제점에 부딪치는 것을 부정하지 못할지라도, 우리는 학생들을 이렇게 바라보는 것, 다시 말해 교수에 대한 우리의 기대치를 낮추는 교사가 되게 하는 것과 같은 관점이 유용한지에 대한 의문을 던지게 된다.

신체적, 정신적 결핍

역사적으로, 특수교육과 관련한 많은 연구들은 신체적이고 정신적인 문제를 치료하고 이해하기 위해 노력해왔다. 이러한 결핍(혹은 가정된)은 다음과 같은 특수교육의 영역들로 범주화하여 간단히 분류되곤 한다. 즉, 시각장애, 청각장애, 신체적 장애, 지적 장애, 정서장애나 행동장애, 학습장애, 그리고 최근에 논의되고 있는 주의력장애 등이 그것이다. 이는 비록 지적 장애와 정서장애가 문화적 '결핍'과 아주 밀접히 연관되어 있다고 간주되기는 했으나, 대부분의 경우 특수교육의 영역에서는 이와 같은 장애가 기본적으로 유기적이거나 심리적인 기반을 둔다고 가정해 왔었다.

현재 대부분의 특수교육학자들은 학교에서의 장애 학생들을 또래와의 상호작용의 부족, 교육 환경적 특성의 결과물로 간주한다(Artiles, Harry, Reschly, & Chinn, 2002).

> 진단적인 꼬리표(diagnostic label) 없이 학교에 입학하는 아동들은, 오랫동안 계발되어 왔으나 아직 구체화되지 않은 인지, 행동, 언어, 그리고 정서적 특성을 가지고 온다. 학생들은 이를 바탕으로 학문적, 사회적 생태환경과 상호작용을 하게 된다. 이와 같은 상호관계 속에서 학생들은 학교에서 성공을 맛보거나, 혹은 10%의 아동들이 겪듯이, 낙제나 특수교육을 받도록 양도되기도 한다(p. 124).

과거의 25년이 넘는 기간 동안, 여러 가지 차이를 다 수용할 수 있는 특별한 교실을 구성하기 위해, 특수교육을 받는 학생들의 장애를 기술하는 데 있어 변화가 생겼다. 하지만 특수교육의 영역에서 역사적으로 무엇이 정상적인 학습이고, 행동이고, 발달인지에 대한 가정은 아직 같은 자리에 머물고 있었다. 어떤 사람이 이런 가정을 당연한 것으로 받아들이는 정도에 따라, 그 사람은 일부 아동들이 결핍되었다고 간주하는 아이디어도 당연시한다.

소위 문화적 결핍으로 생각되는 정신적 기능면의 결손 중 많은 것이 지적 장애(mentally retarded), 정서장애, 학습장애, 청각장애, 시각장애가 있는 학생들 탓으로 돌려졌다. 이런 학생들의 대부분은 언어적 그리고 읽기 기능에서 결핍되었다고 묘사된다. 예를 들어 정신적으로 지체되었다고 분류된 아동들은 "기억력, 주의 집중력, 구화를 통한 의사소통, 동기, 일반화 능력, 유사점과 차이점을 이해하는 데에 결핍이 있다고 간주되어 왔다" (Mandell & Gold, 1984,

p. 12). 학습장애로 분류된 아동들은 문법적인 어형 변화나 이해, 복잡한 문장을 만들어 내는 것, 단어 뜻을 정의하는 것, 사물을 분류하는 것, 문장을 작성하는 것, 그 자신의 언어적 실수를 인지하는 것에 결핍되어 있다고 여겨졌다 (Gersten, Scott, & Pugach, 2001).

언어와 읽기에 문제가 있는 학생들은 종종 또래들이 일반적으로 가지고 있는 정보(일부 기본적인 개념들을 포함하여)가 부족한 것으로 간주된다. 이것은 특히 필수시험이 점점 증가되고 있는 상황에서 이슈가 되고 있으며, 만약에 그들이 학교에서 성취 목표에 도달하지 못하면 학교는 제재를 받는다. 청각에 손상을 입은 아동들은 말과 글을 쓰면서 지식을 전달하는 체계에서 성공하기 힘들기 때문에, 결국 학문적으로 종종 뒤처지게 된다(Hardman, Drew, & Egan, 2002). 만약 당신이 학교에서 배우는 것들이 대개 말하기나 읽기로 설명된다는 것을 안다면, 이러한 결론을 이해할 것이다. 만약 당신이 책을 읽지 못하고 교사의 지시를 명확하게 듣지 못한다면 책 속에 있는 것을 배우기가 굉장히 어려울 것이다.

마지막으로 특수교육을 받는 많은 학생들은 사회적 기술이 부족한 것으로 비춰진다. 예를 들어서 프랜드와 버석(Friend & Bursuck, 1996)은 정서장애가 있는 아동들을 "대인관계에서 어려움을 겪고, 감정적인 상황에서 적절하게 대처하지 못한다"는 것을 보여주었다(p. 16).

교육자들과 연구자들은 이러한 '결핍(deficiencies)'을 이해하기 위해 다양한 이론적 틀을 사용해왔다. 의학적인 모델에서는 이런 문제점들이 유기체적 손상(뇌 손상, 화학적 불균형 혹은 유전적인 이상)에 의해서 생긴다고 보았다. 이들은 아동의 문제를 아동 자체의 특성에서 비롯한 문제로 보았고, 진단된 조건들을 치유하는 방안으로 리탈린(Ritalin: 아동들의 주의 결핍에 쓰이는 약), 프로작(Prozac: 우울증 치료제)과 같은 처방약의 사용을 점점 더 증가시켰다 (일부 장애의 조건에서 이와 같은 처방은 명료하게 문서화되기도 하지만 다른 장애에서는 그렇지 않은 경우도 있다). 행동학적 모델과 생태학적 모델에서는 아동의 성격적인 특성과 학습 환경적인 특성 간의 상호작용을 강조한다. 점점 더 이러한 모델들은 특수교육에 대한 연구의 방향을 중재(intervention)를 사용하는 연구 전략 쪽으로 유도하고 있다. 행동학적 모델은 아동의 문제가 그릇된 행동의 강화, 혹은 올바른 행동의 실패 때문이라고 생각한다. 생태학적 모델에서는 아동들의 문제를 그 아동들의 아동에게 긍정적인 특성이나 학습 행동을 제공하지 못하는 아동의 환경적 요소들의 실패 때문으로 간주한다. 결핍 지향적 입장을 가진 사람들은 학생들이 뒤처진 이러한 부분은 학생들이 교실에서 그리고 나중에 사회에서 적절하게 생활할 수 있도록 치료되어야 한다고 주장한다. 이러한 이유에서, 학교생활의 상당한 부분이 종종 치료(remediation)를 위해 사용된다.

성적 지향

성적 지향(sexual orientation)에 대한 논의가 대개 금기였기 때문에, 많은 사람들은 동성애나 양성애를 결함으로 간주한다. 예를 들면 시어스(Sears, 1993)가 1000여 명의 청소년을 대상으로 연구한 경우에 따르면 "여학생 3/4과 남학생의 84%는 동성애를 역겨운 것으로 여겼다"(p. 128). 최근에 에이즈에 대한 관심, 게이의 인권운동, 동성끼리의 결혼, 그리고 남성 동성애자를 교회 지도자로 임명하는 것과 같은 종교적 논쟁을 보면, 대중의 관심이 지속적으로 동성애로 향하고 있다. 일부의 대중매체와 종교적인 가르침은 이것들을 '결함'이라고 강조한다.

교사들은 이러한 성적 지향(sexual orientation)은 자신의 아동들과 관련이 없다고 생각하며, 그런 것에 관심을 두도록 격려되지도 않는다. 차후에 언급하겠지만, 이러한 문제에 관심을 두지 않는 것은 아동들의 필요나 권리를 논의하지 않고 방치하는 것과 같다. 학교에서 성적 지향에 대해 침묵을 일관하는 것은, 동성애는 질병이고 소멸되어야 할 것으로 인식하는 일반 대중의 신념을 반영한다. 종종 교사들은 자신 학급의 어느 누구도 동성애자는 아니라고 생각하기를 선호한다. 게이, 레즈비언, 양성애의 성정체성을 두고 고민하는 학생들에게는 굉장한 불명예가 따른다. 그래서 그들을 굉장히 고통스러운 상황에 처하게 하고, 학교에서의 성취도에도 좋지 않은 영향을 준다(Kissen, 1993; Sullivan & Wodarski, 2002).

오늘날의 교사들은 문화나 성 역할, 사회 계층, 다른 것들에 대해서 어떤 편견을 갖는 태도는 수용될 수 없다고 생각하지만, 많은 교사들이 이러한 성적 지향에 대해 편견을 가지는 것은 당연하다고 생각한다(Miller, Miller, & Gwaltney, 1998). 시어스(1991)가 자신의 연구에서 40%의 학생들이 자신의 성정체성으로 힘들어하는 것처럼, 학업에서도 이와 마찬가지로 힘들어한다고 밝히고 있다. 또한 나머지 60% 중 많은 학생들도 학업에서 어려움을 겪지만, 이는 덜 명백한 방식으로 드러난다. 동성애에 대한 결핍의 입장은 교사에게 이들을 어떻게 도울 것인가에 대한 지원을 제공하지 못한다. 우리는 이 책의 후반부에서 다문화교육에 대한 다른 접근방법들에서 그 대안을 제시할 것이다.

차이 지향적 관점

특수학생과 문화적으로 다른 학생들에 대한 교수에 대해서 '차이 지향적' 이 필요하다고 생각하는 사람들은 모든 미국 시민이 반드시 갖추어야 할 능력이나 기술, 지식의 표준이 존재한다는 점에 대해서 결핍 지향적인 사람들의 의견에 동의한다. 하지만 이들 지지자들은 다른 문화적 맥락이나 제도적인 측면에 따라 다양한 형태의 '건강한 정신 발달 모델' 이 존재한다고 믿는다. 차이 지향적 관점을 가진 사람들은 어떤 결핍을 치료하는 데 초점을 두기보다는 그 학생들이 미국 주류 사회에 잘 적응할 수 있도록 돕기 위해 그들이 지닌 특성적인 강점에 초점을 맞춘다. 표 2.1에서 보았듯이, 이 접근의 학교 목표는 학생들이 가진 지식과 능력을 향상하여 학문적인 지식을 좀 더 효과적으로 가르치는 데 있다.

'차이 지향적 관점' 에서는 '결핍 지향적 관점' 보다 훨씬 높은 학문적인 기대를 갖게 된다. 결핍 지향적의 관점은 아동이 가진 부족한 것에 관심을 두지만, 차이 지향적 관점은 학생들이 교수-학습 장면에서 무엇을 가지고 오는지, 또한 이들이 학업 성취를 해 나가면서 어떠한 지식과 기술을 사용할 수 있는지에 관심을 둔다. 차이 지향적 관점을 지지하는 사람들은 부적합한 교수야말로 학생의 학습 능력을 제한하는 가장 주요한 요소라고 주장한다. 만약 학생들이 잘 학습하고 있지 않다면, 이는 바로 교사들이 학생들의 장점과 재능에 대해 투자하지 않았기 때문이다. 차이 지향적 관점에서는 교사들이 가르치는 것을 배우는 과정에서 학생들의 배경과 장점을 알기 위해 더 많은 시간과 노력을 투자하라고 요청한다.

문화적 차이

많은 교육자들, 특히 유색인종 교육학자들은 결핍 지향적 관점에 대해 아주 강하게 반발한다. 그들의 반응으로 인해 연구자들은 언어와 학습 유형에 있어서 문화적 차이는 '결핍' 이 아니라, 학습을 촉진시키기 위해 새롭게 규정되어야 하는 '문화적 차이' 라는 개념을 연구의 기초로 설립하였다. 당신은 아마도 흑인 학생이나 도시 빈민가 아동들을 가르치기 위해 흑인 영어나 힙합 혹은 이중언어 프로그램을 사용하는 장단점에 대한 교육자들의 논의를 접한 경험이 있을 것이다. 당신은 또한 교육자들이 학습 양식과 학생들의 의사소통 방식을 이해하는 것의 중요성을 언급하는 것을 들어보았을 것이다. 예를 들어 교사의 눈으로 보는 대신에 눈높이를 맞추는 것은 학생들의 가정 문화를 존중한다는 신호가 될 수 있을 것이다.

문화적 다양성의 관점 기저에 있는 중심 되는 생각은 문화적 연속성이다. 인류학자들은 하나의 문화와 다른 또 다른 문화 간에 비연속성이 존재할 때, 이 두 문화 사이에서 신속하게 전환을 실행해야 하는 개인은 매우 혼란스러울 수 있다고 논의한다. 만약 당신이 해외 여행을 하고 있다고 상상해보자. 문화적으로 완전히 다른 사람들 사이에 있는 자신을 발견할 때 어떠한 기분이 들지 생각해보라. 당신은 아마도 혼란스러울 것이고, 약간은 놀랍고, 당신 스스로가 불확실하게 느껴지며, 반복적으로 잘못 말하거나 잘못 행동할 때마다 아마도 짜증스러울 것이다. 시간이 흐른 뒤엔 새로운 문화에서 생활하는 것을 익히겠지만, 처음에는 그 불연속성이 당신을 혼란에 빠뜨릴 것이다.

학교 문화와 다른 가정 문화를 가지고 있는 학생들도 같은 경험을 한다. 특히 이러한 불연속성은 하루에 두 개의 다른 문화(학교와 집)를 오가야 하는 아동들과 학교 문화를 배우지 않은 채 그 문화 속에서 올바로 행동하도록 기대되는 학생들의 상황을 악화시킨다. 학생들의 문화에 대해 인지하지 못한 교사들은 종종 행동의 차이를 결핍으로 간주한다.

이러한 '문화적으로 다른 학생에 대한 교수' 접근방법의 저변에 있는 주된 생각은 주된 학습 내용을 가르치기 위해, 그리고 학생들의 학습에 대한 높은 기대를 유지하기 위해 문화적 연속성을 최대한 유지하는 것이다. 심리적 발달에 대한 하나의 옳은 모델은 없으며, 문화적 내용은 학생들의 성장에 주요한 영향을 미친다. 특히 만약 교사가 학생들이 교실에서의 요구를 어떻게 받아들이고 이들을 이해하는지에 대해 잘 모르고 있다면, 문화적으로 다른 아동들의 심리적 발달은 때때로 일반적 교실의 요구와 상충된다. 그러나 모든 문화적 집단은 인지적 강점이 있으며, 이를 통해 교실에서의 학습이 촉진될 수 있다. 트루바(Trueba, 1988)가 언급하듯이,

> 아동의 민족적 · 역사적 배경에 상관없이, 아동의 학업적 성공의 핵심에는 효과적인 학습 환경이 조성되어야 한다. 이는 아동, 특히 소수인종 아동이 학교 시스템에 내재되어 있는 주요 문화의 가치를 내면화하는 데에 있어서 의미 있고 문화적으로 적합한 관계를 통해 지원받는 것을 의미한다(p. 282).

다양한 문화적 내용의 학습에 대한 중요한 연구는 아동와 성인의 자연적인 상호작용 과정에서 발생하는 지적 발달을 주장하는 신비고츠키이론(neo-Vygotskian theory)에 기반을 두고 있다. 아동은 자신의 발달 수준인 '근접발달영역(zone of proximal development)' 내에서 새로운 내용을 배우는 것에 도움을 받을 수 있다. 효과적인 학습은 아동와 성인이 문화적인 가치와 양식을 나누는 것과 효과적인 의사소통을 필요로 한다(Trueba, 1988). 의사소통과 인지적 양식은 문화 차이에 관한 연구의 중요한 두 개의 영역이다. 우리는 많은 아동들의 문화적 양식과 교사들의 문화적 양식의 일반적인 차이를 보여주는 몇 가지 사례를 제시할 것이다. 중요한 점은 교사가 아동의 근접발달영역 내에서 그 학생과 효과적으로 연결하기 위해서 학생의 문화적 양식을 충분히 알고 있을 때, 학습은 매우 효과적으로 진행된다는 점이다(Gonazalez, Moll, & Amanti, 2005).

쉐이드(Shade, 1997)는 분석적(analytic) 인지 체계와 상승적(synergetic) 인지 체계라는 두 개의 다른 인지적 양식으로 구별하였다. 그녀의 주요 논점은

학교와 주류를 이루는 개인들은 분석적 체계를 바탕으로 수행하는 경향이 있고, 아프리카계 미국인 학생들은 다른 소수의 학생들처럼 상승적 체계로 수행하는 경향이 있다. 분석적 학습자들은 경쟁적이고 독립적이며 개인적인 작업에 더 잘 집중한다. 그들은 유인물을 통해 잘 배우고, 한 번에 한 가지 일에 최선을 다하며, 한걸음 한걸음씩 순서대로 일한다. 반면에 상승적 학습자들은 독립적인 것보다는 협력적으로 일하기를 좋아한다. 그들은 동료를 배척하는 하는 일는 것보다는 다소 학습적인 과제를 통해 대인관계를 통합하려고 시도한다. 상승적 학습자들은 한 가지 일만 할 때에는 지루해 하고 복잡한 활동을 통해 더 자극받는다. 그들은 종종 운동감각적 혹은 감각적인 것을 논쟁만큼이나 좋아한다. 쉐이드는 분석적 학습자인 교사들이 종종 상승적 학습자의 행동을 잘못 해석한다고 주장한다. 예를 들면 이들은 너무 말이 많고, 주제에서 벗어나며, 협동적인 일에 대한 그들의 선호도를 건설적으로 보지 않고 무임승차와 같은 비양심 행위로 본다. 교사의 교수 유형이 학생의 학습 유형과 일치할 때 학생들의 성취도는 증진될 수 있다. 상승적 학습자가 하위 성취자가 될 필요는 없다. 다양한 인지 양식에 대한 유사한 인식을 강조하면서, 마르코바(Markova, 1992)는 사고 유형을 청각, 운동감각, 시각으로 구분하고 이에 따라 학습자의 유형(typology of learners)을 개발하였다. 또한 이와 같은 다양성에 대한 보다 큰 교육적 민감성을 촉구하였다.

일부 교육자들은 학습과 인지적 유형에 대한 논의가 고정관념을 더욱 양산한다고 생각하면서, 학습과 인지 유형에 대한 논의를 거부하기도 한다. 물론 어떤 문화적 집단 내에라도 개인들이 매우 다양하다는 것을 깨닫는 것은 중요하다. 그러나 일부 집단들은 미국에서의 억압의 경험 그리고 그들의 역사적 문화의 결과를 통해 유사한 성향을 공유한다(Shade, 1997). 교사들은 집단의 성향에 대해 민감함으로써, 학생의 행동을 더 정확하게 이해하고, 교수 장면에서 더 많은 대안들을 시도할 수 있다. 소수 집단이 다르다는 것을 인지한다는 것 또한 매우 중요하다. 예를 들면 아프리카계 미국인 학생들은 새로운 정보를 취할 때 대화나 신체적 활동을 선호하는 반면(Shade, 1997), 미국 원주민 학생들은 탁월한 시각적 능력을 활용한다(Gilliland, 1988).

또한 문화적 집단은 의사소통 방식에서 차이가 있으며, 때때로 서로 다른 의사소통 방식이 학생들의 교실 학습에 방해가 된다. 예를 들어, 페워디(Pewewardy, 2002)는 많은 토착 부족의 언어들이 영어와는 상당히 다른 구조를 가지고 있다고 지적한다. 최소한의 규칙으로 단어를 배열하는 부족 언어를 사용하는 학생들은, 아주 복잡한 규칙으로 이루어진 영어와 구문들로 혼란스러움을 느낀다. 학생들의 언어가 혼란스럽다고 관망하기보다, 교사는 학생들의 부족 언어의 구조에 친숙해져야 한다.

수업 중 몸을 움직이며 가만히 있지 못하거나 마음이 다른 곳에 있는 아동들은 지루해 할 수도 있고 학습과 관련해 하도록 요구받는 것을 이해하지 못하는 경우도 있을 것이다. 수업을 지루해 하는 학생들은 그들이 직면한 많은 학습 과제에 열심히 응하지 않는 경우가 종종 있다. 만약 그들이 아프리카계 미국인이나 라틴계 학생일 때, 교사는 자신의 수업이 지루해서라고 생각하기보다는, 이러한 학생들의 동기의 부족함이나 가정적 지원의 결핍으로 인한 문제라고 치부한다. 이러한 억측은 이 집단에게 넘을 수 없는 장벽을 만들고, 이는 낮은 학문적 기대 수준으로 이어진다(Brown, 1986; Wheelock, Bebell, & Haney, 2000).

학생들의 행동 문제 혹은 낙제와 같은 문제도 학생과 교실 간에 존재하는 문화적 연속성의 부재로 인해 학생들이 스트레스를 받고 있다는 점을 보여준다. 가정과 학교의 문화적 연속성의 수준은 다양할 수 있다. 예를 들어, 펠란, 데이비슨, 카오(Phelan, Davidson, and Cao, 1991)는 이를 네 가지 형태로 구분하였다.

(1) 하나의 문화와 다른 문화로의 자연스러운 이동이 가능한 가정과 학교, 동료 집단 사이의 일치된 환경
(2) 하나의 문화에서 다른 문화로의 이동을 감당할 만한 다른 환경
(3) 경계를 넘나들 통로가 없어 학생들에게 위험한 다른 환경
(4) 극복할 수 없는 장애물이 있는 다른 환경

그들은 이 연구에서 학생들은 자신에게 맞도록 변화된 수업을 적용한 교사와 학습할 때 더 높은 성취를 이룬다는 점을 발견하였다. 학생들에게 동료 집단과 학교, 또는 가정과 학교 중에서 하나를 선택하도록 요구했을 때 많은 학

생들이 학교를 신택하시 않았고, 결과적으로 이들은 학교에서 유급되었다.

언어

역사적으로, 대부분의 미국 학교들은 영어 전용 정책(English-only Policy)을 고수했고, 1880년대와 1890년대 초반에 유럽 이민자들이 이중언어 프로그램(특히, 독일어-영어)을 광범위하게 사용한 적은 있지만, 대부분은 교수에 있어 영어 이외의 어떤 언어의 사용도 금지하였다. 그러나 모국어가 영어가 아닌 유색인종 아동들은 결핍적으로 보이거나, 그들의 언어와 문화가 영어보다 하위에 있는 것으로 간주되는 경향이 있었다. 언어와 문화가 다른 학생들을 가르치기 위한 초기의 전략은 영어 교육 과정 속에 완전히 잠수시키는 것과, 제2언어로서의 영어(English as a Second Language, ESL)학급에 배치하는 것이었다. 그러나 어느 쪽도 소수의 언어를 사용하는 학생들을 주류로 통합시키지 못했다. 1960년대까지 쿠바로부터 이민자가 증가하고 시민권 운동이 성장함에 따라, 교육 정책가들은 매우 적극적으로 좀 더 장래를 위해 유망한 방법을 찾으려고 노력하였다. 이와 동시에, 학부모, 관심 있는 교사들, 그리고 공동체 활동가들은 학생들이 학교에서 자신들의 언어를 사용할 수 있도록 해 달라고 요구하기 시작하였다.

1968년의 이중언어 교육 법안(Bilingual Education Act)[16]이 발효되면서, 이중언어 교육 프로그램들은 새로운 국면을 맞았다. 이 책에 소개된 모든 다문화교육 접근방법을 사용하는 이중언어 프로그램이 있을지라도, 대다수는 문화적으로 다른 아동들 가르치기 위한 접근방법을 계속 사용한다. 학생들이 영어 전용 프로그램에 적응할 수 있는 영어 사용 능력을 충분히 지니도록 가르치는 동안, 이와 같은 프로그램은 학생들의 모국어를 과도기적 언어로 사용한다. 일반적으로 미국 내에서, 대부분의 이중언어 교육 프로그램은 과도기적 접근방법을 따르는데, 그것은 학생들이 모국어로 된 교육에서 가능한 한 빨리(3년 이

---

16) 역주: 영어에 어려움을 겪고 있는 학생들을 위해 프로그램을 제공할 수 있는 연방 차원의 지원에 관한 법안.

내) 영어 전용 교육을 받을 수 있도록 지도하는 것이다. 특수한 프로그램의 구조와는 상관없이, 모든 이중언어 교육 모델은 학생들이 가정에서 배운 언어와 문화는 정상적이고 건강한 언어 습득과 심리적 성장, 의사소통 능력을 향상시킬 수 있다고 가정한다.

커민스(Cummins, 2000)는 모국어가 영어가 아닌 학생들이 접하게 되는 기본적인 도전을 다음과 같이 설명하였다. 즉, 이러한 학생들은 "수업 중에 사용되는 언어를 배우는 동시에, 수업에서 사용하는 언어(예, 영어)를 통해 학습 내용을 배우도록 기대된다."(p. 57). 모국어를 잘 쓰는 학생들이 모국어를 배우는 과정 중에 있는 학생에 비해 제2언어를 훨씬 쉽게 습득한다. 이 현상은 커민스의 '기초적인 언어 능력 습득 모델'에 의해 설명이 가능하다. 이 모델에 의하면, 한번 잘 습득된 많은 언어 기술과 태도는 쉽게 다른 언어로 전이 가능하며, 가장 어려운 언어를 잘 배울 수 있다(Cummins, 2000). 그와 같은 언어 기술이란 다른 시제의 동사를 사용하는 것, 사물이나 감정을 묘사하는 언어 사용하기, 문자 언어를 의미 있는 음성 언어로 표현하는 것을 포함한다. 학생들이 하나의 언어에서 특정한 언어 기술을 잘 습득하면, 그것은 제2의 언어로 전이가 가능하다. 커민스는 학생들이 하나의 언어를 습득하기 위해 얼마만큼의 시간이 필요한지, 그리고 어떤 언어적 능력이 어떠한 순서로 제2언어에 적용되어야 하는가에 대한 하나의 이론은 없다고 지적한다. 대신에 가장 중요한 요인은 학교가 학생들의 학습을 위해, 모국어와 제2언어 모두를 구사할 수 있는 아동들의 능력 개발을 위해 얼마나 노력하는지 여부이다.

교육자들은 모국어가 영어가 아닌 학생들이 영어를 학습할 것인가에 대해 그리고 그 과정에서 학생들이 학습 성장을 위해 노력하지 않는 경우를 우려한다. 이중언어 교육 연구의 재검토에 기초해서, 피즈-알바레즈와 하쿠타(Pease-Alvarez & HaKuta, 1992)는 다음과 같이 결론지었다. "영어에 대해 고민하지 마라. 그들은 영어를 배우고 있다. 대신에 수업 내용에 대해 고민하라. 만약 당신이 언어에 대해 걱정한다면, 모국어에 대한 잠재력을 잃어버리는 것에 대해 걱정하라. 왜냐하면 미국에서는 전 세계의 언어가 표현되기 때문이다."

오늘날의 규준과 시험 내용의 문제점은 학교의 연간 적정 진보 수준(Adequate Yearly Progress)[17)]을 측정하는 것을 포함하는 많은 시험들이 대부분 영어로 진행된다는 점이다. 최근의 이민자 학생들의 영어 교육을 위한 제한된 순비가 있지만, 대부분의 학생들이 영어로 평가를 받아야 한다는 사실 때문에 많은 학교들로 하여금 영어 습득에 주력하지 못하도록 만든다. 예를 들어, 윌리와 라이트(Wiley & Wright, 2004)는 캘리포니아의 언어 학습 프로그램을 연구하여 다음 사항을 발견하였다.

> 대도시 캘리포니아 지역의 지역교육청으로 가해진 고위험 평가에서 시험 점수를 올려야 한다는 압박은 주민 발의안 제227호(Proposition 227)[18]의 제정보다 이중언어 프로그램을 폐지하는 데 더 효과적이었다. 지역의 지도자들은 단지 이중언어 사용 교육을 폐지하고 학생들을 유치원부터 영어에 몰입시키는 것만이 그들이 영어로 된 시험을 읽고 답할 수 있는 기회를 부여하는 것이라고 합리화하였다(p. 158).

이 정책은 가장 뒤처진 아동들을 위한 치료 목적의 이중언어 교육 프로그램을 감소시켰으며, 학생들의 언어로 그들의 언어적 기능을 개발하려는 노력 또한 중지시켰다.

더욱이, 아동들의 모국어를 무시하고 손상시키는 것은 아동들의 언어 성장과 자아 개념뿐 아니라 아동과 학부모, 조부모 사이의 정상적인 의사소통에 문제를 초래할 수 있다. 이민자 학생 일부는 학교의 백인들과 그들의 중산층 문화에 적응하였을 때, 그들의 부모와 언어, 문화를 부끄럽게 여기거나 심한 경우 적개심을 드러내기도 하였다.

또한 이와 같은 많은 고민들이 방언에서도 나타난다. 미국 내에는 일부 다른 방언들이 있다. 표준 영어와 더불어 현재 애팔래치아 지역의 방언(Appalachian), 하와이 크레올(Hawaiian Creole), 영어 요소가 섞인 멕시코식 스페인어(Tex-Mex), 흑인 영어(Black English)가 쓰인다. 문화 결핍 관점의 지

---

17) 역주: NCLB 법안과 관련해서 매년 치러지는 시험의 결과로 학교를 평가하는 연방차원의 정책적 시험.

18) 역주: 1998년 캘리포니아에서 Ron Unz에 의해서 제안된 주 법안으로 이중언어 교육을 금지하고 1년간의 프로그램을 통해 학생들을 100% 영어 환경에 몰입시키는 법안이다. 여전히 미국내에서 논쟁거리가 되고 있다.

지자들은 하급계층, 미국의 흑인 아동들(그리고 표준 영어를 쓰지 않고 방언을 쓰는 사람들)의 언어 구사가 부정확하고 부족하며 '결핍' 되었다고 간주한다(Newton, 1966). 그러나 1960년대 중반 이후로 방언에 대한 중요한 연구가 정립되었다. 방언은 언어학적으로 정상적이며, 그들 고유의 음소체계, 통사론, 형태론, 단어 의미의 지배를 받는다(Labov, 1969). 이러한 예들을 중심으로 교육자들은 비표준 영어가 표준 영어를 사용하는 교수에서 방해되지 않는지에 대해 의구심을 가졌다. 예를 들어 그와 같은 우려는 학교에서의 흑인 영어 사용에 대한 거센 논란을 일으켰다(예, 오클랜드, 캘리포니아).

흑인 영어에 대한 논쟁을 재검토한 스미터만(Smitherman, 1981)은 흑인 영어의 '흑인성(Blackness)' 에 대한 교육자들의 태도가 의사소통의 그 자체 오류보다 더 큰 문제라고 주장했다. 흑인 영어를 사용하는 사람들은 하나의 방언을 배운 채로 학교에 오고, 그 언어를 통해 학습할 인지적인 준비가 되어 있다. 불행하게도, 그들은 영어를 사용하기 위해 자신의 언어를 개발하기도 전에, 표준 영어로 시험을 치러야 하는 곤란한 상황에 놓이게 된다.

구술 게임(oral game)을 잘하는 아프리카계 미국인 학생들은 백인 학생들 이상으로 비유적 표현을 이해한다. 언어 과목에서 이러한 학생들의 언어적 기술을 결합시키는 교사는 그들의 성취를 높이는 데 확실한 능력을 가진 것이다(DeLain, Pearson, & Anderson, 1985). 예를 들어 교사들은 학생들의 언어를 수업으로 유입하고, 지역 방언으로 기록된 우수한 문학작품을 사용할 수 있다. 이를 통해 학생들은 가정에서 쓰는 방언과 표준 영어를 효과적으로 관련지을 수 있다(Hollie, 2001; Maybin, 1994; Siegel, 1999).

문화적 차이로서의 귀먹음

건청인(hearing people)들은 대개 귀먹음(deafness)을 종종 결핍으로 간주하고, 농인들(people with deafness)[19]을 정상적인 언어적 발달의 측면에서 뒤처

---

19) 역주: People with deafness를 청각장애로 번역할지 아니면 농아인(聾啞人)으로 번역할지, 그것도 아니면 농인(聾人)으로 번역할지에 대해서는 학문적인 논의가 필요한 부분이다. 이번 절에서 저자들은 deafness가 장애나 결핍이 아닌 문화의 차이라는 점을 강조하고 있다.

신 이늘, 그리고 결과적으로 충분한 인지적 성장이 부족한 이들로 간주한다. 다른 한편으로 농인 공동체에 대한 문화적 관점은 "농인 역시 일반적 언어를 지니고 있고 평범한 의사소통의 수단을 가진 사람들로 여긴다"(Stewart & Akamatsu, 1988, p. 238). 미국 수화(American Sign Language, ASL)는 적어도 1880년 초반 이후로 존재해 왔고, ASL과 농아(deaf children)를 교육하는 차이 지향적 관점은 오랫동안 결핍 지향적 관점과 경쟁해왔다. 구화법(듣기가 손상된 학생들이 입으로 말하는 것을 읽을 수 있도록 지도하는 것)과 수화체계(기호에 영어 문법과 어형론을 넣은 것)는 학교에서 최대한 정확하게 영어에 접근하기 위한 시도로 많이 사용되었다.

비록 구화법과 수화체계가 청각에 어려움을 겪는(some hearing loss) 아동들의 구화에 대한 접근방법을 돕지만, 미국 수화는 청력을 완전히 잃었거나 청력에 심각한 어려움을 겪는 아동들을 도울 수 있는 하나의 대안적인 언어체계이다. 언어학자들이 수화 연구에 관심을 가졌을 때, 이러한 인식은 언어로서의 세련미와 완전도를 높였으며, 그것을 의사소통의 주요 언어로 사용하는 사회에서 광범위한 호응을 받았다.

소수 언어 집단으로서, 농인 공동체(the Deaf community)는 다른 문화적 힘과 자산을 가지고 있으며, 농아들은 다양한 사회 활동, 농인 공동체에서 제작한 예술, 대인관계 등을 배울 수 있다. "농인들의 언어를 습득하기 전까지 그들을 이해한다는 것은 불가능하다. 또한 그들의 문화에 들어가기 전까지 그들의 언어를 습득하는 것 역시 불가능하다. 프랑스 내에 있다고 해서 프랑스인이 될 수 없는 것과 마찬가지로, 이를 실행하기 전까지 농인이 되지 않는다"(Kyle & Pullen, 1988, p. 57). 점진적으로 농인 공동체는 자신들을 장애인 집단이라기보다 언어적 소수 집단으로 간주되고 교육받기를 요구하고 있다.

저자들의 의견을 충분히 반영하고자 people of deafness는 농인으로 번역하였다. 일상적으로 청각에 문제가 있는 이들을 농아인이라고 표현하기도 하지만, 여기서는 농인이라고 번역하였다. 사전적 정의에 따르면 농아(聾啞)는 귀머거리와 벙어리를 아울러 이르는 말로서, 귀머거리가 원인이 되어 벙어리가 된 것을 이른다. 그러나 농인 집단에서는 자신들은 수화라는 언어를 통해 의사소통하기 때문에 벙어리라고 표현하는 것은 문제가 있다고 제시한다. 결국 각 집단의 목소리를 반영하는 것이 다문화교육의 목표라는 판단하에 여기서는 people of deafness를 농인으로 번역하였다.

정신적 차이

학교에서의 학업 성취도가 전체 평균에 훨씬 못 미치는 아동들은 종종 '지적 결핍' 으로 간주된다. 이러한 학생들을 결핍이 아니라, 학습장애나 특수교육이 필요한 '차이' 로 보는 교사라면 이 장에서 논의하는 접근보다 이 책의 후반에서 논의되는 접근방법을 더 많이 사용할 것이다. 예를 들어 고등학교 1학년 교사가 초등학교 4학년 수준의 읽기가 가능한 학생을 지도하고 있다고 상상해 보자. 그러한 학생들이 일정한 수준에 동화되기를 바라는 교사는 그들이 영구적인 장애를 지니고 있다고 믿지 않을 것이다. 그러나 만약 먼저 그들의 읽기 능력이 채워지지 않는다면, 그들을 동화시키는 일은 사실상 불가능할지도 모른다. 한 가지 대안은 모두가 배워야 하는 지식을 읽기를 통해서 습득해야 한다는 생각을 재고하는 것이다. 일단 교사가 이러한 대안을 시험해 본다면, 그들은 특수학생과 문화적으로 다른 학생들 가르치기 접근방법을 포기할 것이다.

다른 한편으로는, 특정 영역에서 수월한 아동들로 분류된 우수한 아동들은 정신적으로 다르다고 여겨질 수 있다. '영재(gifted)' 라는 말의 개념은 매우 광범위한데, 좁게는 학업 성취도가 상위 1~5%에 포함되는 학생들을 지칭하고 (Terman et al., 1976) 넓게는 다양한 분야에서 탁월한 재능을 가진 많은 사람들을 의미한다. 예를 들어 가드너(Gardner, 1993)는 언어지능, 수리지능, 음악지능, 공간지능, 신체운동지능, 대인관계지능, 개인지능, 자연지능이라는 8가지 다중 지능을 묘사하였다. 어떻게 타고난 재능을 정의할 수 있을까라는 생각에도 불구하고, 영재들은 '보통의' 아동들과 다른 교육적 경험이 필요하며, 이러한 경험들은 궁극적으로 그들이 첨단 기술 사회에서 요구되는 리더십을 제공하도록 도울 것이라고 많은 사람들은 믿는다.

영재들을 위한 특수교육적인 접근방법을 지지하는 사람들은 풍부하고 속진적인 프로그램을 실시하지 않는 것이 종종 능력 개발의 실패, 좌절과 심리적 문제의 증가, 사회적 자원의 낭비로 이어진다고 믿는다. 95% 이상 점수를 획득하는 아동의 3/4 이상은 영재를 위한 어떤 프로그램에도 소속되어 있지 않다 (Swiatek & Lupkowski-Shoplik, 2003). 영재교육을 지지하는 사람들은 그들 스스로 성공할 수 있다는 생각은 옳지 않다고 지적한다. 로빈슨, 로델, 그리고 잭슨(Robinson, Roedell, & Jackson, 1981)은 두 가지의 연구에 기초하여 "교육되지 않은 뛰어난 능력은 발달 할 수 없다"고 결론지었다(p. 130). 지지자들은 가치 있고 도전적인 능력을 지니지 못해서 학교생활 혹은 일상생활에서 깊은 좌절에 빠진 낙제생, 퇴학생, 자살 피해자들을 지적한다(Robbins, 1984). 그들은 또한 타고난 재능이 교육을 통하여 계발되어 사회에서 의학적, 과학적, 예술적, 사회적 성취를 이룬 것을 지적한다. 이러한 이유로 이러한 지지자들은 다른 학생들을 위해 개별화 교육(differentiated education) 프로그램이 제공되어야 함을 주장한다. 그 프로그램은 일반 교실에서 진행될 수도 있고, 특별 프로그램(a pull out program), 속진반(acccelatred) 프로그램, 특별교실, 혹은 다양한 기타 강화(enrichment) 프로그램이 될 수도 있다(Reis, 1994).

성의 차이

수학과 과학의 수행 능력에서 양성 간의 차이는 지난 수십 년 동안 두드러지게 감소해왔다. 이 분야에서는 남성이 여성보다 자연적으로 우월하다고 여겨져 왔다. 1970년대와 1980년대 동안 여학생 성취에 대한 교사의 기대를 높이고, 교실에서 수행의 기회(예를 들어, 양성을 고르게 호명하도록 하는 것), 강좌의 선택(수학 상급반과 과학 반 과정에서 양성이 똑같이 수강하게 하는 것)에서 양성에게 동등한 기회를 주는 것에 노력을 기울였다. 또한 여학생들의 미래 계획에 있어서 수학과 과학을 고려하도록 돕는 것에까지 확장시켰다(Leder & Fennema, 1990. Linn & Hyde, 1989). 이러한 노력은 수학과 과학에서 여학생들의 높은 성취도를 가져왔다. 오늘날 학업 성취 면에서의 양성 간의 격차가 남아있긴 하지만, 대부분은 현저하게 줄어들었다(Hanna, 2003). 2004년 미국 교육부의 「여학생과 여성의 교육적 형평성의 동향 2004(Trends in Educational Equity of Girls & Women)」(2004)에서 교육적인 성취 면에서 양성 간의 격차가 줄어들고 있고 남성과 여성 사이의 많은 교육적인 격차가 사라지고 있다고 보고하였다. 그 보고서는 다음과 같이 진술하였다.

초등학교에서, 4학년 여학생이 읽기(2003)와 쓰기(2002) 과제에서 또래 남학생보다 뛰어난 성과를 보였다. 수학 성취도에서 성(gender)의 차이는 감소하였으며 1990년에서 2003년 사이에 약간의 변화가 있었다. 중등학교에서, 국가 성취도 평가에서 읽기 성취 능력의 양성 간의 격차는 1992년 10점에서 2002년 16점으로 벌어졌고, 남학생이 여학생보다 낮은 점수를 받았다. 대학 학사학위를 시작하는 여학생은 같은 남학생보다 6년 안에 졸업하는 경우가 많다. 2001년, 성인교육에 참여하는 여자의 비율은 남자보다 높았다(53% 대 46%)(p. 1).

보고서의 주목할 만한 다른 발견으로는

여학생들은 고등학교에서 낙제하거나 진급을 실패하는 경향이 적다.
수학과 과학을 선택하는 성(gender)에 기초한 차이가 감소하고 있다.
고등학교 최고 학년의 여학생들은 또래 남학생들에 비하여 교육적 포부가 훨씬 크다.
졸업반의 여학생들이 전반적으로 상당한 진보를 이루었으나, 그들의 수입은 절반의 수준에도 미치지 못한다.(p. 2)

동시에, 여성들은 여전히 과학과 컴퓨터 과학 분야에서 두각을 나타내지 못한다. 예를 들어. 여성들이 미국의 노동인구의 약 46%를 차지하지만, 첨단기술의 높은 수준에서 종사하는 여성은 오직 10%이고, 1990년대 동안 컴퓨터 과학 분야가 고소득 직종으로 부상하자 최근에는 이 분야에서의 여성 참여가 줄고 있다(Gatta & Trigg, 2001).

유치원에서 고등학교 3학년까지, 여학생들은 남학생들과는 다르게 생각하고 다르게 컴퓨터 작업을 한다. 여학생들은 컴퓨터를 문제 해결을 위한 협력적인 도구로 보는 데 반해, 남학생들은 기계의 기술 그 자체를 즐기는 경향이 있다(Solomon, 2002). 브루너(Brunner, 1997)는 일부 인기 있는 비디오 게임으로 실험했고 피 실험자가 남성인지 여성인지를 알아냈다. 브루너는 교육개발센터의 아동들과 첨단기술을 위한 센터에 의해서 행해진 첨단기술을 향한 성에 따른 태도에 대한 연구를 분석한 후 다음과 같이 결론지었다. 남학생들에게 '기술은 힘의 원천' 처럼 보이고, '일방적인 의사소통' 을 의미하는 반면, 여학생들은 첨단기술을 '매개물' 로 보는 경향이 있고 그것은 사람들이 "의사소통하고, 연결하며, 생각을 공유하는"(p. 55) 것을 가능하게 하는 것으로 본다고 하였다. 그래서 교사가 첨단기술에 대한 남녀 학생들의 사고 차이에 민감한 컴퓨터 교육에 대한 접근방법을 발전시키는 것은 중요하다.

과학과 첨단기술 영역에서 여전히 존재하는 양성 간의 차이가 생물학적인 이유에 기인한다는 점에 대해서는 논쟁의 여지가 있다. 우리는 수학과 과학의 학업 성취에서 성의 차이를 해결하는 과정에서 중재의 힘을 반영한다고 믿는다. 교육자들이 평등에 대한 자각과 양성 평등과 관련해 이루어질 수 있는 것들을 인지할 때, 이와 같은 평등이 의미를 가지리라는 확신이 있었다. 차별화된 사회화의 결과로서, 남학생과 여학생은 서로 다른 기능, 흥미, 그리고 수학과 과학에 대한 다른 수준의 자신감을 보인다. 그리고 컴퓨터와 과학에 대한 학습 면에서 성의 학습 차이를 초래하지 않는다.

남학교와 여학교가 양성 모두에게 이로운가에 대한 논쟁도 있다. 일부 연구자들은 리더십을 주도하려는 경향이 많은 남학생과 경쟁할 필요가 없는 여학교에서, 여학생들이 리더십과 자신감을 더 발전시킨다는 것을 발견했다. 일반적인 성취 면에서 남녀 공학이 아닌 학교 교육의 효과에 대한 연구에서, 리오단(Riordan, 1990)은 "유색인종 여학생들이 남녀 공학이 아닌 여학교에서 가장 많은 이득을 얻었고, 다음으로 유색인종 남학생, 그리고 백인 여학생 순으로 이득을 얻었다."(p. 147)는 사실을 발견했다. 왜냐하면 대부분 여학교는 여학생들에게 해로운 영향을 미치는 경향이 있는 하위문화적인 영향을 감소시키기 때문이다. 그러나 남녀 공학이거나 남녀 공학이 아닌 학교 교육의 이점에 대한 연구는 아직 결론을 내리기에는 자료가 부족한 실정이다.

교사가 학교에서 남학생과 여학생을 아무리 공평하게 대우하려고 노력하더라도, 학생들이 경험하는 일부 보상 측면에서는 그들이 학교 밖에서 체험하는 차별적인 사회화가 존재한다. 흥미롭게도, 남학생들이 전통적인 여성의 직업 영역으로 어떻게 동화되는지에 대해서는 거의 논의가 없다. 예를 들면, 남학생들이 성공적인 사무직 직원이 되도록 준비시키는 평가 기제와 같은 것은 거의 없다. 우리는 이 예가 어떤 성이 더 흥미롭고, 고급스러우며, 보수가 좋은 일을 지배하는지를 암시한다.

실제를 위한 제안

어떠한 교실도 완전히 동질적이지 않기 때문에, 교사는 학생들 간의 차이점을 예상하는 것을 배워야 한다. 이와 같은 차이를 어떻게 생각하는지가 교사가 직면한 문제이다. 그리고 교사의 기준에서부터 학생들이 다양하면 할수록, 문제는 더 커지게 된다. 학생들이 무엇을 학습해야 하는지에 대한 확고한 신념이 있고, 모든 학생들이 최대한 이와 같은 목표에 도달하기를 바라는 교사들은 모든 학생들을 가르치는 방법을 모색할 것이다. 교사가 다양한 학생들을 위해 어떠한 적응 (adaptation)을 시행하더라도, 대개 교사들은 학생들이 독립적으로 수행할 수 있을 때까지 이러한 적응 형태가 한시적이기를 기대한다.

프로그램의 구조

다양한 학생들의 교실 적응에 대해 논의하기 전에, 우리는 학교가 그들을 적응시키기 위해 사용하는 프로그램의 구조 범위를 언급할 것이다. 이는 다양한 학생들을 최대한 통합적인(inclusive) 일반 교실로 재구조화하는 것에서부터, 특정 집단에 대한 별도의 프로그램을 설계하기까지 이른다.

장애가 있는 학생들을 위한 프로그램은 지난 몇 십 년 동안 현저하게 변화하였다. 학생들이 준비되었다고 여겨질 때, 그들은 일반 교실로부터 분리되기도 하고 다시 그 교실에 통합되기도 하였다. "현재 학생들은 일반 교실에서 시작한다. 만약 기술된 학습 목표가 일반 교실에서 달성되지 않는다면, 그들은 제한적인 환경의 학습 자료실이나 모든 시설이 완비된 교실로 이동한다." (Haskell, 2000). 통합학급(inclusive classroom)은 학습에 있어서 다양한 접근방법과 능력을 가진 학생들을 수용하기 위해 특별히 설계된다. 이것은 한 교실에서 특수교사와 일반교사의 협력에 의해 이루어진다. 1990년에 통과된 장애인을 위한 법안(Individuals with Disabilities Act)에 의거하여, 일반 교실에서 장애가 있는 학생들은 별도의 교실로 이동하지 않고, 일반학생들과 한 교실에서 수업을 받는다. 교육학적으로뿐만 아니라 철학적으로도, 장애가 있는 학생들을 포함하는 통합학급을 만드는 것은 매우 다양한 학생들을 가르치기 위한 교실을 만드는 것만큼 많은 고민을 필요로 한다.

한편, 특정 집단을 위해 설계된 프로그램들이 있다. 중증 장애 혹은 복합장애가 있는 학생은 하루의 대부분을 특수한 교실에서 분리되어 교육받는다. 이민 아동은 미국 학교 교육에 쉽게 적응하도록 하기 위해, 일정 기간 동안 주로 '신입생(Newcomer)' 프로그램으로 분리되어 배치된다. 일부 대도시의 학교 관할구역에서는 아프리카계 미국인 학생 중심의 학교(immersion school)를 설립함으로써 이들의 학교에서의 성취도를 높이고 이들의 전반적인 발전을 도모한다. 이는 아프리카계 미국인 학생들에게 대부분의 백인 학생들과 보조를 맞출 수 있는 경험을 제공하고자 한다. 이는 백인 학생들이 유럽계 미국인 중심의 학교에서 대부분의 백인 교사로부터 유럽 중심의 교육과정과 유럽계 미국인 문화 양식을 터득하는 것과 유사한 형태이다. 비록 그러한 학교의 효율성에 대한 연구의 결론은 없지만, 역사적으로, 흑인 대학교에 다니는 아프리카계 미국인 학생들의 성공률은 백인 대학교에서보다 훨씬 높게 나타난다(Farrell, 1992).

통합학급의 구조와 차별화된 프로그램 구조 사이에는 여러 가지 가능성이 존재한다. 예를 들면, 이중언어 프로그램에서는 첫 해의 대부분을 언어를 기준으로 학생들을 분리한다. 예를 들면, 1단계에서 학생들은 학교생활의 90%를 제1언어와 제2언어를 배우는 데 소요하고, 학교생활의 10%정도만 음악과 체육 수업에서 통합되어 수업을 받는다. 양쪽 집단 학생들의 제2언어 능력이 발전함에 따라 그들은 점차적으로 통합수업의 양을 늘리게 되며, 수업에서는 영어와 다른 언어(주로 스페인어)를 번갈아 사용한다.

다음은 통합학급에서 교사가 성취와 동화를 위해 아동과 교육과정 사이에 만들 수 있는 연결고리에 관한 것이다. 우리는 교육과정 내용, 수업 과정, 그리고 학부모 참여의 광대한 영역에서 이러한 다리를 체계화시켜 왔다. 이러한 개념이 실제적으로 어떻게 나타는지에 대한 예는 안내서 『학습으로의 전환(Turning on Learning)』(Grant & Sleeter, 2009) 2장에서 찾을 수 있다.

교육과정 내용

'규준 운동(standards movement)'은 학교로 하여금 뒤처진 학생을 포함하여 모든 학생에게 학년별 교육과정을 제공하도록 유도하였다. 우리는 교육과정이 최대한 도전적이어야 한다는 주장을 지지한다. 학생들이 진정으로 지적 능력에 손상이 없다면, 그것은 치료보다는 대학 진학을 목표로 하는 학업 성취를 지향해야 한다고 믿는다. 예를 들어, 제이미 에스칼랑테(Jaime Escalante)는 도시 빈민가 학생들을 위한 도전적인 교육과정에 저명한 연구자이다. 그가 고급반 배치(advanced placement)[20] 수학 프로그램에 모집한 사람이 누구인지 물어보는 질문에 대해, 그는 '뛰어난 재능을 가졌다고' 여겨지는 학생을 모집하지 않았다고 대답했다. 오히려 그는 "나는 종종 장난꾸러기들, '규칙준수'에 문제가 있는 아이들, 그리고 단순히 수학을 좋아하는 학생들을 선택했어요. '교실에서 소외된' 아이들이 종종 가장 총명한 아이라는 점을 발견했거든요. 그들은 빈약한 교수와 학교에서 그들에게 제공하는 활력 없는 수업 때문에 극도록 지겨워하지요"라고 설명하였다(Escalante & Dirmann, 1990, p. 409).

극도로 가난한 학교와 유색인종 학생이 많은 학교는 종종 교사들의 기대가 낮고, 초임 교사나, 준비가 부족하거나 경험이 없는 교사들로 이루어져 있기 때문에 교육과정이 빈약하다. 이 문제 해결을 위해, 많은 학교에서 모든 교사들이 각 학년에 맞추어진 프로그램에 맞추어 교육할 수 있도록 '기성복과 같은 교육과정 패키지'를 적용하였다. 그 패키지에는 「모든 이들을 위한 성공(Success for All)」[21], 수학 프로그램인 「미국의 선택(America's Choice)」, 읽기 프로그램인 「공개 법정(Open Court)」 등이 있다. 예를 들어, 셔만(Sherman, 2002)은 미국 원주민들의 토착 문화와 어울리는 협력학습을 현저히 향상시키기 때문에 「모든 이들을 위한 성공」을 적용한 미국 원주민 보호 거주지의 학교를 설명하였다. 일부 학교에서는 미국인 원주민 공동체와 관련 있는 그 자료에

---

20) 미국 고등학교에서 제공하는 대학 수준의 교육 프로그램. 이 수업을 들은 학생들은 대학입학에서 더 유리한 입지에 있으며 일부 대학 교양강좌를 면제받기도 한다.

21) 중학교 읽기 프로그램으로 1,800여 개 학교에서 적용되었다.

근거하여 '모든 이들을 위한 성공' 교수 과정을 사용하였다. 그들은 학생들의 시험 성적이 상당히 향상되었다고 제시하고 있다. 프로그램 보고서에서는 주 교육과정 규준에 근접하게 교육과정을 개발한 것과 그러한 규준에 기초해 교수-학습 방법에 대한 구조화된 자료의 제시가 성공의 원인이라고 분석하였다(예, Borman & Hewes, 2002).

특수학생과 문화적으로 다른 학생들을 가르치기 위한 접근방법은 학생들이 학교에서 무엇을 배워야 하는지에 대해 질문하지 않는다. 이 접근방법에 대한 지지자들은 주에서 제정한 교육과정 규준에서 출발하여, 다양한 학생들이 이러한 규준을 익힐 수 있도록 돕는 방법을 찾는다. 표 2.1에서 보여주는 것과 같이 만약 학생들이 그 교육과정 규준을 만족할 만한 수준까지 배우지 못한다면, 그들과 교육과정 사이에는 어떤 다리가 필요하다. 『학습으로의 전환(Turning on Learning)』(Grant & Sleeter, 2009)에 나오는 수업 계획은 실제적으로 이와 같은 다리를 놓을 수 있는 방법을 안내한다.

'학생들의 경험과 흥미'는 일종의 다리 역할을 한다. 학생들은 그들이 배우는 것이 유용하고 개인적으로 흥미로운 것이라 여기지 않으면, 열심히 노력하지 않는다. 이와 더불어 학생들은 새로운 개념 습득을 위해 친숙하고 구체적인 예를 종종 필요로 한다. 예를 들어, 모시스와 코브(Moses & Cobb, 2001)는 도시 빈민가의 중학교 학생들에게 수학을 가르치기 위한 성공적인 프로그램을 소개했다. 방향성(directionality)은 학생들이 수와 관련하여 배우지 않았던 개념이기에, 많은 학생들은 양수와 음수에 대해 어려움을 느꼈다. 그래서 교사들은 학생들을 지역의 지하철 역사로 보낸 후 방향성을 가지고 지하철의 노선을 그리도록 지시하였다. 교사들은 학생들이 지하철 시스템을 방향성과 관련해서 나타내는 것을 도와주었다. 이 과정에서 교사들은 아동들에게 친숙한 지하철에서, 그들에게 생소한 양수와 음수의 개념으로 자연스럽게 옮겨갔다.

몰(Moll, 1992)은 교사들이 부모들과 지역사회의 가족들에 의해서 제작된 지식 자본(fund of knowledge)이 무엇인가에 기초해서 교육과정을 구성하는 것을 도왔다. 표 2.2는 그가 작업했던 지역의 지식 자본을 요약하여 보여준다. 교사들은 실행을 통해 학교의 지식과 학생들의 삶을 좀 더 창조적으로 일치시키며 지역 공동체의 지식과 연결시킬 수 있는 교실 수업과 과제를 개발하는 기

표 2.2 가족 지식 자본의 예

농업과 광업	경제	가족 경영	물질과 과학적 지식	의학	종교
대목장과 농업 승마술 (카우보이) 축산업 토양과 관개 농작물 심기 사냥, 트래킹, 가죽 끝 손질 광업: 건축 목재 광물 폭파 장비의 작동과 유지	사업: 시장가치 감정평가 대여와 판매 대부금: 노동법 약호화 고객: 지식 회계 판매	예산 육아 요리 전기제품 보수	건축: 목공 지붕 잇기 도장 디자인과 건축 양식 수리: 비행기 자동차 트랙터 주택 보수	현대의학: 약 마약 응급처치 해부 산과 민간의학: 약초의학 민간요법 민간 수의학적 치료	교리문답 세례 성경공부 도덕 지식과 윤리

출처: L. C. Moll(1992). 이중언어 교육 연구 그리고 지역사회 분석. *Educational Research, 21(2)*. 20-24

술을 향상시켰다.

학생들이 삶에 교육과정을 연관시키기 위하여, 교사들은 두 가지 질문을 할 필요가 있다.

(1) 내가 가르치고자 하는 학문적 개념이 무엇인가?
(2) 학생들이 이 개념과 관련해서 가지고 있는 사례나 경험은 무엇인가?

저소득층 시골지역의 과학교사들은 과학적 개념을 가르치기 위해 매일 학생들에게 친숙한 식물 또는 동물을 찾았다. 미국 원주민 보호지역의 사회과 교사들은 학생들의 부족의 역사를 사회 교과에 관련지었다. 이를 통해 교사들은 학생들의 지식을 확장시켰다. 교사들은 힘들고 도전적인 교육과정을 숙달하는 것을 목표로 하는 동시에, 학생들이 친숙하고 친근한 것을 통하여 개념을 형성하도록 학생들을 가르친다.

두 번째 다리는 '언어' 이다. 학문적 내용과 기술은 학생들이 그것을 학습할 것이라면 학생들에게 의미 있어야 한다. 의미는 학생들이 이해할 수 있는 언어로 가장 잘 전달된다. 언어적 소수집단의 학생들의 성취도를 증진시키기 위해 구성된 교육과정이 있는 학교는 학생들의 언어로 가장 어려운 내용을 제공하고 실제적인 작업과 같은 많은 단서가 있는 내용을 제공하며, 학생들이 이해할 수 있는 수준은 비록 그것이 유창한 대화 기술을 습득하기에는 부족한 시간일지라도 영어로 제공한다. 이중언어 교수법 학습의 이점은 몇 년 동안 나타나지 않을 수 있다는 것을 아는 것이 중요하다(Cummins, 2000).

그러나 대부분의 영어 학습자들은 이중언어 프로그램에서 교육받지 않는다. 교사들은 영어를 모국어로 사용하지 않는 학생들이 이해할 만한 수준의 수업 내용을 구성하는 것을 배울 수 있다. 예를 들어 교사는 학생들에게 영어로 명시적인 수업(explicit instruction)을 실시하고, 위압적이지 않은 분위기 속에서 영어를 연습할 수 있는 기회를 제공한다. 영어로 주제를 가르치는 것은 「영어 발달 프로그램(English Language Development, ELD)」[22]을 제공하거나, 영어 단어, 문법, 문장론으로 학생들을 가르치는 것과는 다르다. 학생들에게 어떤 것을 가르칠 때, 학생들의 실수를 지적하기보다는 의사소통하는 데 초점을 맞추면, 학생들은 새로운 언어를 연습하는 데 느끼는 부담이 줄어들게 된다. 만약 학생들이 부정확한 문법 또는 단어를 사용하여 질문에 대답하면, 교사는 학생들의 어조까지 적절하게 수정해서 옳은 답과 연결시켜 지도할 수 있다. 대화의 초점은 그 의미에 있다. 때때로 학생들은 수정된 표현을 반복적으로 연습할 것이며, 그것은 그들의 학습을 촉진시킬 것이다.

외국어나 방언을 사용하는 학생들에게 표준 영어식 읽기와 쓰기를 가르칠 때에는 기능 언어와 의미 언어를 구분할 필요가 있다. 예를 들어, 테일러(Taylor, 1989)는 흑인 영어를 쓰는 아동들에게 표준 영어로 쓰기를 가르치는 과정을 설명하였다. 그녀의 목표는 가능한 한 효과적으로 그들의 의미와 생각을 청중에게 전달할 수 있도록 돕는 것이다. 그녀는 학생들이 흑인 영어와 표준 영

22) 역주: 영어에 미숙한 학생들을 위해 제공되는 영어 교육 프로그램.

어 사이의 다른 특정한 패턴을 알아낼 수 있도록 조력하였다. 학생들은 쓰기 양식을 이해하기 위해 흑인과 백인 작가가 쓴 글을 분석했다. 무엇보다도, 그녀는 학생들이 무엇을 이야기해야 하는가에 대한 중요성을 강조하면서, 점차적으로 쓰기 규칙을 배우고 활용할 수 있도록 가르쳤다. 읽기 교육의 연구에서, 몰, 디아즈, 에스트라다, 로페즈(Moll, Diaz, Estrada, and Lopes, 1990)는 교사들은 스페인어를 말하는 학생들의 의미를 이해하는 기능을 의미를 이해하는 능력과 맞추고 있는 것을 발견하였다. 그 결과, 수업이 학생들이 이해할 수 있는 수준의 내용으로 너무 간단해졌고 독해 기능으로 빠지는 경향이 있었다. 언어 기능은 분리해 배울 필요성이 있고, 생각을 전달하기 위한 언어의 의미 있는 사용이 이루어져야 한다.

또 다른 다리는 중요한 성취 격차를 줄이는 것이다. 예를 들어, 통합학급의 특수 교육 학생들을 위해, 레이놀즈와 버치(Reynolds, Birch, 1988)는 발달에 적합한(developmentally appropriate) 교육과정을 강조하였다. 예컨대 학생들이 덧셈, 뺄셈을 완전히 익히기 전에 여러 자릿수의 나눗셈을 가르치지 않는다. 그리고 교사들은 위의 저자들이 문화적으로 필수적이라고 하는 내용, 다시 말해, 언어적 기술, 수학, 건강과 안전, 사회적응 기술, 직업 기술을 학생들에게 가르쳤는지 재확인해야 한다 그들은 통합학급에서 학습하는 특수교육 학생들이 표준 교육과정에 기술되어 있는 모든 규준들을 학습하지 못할 수도 있다고 지적한다. 교사들은 이러한 지침들을 토대로 어떠한 내용을 강조할 것인지 결정해야 한다.

많은 경우, 교사들은 학생들이 습득하지 못한 내용이 너무 많은 것에 지쳐서 결국 교정(remedation) 차원의 학습에 머물게 된다. 만약 학생들의 지식에 큰 격차가 있다면, 교사들은 학생들이 배울 필요성이 있는 것을 선별하고, 그들이 더욱 향상될 수 있는 가장 중요한 내용에 초점을 두어야 한다.

수업 과정

특수학생과 문화적으로 다른 학생들을 가르치기 위한 접근방법에서는 교육과정 내용보다 수업의 변화에 중점을 둔다. 이 접근방법을 취하는 교사들은 대개 학생들이 배울 내용에 대해서는 확신을 하지만, 그들이 배우는 것을 어떻게 조력할지에 대한 확신이 없다. 이 접근은 다양한 학습자들을 위해 효과적인 수업을 제공할 수 있는 몇 가지 방법을 제안한다. 『학습으로의 전환』(Grant & Sleeter, 2009)의 2장에서, 우리는 이 내용과 관련 있는 것을 자세하게 소개하였다.

이전에 설명한 바와 같이, 교사가 학생들의 근접발달영역 내에서 활동할 때 학생들의 학업 성취는 향상될 수 있다. 교육, 다양성, 수월성 연구 센터(CREDE: The Center for Research on Education, Diversity and Excellence)는 문화적으로 언어적으로 다양한 학생들의 성공적인 학업 성취에 관한 연구들에 기초해서 근접발달영역을 사용하는 효과적인 교육을 위해 다섯 가지 기준을 개발하였다. 그 기준들에는 다음과 같은 것이 있다.

(1) 교사와 학생은 소집단에서 함께 활동하며 협동적으로 아이디어와 결과물을 만든다.
(2) 교사는 학생들의 삶의 체험, 예를 들어 가정과 공동체의 삶과, 학교에서의 경험을 수업으로 연결시킨다.
(3) 교사는 교육과정 전반에 걸쳐 언어와 문해 능력을 개발한다.
(4) 교사는 뛰어난 학생들의 복잡한 수준의 이해를 도모하기 위해 높은 기준과 역동적으로 개발된 도전적인 수업을 개발한다.
(5) 교사는 수업에서 교사-학생 간의 대화를 강조하는 데 특히 학문적이고, 목표 지향적이며, 소집단 형태의 대화를 강조한다.

이 규준들은 학생들이 알고 있는 것과 할 수 있는 것, 그리고 이해, 언어, 학습 전략, 그리고 학생들이 교실에서 보이는 흥미에 기초해서 새로운 기능과 지식을 구성하기 위해 학생과 역동적으로 상호작용하는 활동을 강조한다. 타프(Tharp)와 동료들은 이러한 전략들과 학생의 학문적 성취 사이의 관계에 관한 연구 결과를 요약하였다. "다섯 가지 규준을 강력히 실행한 교사들은 읽기 수행 능력에서는 의미 있는 결과를 낳았다."(p. 288). 하와이 원주민 학생들을 위한 카메하메하 초등학교 프로그램(Kamehameha Elementary Education Program: KEEP)은 이와 같은 다섯 가지 규준을 사용하여 효과적으로 학생의 문화를 설립해나간 가장 장기적인 프로그램이었다(예, Au, 1998; Au & Raphael, 2000; Jordan, 1985).

비계설정(scaffolding)은 CREDE 규준의 활용을 위한 유용한 과정이다. 이러한 과정은 학생들이 뭔가 새롭고 복잡한 것을 배울 때, 그들을 일시적으로 도울 수 있다고 언급하였다(자전거에 보조바퀴를 다는 것과 같다). 비계설정이란 또한 교사들이 낮은 수준의 기술과 내용을 고차원의 사고로 연결시키는 것을 돕는다. 이것은 학생이 이미 알고 있는 것에서 출발하여, 학생들이 새로운 학문적 기술을 익히거나 학문적 산출물을 만들어 내도록 안내하는 것을 포함한다. 예를 들어, 기본스(Gibbons, 2002)는 비계설정의 과정을 영어를 배우는 학습자가 지적이고 도전적인 주제로 복잡한 글쓰기 하는 것으로 묘사하였다. 제1단계에서는 학생들이 이미 알고 있었던 것을 토의 등을 통해서 상기시키고, 그것을 새로운 지식과 연결하는 다양한 방법들을 배운다. 제2단계에서 교사는 텍스트의 구성, 학생들이 향후 작성할 글쓰기와 유사한 텍스트의 습작(modeling), 텍스트의 일부분을 작성하도록 참여시키는 작업을 설명한다. 새로운 글은 작가의 이전 지식을 사용하며, 새로운 아이디어와 새로운 글쓰기 기술을 연결시킨다. 제3단계에서는 교사는 학생들의 말로 기술된 것에서 시작하여, 문장 구조 만드는 것 그리고 단어 선택하기 등과 같이 필요한 것들을 도와주며 함께 글을 구성한다. 교사는 또한 학생들이 자신들의 쓰기 과제를 확실히 수행할 수 있도록 작문에 대해 자세히 안내하고, 충분한 시간을 제공한다. 제4단계에서는 학생들이 독립적으로 작문을 한다.

학생들의 학습 양식에 교수방법을 맞추는 것은 학생들을 고무시키는 또 다른 방법이다. 전체 학급을 가르치거나 개인적으로 가르칠 때 주로 유인물을 사용하는 교수방법은 많은 학생들을 자극시킬 수 없다. 사실, 잘 듣지 않거나 집중하지 않는 것처럼 보이는 학생들은 그들에게 맞지 않는 교수 전략에 대한 반응을 내보이는 것인지도 모른다. 예를 들어, 총체적 언어(whole-language), 협력학습은 많은 미국 원주민 아동들의 학습 양식과 걸맞는다. 왜냐하면 그것은 결과물을 넘어 의미와 과정의 강조, 협력적 작업의 사용, 구어체의 사용, 주제 영역을 통합하기 때문이다. 이러한 형태는 공동체적 학습과 개인적인 의미, 시간의 사용, 전체론적인 세계관의 미국 원주민 학생들의 방식과 잘 맞는다(Kasten, 1992). 많은 아프리카계 미국인 학생들은 학생들이 사람보다는 과제에 집중하고, 소리보다는 유인물에 관심을 더 기울이며 한 가지 과제만을 수행하도록 지시하는 조용한 교실 환경보다, 학생 간의 상호작용을 격려하고, 다양한 활동을 실시하며, 다양한 감각적 자극(예, 신체 움직임이나 소리)을 격려하는 방식의 교실에서 더 효과적으로 학습한다(Shade, 1997).

종이와 연필로 혹은 컴퓨터를 사용하는 것을 포함하여, 형식적이고 비형식적인 많은 방법들이 학생들의 학습 양식을 판단하는 데 사용될 수 있다. 중요한 점은 교사들이 학생들을 집중시킬 수 있고 그들을 격려할 수 있는 전략을 찾았다는 것이며, 이후에는 특별히 새롭거나 어려운 것을 가르칠 때 그러한 전략을 사용하는 것이다.

영어 학습자의 이해를 돕는 것과 같은 전략 중 많은 것들은 통합학급의 특수교육 학생들에게도 활용될 수 있다. 하스켈(Haskell, 2000)이 언급한 것에 따르면 "편의시설이나 대안적 전략 없이 교과서나 강의에 의존하는 수업 방식은 학습장애가 있는 학생들을 더욱 '장애' 로 몰고 간다." 학생들은 그들에게 적합하지 않는 교수 전략에 의해 더욱더 학습으로부터 불리해지는 반면, 그들에게 적합한 교수-학습 전략에 의해 학습을 촉진시킨다.

예를 들어, 교사는 사진, 다이어그램, 역할 놀이와 같은 보조 전략을 사용함으로써, 음성 언어나 문자 언어에 대한 학습의 접근성을 용이하게 할 수 있다. 구조화된 소집단 활동에서는 학습 보조물을 활용함으로써, 영어 학습자가 가진 새로운 아이디어를 설명하는 과정에서 그들이 알고 있는 어휘를 사용할 수 있도록 도와줄 수 있다. 교실 내에서 진행하는 또래 교수법은 다양한 통합학습에서 매우 유용하다. 또래 교수를 경험했던 특수교육 학생들의 장기간의 연구에서, 그린우드(Greenwood, 1999)는 또래 교수를 경험한 학생들이 또래 교수 전략을 받지 못한 반의 학생들보다 표준화된 시험에서 더 잘 수행했고, 고등학교의 중도 탈락자가 적게 나오며, 7학년 이후에는 특별교육 지원 서비스의 필요가 적어진다는 것을 알아냈다. 또래 교수는, 서로 가르치기를 배운 다음, 모두가 서로 개인교사와 학생으로 도와주는 기회를 갖는다.

이것은 또한 영어교사가 새롭거나 잠재적으로 혼란스러울 수 있는 단어나 표현을 미리 확인하고, 수업에서 이것들을 가르치고 명확하게 해 주는 방법을 찾는 데 유용하다. (예를 들어, '아이디어를 활용해 봅시다(run with an idea)' 라는 표현은 영어 학습자에게 생소하고 의미 있는 것은 아니다.) 언어적 소수 학생들의 언어적 기능은 이들이 또래와 함께 협력적 학습 속에서 서로 이야기를 나눔으로써 격려받을 때 향상되는 경향이 있다. 예를 들어, 가르시아(Garcia, 1988)는 언어적 소수 학생들의 수학과 언어 기술은 적어도 교수 학습의 50%가 학생 간의 대화로 이루어질 때 가장 효과적으로 진전된다는 점을 밝혔다.

여기에서 언급된 모든 전략들은 학생들이 이미 알고 있고 할 수 있는 것이 무엇인지를 아는 것에서 시작하여, 그들이 새로운 것을 학습하는 것을 돕기 위해 학생들이 할 수 있고 발전시킬 수 있는 교수방법을 적용한다. 이것들은 버팀목이라기보다 학생들의 성공적 학습을 위한 방법적 역할을 한다.

학부모의 참여

공립학교들은 종종 저소득층과 소수 집단의 학부모들에게 소외의 원인이 되곤 한다(Calabrese, 1990). 아주 다양한 이유들로 저소득층과 소수 집단의 학부모들은 교사가 기대하는 방법으로 학교에 참여하지 않는다. 일부의 부모들은 가르치는 일은 교사의 일이라 생각하고 외면해 버리기도 한다. 학창시절 낮은 성취자였던 학부모들은 교사와 협의하는 것을 불편하게 여긴다. 학교에 참여하려 했던 일부 학부모들은 학교 관계자들로부터 거부당하기도 한다(Harry, 1992; Olivos, 2004; Soto, 1997). 학부모의 참여와 상관없이, 교사는 학생에 대한 기대치를 낮추지 않는 것이 중요하다. 그러나 교사가 부모와 더 효과적인 교류를 시도하기 위해 몇 가지 방법을 추천할 수 있다. 예를 들면, 학교가 아닌 학부모가 편안해 하는 다른 장소에서 만나는 것을 시도할 수 있다. 처음으로 학부모를 만났다면 학생의 문제점보다는 장점(잠재력)에 초점을 맞추어 이야기해야 한다. 문제를 해결할 때에는 일방적인 대화보다는 진실된 양방의 소통이 이루어지도록 노력해야 한다. 학교는 부모들이 학교와 긴밀한 관계를 유지하도록 격려할 수 있다. 교사들 또한 교회와 같이 소수 집단 공동체 혹은 조직과 협력적인 관계를 맺을 수 있다(Billingsly & Caldwell, 1991; Cummins,

2000; Frase, 1994; Gilliland, 1998; Olivos, 2004; Soto, 1997).

제임스 코머(James Comer)는 저소득층 아프리카계 미국인 학생들이 표준화된 성취 평가에서 지역 평균 이상의 성적을 거둘 수 있도록 일부 학교를 도와 왔다. 그는 이러한 경력을 바탕으로, 공동체의 강점을 바탕으로 한 학부모 참여 만들기 모델을 개발하였다(Comer, Haynes, Joyner, & Ben-Avie, 1996). 교직원들은 학생들과 그들 부모의 문제점을 비난하기보다는 아동들의 발달 원리를 활용하고 건강한 성장을 위한 지원 시스템을 만드는 것을 배웠다. 학부모 팀이 형성되었고, 학부모들은 교사, 관리자와 협력하여 일하기 시작했다. 상호 간의 다리를 연결하는 이러한 과정은 수년이 걸렸고, 교사와 부모 모두 서로에 대한 그들의 행동을 바꾸도록 노력하였으며, 그러한 과정은 아동의 성취 관점에서 볼 때 성과적이었다.

실행

특수학생과 문화적으로 다른 학생들에 대한 교수의 실행을 보여 주기 위해, 우리는 두 개의 다른 사례를 제공한다.

로스 교사

로스(Ross)는 몇 년 동안 로스엔젤레스에서 4학년을 가르쳐 왔다. 교사 자격증을 취득한 이후 처음부터 이 학교에서 가르쳤다. 올해 로스의 학생들은 그녀가 교직에 몸담은 이후 가르쳐온 학생들과 별반 다르지 않다. 그들은 아프리카계 미국인과 가난한 사회경제적인 공동체의 라틴계 이주자들이었다. 로스의 반 학생들의 학부모들을 포함하는 공동체 구성원들은 학교를 존중하고 그들의 아동들에게 더 나은 삶의 기회를 줄 주요한 기관으로 생각한다.

로스의 33명의 학생들은, 여학생 16명(아프리카계 미국인 7명, 멕시코계 미국인 4명, 멕시코계 이민자 4명, 그리고 엘살바도르 이민자 1명)과 남학생 17명(아프리카계 미국인 7명, 멕시코계 이민자 5명, 멕시코계 미국인 3명, 칠레인 1명, 과테말라인 1명)로 이루어져 있다. 비록 몇몇 학생들이 모국어로 스페인어를 사용했지만 로스는 영어 전용 프로그램으로 가르친다. 그 이민자 학생들의 영어 실력은 아주 다양하다. 그들의 대부분이 영어로 대화할 수 있을지라도, 몇몇은 영어로 읽고 쓰기를 할 때 어려움을 느낀다.

그녀의 교실에 들어가면, 그 풍요로움과 따스함에 매료된다. 화려한 게시판, 생동감 있는 포스터(대부분 자연에 관한), 장식이 있는 화분에 무성한 식물들, 두 개의 수조, 우리 속의 두 마리의 햄스터가 당신의 시선을 사로잡는다. 로스는 과학을 가르칠 더 많은 시간이 필요하다고 언급한다. 그녀는 하루의 대부분을 읽고 쓰고, 수학을 가르치는 데 사용한다. 그러나 학생들은 이듬해에 과학시험을 치르게 될 것이고, 그녀는 자신이 과학을 좋아했기 때문에 가능한 한 그것에 대해 연구한다.

로스는 읽기와 언어 과목에서는 아주 구조화된 교육과정 패키지를 사용하고 수학에는 다른 패키지를 사용한다. 교실로 들어가면, 탁상에서 소집단과 함께 활동하고 있는 그녀를 발견할 것이고, 나머지 학생들은 자신의 책상에서 워크북을 완성하고 있다. 그녀는 아동들을 대략 훑어보고, 곧 여섯 명의 아동들과 하던 활동으로 돌아간다. 이것은 「영어 언어 발달(English Language Development)」 시간이고 그녀는 요즘 저조한 영어 성적을 받은 아동들과 공부하고 있다. 지금 그들은 영어 발달 교과서의 이야기를 읽고 토의하고 있다. 로스는 이야기를 언어를 가르치기 위한 하나의 도구로 사용하면서, 아동들에게 단어와 문장 구조 등을 가르치는 아주 따뜻하고 활기찬 상호작용을 하고 있다.

학생들은 활동을 끝냈고, 로스는 학생들에게 자기 자리로 돌아가라고 지시한다. 그런 다음 모두에게 이번주에 공부할 이야기를 펴라고 지시하였다. 이것은 작은 배로 낚시하며 살아가는 가족에 대한 적당히 길이의 이야기이다. 로스는 아동들에게 이미 이 이야기를 읽어보았고 단어도 공부하였기 때문에 학생들이 이 이야기에 친숙할 것이라고 설명한다. 그녀는 짝과 함께 앉은 학생들에게, 서로 돌아가며 책을 읽어주라고 지시한다. 학생들은 한 페이지가 끝날 때마다 자기 짝에게 물어볼 질문을 생각하게 되어 있다. 그들은 끝마치면, 서로 역할을 바꾼다. 학생들은 시작하고 그녀는 도와주거나 과정을 확인하며 교실을 돌아다닌다. 학생들 중 일부는 짝에게 할 질문을 생각하는 데 어려움을 겪자, 그녀가 이들을 도와준다.

마침종이 울리고, 줄을 서서 휴식을 취하러 갈 시간이다. 로스는 몇 분간 이야기를 하였다. 그녀는 이 반은 정말 훌륭하지만 학생들 대부분이 학년 수준에 미치지 못한다는 것을 알려주었다. 그 학교는 지난해에 연간 발달 목표의 기준에 도달하지 못했고, 교사들은 시험 성적을 올려야 한다는 큰 압박을 받는다고 한다. 그래서 그녀는 학생들의 기초 읽기와 수학 기술을 다루는 데 많은 시간을 보내고 있다. 그녀는 학생들이 올해에는 충분히 잘 해낼 거라고 생각하고 있지만 어려울 것이라고 말하였는데, 그 까닭은 영어가 새롭기만 한 학생들은 4월에 있을 시험을 영어로 치르기에는 준비가 덜 되었다는 것이다. 사회 시간은 충분하지 않았으며, 미술과 음악 시간은 더 적었지만 그녀는 시간이 생기는 대로 때때로 공부한다고 하였다. 그녀는 교실 수업을 흥미진진하게 만들려고 노력하지만, 학생들이 시험에 잘 준비할 수 있도록 교과서에 집중해야 할 필요를 느낄 때 힘들다고 토로하였다.

그녀는 또한 영어를 하지 못하는 학부모들과 대화할 수 없을 때 좌절감을 느낀다. 그녀가 영어로 된 숙제를 해야 하는 아동들을 도와 줄 수 없기 때문이다. 그녀는 "그것은 그들의 잘못이 아니에요. 그들은 더 나은 삶을 위해 여기로 왔을 뿐입니다."라고 언급한다. "그렇지만 내가 알고 있는 스페인어는 몇 개밖에 되지 않아요. 그리고 우리 학생 중 두세 가족은 스페인어가 아니라 토착어로 의사소통을 하지요. 내가 할 수 있는 것은 최선을 다하는 거예요." 그녀는 진심으로 이 학교에서 아동들을 가르치는 것이 좋지만, 만약 시험 점수가 오르지 않는다면 학교는 문을 닫게 될 것이고, 결국 그녀는 아마도 더 쉽고 안정적으로 보이는 교외의 가르치는 일을 찾아 이사하게 될 것이라 말한다.

스테판 교사

스테판은 고등학교의 학습장애 학급을 맡고 있는 교사이다. 그녀는 교외에 위치한 고등학교에서 5년 동안 가르치고 있다. 하루 일과 동안 그녀는 남학생들이 대부분인 약 30명의 학생들을 돌본다. 학급은 작고, 둥근 테이블과 의자들, 몇 개의 독서대, 세 개의 서가, 그리고 교사 책상이 비치되어 있다. 학생 작품은 교실 주위에 눈에 띄게 전시되어 있다.

그녀는 자신의 주된 일은 학생들이 일반교실과 바깥세상에서 살아갈 수 있도록 도울 수 있는 어떤 것이든 가르치는 것이라고 한다. 비공식적으로 그녀는 학생들을 두 부류로 나누고 있다. 정규 수업과 혹은 대학 교육까지도 감당할 수 있을 정도로 교정(remediation) 가능성이 높은 학생들과 정규 교실 수업을 따라갈 능력이 매우 뒤처지고 직업교육, 수표를 발행하는 기술, 직업 지원서를 기재하는 기술 등 실세계에서 살아가는 기술이 필요한 학생들로 나누고 있다. 이제 소개하려는 교실에서는 10명의 학생들이 좀 더 학문적인 수업 내용에 대한 학습을 준비하고 있다.

수업종이 울리면 학생들은 웃으면서 자신의 자리로 가기 위해 떠밀며 교실로 들어온다. 스테판은 상냥한 태도로 그들과 농담을 주고받는다. 두 번째 벨이 울리자 학생들은 조용해진다. 스테판은 “오늘 우리는 문법을 계속할 거에요. 우리는 전치사에 대해서 배울 거에요”라고 말한다. 한 남학생이 여학생에게 “나는 너의 전치사가 될 거야(I’ m gonna preposition you!)”라고 농담을 던진다. 스테판은 “나도 너의 전치사가 될 거란다. 브라이언, 앞으로 나와 보세요” 그녀는 낱말 카드를 브라이언에게 준다. 그녀는 “자, 이제 브라이언 전치사입니다. 이것을 들고 있어요.”

스테판은 다른 학생들을 불러 세워 다른 단어가 적힌 포스터를 준다. 그녀는 학생들이 각 문장의 주어와 동사를 구분하게 하면서 다양한 문장을 형성하는 다양한 조합으로 그 카드를 배열하게 한다. 각 문장에서 그녀는 학생들에게 ‘to’ 와 어울리는 단어가 무엇인지 왜 그런지를 설명하게 한다. 그 후에 그녀는 “자 이제 앉아도 됩니다. 여러분들이 정말로 개념을 이해하고 있군요”라고 지시한다.

데이브는 손을 든다. “정규 영어 수업에 있는 마크라는 내 친구는 지난달에 이 내용을 배웠대요.”

스테판은 머리를 끄덕이며, “맞아요, 그 학생들은 여러분보다 말하기 영역을 훨씬 더 많이 배웠어요. 하지만 학기말이 되면 여러분들도 꽤 능숙해질 거에요”라고 대답한다. “선생님, 그것은 우리가 더 이상 여기에 있을 필요가 없다는 것을 의미하나요?”라고 조가 묻자, 스테판은 “아직은 아닙니다. 비록 여러분들 중 몇 명이 내년쯤에 그 영어 선생님 수업을 따라갈 준비가 되었더라도, 여러분들은 여전히 선생님이 요구하는 어휘와 읽기 실력을 갖추지 않았어요. 자, 전치사로 돌아가 봅시다"라고 대답한다.

스테판은 학생들에게 전치사 목록이 적힌 유인물을 나누어 준다. 그녀는 몇 개의 문장을 칠판에 쓴 다음 학생들에게 어느 낱말이 전치사인지 말하고 설명하도록 요구한다. 마지막 10분은 전치사를 이용한 게임으로 보낸다.

수업이 끝나고, 여러분은 스테판에게 얼마나 많은 학생들이 학습 내용을 이해하는지 물어본다. 그녀는 "그렇게 많지는 않아요. 내가 가르친 많은 내용은 적어도 잠시 동안은 남아있겠죠. 그러나 그들은 기차가 떠난 뒤에 뛰어가는 것과 같이 매우 뒤처져 있어요. 그들 중 대부분은 학습장애 학급을 완벽하게 벗어나지 못해요. 그러나 그들은 다른 학급에 가서 더 성공하게 될 거에요. 그리고 몇 명은 학습장애 학급에 있을 필요가 차츰 줄어들 거에요. 읽기 기반 학습은 단지 그들의 것이 아니에요. 그래서 매일 고전분투하고 있지요"라고 대답한다.

정규반의 선생님들이 이러한 학생들을 가르칠 어떤 책임감을 가지고 있는지에 대한 질문에 그녀는 이렇게 대답한다. "오, 물론이지요. 많은 교사들은 그렇게 해요. 그 선생님들은 저에게 학생들이 학습해야 할 새로운 어휘단어를 주세요. 그리고 그들을 도와줄 수 있는 학습 가이드도 주시고요. 일부 선생님들은 학생들이 구두로 시험 볼 수 있도록 해주세요. 학생들이 지필 형식으로 작업하도록 허락하기도 하시죠. 학생들은 구두를 통해 과제를 수행하기도 하고 짝과 함께 일하기도 하지요. 물론 선생님들이 모든 교수방법을 바꾸는 것은 아니에요. 그러나 많은 선생님들이 이곳 저곳의 내용을 수정하지요. 그래서 많은 학생들이 전체 수업을 통해서 무언가 배울 수 있고, 성공을 경험할 수 있어요. 많은 고등학교 수업이 어려운 읽기와 강의 위주에요. 때때로 나는 반드시 저러한 방식으로 수업을 해야 하나 궁금하기도 하지만, 어쩔 수 없지요. 저에게는 어려운 읽기와 정규 수업의 강의를 견디지 못하고 자퇴하고자 하는 학생들이 있어요. 그러니까, 4학년 정도의 읽기 수준밖에 안 되는 11학년, 12학년 학생들이 있어요. 만약 학습장애 프로그램 같은 것이 없었더라면, 그들은 이 시간에 거리를 배회하고 있을 거에요. 대부분의 교사들은 그 학생들을 위한 그 어떤 준비도 되어 있지 않아요. 그러나 교사들은 중학생 정도의 읽기 수준을

지닌 학생들을 위해 교수학습 자료나 수업을 수정하는 면에서는 매우 협조적이에요." ■

비평

로스와 스테판은 둘 다 매우 사려 깊은 교사들이고, 이 장에서 묘사된 접근의 실행을 위해 최선을 다한다. 만약 그들이 학생들을 정말 염려하고 자신들의 직업에서 할 수 있는 최선을 다한다면, 그들이 하고 있는 일에 혹은 이 접근방법을 적용하는 다른 이들에 대해서 우리가 어떤 비판을 할 수 있을까?

먼저 1970년대 바라츠와 바라츠(Baratz & Baratz)가 설득력 있게 진술했던 교육에 있어서 문화적 결핍 지향의 관점에 대한 주요 비평을 요약해보자. 문화 결핍 지향적인 관점은 인류학적 배경이 결여되어 있고, 미국 중산층의 문화를 가진 교육자(다른 문화를 판단하는 데 한계점을 지닌)나 사회과학자들이 개발하였다. 행동, 언어, 인지 측면에서 편협한 기존의 규준에 부합하지 않는 이들은 "아프고, 병적이고, 비정상적이며, 미숙하다"고 평가받는다. 그리고 자신들의 유전자나 환경, 혹은 이 두 가지 모두로 인해 그렇게 되었다고 비난받는다(Baratz & Baratz, 1970, p. 66). 아프리카계 미국인(혹은 다른 소수 인종) 청년의 장점을 상술하는 대신에, 다수의 교육자, 여론 형성가, 정책 입안자들은 이런 청년들이 문화적으로 박탈되어 있고 교육적으로 불리하며 학습이 불가능하고 위험한 상태에 있다고 지속적으로 주장해 왔다(Madhere, 1991, p. 59).

많은 인류학적, 언어적 자료는 저소득층과 유색인종의 문화는 미국 중산층 백인의 그것과 여러 면에서 다르지만 잘 발달되었다는 것을 보여준다. 문화란 한 사회에서 통용되고 상식으로 받아들여지는 것으로 이해할 수 있다. 이는 한 공동체가 지니고 있는 자원과 기회들을 바탕으로 부족한 것을 극복하는 것이라든지, 한 공동체가 빈약한 것을 극복해 나가는 방식이다. 저소득층 사람들은 경제적인 자원에 접근할 수 있는 기회가 부족할 수 있지만, 그 부족이 지식이나 문화의 부족에서 비롯된 것은 아니다. 저소득층이나 소수 민족 학생들이 지닌 언어적 능력, 지식, 기능을 지지하고 발달시키지 못하는 학교는 학생들을 장애로 몰고가고, 그들을 성장시키기보다 그들을 무능하게 만든다.

그러나 문화 결핍적인 해석은 새로운 표현 방식으로 대중에게 전달된다. 1980년대에 이 입장은 학생들이 '위험에 처해 있다(at risk)' 고 묘사했지만, 2000년대에는 학생들의 낮은 성취도를 그들의 빈곤의 문화(culture of poverty) 탓으로 돌리는 양상을 보이고 있다. 이러한 해석에 대한 비판은 그 가족 혹은 사회가 심각한 빈곤을 겪는다는 것을 부정하지는 않는다. 반대로 이들은 빈곤층이나 문화적으로 다른 공동체에서 자라온 사람들이 가지고 오는 지식에 기초한 교육 방법을 모색하기보다, 이들을 활용하는 것의 유용성에 의문을 갖게 된다. 자신들의 학생들이 열등한 문화를 가지고 있다고 주장하는 교사들은 그들을 효과적으로 가르칠 수 있는 방법들을 학습하려 하지 않는다.

지적 장애의 개념, 특히, 교육 가능한 지적 장애, 정서장애, 학습장애에 대한 생각 또한 결함이 있다. 여러분은 이러한 범주들이 실질적 결함이라고 간주할 가능성이 많다. 결국 이와 같은 입장을 견지하는 이들은 교육자들이 이러한 범주들을 발견해왔고, 교사들은 이와 같은 범주들을 어떻게 다루어야 할지 배워야 한다고 믿는다. 예를 들어, 대부분의 비특수교육 교사들은 특수교육자들이 지적 장애가 무엇인지, 인지적 장애가 있는 아동들을 어떻게 판별할 것인지, 그리고 그러한 지적 장애와 관련해 무엇을 해야 하는지에 대해 동의한다고 생각한다. 사실, 특수교육자들은 이러한 문제들에 대해서 동의하지 않는다. 특히 그들은 가장 큰 특수교육 범주인 학습장애에 전력을 기울인다. 예셀딕과 알고진(Ysseldyke & Algozzine, 1982)은 객관적인 범주와 주관적인 범주로 장애를 구분하였다. 전자는 청각장애, 시각장애와 같이 객관적이고 감각에 기초한 범주인 반면, 후자는 학습장애, 정서장애, 정신지체와 같이 "전적으로 주관성(subjectively)에 근거한" (p. 43) 범주이다. 객관적인 범주는 너무나 명백한 생리적인 결함이기 때문에 이 부류를 위해 전문적인 지식이 필요하지 않다. 예를 들어, 부분적인 시각장애는 그 정도를 가늠하기 위해 몇 가지 테스트가 필요하겠지만, 안구나 시신경의 손상으로 인한 시각장애는 그 사람이 맹인인지 아닌지를 판별하기 위해 복잡한 검사들을 필요로 하지 않는다.

사람마다 주관적인 범주는 다르다. 예를 들어, 당신은 누가 학습장애를 가지고 있으며, 무엇이 그 장애를 일으키게 했는지 판단할 수 있는가? 역사적으로 학습장애를 신경학적으로 치료하기 위한 노력이 있었지만, 학습장애로 분류되는 대부분의 학생들에게서는 어떠한 증거도 찾을 수 없다. 그리고 실제적으로 학습장애라는 개념은 성공과 실패 그리고 일반 학습의 개념을 규정한 학교 제도의 부산물이다(Dudley-Marling, 2001; Skrtic, 2003). 명백히, 학생들은 다르기 마련이다. 그러나 문제는 무엇이 그들을 다르게 만드냐는 점이다. 아울러, 주관적 기준에 근거한 범주들 자체와 더불어, 그들은 자신의 문화 결핍적 패러다임을 유색인종 아동, 저소득층 지역공동체의 학생, 그리고 이민자 아동에게 접목시킨다. 예를 들어, 특수교육 대상으로 분류되는 아프리카계 미국인 학생들을 줄이기 위한 많은 유색인종 전문가들의 노력에도 불구하고, 여전히 이 학생들 중 과도한 수가 특수교육 대상이 된다.

결핍 지향적 관점의 문제점은 하나의 예로 설명할 수 있다. 당신이 이웃들과 야구팀을 구성하고 있다고 생각해 보자. 신장을 야구팀원이 되기 위한 가장 주요한 요건으로 결정하였다.

당신은 주변 사람들을 불러 모은 결과, 한 팀의 선수 정원보다 더 많은 사람들을 찾게 되었다. 당신은 권한으로 그들을 신장에 따라 큰 순서에서 작은 순서로 한 줄로 세운다. 당신은 키가 작은 5%를 결함이 있다고 결정한다. 탈락한 사람들은 작은 키를 아주 중요한 결함으로 생각할 것이고, 이를 해결하기 위한 다방면의 치료법을 찾을 것이다. 아마도 그들 중 일부는 잘 먹는 것만으로도 작은 키를 치료하는 데 도움이 될 수 있을 것이다. 곧 이웃들 사이에서는 자녀들의 키가 잘 자라기 위해 충분히 영양을 섭취하고 있는지 지켜보며 많은 노력을 기울인다. 일 년 후 아동들의 키가 자랐다. 다음 시즌에, 당신은 또다시 모든 이들을 한 줄로 세운다. 키가 큰 순으로 야구팀원을 선발하고 나머지는 벤치행이다. 또다시 키가 작은 5%의 사람들은 결함이 있다고 정의한다.

이 모든 것이 비정상적이라고 생각하는가? 이과정은 마치 규범 지향적인 시험으로 누가 정신적으로 지체되어 있는지 판단하는 것과 같다. 규범 지향적인 평가는 키 순서로 줄을 세우는 것과 같이 사람들을 서열화하기 위해서 특수하게 고안된 것이다. 말하자면, 키를 제외하고, 우리는 읽기 수준, 어떤 사고 과정에서의 기능, 혹은 일반적인 지식에 따라 사람들의 서열을 결정한다. 그리고 어디에서 줄을 그어서 평범한 사람과 결함이 있는 사람으로 나눌지 결정한다. 가능한 직업들을 위한 노동자가 충분히 있는 한, 우리는 그 서열의 가장 아래

쪽 끝에 있는 이들을 장애로 분류한다.

어느 정도까지 스테판은 그 사례 연구에서 이와 같은 문제점들을 인식하였다. 그녀는 일반 교실에서 가르치는 기능과 내용은 어떤 학생들이 정상적이고 평범한가를 판단하기 위해 줄을 긋는 막대기와 같다는 것을 안다. 그녀가 가르치는 것들 중 일부분은 교실 밖에서의 실행적인 가치가 있고, 일부는 그녀의 학생들이 일반 교실에서 극복해 나가는 것을 돕기 위한 가치가 있다. 따라서 그녀는 학생들의 잠재력과 흥미를 더욱 발전시키도록 돕는 데 시간을 보내는 것이 나을지도 모른다고 생각함에도 불구하고, 상당히 많은 시간을 전치사와 같은 개념을 가르치는 데 사용하고 있었다. 그녀는 또한 학생들이 다양한 능력을 가진 흥미 있는 학생들이라는 것을 알기 위해, 학생들과 충분히 친밀한 관계를 형성하고 있었다. 그리고 그녀는 가끔 그들을 '장애인' 이라고 부르는 것이 정확한지 옳은지에 대한 의문을 가졌다. 그럼에도 불구하고, 그녀는 우리 사회가 기능적인 문해 능력이 부족한 사람들에게 그리 관대하지 않음을 안다. 그래서 소위 말하는 이러한 약점을 치료하기 위한 수업을 구성한다.

어떤 사람이 명백한 장애를 가지고 있다고 하더라도, 전문가들은 여전히 억압의 형태로 나타나는 다른 사람들의 요구가 무엇인가를 정의해야 할 문제를 안고 있다. 만약 시각적으로 어려움을 겪는 사람을 생리적으로 장애가 있지 않다고 하거나, 심각하게 인지적 결함이 있는 사람이 학습에서 전혀 어려움을 가지고 있지 않다고 주장한다면 어리석을 것이다. 그러나 다시, 문제의 초점은 무엇이 이러한 것들을 만들고 누가 결정하느냐의 문제이다. 예를 들어, 맥라티와 깁슨(McLarty & Gibson, 2000)에 따르면 언어적 장애가 있거나(verbally disabled) 문제가 있거나 손상을 입은 아동들이 직면하는 문제는, 그들이 다른 사람과 대화하려는 시도가 일상적으로 무시되거나 인식조차 되지 않은 채 간과되는 것이다. 그들은 "무엇이 의사소통을 구성하는지에 대한 교육자나 보호자의 이러한 부주의와 인식의 결함은, 비언어적 의사소통을 무의사소통(non-communicators)으로 연결시키고, 심지어 결과적으로는 이들을 생각하지 않는 이들로(non-thinkers) 간주하게 된다"(p. 140)고 설명하였다. 그들은 구어를 통해 의사소통하지 않는 학생들이 일상적인 삶 속의 의사결정 과정에서 무엇을 논의하는지 파악하기 위해 그들의 의사소통 노력을 비디오로 녹화하였다.

대부분이 사람들이 필요로 하지 않는 기능이나 전략을 개발해야 하는 측면은 있지만, 한 개인의 신체에 대한 손상이 언제나 학습을 방해하는 것은 아니다. 예를 들어, 수화는 구화를 통한 대화보다 농인들(deaf people)에게 훨씬 더 적합하다. 그러나 귀먹음(deafness) 자체(혹은 심각한 뇌 손상을 제외한 다른 생리적인 손상), 수화를 통한 의사소통 혹은 자신의 청력 손실(loss of hearing)을 보충하기 위해 농인들이 사용하는 다른 전략들이 그들의 학습을 더디게 한다는 증거는 아무것도 없다. 그러므로 생리적으로 손상을 입은 일부 사람들이 학습하는 방법에는 차이가 있을지 모르지만, 이러한 차이가 학습적인 결핍인 것은 아니다. 하지만 여전히, 장애와 관련된 판단은 정상(normal)이라는 개념을 반영함으로써 장애를 신체적으로 잘못된 '문제(problem)'로 간주한다(Titehkosky, 2000, p.198).

그것에 대한 반대에도 불구하고, 결핍 지향적 관점은 간간이 새로운 용어로 재포장되면서 상당히 많은 사람들에게 지지를 받는다. 이 책의 초판을 발행했을 때, 이러한 입장(특히 문화적 비난에 대한 생각)은 줄어들 것이라 예견하였다. 그러나 그 개념은 '위험에 처한(at-risk) 아동에 대한 담론'과 더불어 재연되었다. 위험에 처한 아동들(문화적으로 열등하거나 사회적으로 적응하지 못한)이라는 생각은 우리의 관심을 제공되어야 할 서비스들로 옮겨가게 할지도 모른다. 그러나 종종 그러한 용어들은 마치 그 문제들이 개인적이며 생물학적인 특질인 것처럼, 그 아동들 자체의 문제로 간주된다. 그리고 이러한 문제는 많은 아동들에게 문제와 사회적 장벽을 만들어 내는 빈곤, 인종차별주의 등과 같은 문제에 대한 우리의 관심을 멀어지게 한다(Fine, 1990).

차이 지향적 관점은 결핍 지향적 관점이 가지고 있는 많은 결점들을 바로잡는다. 그것은 장점에 초점을 맞추고, 다양한 문화적 경험의 합리성을 인식하며, 성숙한 사람이 되는 것을 추구한다. 또한 학생들이 부끄러워하거나 그들이 가진 어떤 것도 포기하지 말아야 한다는 입장을 가진다. 물론 많지는 않지만, 차이 지향적인 관점 또한 비판할 점이 있다. 문화적으로 배경이 다른 이들에게 긍정적으로 다가가고자 하는 교육자들은 그 집단에 대해 상대적으로 빈약한 지식을 가지고 있다. 그래서 종종 그 집단 사람들의 문화를 고정관념에 맞추어 단순화한 후, 이것이냐 저것이냐는 식의 전혀 접목이 불가능한 이분법적인 입장에서 이들을 대하게 된다. 건설적인 의도 여부와 관계없이, 고정관념은 어떤 집단의 모든 사람들이 같은 문화와 행동 패턴을 가지고 있다고 보는 것이다. 예를 들어, 어떤 교사가 다음과 같이 말하는 것을 목격할 수 있다. "마크는 수학을 잘할 거에요. 왜냐하면 아시아계 학생들이 수학을 잘하니까요. 그리고 이야기를 많이 하지 않고 친구도 많이 없어요. 아마도 아시아인들은 조용한가 봐요." 그 교사는 마크를 '설명' 하기 위해, 성취와 태도에 대한 집단적 성향을 고정관념으로 몰아넣고 있다. 이는 그 교사가 마크의 실제적인 수학 능력을 자세히 관찰하는 것과, 왜 마크는 친구가 많이 없고 그를 도와주기 위해 무엇을 할 수 있을지에 대한 고민을 하지 않게 한다. 아시아인들에 대한 긍정적인 고정관념 또한 부정적인 고정관념만큼이나 해롭다. 왜냐하면 긍정적인 고정관념과 부정적인 고정관념 모두 개인이 필요한 것과 그들의 특질로부터 교사의 관심을 멀어지게 하기 때문이다(Pang, 1990).

이와 더불어, 차이 지향적 관점은 소수 집단의 사람들이 주류 문화 속에서 낮은 능력을 가지고 있다고 짐작하는 경향이 있다. 예를 들어, 흑인 영어를 사용하는 대부분의 사람들은 표준 영어를 아주 잘 이해한다. 그들이 표준 영어를 잘하지 못할 것이라고 생각하는 교사들은 이중 문화 속에서 그들이 가진 능력을 과소평가하고 있다. 이와 더불어, 어떤 교사는 학생들보다도 두 가지의 문화에 익숙하지 못하다. 이러한 가정 속에서 실수를 인지하지 못하는 많은 교육자들은 문화적으로 다른 학생들을 위해 끊임없는 적용형태와 변명을 만들어 낸다. 클레인펠드와 넬슨(Kleinfeld & Nelson, 1988)은 학습 유형에 관한 문헌연구를 실시하였다. 그들에 의하면, 학습 유형의 선호에 대한 문헌적 자료는 교차 문화적으로 풍부하고 다양하다. 그럼에도 불구하고, 교사가 학생들이 선호하는 학습 유형에 맞추어 가르치는 교수-학습 전략이 학생들의 성취에는 증명할 만한 영향력을 미치지 못한다고 결론지었다. 교사가 다양한 교수방법을 사용할 때 성취 수준은 향상되지만, 교수와 학습 유형이 꼭 일치해야 하는 것은 아니다.

언어적 소수 학생들과 관련 있는 것처럼 문화적으로 다른 것을 가르치는 차이 지향적 관점은 거의 제한적으로 '언어 문제' 를 강조(가능한 한 빨리 학생들에게 영어를 가르치는 것)하는 데 중점을 둔다. 이것은 많은 이중언어 교육을 보정적인(compensatory) 모델로 변화시켰다. 커민스(Cummins, 1995)는 이중언어 교육과 보정 교육은 성공적이지 못하다고 제시한다. 왜냐하면 그들은 교육자와 소수 학생들 그리고 학교와 소수 지역사회 간의 관계를 현저하게 개선시키지 못했기 때문이다. 이러한 상황이 라틴계인의 교육에 관련된 한 연구자를 자극하였다. 아리아스(Arias, 1986)는 그러한 문제점들을 일으키는 학교에 기반을 둔 변화에 대한 숙고가 없이 히스패닉 학생들의 학업 성취를 다루려는 프로그램들은 단지 표면만 건드릴 뿐이라고 지적한다(p. 55).

이제 이 장에서 소개된 접근방법에 대해서 좀 더 광범위하게 살펴보고자 한다. 독자들 중 일부는 앞서 제기한 비판에 동의할지도 모르지만 여전히 그 접근방법이 바람직하다고 생각할 것이다. 결국, 제시된 실제의 많은 부분들이 유능한 교사들이 사용하는 현명하고, 효과적인 전략으로 보인다. 이와 더불어, 연구와 실제적인 증거들이 이러한 실행의 유용성을 확실하게 뒷받침한다. 예를 들어, 대부분의 교사들은 학생들은 교사가 적절하게 관련지으려 시도하는 개념에 대해서 더 흥미 있어 한다는 것을 안다. 교수는 학생이 준비된 수준에 맞추어진 적절한 수준이어야 한다는 주장에 대해 누가 비판을 하겠는가? 그러면, 이 접근방법에 대해서 어떠한 비판들이 있을까?

중요한 비판자들 중 하나는 동화주의자이다. 즉, 그것은 소수 문화를 없애려 하고, 모든 사람들을 중산층 백인과 같게 만들려고 한다. 뱅크스(Banks, 1994)는 "제3세계 저자들과 학자들"이 이 접근방법과 관련해 가지고 있는 몇 가지 문제점을 제시한다(p. 66). 하나의 문제점은 유색인종은 "동화(assimilation)"를 "일부 인종 집단의 문화를 파괴하고, 그 구성원들을 열등하며 정치적으로 무기력하게 만들기 위해 고안된 압제자의 무기"(p. 66)라고 간주한다. 또 다른 문제점은 인종과 문화를 하나의 용광로 속으로 동화시킨다는 생각은 심지어 유색인종들이 동화되기를 원했을 때도 그들에게 결코 이롭지 않았다는 것이다. 일부 사람들이 동화를 위해 아무리 노력한다고 할지라도, 백인 사회는 인종적 '색맹(color-blindness)'이 아니며, 여전히 유색인종을 평가 절하한다. 마지막으로, 동화주의자들의 이데올로기는 소수 집단의 학생들을 희생시키고 그들에게 불리한 학교와 사회적 관습을 정당화한 인종차별주의자들의 이데올로기이다. 그 예로, 문화적으로 편파적인 시험을 통해 소수 학생들을 정신적으로 장애가 있다고 분류해 버리는 것이 있다. 뱅크스가 지적하듯이, "다수 민족의 문화적 경험을 반영한 교수 자료를 통해 모든 학생들이 동일하게 잘 학습할 수 있다는 그 가정 또한 의심스럽다. 그리고 그것은 아마 강한 민족 정체성과 애착을 가진 소수 학생들에게는 불리할 것이다"(p. 68).

이 접근방법은 유색인종, 여자, 저소득층의 사람들을 문제시함으로써 다수 집단의 관심과, 그것이 어떻게 차별과 불평들을 지속시키는지를 왜곡시킨다. 다수 집단의 학생들이 다른 문화를 배울 필요가 없다고 생각하는 한, 그들은 소수 집단의 사람들을 이류 시민으로 간주하고, 그들의 문화를 거부하거나 그들을 속이거나 농락하는 것을 용인하는 문화적 엘리트주의를 맹목적으로 수용하게 된다(Pratte, 1983, p. 23). 계급 차별주의를 지지하는 백인들 사이의 인종주의, 남성 조직과 기관들에서의 성 차별주의, 그리고 경쟁적인 개인주의와 호라티오 알제(Horatio Alger)[23]가 창작한 '가난뱅이가 부자가 된다는 식'의 신화가 여전히 팽배해있다. 뮤커르지(Mukherjee, 1983)는 이 접근방법은 백인들로 하여금 이러한 인종주의를 인정하게 하기 보다는, 이 문제를 다른 쪽으로 회향한다고 지적한다(p. 279).

예를 들어, 로스(Ms, Ross)는 자신의 주 업무를 아프리카계 미국인과 라틴계 아동들에게 백인 중산층의 영어 교육과정을 가르치는 것이라고 생각한다. 그녀는 그 교육과정이 광범위한 권력관계를 나타내는지, 그것에 어떤 이들의 지식과 관점이 녹아들어 있는지 혹은 없는지에 대해 의문을 던지지 않는다. 이와 더불어, 시간이 지남에 따라 이 접근방법을 실행하는 것이 어려워지면, 그녀는 그러한 문제점을 개선하기 위해 무엇을 할 수 있는지 혹은 왜 학교는 특정 집단을 다른 집단보다 더 우대하는지 고민하기보다는 단순히 좀 더 쉽게 가르칠 수 있는 방법을 생각한다.

다문화교육의 한 접근방법으로서의 특수학생과 문화적으로 다른 학생들에 대한 교수는 남성들이 남녀차별주의와 관련된 문제를 외부의 탓으로 돌리게 만든다. 남녀평등이 남성들이 장악하고 있는 영역에서 여성들이 동등하게 경쟁할 수 있도록 돕는 것으로만 간주된다면, 여성들이 변해야 하는 존재로 여겨질 뿐이다. 이러한 견해는 남성들도 여성들이 사회화 과정에서 배우는 태도나

---

23) 역주: 19세기 아동문학 작가로 '가난뱅이에서 부자가 된 이야기' 들로 유명함.

육아에 관한 기술 등을 배워야 하는 필요성에 대한 관심을 멀어지게 한다. 그것은 또한 남성 주도적인 사회를 특징짓는 경쟁, 비인간성, 폭력의 재고에 대한 관심을 흐리게 한다. 이러한 한계점 때문에, 남녀차별주의를 연구하는 대부분의 여성 교육자와 연구자들은 문화적으로 다른 학생에 대한 교수의 접근방법이 단지 여학생만을 대상으로 하는 접근법이라고 생각하지 않는다.

마지막으로, 이 접근방법은 구조적이고 제도적인 억압의 문제를 전혀 고려하지 않는다. 그것은 사람들은 만약 특정한 지식과 기능을 배우지 않는다면 인생에서 성공하지 못한다고 가정한다. 이 가정은 성공은 그것을 얻기 위해 필수적인 시간과 에너지를 쏟는 많은 사람들에게 열려있다는 것을 의미한다. 그러한 가정은 우리 경제는 사람들의 자질과 관계없이 저임금 직업 계층 그리고 일정 수준의 실업률을 유지하고 있다는 것을 간과한다. (지난 불경기 희생자들의 문화적 적응성을 고려해 볼 때, 실업률과 그 사람들이 직면했던 고통이 갑작스러운 경기 하락에 의한 것인지 의문을 던져 볼 필요가 있다.) 그것은 또한 사람들은 자신들의 생활 환경 속에서 문화를 발달시키고, 그러한 문화 양식은 주변의 환경이 바뀌지 않는 한 잘 변하지 않는다는 사실을 간과하였다. 40년 전에 리보우(Liebow, 1967)는 그 문제점에 대해 다음과 같은 사례를 들어 설명하였는데, 이는 여전히 지속된다.

> 저소득층의 흑인 아버지와 아들(혹은 어머니와 딸) 사이의 많은 유사성은 '문화 전달(cultural transmission)' 에 의한 것이 아니다. 반대로 아들이 세상에 나가서 아버지와 같은 이유로 인해, 같은 영역들에서, 같은 실수를 독자적으로 경험하기 때문이다. 이러한 과정이 최소한 부분적으로나마 역동적이고 자급자족적인 문화의 일부 과정처럼 보이는 것은, 이들이 비교적 단순한 사회적 기계장치(social machinery)의 한 부분이기 때문이다. 결과적으로 기계적인 방법을 통해 부자간의 혹은 모녀간의 상호 유사성을 독립적으로 산출했다. 문제는 실패를 보장하는 그러한 조건, 다시 말해 아들을 아버지의 이미지와 같게 형성하는 조건들을 어떻게 변화시키냐는 점이다(p. 223).

억압받는 집단 대부분의 사람들뿐만 아니라 다문화교육을 연구하는 대부분의 교육자들은, 이 접근방법의 최상의 특성들을 다른 접근방법과 결합하기는 한다. 그렇지만, 자기 집단을 위해 특수학생과 문화적으로 다른 학생들을 위한 교수 접근방법만을 예외적으로 지지하는 것은 아니다. 미국의 시민운동 시기 동안에, 이 접근방법은 약간의 지지를 얻었다. 그리고 여전히 많은 사람들이 이 접근방법을 사용한다. 그러나 그것을 수용한 대부분의 사람들은 자신들의 문화를 당연한 것으로 여기고, 그들이 생각하기에 다른 문화와 지식을 다루고 통합할 방법을 찾던 중산층 백인 교사들이었다. 이 접근방법은 또한 미국 사회를 기회의 땅이라 생각하고 지속적으로 발전하는 첨단 사회라 생각하는 사람들에게도 받아들여진다. 미국 사회에 대한 이러한 견해에 동의하지 않는 사람들은 이후에 논의될 접근방법들 중의 하나에 동의하는 경향이 있다.

한 가지 더 덧붙이자면, 대부분의 교육자들은 성급한 나머지 목욕물과 함께 갓난아기를 버리듯이 이 접근방법을 모두 저버리기를 원하지는 않을 것이다. 이 접근방법에는 다른 접근방법들에서 아주 유용한 요소들이 있다. 예를 들어, 이 접근방법의 비판자들은 모든 학생들이 한 가지 규준에 기초한 지식을 배워야 한다고 믿지 않는다. 특히 학생들이 주로 백인 중산층 남성들의 경험에 기초한 하나의 주요한 내용을 숙달해야 한다고 생각하지 않는다. 그러나 많은 이들은 읽기 기능과 같이 모든 시민들에게 필요한 것이 존재한다고 믿는다. 문제는 현존하는 교육과정 중에서 얼마나 많은 부분을 유지하고 학생들에게 가르쳐야 하느냐는 점이다. 교육과정을 적절히 개발하는 데 열중하는 많은 비판자들은 '적절성(relevance)'이 지금 필요한 가교가 되어야 한다고 생각한다. 이 접근방법은 학생들의 학습 유형에 맞추어 교수를 구성해야 한다는 것과 같은 일부 유용한 교수-학습 개념을 제공한다. 그럼에도 불구하고, 비평가들은 교사들이 네모난 쐐기를 둥근 구멍으로 넣을 수업 전략을 필사적으로 모색하는 식의 교육을 우려한다. 예를 들어, 정보 꾸러미가 애팔래치아 지역 학생들에게 잘 받아들여지지 않거나 이해되지 않는다면, 해결책은 올바른 교수 전략에 있는 것이 아니다. 대신에, 기존에 팽배해 있는 편견이나 그 정보 자체의 적절성의 부재가 그 문제이다. 학교에서 학생들의 문제는 학교 자체의 문제를 반영하고 있을지도 모른다. 이는 단지 최선의 수업 전략을 선택하는 교사의 기술적인 문제를 초월한다.

생각해볼 문제

1. 교육과 사회의 인간자본이론의 기저에 있는 생각은 무엇인가? 이 이론을 지지하는 교사들은 학생들에 대해서 어떤 가정을 하는가?
2. 결핍 지향적 관점과 차이 지향적 관점의 차이를 설명해보자.
3. 특수학생과 문화적으로 다른 학생들에 대한 교수 접근방법의 단점과 함께 긍정적인 면을 비교해보자.
4. 만약 학급에서 즉흥적으로 학부모의 참여에 대해서 5분간 토의할 시간이 주어질 경우, 여러분이 논의할 수 있는 쟁점 세 가지는 무엇인가?

참고문헌

Anagnostopoulous, D. (2003). The new accountability, student failure, and teachers' workin urban high schools. *Educational Policy, 17*(3), 291–316.

Arias, M. B. (1986). The context of education for Hispanic students: An overview. *American Journal of Education, 95*, 26–57.

Artiles, A. J., Harry, B., Reschly, D. J., & Chinn, P. (2002). Over-identification of students of color in special education: A critical overview. *Multicultural Perspective 4*(1), 3–10.

Au, K. (1998). Social constructivism and the school literacy learning of students of diverse background. *Journal of Literacy Research*, 297–319.

Au, K.H., & Raphael, T.E. (2000). Equity and literacy in the next millennium. *Reading Research Quarterly, 35*(1), 170–188.

Banks, J. A. (1994). *Multiethnic education: Theory and practice*. Boston: Allyn and Bacon.

Baratz, S. S., & Baratz, J. C. (1970). Early childhood intervention: The social science base of institutional racism. *Harvard Educational Review, 40*, 29–50.

Billingsly, A., & Caldwell, C. H. (1991). The church, the family, and the school in the African American community. *Journal of Negro Education, 60*(3), 437–440.

Borman, G. D., & Hewes, G. M. (2002). The long-term effects and cost-effectiveness of Success for All. *Educational Evaluation and Policy Analysis, 24*(4), 243–266.

Brown, T. J. (1986). *Teaching minorities more effectively*. Lanham, MD: University Press of America.

Brunner, C. (1997). Opening technology to girls: The approach computer-using teachers take may make the difference. *Electronic Learning, 16*(3), 55.

Calabrese, R. L. (1990). The public school: A source of alienation for minority parents. *Journal of Negro Education, 59*(2), 148–154.

California Business for Education Excellence. (2002). *Reaching higher: Restoring excellence to California public education*. Sacramento, CA: Author.

Chasnoff, I. J., Marvey, J., Landress, A. C., & Barrett, M. E. (1990). The prevalence of illicit drug or alcohol use during pregnancy and discrepancies in mandatory reporting in Pinellas County, Florida. *The New England Journal of Medicine, 322*(17), 1202–1206.

Codjoe, H. M. (2001). Fighting a "public enemy" of Black academic achievement—The persistence of racism and the schooling experiences of Black students in Canada. *Race Ethnicity and Education, 4*(4), 343–375.

Comer, J. P., Haynes, N. M., Joyner, E. T., & Ben-Avie, M. (Eds.). (1996). *Rallying the whole village: The Comer process for reforming education*. New York: Teachers College Press.

Contreras, A. R., & Delgado-Contreras, C. (1991). Teacher expectations in bilingual education classrooms. In J. J. Harris III, C. A. Heid, D. G. Carter, Sr., & F. Brown (Eds.), *Readings on the state of education in urban America* (pp. 75–96). Bloomington: Indiana University Center for Urban and Multicultural Education.

Cooper, H., & Moore, C. J. (1995). Teenage motherhood, mother-only households, and teacher expectations. *Journal of Experimental Education, 63*(3), 231–248.

Cummins, J. (1989). *Empowering minority students*. Sacramento: California Association for Bilingual Education.

Cummins, J. (1995). *Negotiating identities: Education for empowerment in a diverse society*. Ontario, Canada: CABE (California Association for Bilingual Education).

Cummins, J. (2000). *Language, power and pedagogy*. Buffalo, NY: Multilingual Matters.

DeLain, M. T., Pearson, T. D., & Anderson, R. C. (1985). Reading comprehension and creativity in black language use: You stand to gain by playing the sounding game! *American Journal of Educational Research, 22*, 155–174.

Dudley-Marling, C. (2001). Reconceptualizing learning disabilities by reconceptualizing education. In L. Denti & P. Tefft-Cousin (Eds.), *New ways of looking at learning disabilities* (pp. 5–18). Denver: Love.

Escalante, J., & Dirmann, J. (1990). The Jaime Escalante math program. *Journal of Negro Education, 59*(3), 407–423.

Farrell, C. L. (1992). Black colleges still carrying their load—and then some. *Black Issues in Higher Education, 9*(5), 10–13.

Fine, M. (1990). Making controversy: Who is "at risk"? *Journal of Urban and Cultural Studies, 1*(1), 55–68.

Frase, L. (1994). Fostering school, community, and family partnerships. In L. Frase (Ed.), *Multiculturalism and TQE: Addressing cultural diversity in schools* (pp. 67–88). Thousand Oaks, CA: Corwin Press.

Friend, M. P., & Bursuck, W. D. (1996). *Including students with special needs: A practical guide for classroom teachers*. Boston: Allyn and Bacon.

Funds of knowledge: Theorizing practices in households, communities, and classrooms (2005). Gonzalez N., Moll L. and Amanti C. (Eds.). Mahwah, N.J.: L. Erlbaum Associates.

Garcia, E. E. (1988). Attributes of effective schools for language minority students. *Education and Urban Society, 20*(4), 387–398.

Gardner, H. (2000). *Intelligence reframed: Multiple Intelligences for the 21st Century*. New York: Basic Books.

Gatta, M., & Trigg, M. (2001). Bridging the gap: Gender equity in science, engineering, and technology. Center for Women and Work, Rutgers University. New Brunswick, NJ. Retrieved May 27, 2005, from http://www.rci.rutgers.edu/~~cww/dataPages/smet.pdf

Gearheart, B., DeRuiter, J., & Sileo, T. (1986). *Teaching mildly and moderately handicapped students*. Upper Saddle River, NJ: Prentice-Hall.

Gersten, R., Scott, B., & Pugach, J. (2001). Contemporary research on special education teaching. In V. Richardson (Ed.), *Handbook for research on teaching* (4th ed., pp. 695–722). Washington, DC: American Educational Research Association.

Gibbons, P. (2002). *Scaffolding language, scaffolding learning*. Portsmouth, NH: Heinemann.

Gilliland, H. (1988). *Educating the Native American*. Dubuque, IA: Kendall-Hunt.

Grant, C. A., & Sleeter, C. E. (2009 [in press]). *Turning on learning* (5th ed.). New York: Wiley.

Greenwood, C. R. (1999). Reflections on a research career: Perspective on 35 years of research at the Juniper Gardens Children's Project. *Exceptional Children, 66*, 7–21.

Gross, J. (1992, March 29). *Collapse of inner-city families creates America's new orphans*. The New York Times National, pp. 1, 616.

Hanna, G. (2003). Reaching gender equity in mathematics. *Educational Forum, 67*(3), 204–214.

Hardman, M. L., Drew, C. J., & Egan, M. W. (2002). *Human exceptionality: Society, school, and family*. Boston: Allyn and Bacon.

Harry, B. (1992). *Cultural diversity, families, and the special education system*. New York: Teachers College Press.

Haskell, D. H. (2000). Building bridges between science and special education: Inclusion in the science classroom. *The Electronic Journal of Science Education, 4*(3).

Hauser-Cram, P., Sirin, S. R., & Stipek, D. (2003). When teachers' and parents' values differ: Teachers' ratings of academic competence in children from low-income families. *Journal of Educational Psychology, 95*(4), 813–820.

Herrnstein, R., & Murray, C. (1994). *The bell curve*. New York: The Free Press.

Hirsch, E. D. (1996). *The schools we need and why we don't have them*. New York: Doubleday.

Hollie, S. (2001). Acknowledging the language of African American students: Instructional strategies. *English Journal, 90*(4), 54–59.

Jensen, A. S. (1969). How much can we boost IQ and scholastic achievement? *Harvard Educational Review, 39*, 1–123.

Jordan, C. (1985). Translating culture: From ethnographic information to educational program. *Anthropology & Education Quarterly, 16*, 105–123.

Kasten, W. C. (1992). Bridging the horizon: American Indian beliefs and whole language learning. *Anthropology and Education Quarterly, 23*(2), 108–119.

Kissen, R. M. (1993). Listening to gay and lesbian teenagers. *Teaching Education, 5*(2), 57.

Kissen, R. M. (1993). Voices from the glass closet: Lesbian and gay teachers talk about their lives. *EDRS*. Accessed 2007, http://www.eric.ed.gov/ERICDocs/data/ericdocs2sql/content_storage_01/0000019b/80/13/2a/4c.pdf.

Kleinfeld, J., & Nelson, P. (1988). Adapting instruction to Native Americans' learning style: An iconoclastic view. In W. J. Lonner & V. O. Tyler, Jr. (Eds.), *Cultural and ethnic factors in learning and motivation: Implications for education* (pp. 83–110). Bellingham, WA: Western Washington University Press.

Kyle, J. G., & Pullen, G. (1988). Cultures in contact: Deaf and hearing people. *Disability, Handicap & Society, 3*(1), 49–62.

Labov, W. (1969). *The logic of non-standard English*. Monograph Series on Languages and Linguistics, 22. Washington, DC: Georgetown University School of Languages and Linguistics.

Leder, G. C., & Fennema, E. (1990). Gender differences in mathematics: A synthesis. In E. Fennema & G. C. Leder (Eds.), *Mathematics and gender* (pp. 188–200). New York: Teachers College Press.

Liebow, E. (1967). *Tally's corner: A study of Negro street-corner men*. Boston: Little, Brown.

Linn, M. C., & Hyde, J. S. (1989). Gender, mathematics and science. *Educational Researcher, 18*(8), 17–27.

Madhere, S. (1991). Self-esteem of African American preadolescents: Theoretical and practical considerations. *Journal of Negro Education, 60*(1), 47–61.

Mandell, C. J., & Gold, V. (1984). *Teaching handicapped students*. St. Paul, MN: West.

Markova, D. (1992). *How your child is smart: A life-changing approach to learning*. Berkeley, CA: Conari Press.

Maybin, J. (Ed.). (1994). *Language and literacy in social practice*. Philadelphia: Multilingual Matters.

McLarty, M., & Gibson, J. W. (2000). Using video technology in emancipatory research. *European Journal of Special Needs Education, 15*(2), 138–148.

Miller, S. M., Miller, K. L., & Gwaltney, L. K. (1998). Teacher educators' cultural attitudes and behaviors. *Teacher Education and Practice, 14*(1), 30.

Moll, L. C. (1992). Bilingual classroom studies and community analysis. *Educational Researcher, 21*(2), 20–24.

Moll, L., Diaz, S., Estrada, E., & Lopes, L. M. (1990). Making contexts: The social construction of lessons in two languages. In M. Saravia-Shore & S. F. Arvizu (Eds.), *Cross-cultural literacy* (pp. 339–366). New York: Garland.

Moses, R. P., & Cobb, C. E., Jr. (2001). *Radical equations*. Boston: Beacon Press.

Moss, B. J. (Ed.). (1994). *Literacy across communities*. Cresskill, NJ: Hampton Press.

Mukherjee, T. (1983). Multicultural education: A black perspective. *Early Childhood Development and Care, 10*, 275–282.

National Commission on Excellence in Education. (1983). *A nation at risk: The imperative for educational reform*. Washington, DC: U.S. Government Printing Office.

Newton, E. S. (1966). Verbal destitution: The pivotal barrier to learning. In S. W. Webster (Ed.), *The disadvantaged learner: Knowing, understanding, educating* (pp. 333–337). San Francisco: Chandler.

Noguera, P. A., & Akom, A. (2000). Disparities demystified. *Nation, 270*(22), 29–31.

Olivos, E. M. (2004). *The power of parents: A critical perspective of bicultural parent involvement in public schools*. New York: Peter Lang Publishers.

Orr, E. W. (1987). *Twice as less: Black English and the performance of black students in mathematics and science*. New York: W. W. Norton.

Pallas, A., Natriello, G., & McDill, E. L. (1989). The changing nature of the disadvantaged population: Current dimensions and future trends. *Educational Researcher, 18*(5), 16–22.

Pang, V. O. (1990). Asian-American children: A diverse population. *The Educational Forum, 55*(1), 49–65.

Pang, V. O., & Sablan, V. A. (1998). Teacher efficacy. In M. E. Dilworth (Ed.), *Being responsive to cultural differences* (pp. 39–58). Washington, DC: Corwin Press.

Payne, R. (2001). *Framework for understanding poverty*. Highlands, TX: Aha Process.

Pease-Alvarez, L., & Hakuta, K. (1992). Enriching our views of bilingualism and bilingual education. *Educational Researcher, 21*(2), 4–6.

Pewewardy, C. (2002). Culturally responsive teaching for American Indian students. *Journal of American Indian Education, 41*(3), 22–56.

Phelan, P., Davidson, A. L., & Cao, H. T. (1991). Students' multiple worlds: Negotiating the boundaries of family, peer, and school cultures. *Anthropology and Education Quarterly, 22*(3), 224–250.

Pratte, R. (1983). Multicultural education: Four normative arguments. *Educational Theory, 33*, 21–32.

Ralph, J. (1989). Improving education for the disadvantaged: Do we know whom to help? *Phi Delta Kappan, 70*(5), 396–401.

Reis, S. M. (1994). How schools are shortchanging the gifted. *Technology Review, 97*(3), 38–45.

Reynolds, M. C., & Birch, J. W. (1988). *Adaptive mainstreaming* (3rd ed.). New York: Longman.

Riccio, C. A., Ochoa, S. H., Garza, S. G., & Nero, C. L. (2003). Referral of African American children for evaluation of emotional or behavioral concerns. *Multiple Voices, 6*(1), 1–12.

Richardson, V., Casanova, U., Placier, P., & Guilfoyle, K. (1989). *School children at risk*. London: Falmer Press.

Riordan, C. (1990). *Girls and boys in school: Together or separate?* New York: Teachers College Press.

Robbins, W. (1984). Student's suicide stirs new interest in gifted. In C. A. Grant (Ed.),

Preparing for reflective teaching (pp. 281–283). Boston: Allyn and Bacon.
Robinson, H. B., Roedell, W. C., & Jackson, N. E. (1981). Early identification and intervention. In W. B. Barbe & J. S. Renzulli (Eds.), *Psychology and education of the gifted* (3rd ed., pp. 128–141). New York: Irvington.
San Miguel, G., Jr. (1987). *"Let all of them take heed": Mexican Americans and the campaign for educational equality in Texas, 1910–1981*. Austin: University of Texas Press.
Sears, J. T. (1991). *Growing up gay in the South*. New York: Hayworth Press.
Sears, J. T. (1993). Responding to the sexual diversity of faculty and students: Sexual praxis and the critically reflective administrator. In C. Capper (Ed.), *Educational administration in a pluralistic society*. New York: SUNY Press.
Shade, B. J. R. (1997). *Culture, style and the educative process* (2nd ed.). Springfield, IL: Charles C. Thomas.
Sheets, R. H. (1995). From remedial to gifted: Effects of culturally centered pedagogy. *Theory into Practice*, *34*(3), 186–193.
Sherman, L. (2002). From division to vision. *Northwest Education*, *8*(1), 22–27.
Siegel, J. (1999). Stigmatized and standardized varieties in the classroom: Interference or separation? *TESOL Quarterly*, *33*(4), 701–728.
Silber, J. (1988). Education and national survival: The cycle of poverty. *Vital Speeches*, *54*, 215–219.
Skrtic, T. M. (2003). An organizational analysis of the overrepresentation of poor and minority students in special education. *Multiple Voices*, *6*(1), 41–57.
Sleeter, C. E. (1992). *Keepers of the American dream: A study of staff development and multicultural education*. London: Falmer Press.
Smitherman, G. (1981). What go round come round: King in perspective. *Harvard Educational Review*, *51*(1), 40–56.
Solomon, G. (2002). Digital equity: It's not just about access anymore. *Technology & Learning*, *22*(9), 18–20, 22–24, 26.
Soto, L. D. (1997). *Language, culture, and power*. New York: State University Press.
Stewart, D. A., & Akamatsu, C. T. (1988). The coming of age of American Sign Language. *Anthropology and Education Quarterly*, *19*(3), 235–252.
Sullivan, M., & Wodarski, J. (2002). Social alienation in gay youth. *The Journal of Human Behavior in the Social Environment*, *5*(1).
Swiatek, M. A., & Lupkowski-Shoplik, A. (2003). Elementary and middle school student participation in gifted programs: Are gifted students underserved? *Gifted Child Quarterly*, *47*(2), 118–130.
Taylor, H. U. (1989). *Standard English, Black English, and bidialectalism*. New York: Peter Lang.
Terman, L. M., Baldwin, B. T., Bronson, E., DeVoss, J. C., Fuller, F., Goodenough, F. L., Kelley, T. L., Lima, M., Marshall, H., Moore, A. H., Raubenheimer, A. S., Ruch, G. M., Willoughby, R. L., Wyman, J. B., & Yates, D. H. (1976). *Genetic studies of genius: Mental and physical traits of a thousand gifted children*. Stanford, CA: Stanford University Press.
Tettegah, S. (1996). The racial consciousness attitudes of White prospective teachers and their perceptions of the teachability of students from different racial/ethnic backgrounds: Findings from a California study. *Journal of Negro Education*, *65*(2), 151–163.
Tharp, R. G., Estrada, P., Dalton, S. S., & Yamaguchi, L. A. (2000). *Teaching transformed: Achieving excellence, fairness, inclusion, and harmony*. Boulder, CO: Westview.
Titchkosky, T. (2000). Disability studies: The old and the new. *Canadian Journal of Sociology*, *25*(2), 197–224.
Trueba, H. T. (1988). Culturally based explanations of minority students' academic achievement. *Anthropology and Education Quarterly*, *19*(3), 270–287.
Trueba, H. T. (1989). *Raising silent voices: Educating the linguistic minorities for the 21st century*. New York: Newbury House.

U. S. Department of Education. (2004). *Trends in educational equity of girls & women: 2004.* http://nces.ed.gov/pubsearch/pubsinfo.asp?pubid = 2005016 [Retrieved 1-10-08]

Valenzuela, A. (1999). *Subtractive schooling: U.S.-Mexican youth and the politics of caring.* Albany: State University of New York Press.

Walker, C. L. (1987). Hispanic achievement: Old views and new perspectives. In H. Trueba (Ed.), *Success or failure? Learning and the language minority student* (pp. 15–32). Cambridge, MA: Newbury House.

Warren, S. R. (2002). Stories from the classroom: How expectations and efficacy of diverse teachers affect the academic performance of children in poor urban schools. *Educational Horizons, 80*(3), 109–116.

Wheelock, A, Bebell, D. J. & Haney W. (2000). What can student drawings tell us about high-stakes testing in Massachusetts? *Teacher College Record,* http://www.terecord.org ID Number: 10634. Accessed April 2006.

Wiley, T. G., & Wright, W. E. (2004). Against the undertow: Language-minority education policy and politics in the "Age of Accountability." *Educational Policy, 18*(1), 142–168.

Ysseldyke, J. E., & Algozzine, B. (1982). *Critical issues in special and remedial education.* Boston: Houghton Mifflin.

제 3 장

대인관계

핵심 질문

1. '여행(tourism)' 이라는 단어를 정의해 보자. 전형적인 여행가는 무엇을 하는가?
2. 그럼, '문화적 여행(cultual tourism)' 이라는 용어를 생각해 보자. 문화적 여행은 무엇을 의미하는가? 교육과정과 수업활동들이 어떻게 문화적 여행을 조장할 수 있는가?
3. 일치를 도모하거나 고정관념을 없애기 위해, 학교에서 사용하는 다문화와 관련한 주제들을 본 적이 있는가?
4. 다른 이와 '잘 지내는 것' 은 무엇을 의미하는가? 그리고 누군가를 배제한 상태에서 '잘 지내는 것' 은 무엇을 의미하는가?
5. 당신의 인생에서 가장 최근에 대인관계가 끊긴 때는 언제인가? 그 원인은 무엇이며 결과는 어떠했는가?

대인관계라는 용어를 접할 때 무슨 생각이 떠오르는가? 학생들은 이 질문에 대해 '더불어 잘 어울리는 것' , '관용(tolerance)' , '개인과 집단 간의 상호작용' ,

'개인과 집단 사이의 차이를 해결해가는 방법을 배우는 것' 이라고 대답했다. 또한 학생들은 대인관계란 '인종 간의 선입견과 편견을 줄이기 위해 노력하는 것', '남성과 여성이 성의 장벽을 허물 수 있도록 돕는 것', '사람들이 종교의 다양성을 받아들이도록 돕는 것', '모든 사람들이 자신에 대하여 긍정적인 사고를 하도록 돕는 것' 이라고 밝혔다. 개인 간 혹은 집단 간의 긍정적인 상호작용을 발전시켜 나아가는 것이 대부분 정의들의 핵심이다.

목표

학생들의 이러한 진술은 '대인관계 접근방법' 을 지지하는 교육자들의 목표 진술과 일치하였다. 표 3.1에 기술한 바와 같이, 이러한 접근방법의 목표는 학생들 사이에서 긍정적인 정서를 유발하고 고정관념을 줄임으로써, 다양한 사람들로 구성된 사회에서 일치를 도모하고 관용정신을 발전시키는 것이다.

존슨과 존슨(Johnson & Johnson, 2002)은 대인관계 교육의 목표를 다음과 같이 크게 두 가지로 설명하였다. "첫째 목표는 차별과 편견을 제거함으로써 주류 시민과 소수 시민들 간의 관계를 개선하는 것이다. 이는 특히 다음 세대의 사람들에게 개인 간의 다양성을 존중하고, 다양성을 가치 있게 여기는 태도를 가르친다. 둘째 목표는 다양한 개개인이 효과적으로 상호작용하기 위한 역량을 기르는 것이다. 이는 학생들에게 그 과정과 절차를 가르침으로써 가능해진다" (p. 13).

다른 사람들과 성공적으로 관계를 맺기 위해서는, 개개인의 차이를 인지하고 존중할 뿐만 아니라, 공동의 인도주의 (common humanity)를 인지할 수 있는 기술을 반드시 개발해야 한다. 대인관계 교육은 우리가 이러한 기술들을 배우도록 돕는다. 이 장에서는 대인관계 접근방법의 지지자들이 서로 다른 개개인과 집단 사이의 긍정적인 관계 개선을 위해 무엇을 어떻게 제안하는지 검토할 것이다. 대인관계 접근방법의 일부 지지자들은 편견에 대한 연구 및 집단 간의 적대감에 대한 연구를 자신들의 논의와 직접적으로 연관시킨다. 이러한 관련성에는 역사적인 배경이 있다.

표 3.1 대인관계: 접근방법의 개요

사회적 목표	현존하는 사회구조에서 일치, 관용, 수용의 정서를 증진시키는 것
학교의 목표	학생들 간에 긍정적인 정서의 증진, 고정관념의 감소. 학생들의 자아개념(self-concept)의 증진
대상 학생	전원
실행	
교육과정	고정관념, 놀림(name-calling)에 대한 수업 개인의 차이점과 유사점에 대한 교수 학생들이 소속된 집단의 공헌내용을 수업에 포함시키기
수업	협동학습의 사용 다른 사람들의 실제적이고 간접적인 경험의 이용
교실 내에서 유의할 점	학생들의 특성과 성취를 나타내는 교실 장식 "나도 괜찮고, 너도 괜찮아"라는 주제를 바탕으로 한 교실 환경미화
학교 차원에서 유의할 점	학교의 활동과 정책 그리고 그 실제가 일부 학생들을 억압하거나 간과하지 않는지 확인하기 평화와 화합을 위한 학교 차원의 활동(예를 들면, 가난한 학생들에게 급식 제공하기)

역사적인 배경

뱅크스(C. Banks, 2005)에 따르면, 미국에서 간문화적(intercultural) 움직임은 1930년대 초에 시작되었고, 간문화 교육의 형태로 1950년대까지 지속되었다. 간문화적 교육자들은 유럽계 이민자들, 특히 남유럽 이민자들이 겪고 있던 문제와 쟁점에 관심을 기울였다. 뱅크스는 '간문화적 교육 운동(intercultural education movement)의 주요 목표는 주류 사회의 미국인들이 갖는 이민자들에 대한 두려움과 오개념(misconception)을 감소시키고, 집단 간의 관계를 개선시키는 것이다" (p. xv)라고 진술한다. 그녀는 또한 이민 아동들의 사회적 지위를 증진시키는 것이 '중요한 목표가 된다' 고 설명한다. 간문화적 교육이 다른 나라에서 어떻게 개념화되며, 이것이 어떠한 방식으로 실행되고 있는지에 대한 논의는 중요하다. 세계적인 관점에서 이와 유사한 쟁점에 관심을 두는 것, 특히 미국 내의 교육에 영향을 미치는 문제들에 관심을 두는 것은 중요하다고 할 수 있다. 레이 본 올멘(Rey-von Allmen, 2004)은 간문화적 교육의 개념은 1970년대 유럽 평의회 (the Council of Europe)[24]를 통해 서유럽에서 제안되었다고 주장한다. 올맨은 당시의 상황이 현재 서유럽의 문화적 다양성과는 매우 다르다고 지적한다. 서유럽의 문화적 다양성은 다른 유럽 국가들로부터 온 이민자와 난민들의 이주에 의해서 시작되었기 때문이다. 즉, 서유럽의 남부 국가 출신 남성 이주노동자들은 더 산업화된 국가에서 일자리를 찾고 있었다. 이러한 노동자들이 경제적인 관점에서 볼 때 중요함에도 불구하고 사회적으로 수용되거나 인지되지는 못하였다. 세월이 흘러, 최초의 이주자들은 점차 자리를 잡게 되었다. 가족들이 남성 이주노동자와 합류하게 되었고, 이민은 더 다양해졌다. 1984년까지, 다른 대륙으로부터 온 난민과 이민자들도 생겨났다. 사람들이 자신의 나라를 떠나도록 만드는 경제적 상황, 정치적 상황, 독재주의자들에 의한 폭력(예, 남미), 전쟁(예, 아프리카) 등으로 인해 이민자들이 성쇠를 이루었다. 결국 이주는 일시적인 상황이 아니라 구조적인 상황이 되었으며, 사회 내에서 고려해야할 쟁점이 되었다. 올멘은 **간문화**(intercultural)를 다음과 같이 정의한다.

> 만일 우리가 접두사 'inter' 에 전적인 가치를 부여하면, 간문화적이란 용어는 상호작용, 교환, 상호의존, 호혜주의를 뜻하게 된다. 이와 더불어, 우리가 어근인 'culture' 에 집중한다면, 간문화는 개개인과 집단들이 상호간의 이해와 자신들의 세계관 속에서 참조하게 되는 가치관, 삶의 방식, 그리고 상징적인 표현에 대한 인식을 의미한다. 그리고 우리가 '간문화' 의 용어를 사용할 때에는 문화 내에서뿐만 아니라 문화 간의, 그리고 변모하는 시공간 내에서의 다양한 상호작용을 인지하는 것을 의미한다. 문화들은 역동적이고 창조적이다. 개개인은 그들의 문화를 해석한다. 각 개인은 자신의 다양한 문화적 요소들을 자신들의 방식대로 통합하고, 이들을 자신의 삶의 경험과 다른 사람들과의 관계들을 통해 변형시킨다(p. 16).

---

24) 역주: 1949년 설립. 21개국 가맹.

올멘은 간문화가 다음과 같은 사항을 성취하기 위한 하나의 전략으로 작용된다고 주장한다.

- 우리의 자아 중심적인, 사회 중심적인, 민족 중심적인, 유럽 중심적 확실성에 대한 질문하기
- 사람들이 다른 이들에게 종종 갖는 고정관념이나 표현을 변화시키고, 잘못된 판단과 행위를 야기하는 편견 극복하기
- 다양한, 수행능력과 문화에 부여된 '가격(price)', 예를 들어 '가치(value)'를 조정하기. 프랑스의 사회학자 피에르 부르디(Pierre Bourdieu, 1997)는 한 개인은 다른 사람들이 자기 자신, 그리고 자신의 언어와 문화에 대해 받아들이는 방법에 따라 행동한다(재행동한다)는 점을 관찰하였다. 만일 한 개인이 자신의 수행능력에 대해 낮은 수준의 기대감을 가진다면 그 사람은 불안전하고 수동적인 인성을 개발하게 된다. 만일 그 사람이 높은 수준의 가치를 기대한다면, 그 사람은 자신감을 개발해 나간다. 우리는 모든 사람에게 높은 가치를 부여하기 위해 노력해야 한다.
- 권력에 대한 관계를 변화시키고 다양화하며, 평가 절하된 개인이나 집단의 역량, 문화 그리고 그들 자신들의 표현양식에 동등한 가치 부여하기
- 상호관계의 복잡성을 받아들이고, 조직들, 학교들, 의사소통, 교육 수준, 교과목과 분야(과학, 문화, 사회 계층, 사람, 개인과 집단) 사이의 상호 관련성 맺기
- 의사소통을 계발하고, 다른 집단에 대한 지배를 강화하기보다 긍정적인 상호작용 조성하기
- 시민으로서 모든 사람들이 가지는 지역, 국가와 세계적인 공동체에 대한 책임감을 명료화하기. 이와 같은 방식을 통해 간문화적 관점은 유럽평의회가 개념화하고 보완해 온 인간의 권리와 민주적 시민의식, 다른 가치에 대해 기여하기(Rey, 1991; Rey-von Allmen, 2004)

집단 간 교육을 지지하는 이들은 가정배경, 사회적 상황, 건강, 수입, 지능, 포부 등과 같은 복잡한 요인들이 인간의 상호작용과 인간관계에 영향을 미치

기 때문에, 집단 간 교육은 한 사람의 전체적 인성을 고려해야 한다고 주장한다. 그들은 그램(Grambs, 1960)의 관찰 연구를 지지한다. 즉, '집단 간의 관계는 협소한 관점에서 이해될 수 없고, 전체적인 인적 특성, 집단 내 사람들의 상호작용, 집단들 간의 긴장과 갈등, 인간이 성장하고 학습하는 문화적 맥락을 반드시 고려해야 한다.' (p. 5).

대인관계에 대한 접근방법은 학생들이 다른 사람들을 무시하지 않고, 자신과는 다른 사람들과 잘 어울리고, 받아들이며, 대화하는 것을 돕는 것이다. 이는 또한 학생들이 사람에 대해 가지고 있는 고정관념을 줄이거나 제거하고, 그들 자신과 자신이 속한 집단에 대해 긍정적으로 생각하도록 돕는 일과 직접적으로 관련된다. 이러한 접근방법은 주로 사람이 다른 사람과 자기 자신에게 가지는 태도, 정서와 같은 정의적(affective) 수준을 목표로 한다. 그것은 긴장과 적대감을 수용과 보살핌으로 바꾸는 것을 시도한다. 대인관계 혹은 집단 간 교육의 지지자들은 민주적 과업을 이루고 세계평화를 가져오기 위해 모든 학교에서 그리고 개인들에게 강조될 필요가 있다고 믿는다.

집단 간, 간문화적 대인관계 교육은 제2차 세계대전 동안 체계적으로 주의를 끌게 되었고, 전쟁이 끝난 후 급속도록 진행되었다(Banks, 2005; Johnson & Johnson, 2002; Taba, Brady, & Robinson, 1952). 전쟁 이전에, 여러 단체들이 차별과 편견을 없애기 위해서 노력해왔고, 그들의 목적을 이루기 위한 법률 제정을 시도해왔다. 그 단체로는 버나이 브리트[25]에 대한 비방반대 연맹(the Anti-Defamation League of B' nai B' rith), 도시 연맹(the Urban League), 유색인종 진보를 위한 국가 연맹(the National Association for the Advancement of Colored People), 그리고 기독교와 유대인의 국가 회의(the National Conference of Christians and Jews)가 대표적이다. 제2차 세계대전은 일부 구체적인 변화를 야기하였다. 각 기관은 자신들이 주력하는 쟁점에 대해 사람들의 진지한 관심을 유발하고자 노력하고 있었다. 제2차 세계대전은 이와 같은 기관들의 노력에 자원을 공급하는 변화였다. 제2차 세계대전은 직업을 창출하였고, 사람들은 종종 이러한 기회를 얻기 위해 다른 지역으로 옮겨가야 했다. 이러한 사

25) 역주: 유대인 문화 교육 촉진협회.

람들의 이주는 때때로 공존하는 데 익숙하지 않은 사람들 사이에 갈등을 야기하였고, 이는 때때로 집단 간의 분쟁으로 이어졌다. 예를 들어, 아프리카계 미국인과 남부의 백인이 북부나 서부로 이주했을 때, 그들은 다른 법(예, 인종 분리정책의 부재)에 따라 상호 관련성을 맺었다.[26] 가난한 사람들과 유색인종이 점차 증가하는 경제적인 기회를 차지하고 좀 더 나은 삶을 누리게 되면서 그들은 사회정의를 요구하기 시작하였다. 전쟁 참전용사들, 특히 유색인종 참전용사들은 그들이 민주주의(일부 시민을 위한 민주주의가 아니라 모든 시민을 위한 민주주의)를 위해 싸우고 희생당하였기 때문에, 그들은 정당한 대접을 받을 자격이 있다고 믿었다. 집단 간, 간문화적 그리고 대인관계 교육은 다른 집단들 사이의 조화를 이룰 수 있는 방법으로 간주되었다.

전쟁 기간 동안에, 미국은 멕시코와 캐나다 같은 주변 국가들과의 관계 유지 및 향상에 노력을 기울였다. 루스벨트의 '좋은 이웃' 정책(Roosevelt' s Good Neighbor policy)은 텍사스의 교육자들에게 시사점을 주었다. 멕시코 정부에서는 멕시코계 미국 학생들에 대한 학교에서의 부당한 처우를 공개하도록 압력을 행사하였다. 이에 대한 반응으로, 아메리카 간의 교육(Inter-American Education) 운동이 발전하였고, 학회가 열렸으며, 교육과정을 개발하고, 학교에서 앵글로 색슨계와 멕시코계 사이에서 관계를 향상시키기 위한 연구들을 수행하게 되었다.

집단 간 교육을 지지하는 또 하나의 요인은, 미국이 경제력과 인적 자원을 기술적인 경쟁에 투자하는 동안 인간 상호작용에 대한 관심이 무시되었다는 믿음이다. 미국은 사람들 사이의 관계보다 핵 개발에 더 큰 관심을 가져왔다. 많은 이들은 자유주의의 리더, 그리고 전 세계적으로 민주적 삶의 방식을 대변하는 미국의 역할이, 미국 시민들이 실제로 경험하는 삶의 방식과 일관성이 없다고 믿었다.

위와 같은 미국의 처신은 정의와 공평한 행동을 지지하기에 충분하지 않았다. 우리는 이러한 이상을 미국에서부터 실천해야 했다. 또한 비주류와 주류

---

26) 역주: 인종분리정책에서는 화장실의 좌변기, 공원의 식수대, 기차 대기실과 같은 공공시설에 백인 전용, 유색인종 전용이라는 구분이 있었다. 만약 유색인종이 백인 전용의 좌변기를 이용할 경우 법적 처벌을 받게 된다.

집단의 관계는 개선되어야 했다. 결국, 전쟁 그 자체는 파괴적인 결과를 초래했다. 그것을 통해 우리는 집단 간의 관계를 향상시켜야 할 필요를 절감하였다. 유대인 대량학살은 한 집단이 다른 집단을 얼마나 무자비하게 다룰 수 있는지, 그리고 히로시마와 나가사키에 투하된 원자폭탄은 유사 이래 예가 없었던 끔찍하고 파괴적인 무기라는 것을 증명했다.

이러한 사건들과 정황은 대인관계와 집단 간 교육에 자극제가 되었고, 이러한 생각은 급속도록 성장했다. 많은 책, 전단지, 논문, 강의, 그리고 전문 집단의 논의는 짧은 기간 동안 이 개념에 집중되었고, 이것들이 수용될 수 있는 계기가 되었다. 대인관계에 대한 또 다른 큰 자극은 십년 후 학교의 인종차별 폐지와 시민권 운동과 함께 시작되었다. 학교의 인종차별 폐지는 유색인종과 백인이 학교에서 같은 편의시설을 공유해야 한다는 것을 의미했다. 대인관계와 집단 간 교육 프로그램은 인종 집단 간의 화합을 증진시키기 위해 지속적으로 진행되었다.

1970년대 후반과 1980년대 동안, PL 94-142 즉, 모든 장애아를 위한 교육법안(the Education for All Handicapped Children Act)[27]에 따라, 대인관계 접근 방법은 장애 아동을 일반학급에 통합시키는 데에 있어서 유용한 것으로 간주되었다. 차별교육을 철폐하는 운동의 한 가지 방편으로, 장애아들을 수용하고 격려하는 주류화 운동이 진행되었다. 이전에 일반 학생들과 분리시켰던 장애 학생들이 점차 정규 학교와 교실에서 같이 통합적으로 수업을 받게 되면서, 교육자들은 통합교육에 대한 일반 학생들과 교사들 사이의 부정적인 태도를 심각하게 고려하게 되었다. 1980년대 초까지, 저서와 논문은 장애인에 대한 사람들의 태도를 어떻게 변화시키고 장애아들의 사회적 통합을 증대시킬 것인지에 대하여 자주 논의하였다.

1980년대 후반과 1990년대 초기에 상대방을 비방하거나 놀리는 것(name calling)과 인종에 대한 잔악한 행동이 학교와 대학교 캠퍼스, 도시 그리고 교외에서 되살아나기 시작했다. 또한 KKK단은 십자가를 불사르는 행위를 벌였

---

27) 역주: 1975년 모든 장애아가 장애의 정도에 상관없이 '최소 제한환경' 에서 교육받을 수 있도록 법률로 제정.

으며, 미국인들이 그동안 사라졌다고 믿었던 증오범죄들이 다시 부활하였다. 또한 이 시기에는 성 추행과 관련한 사건들이 사람들의 이목을 집중시켰다. 특히 대법관 후보인 클라랜스 토마스(Clarence Thomas)에 대한 국회 인준 청문회에서, 아니타 힐(Anita Hill)의 성 희롱에 대한 진술이 텔레비전에 반영되면서 그 관심이 고조되었다.[28] 그 결과 교육자들과 일반 대중은 한 집단의 구성원(예, 남성)이 다른 집단들의 구성원(예, 여성)에게 말을 할 때 무엇이 적절한 표현인지에 대해 점차적으로 고려하기 시작하였다. 결과적으로, 무엇이 합법적인 표현의 자유(free speech)를 구성하는지에 대한 토론을 낳았다. 더불어 이전에 대인관계 또는 간문화적 교육 접근방법에 관심이 없었던 교사들은 스스로에게 되묻기 시작했다. 특히 만일 학생들이 점차 다양해지면 "나는 무엇을 할 수 있을까?" 라고 자문하게 되었다.

2001년 9월 11일 대인 관계적 접근방법을 지지하는 교사들에게 하나의 새로운 관심이 야기되었다. 그들은 미국인들 사이에서 애국심이 고취되는 것과 동시에, 교사들은 많은 아랍인들과 이슬람계 미국인들, 그리고 심지어 중동인처럼 보이는 사람이 이들에게 적개감을 가지고 있으며, 이들의 자녀가 학교에 다니는 것을 염려하는 점을 목격하였다. 이러한 교사들은 "나는 무엇을 할 수 있고, 무엇을 해야 하는가?" 라고 되묻게 되었다.

사실 이러한 질문은 실제로 1970년 초에 탄생한 최초의 분쟁 해결 프로그램의 등장과 그 맥락을 같이한다. 이 프로그램은 "학교폭력에 대한 교육자들과 학부모들의 관심이 증가됨으로써 발생" 하였다(Girard & Koch, 1996, p. 111). 이러한 초창기의 노력에 힘입어 1984년에 교육 중재를 위한 국가연합(the National Association for Mediation in Education))이 설립되었고, 집단 간 교육과 대인관계 접근방법 운동이 성장하는 데 기여하였다. 지금 분쟁해결을 위한 국가 협의회(the National Institute for Dispute Resolution)는 분쟁해결과

---

28) 역주: 애니타 힐이라는 흑인 여성이 흑인 대법원 판사 지명자인 클라렌스 토머스로부터 성 희롱을 당했다고 주장하고 나선 사건이다. 1991년 10월 11일부터 13일까지 사흘간 미국 전역에 텔레비전으로 생중계된 공청회에서, 애니타 힐은 토머스 변호사와 같은 사무실에서 일할 때 그가 자신의 성기의 크기에 대해 자랑하듯이 말했다는 점을 들어 그에게 성 희롱 당했다고 진술하였다. 신체적인 접촉이 없이도 성기의 크기를 말하는 것만으로도 성 희롱인지에 대한 논의가 거세게 진행되었다.

또래 중재 프로그램의 개발과 실행을 위해 일한다.

따라서 1990년대와 21세기 초반에 학교들은 더 많은 시간과 관심을 들여 분쟁을 해결하고 교우 관계를 조정하며 폭력을 없애는 데 전념하였다. 일부 지역 교육청에서는 예를 들어, 야구 경기에서 공을 두고 서로 싸우는 것을 해결하는 법을 유치원과 같은 이른 시기부터 배워야 한다고 주장한다. 아동은 감정, 요구, 욕구를 나타내기 위해서 "나-전달법(I-messages)"과 같은 화법을 배운다. 그들은 듣고, 협상하고, 조정하고, 사과하고, 감사하고, 만족을 미루고, 타협하는 것을 배운다. 학생들은 중등학교 단계에서 서로 잘 어울리고, 그들이 사회에서 직면하는 다른 사람과 다른 관점을 잘 다루기 위해 분쟁 해결 기술을 배운다. 또래 중재(peer mediation)[29], 분노 관리, 폭력 예방과 같은 이슈들을 다루는 다양한 자료들이 존재하며, 또한 계속해서 출판되고 있다(예를 들어, 분쟁 해결 매체(Conflict Resolution Media), 엘리콧 시(Ellicott City), 매릴랜드(Maryland)의 출판물들). 이 프로그램들과 교육 자료는 특히 폭력예방의 차원에서 확산되었다. 예를 들어, 크레이튼과 키벨Creighton and Kivel, 1992)은 십대들의 폭력을 예방하는 데 목적을 둔 단계별 프로그램들을 개발하였다. 그리고 개즈다와 동료들(Gazda et al, 2006)은 『교육자를 위한 대인관계 개발서』 제7판을 출판하였다.

1990년대에 또래 중재와 갈등 해결은 학생과 교사의 상호작용을 개선하기 위한 매우 중요한 교육과정의 주제가 되었다. 관용을 가르치기 위해 발렌타인(Valentine, 1997)은 교육자들이 자신들의 문화적 관점을 검토해야 한다고 제안하였다. 이것은 교사들이 학생들의 친구가 누구인지, 누가 그들의 집에 오는지, 누가 자신이 다니는 교회에 나오는지를 검토할 필요가 있다는 것을 의미한다. 학교에서 관용을 가르치기 위한 제안들은 편견과 관련된 교수 자료를 조사하고, 다른 이에 대한 존경과 공감의 본보기가 되고, 관용을 길러주며, 다른 문화에 속해 있는 이들과 함께 일할 수 있는 기회를 만드는 것을 포함한다. 위스콘신 같은 일부 주들은 유망한 교사들이 문제해결에 대한 교육을 받을 것을 요구한다. 다른 주들은 분쟁 해결 그 자체를 통해 학생들이 보다 나은 성적을 받

29) 또래 간의 갈등을 교사가 아닌 동료가 중재하는 것.

을 수 있는 프로그램을 제공한다.

다양성(수적으로도 증가하고, 다각적인 형태로 표현되는)과 대인관계는 어떠한 관계가 있는가? 이것들은 밀접한 관련이 있다. 다음 기회에 쇼핑몰에 가게 되면, 다른 민족 간의 결혼을 포함한 민족적 다양성을 목격하게 될 것이며, 다양한 언어를 들을 것이다. 만약 당신이 좀 더 면밀히 관찰한다면, 종교적인 혹은 다른 다양한 형태의 다양성을 보게 될 것이다. 존슨과 존슨(John and John, 2002)은 다음과 같은 진술을 통해 대인관계와 다양성을 연결한다. "다양성의 문제와 그 전망을 직면할 때, 다양성을 회피하는 것이 더 이상 선택사항이 아니라는 점에 대해서는 의심의 여지가 없다. 다양성은 존재하며 점점 증가하고 있다. 그리고 그것은 퍼져나가고 있으며 피할 수 없다. 다른 사람들과 효과적으로 상호작용하는 기술을 획득하는 것은 사치가 아니라 필수인 것이다" (p. 4).

대인관계 기저의 이론들

대인관계 접근방법의 이론적 기초는 주로 일반심리학과 사회심리학을 토대로 한다. 대인관계는 인종, 사회 계층, 성, 장애, 성적 지향 등에 상관없이 사람들 사이의 관계를 연구하는 분야이다. 예를 들어, 공식적인 조직에서 대인관계를 다루는 연구물이 있고, 비즈니스를 위한 대인관계 워크숍을 수행하는 간부들이 있다. 우리는 이 장에서 다문화교육에 대한 하나의 접근방법으로서 대인관계를 발전시키는 연구에 주목할 것이다. 그럼에도 불구하고, 이러한 접근방법이 거대한 개념의 한 부분이며, 동일한 이론적 토대에 기초한다는 점을 명심하기 바란다.

일부 이론가들은 개인 내의 편견과 선입견의 발전을 강조한다. 다른 이들은 집단 간의 적대감과 선입견의 발전을 중요하게 여겨왔다. 또 다른 이들은 개인적인 자아 개념에 더 중점을 두어왔다. 이러한 여러 가지 생각은 상호 배타적이지는 않다. 실제로, 올포트(Allport, 1979)에 따르면 한 가지 이론이 그 자체만으로 편견을 설명할 수 없다. 비록 많은 사람들이 각자의 이론을 가장 설득적이라 여기고, 현재 이 분야에 대한 사회과학 연구의 많은 부분이 이러한 관찰을 뒷받침할 수 있지만 말이다.

개인들 간에 내재하는 편견의 발달

고든 올포트(Gordon Allport, 1979)는 아마도 개인들 내의 편견의 발달을 논의한 가장 주요한 이론가였다. 그의 이론은 대인관계 접근방법의 많은 부분의 기반이 된다. 그는 두 가지 이유에서 개인들에게 주목하였다. 어떤 사회에서든지 간에 모든 사람들이 편견을 가지고 있는 것은 아니다. 이것은 첫째, 왜 일부 사람들이 다른 사람들보다 더 많은 편견을 지니는지, 둘째, 왜 편견과 차별이 일부 개인들에 의해서 일어나는지에 대한 의문점을 제기한다. 올포트는 인지발달이론과 정신분석이론에 관심을 가졌다. 우리는 인종, 성, 사회 계층, 장애라는 주제가 어떻게 적용되는가를 보여주기 위해 그 이론들과 사례를 설명할 것이다. 사례 중에는 올포트에 의해 제시된 것도 있고 그렇지 않은 것도 있다. 우리는 다른 이론들에 의해 나타났던 상세한 아이디어들도 제공할 것이다.

인지발달이론에 따르면, 마음(mind)은 경험을 의미 있게 만들기 위해, 현상들을 관계짓고, 조직하며, 단순화해야 할 필요성을 지닌다. 인간은 유사한 현상을 조직하기 위해서 구체적인 경험을 토대로 범주를 형성한다. 사람은 성숙하고 다양한 경험을 쌓아감에 따라, 기존에 존재하는 범주 내에서 새로운 경험을 가능한 한 많이 축적하려고 한다. 때때로 사람들은 경험을 적절히 조직하기 위해서 범주를 재조직한다. 이것들은 어떻게 편견과 관련되는가?

아동은 2~3세가 되면 피부색(Katz, 1982; Van Ausdale & Feagin, 2001), 신체적 결함(Diamond, 1996), 그리고 성(Kohlberg, 1966) 등과 같은 눈에 보이는 사람들의 차이점을 인지한다. 먼저 올포트에 따르면, 비록 아동이 간혹 어두운 피부색을 먼지와 연관시키는 경우가 있지만, 이러한 차이점이 고정관념이나 평가를 제안하는 것은 아니다. 이와 동시에 아동들은 언어를 배우고, 범주 속에 내포된 의미를 배우며, 우리가 붙이는 꼬리표에 담긴 감각적인 뉘앙스도 배운다. 사실 아동들은 그 꼬리표가 어떻게 적용되는지 그 범주를 구축하기도 전에, 혹은 그 꼬리표와 한 범주가 어떻게 연결되는지 알기도 전에, 꼬리표에 내포된 감정적인 뉘앙스(예, 동성애)를 배운다.

반 오스데일과 피진(Van Ausdale and Feagin, 2001)이 실시한 유아에 대한 연구는 3세 아동에게 나타나는 '차이' 에 대한 인지를 제시하고 그 이유를 설명한다. 그것과 관련하여 그들은 다음과 같이 논의한다.

> 제1장의 설문자료와 우리의 데이터에서 살펴본 것처럼, 인종차별주의적인 사고와 실제는 미국에 강하게 남아 있고, 유아는 이에 참여하고 이를 지속시키는 것을 피할 수 없다. 인종차별주의는 우리 주변에 있고, 우리의 생각과 대화 속에 스며들어 있으며, 우리와 다른 사람과의 관계에 집중하며, 우리의 습관을 형성하며, 우리의 개인적, 사회적, 정치적 삶을 조정한다. 아동들이 이것에 면역적이지도 않고, 그 힘을 전혀 인지하지 못하는 것도 아니다. 사회의 현실은 우리 삶 속에 완전한 요소로 남아있고, 세대가 지나면 지날수록 전승되며, 형태를 바꾸어 가지만 그것의 영향은 강하게 남아있다 (pp. 197-198).

어린이집이나 유치원의 실습생(student teacher)들은 종종 아동들이 서로간의 차이에 신경을 쓰지 않거나 알아차리지도 못한 채 함께 생활하는 것을 보고 놀란다. 실습생들은 간혹 새로운 세대가 편견 없이 자랄 수 있을 것이라고 논의하기도 하고, 아동들이 '인종을 보지' 않기 때문에 교사는 차이점에 대한 주제를 도입하지 말아야 한다고 설명한다. 아동들은 그들이 보는 차이에 대해서 사회가 형성해 놓은 의미를 아직 배우지 않았다고 이야기하는 것이 더 정확한 해석이다. 아동과 학생들이 성숙함에 따라, 미디어, 학교, 가정, 농담과 이야기들, 그리고 친구들로부터 전해 듣는 인간의 특징에 대한 해석으로 인해 매우 혼란스럽게 될 것이다.

유년기 말기까지, 아동들은 많은 것을 정형화하고 분류하는 경향이 있다. 그 범주는 누구나 혹은 무엇이든지 적용되는 많은 기술적 특성을 반영한다. 그러므로 모든 개는 크고 갈색이고, 또는 모든 휠체어를 탄 장애인은 친절하다(혹은 조용하다, 바보스럽다, 혹은 무엇이든 그 아동이 한두 번 경험한 것으로 정의 내린다). 아동은 경험을 유용하게 조직하는 체계를 찾으면서 종종 그 한계를 인지하지 못한 채 그것을 남용한다.

아동들이 성숙해 감에 따라, 그들의 범주는 현실을 더 잘 반영하기 위해 그 정도를 변형하는 방식으로 수정된다. 주어진 범주에 맞지 않는 사람을 만났을 때, 사람들은 그들을 규칙에 어긋난 예외적인 사람으로 여긴다. 예를 들어, 가사를 여성의 일이라고 간주하는 이들이 가정에서 가사를 돌보는 남성을 접하는 장면을 가정해보자. 이들은 성에 대한 범주화를 재구조화하는 대신 그 남성이 예외적이라고 간주할 것이다. 대부분의 사람들은 많은 예외적 사례와 자격을 용납은 하지만, 자신들의 범주의 경계를 고정되고 완고한 것으로 보지 않는다. 일부 사람들은 고정관념에 많은 예외적인 것들이 있다는 점을 인정하면서도, "나의 가장 친한 친구들은 유대인이야"라고 말한다. 결국 이들은 유대인에 대한 고정관념적인 이미지를 고수한다(Allport, 1979, p. 309). 그러나 사람이 구성해온 범주의 예가 다양할수록, 그 사람이 그 범주를 비판적으로 검토하면 할수록, 사람의 정신적 범주체계도 그 완고함이 감소하고 고정관념도 줄게 된다. 예를 들어, 다양한 범주의 아시아계 미국인에게 노출되어 있던 아동은 일례로 "아시아인들은 수학을 잘한다"라는 선입견에 의문을 갖게 되는 좋은 경험적인 기초를 가진다.

올포트는 이 과정에서 지각(perception)의 중요한 역할을 주목했다. 정신(mind)이 지각할 때, "이는 감각적 정보를 선택하고, 강조하고, 해석한다"(p. 166). 다양한 사람들의 집단(가난한 사람과 같은)을 하나의 범주로 보기 위해, 우리는 공통점이라고 여겨지는 속성에 특별한 주의를 기울이는 것을 발견하게 된다. 이러한 특성에 주목할 때, 우리는 그 특성을 무의식적으로 강조하는 경향이 있다. 예를 들어, 인종을 알아보기 위해 피부색을 보곤 하는데 이 과정에서 피부색의 중요성을 과장하고, 사람들의 공통적인 특성을 축소한다. 또 다른 예는, 교사가 '위험에 처한(at-risk)' 새로운 학생을 맡게 된다는 결정을 들었을 때, 그러한 학생에 대한 개인적 특성과 이미지가 먼저 떠오르곤 한다. 고정관념에 관한 연구에 따르면, 사람들은 고정관념에 맞지 않은 사람보다 고정관념에 맞는 사람을 더 잘 받아들인다. 고정관념은 우리가 사람을 어떻게 해석하고, 행동할지에 관한 실제적 지도를 제공하는 것처럼 보이고, 그 지도에 맞지 않는 사람들은 우리를 불편하게 한다. 그렇지만 우리는 고정관념에 의문을 품기보다, 종종 그 고정관념에 맞아 떨어지지 않는 사람들을 회피하거나 무시한다.

여러분은 만약 편견이 그렇게 자연스럽게 발달한다고 한다면, 편파적인 신념이 바뀔 수 있는지 여부에 대해 궁금할 것이다. 그렇다. 바뀔 수 있다. 앞서서 우리는 아동의 질문에 정확히 대답하고 그들에게 다양한 범주의 예를 제공하는 것이, 다른 사람들에 대한 더 정확하고 복잡한 해석을 하는 데 도움이 된다는 점을 지적한 바 있었다. 부조화 이론(dissonance theory)을 통해 신념은 바뀌거나 확장될 수도 있다. 와트(Watts, 1984)에 따르면,

> 부조화는 개인이 심리학적으로 비지속적인 두 개의 인지(예, 아이디어, 신념, 의견)를 동시에 가질 때마다 발생한다. 부조화는 즐겁지 않은 동기 상태(motivational state)이기 때문에, 사람들은 인지적 재구조화를 통해 줄이고자 노력한다. 이 과정에서는 일치하는 인지를 더하거나 현재의 의견 전체를 바꾸는 것을 포함한다(p. 44).

와트가 제공한 예는 흡연이 건강에 위해하다는 점을 믿으면서도 피우는 사람이다. 특히, 우리가 반대되는 신념에 강제적으로 직면하지 않는 한, 우리 모두는 어느 정도의 부조화를 가지고 살고 있다. 그러한 부조화가 불편하게 되면 사람들은 부조화를 줄이기 위해 폐암에 관한 연구 결과를 과소평가하거나 금연을 하기로 결정할 수도 있다.

인지적으로 장애가 있는 사람은 불쾌하다고 생각하지만, 인지적 장애가 있는 이웃과 노는 아동을 생각해보자. 그 아동이 태도와 행동 사이의 부조화를 줄이는 방법은 크게 두 가지이다. 자신의 태도에 집착하여 인지적 장애가 있는 아동과 노는 것을 그만두거나, 혹은 그들의 놀이 관계를 지지해 줄 수 있는 더 긍정적인 태도를 받아들이는 것이다. 교사는 의도적으로 부조화를 형성할 수 있다. 예를 들어, 아랍인을 테러리스트라고 간주하는 학생들을 가르치는 현장 교사는 이들에게 미국에 대한 애국심이 투철한 아랍계 미국인의 다양한 사례들을 보여줄 수 있다. 학생들은 그러한 아랍계 미국인을 예외로 여김으로써 부조화를 줄일 수 있다. 결국에는 이와 같은 예외적인 경우의 수와 그 힘으로 학생들은 그와 같은 고정관념을 더 이상 유지하지 않게 될 것이다.

고정관념과 범주를 사용하여 생각하는 것은 자연스러운 것이며, 그 자체가 반드시 편견이나 적개심으로 이어지는 것도 아니다. 왜 어떤 사람들은 단순히

타인에 대해 궁금해 하고 이들을 받아들이는 것에 반하여, 어떤 사람들은 자신들과 다른 집단을 증오하는가? 올포트(Allport, 1979)는 그 질문에 대한 답을 정신역학 이론에서 찾는다. 본질적으로, 정신역학 이론에서는 정신(mind) 속에는 그들의 감정과 욕구를 명백하게 하는 잠재된 충동과 포용력이 있다고 본다. 사람에게서 충동과 욕구는 그 일부만이 의식 수준에 이른다. 더 큰 부분은 무의식 수준에 머무른다. 비록 우리가 인지하지 못한다 하더라도, 잠재된 충동과 욕구는 무의식 수준에서 우리의 생각과 행동을 지시한다. 올포트는 인간의 마음에 내재된 몇 가지의 욕구와 포용력을 설명한다. 공격성, 사람들과의 관계, 낯선 이에 대한 불안감, 지위에 대한 욕구, 긍정적인 자아 이미지에 대한 필요성이 그것들이다. 아동들은 다른 사람과의 관계를 형성하고, 긍정적인 자아 이미지를 형성하며, 자신의 우위를 확보하고자 시도한다. 이 과정에서 어떤 아동들은 다른 아동들보다 더 큰 성취감을 맛본다. 성공의 부족은 좌절로 이어진다. 많은 사람들은 좌절을 생산적으로 바꾸는 것을 배우는 반면 (예, 성공을 할 때까지 더욱더 열심히 일할 수 있는 원동력이 되는 것), 어떤 사람들은 이러한 좌절을 마음속에 담아둔다. 좌절 다루는 법을 배우지 못한 사람은 편하게 접할 수 있는 어떤 사람이나 집단에 대한 막연한 상태의 증오감을 발달시킨다. 그리고 증오는 그 목표를 향한 적극적인 공격성으로 변할 수 있다.

투사(projection)는 좌절이 한 집단으로 향하게 되는 주요한 과정이다. 올포트는 투사를 다음과 같이 정의한다. "투사란 우리가 가지고 있는 동기나 특성을, 혹은 우리 자신의 것을 설명하거나 정당화하는 일종의 방법이다. 투사는 다른 이에게 그릇되게 그 속성을 부여하는 성향이다" (p. 382). 투사란 우리 자신 안에 있는 특성이나 충동, 혹은 우리 삶의 요인들에 대한 죄책감, 두려움, 혹은 불안에 근거한다. 예를 들어, 많은 사람들은 그들 자신의 동성애적 생각에 대해 죄책감을 갖는다. 그리고 그들이 의식수준에서 이러한 감정을 대처할 수 없기에, 공개적으로 동성애자임을 밝힌 사람들에게 자기 자신의 그러한 동성애적 충동을 두려움으로 투사한다. 이러한 다른 사람들은 증오의 대상이 된다. 자신의 무능력 혹은 경제적 상황 때문에 실직의 두려움을 가진 사람들은 그들의 두려움을 종종 어떤 소외 집단에 투사할지도 모른다. 그 집단은 그들이 실직에 대한 책임을 돌릴 수 있는 소수 집단이다. 그러한 집단은 희생양이 되는 것이다.

비록 이것이 설득력이 있다고 하더라도, 당신은 많은 사람들이 자신들의 문제를 외부적으로 표출하지 않거나 다른 사람들을 비난하지 않는다고 생각할지도 모른다. 왜 어떤 사람들은 다른 사람보다 쉽게 화를 낼까? 초기 정신역학에 기원을 둔 연구에서는 특정 육아 방식이 아동의 성향을 개방적이거나 혹은 폐쇄적(편견적)으로 발달시킨다고 제시하였다(Adorne, Frenkel-Breuswik, Levinson, & Snford, 1950; Harris, Gough, & Martin, 1950). 최근의 연구에서도 자녀의 성격에 미치는 부모의 영향을 중요하게 간주하지만, 이에 대해 좀 더 주의 깊게 접근할 수 있는 점을 제공한다. 오브라이언, 피쉬베인, 릿체이(O' Bryan, Fishbein, Ritchey)는 일부 연구(Aboud, 1988; Fishbein, 202; Ritchey & Fishbein, 2001)에서 부모가 아동의 성격 유형을 형성하는 데 가장 큰 영향을 미친다는 주장에 동의하지 않는다(O' Bryan, Fishbein, and Ritchey, 2004). 릿체이와 피쉬베인(2001)은 다음과 같은 의문, 즉 "편견과 고정관념의 개인적 차이는 어디에서 오는가?" 에 대해 다음과 같이 대답한다. "이에 대한 부모의 영향은 미약하고, 친구들의 영향은 명백히 없다. 권위주의에 대한 연구에서, 권위주의적인 자녀양육과 지속적인 성적 차이에 대한 연구결과는, 편견과 고정관념에 대한 영향력을 청소년 자체로 돌리지, 이를 의미 있는 주변 집단의 영향력으로 보지 않는다. 오히려, 청소년들 사이에 존재하는 개인차와 가치가 그들을 다양한 편견과, 이미 문화 내에서 잘 알려진 고정관념을 받아들이도록 유도할 가능성이 있다" (p. 206). 연구 문헌들 속의 불확실성을 고려할 때, 교사들은 학생들의 편견적인 행동이 부모로부터 기인한다는 결론을 내리는 것에 주의해야 한다. 대신에 교사들은 "학생들 안에서부터" 그 원인을 찾도록 염원해야 할 것이다.

집단 간의 편견과 적대적 행위의 발달

많은 사회심리학자들은 앞선 이론이 편견과 차별을 이해하는 데 부적당하다고 본다. 예를 들어, 대부분의 독일인이 1930년대에 유대인에 대한 포로수용소를 만든 이유가 그들이 감당할 수 없는 좌절의 수준을 경험하고, 같은 목표 집단에 그들 개인의 유죄와 실패를 투사하기 위해서라고 설명할 수 있을까? 비록 어느 정도까지는 이 이론이 타당성을 가질지도 모르지만, 집단이 집단을 상대로 결집하는 현상을 설명하지 못한다. 우리는 집단 간의 관계를 이해하기 위해서 쉐리프와 쉐리프(Sherif & Sherif, 1966)에 의한 준거집단이론(reference group theory)을 이용한다. 그들은 집단이 다른 집단과 어떻게 상호작용을 형성하는지 이해하기 위해, 많은 소집단들을 관찰하고 일부 실험을 하였다. 오늘날 문헌에서 많이 인용되는 주목할 만한 실험은 청소년 여름 캠프장에서 실시되었는데, 캠프 기간동안 이 소년들이 집단을 형성하도록 권장하기 위해 그 상황이 구조화되었다. 그들은 그 집단들을 다른 집단과 함께 혹은 따로 분리해서 조사하였다. 여름 캠프에 스스로 참여한 경험이 있는 사람이라면, 텐트 동료 또는 방 동료(혹은 방 사이에서도), 그리고 선의의 경쟁을 하며 조성되는 '우리(we-ness)' 라는 개념을 잘 기억할 것이다.

준거집단이론에 따르면, 사람들은 다른 사람들과의 연합을 통해 정체성을 상당 부분 발견한다. 모든 사람은 어린 시절에 가족 구성원을 통해 내집단에 포함된다. 한 개인이 성장할수록, 자신이 속하는 집단의 수는 늘어난다. 사람들은 여러 집단들 중에서 몇몇 집단을 통해 자신의 정체성을 찾는다. 어떤 사람은 심지어 자신이 속하지 않는 집단을 통해서도 정체성을 발견한다. 최근에, 연구자들은 준거집단이론을 집단생활 연구를 통해 밝혀냈고, 그것이 사람들의 자아 개념과 행동에 미치는 중요성 또한 확인하였다. 고탈스(Goethals, 1999)는 집단 내 대인관계는 자아 개념에 중요한 영향을 미치고, 이것은 집단을 받아들이도록 유도할 수 있다고 주장한다. 그의 주장을 뒷받침하는 이유들은 다음과 같다. 첫째, 사람들은 사회적 비교를 통해 의견이나 능력과 같은 개인적 자질을 평가하기 때문이다. 둘째, 사람들은 대인관계적 상호작용과 의사소통을 통해, 다른 사람들이 자신을 어떻게 생각하는지에 대해 배운다. 셋째로 사람들은 자신의 집단에 속해 있는 사람들과 같이 행동한다. 그리고 다양한 방법으로 그들과 닮으려 한다. 고탈스의 설명에 따르면, 이 과정 세 가지(사회적 비교: social comparison, 반사된 평가: reflected appraisal, 동일시: identification) 모두 자신의 정체성과 가치에 영향을 미친다(p. 19).

우리는 우리가 일체감을 느끼는 집단에 기꺼이 순응한다. 그리고 일부러 다른 집단과 차별화할 수 있는 방법으로 행동하려 할지도 모른다. 예를 들어, 쉐리프와 쉐리프는 캠프에서 소년들에게 자기 집단의 색을 선택하게 하였다. 일단 각 집단별로 색깔을 고르고 나면, 소년들은 다른 집단의 색을 입으려 하지 않았다. 1970년대 후반, 많은 여학생들은 프레피 룩('preppie' Look)[30]을 따라 하였다. 이러한 옷차림은 보수적이고, 상류층이나 중상류층의 백인 여학생이라는 점을 명시하였다. 집단 구성원의 눈에 띄는 배지(badge)는 진짜 진주를 엮어 만든 줄이었다. 특히 그날의 나머지 복장이 청바지 차림과 같이 평범했더라도, 그 진주로 만든 배지는 그 사람이 비싼 보석을 치장할 수 있을 만큼 부유하다는 것을 의미했다.

1980년대에 많은 아프리카계 미국 청소년은 말콤 X 모자와 티셔츠를 입었다. 이들은 인종이 주요한 사회적 분기점이 된다는 점을 명시하였다. 그리고 아프리카계 미국인 공동체를 강화하기 위해서는, 백인이 컨트롤하는 전략보다 흑인이 힘을 발휘할 수 있는 전략으로 무장되어야 한다는 점을 표시하기 위해 말콤 X 모자와 티셔츠를 활용하였다. 현재에도 조직폭력배 집단은 의복 색깔로 구분된다. 이러한 옷차림과 색깔은 지위와 소속을 나타낸다. 그러나 학교에서 이러한 색의 옷차림은 '소속 집단'에 관련된 많은 긴장과 폭력을 가져왔기 때문에, 요즘의 학교들은 의도적으로 특정 집단을 상징하는 색깔의 옷을 입는 것을 정책적으로 금하고 있다.

집단 형성 그 자체가 반드시 편견과 차별을 일으키는 것은 아니다. 그러나 쉐리프는 집단이 각각의 사람들과 접촉할 때, 그들은 집단의 경계를 정의하고 이를 유지하기 위해 협의된 노력을 기울이기 시작한다고 논하였다. 모든 집단 구성원이 집단 내에 소속되고 집단에 충성을 바치도록 하기 위해, 집단 구성원은 집단을 다른 집단보다 우수한 집단이라고 묘사한다. 그리고 집단 내의 구성원들 상호간에 이 우월성을 확신시키려 노력할 것이다. 적대 행위는 집단이 그들 스스로 다른 사람과 경쟁을 하고 있다고 인지하게 되면 곧바로 발달한다. 쉐리프와 쉐리프는 집단은 실제로 경쟁할 필요는 없다고 주장하였다. 다른 집

---

30) 역주: 어린 부유층 자제들로 구성된 대학준비를 위한 학교(preparatory school)의 학생을 뜻하는 말로서 preppie look은 그들의 패션스타일을 말한다. 구체적으로는 미국 동부 명문 사립고에 다니는 양가의 자녀들이 즐겨 입는 심플하고 클래식한 스타일을 말한다.

단이 자신들이 원하는 것을 얻기 위해 경쟁한다고 생각한다면, 결과적으로 다른 집단에 대한 적대감과 거부감이 발생한다.

준거집단이론은 다른 종류의 집단 사이의 관계와 마찬가지로 인종, 성, 사회 계층, 동성애자, 장애인 집단 관계에 쉽게 적용될 수 있다. 이 이론을 적용할 때에는, 이전에 설명한 심리학 이론과 결합할 수 있다. 성(gender)의 예를 들어 보자. 인지발달이론에 따르면, 아동들은 성이 사람들을 분류하는 주요한 방법이라는 것을 일찍이 배운다. 또한 아동들은 어떤 범주에 자신이 들어가는지도 일찍이 배운다. 일단 이를 터득하게 되면, 대부분의 아동들은 자아 정체성을 구축하는 부분으로서, 그 범주에 적극적으로 따르려고 노력한다. 만약 어린 여자 아이가 소녀들은 드레스만 입는다고 믿으면, 그 아이는 드레스 이외에는 다른 것을 입으려 하지 않을 것이다. 유년시절 초기에는 각 집단의 경계를 유지하고, 고유한 성적 이미지를 준수시키기 위해, 의도적인 양성 간의 분리(segregation)와 거부(rejection)가 만연하다. 그들이 놀리는 의미로 사용하는 '말괄량이들(tomboys)' 과 같은 표현은 집단 간의 경계와 집단에 대한 규준을 통합하는 것을 위협한다. 그리고 이는 남성/여성이라는 용어가 의미하는 바에 대한 개인 차원의 이해를 위협하기도 한다. 아동들이 자라면서, 이성 집단은 심리분석 이론에서 묘사하는 심리적 문제를 표출하는 개인적인 표적 집단이 된다. 결국 성폭행과 아내 폭행이 발생한다. 사람들이 성을 직업세계에서의 경쟁 요인으로 인지할 경우, 성에 대한 고정관념과 적대 행위가 발달한다. 즉, 남성들은 '남성우월주의자 또는 성차별주의자' 로 여겨지고, 여성들은 가정 내에서 아동의 안전을 지키는 데 실패한 '공격적인' 사람으로 간주된다.

올포트(Allport, 1979)에 따르면, 희생의 대상이 되고 나면 대부분의 개인과 집단은 이에 대해 반응하기 마련이고, 어떤 반응들은 그 문제를 더욱 악화시킨다. 문제를 더 악화시키는 반응으로는 다음과 같은 것이 있다. 즉, 극단적으로 편견에 사로잡히는 것(예를 들어, 차별을 의도하지 않은 상징물을 반유대주의라고 이해하는 것), 소극적이거나 수동적으로 되는 것(예를 들어, 장애인이나 아시아계 미국인이 내성적이라는 고정관념을 강화하는 것), 광대처럼 행동하며 상처를 은폐하는 것, 집단 내 유대를 강화하는 것(외부인이 그 집단을 배타적이거나 또는 너무 다르다고 생각하도록 만드는 것), 자신의 집단을 거절하는 것, 차별이 만연한 상황에서도 성공하기 위해 더 많은 노력을 기울이는 것(그 집단이 교활하다든지, 지나치게 열심히 일한다는 고정관념을 재확인시키는 것), 호전적으로 행동하는 것(그 집단이 적대적이라는 사실을 재확인시키는 것), 그리고 자기 충족 예언을 인정하는 것이 그러한 반응들이다. 이와 같은 반응은 의식하지 못하는 가운데 편견과 고정관념을 강화시킬 수 있지만, 이들은 희생에 대한 정상적인 반응이다.

예를 들어, 당신이 불평등한 대우를 받고, 비난받고, 비굴함을 느꼈을 때, 당신은 어떻게 반응했었는가? 집단에 대한 반응은 그러한 반응을 자극시킨 불공정한 처우에 초점이 맞추어져야 한다. 그러나 우리가 고정관념화된 행동을 예상할 때(예, 소극적 태도, 폭력, 또는 노력의 부족), 그러한 행동 양상은 처음에 그 집단이 어떻게 그릇된 처우를 받았는지에 초점을 맞추지 않는다. 대신, 이러한 행동에 대해서 "게네들은 원래 그래!"라고 결론을 내리게 만든다.

자아개념이론

대인관계 접근방법은 집단간의 관계뿐만 아니라 자아 개념도 논의한다. 퍼키와 노박(Purkey and Novak, 1984, p. 25)은 자아 개념을 "우리가 누구이고, 우리가 어떻게 세상에 적합하게 되는지에 관한 우리의 견해"로 정의한다. 현재까지 칼 로저스(Carl Rogers)의 이론이 자아개념이론(self-concept theory)에서 가장 영향력이 크고 뛰어나다. 그는 환자중심요법(client-centered therapy)을 발달시킨 심리학자이다. 퍼키와 스키밋(Purkey and Schmidt, 1987)은 로저스가 전체 지원 체제(entire system of helping)를 소개함으로써, 자아의 중요성에 대한 기초를 세웠다고 제시한다. 그들에 따르면,

> 로저스의 관점에서 볼 때, 자아는 인간 성격과 개인 조절의 중심 요소이다. 로저스는 자아를 사회적 산물로 규정하였다. 이는 대인관계나 일관성을 위한 노력을 통해 계발된다. 그는 인간에게는 다른 사람과 자신 모두와 긍정적 관계를 맺고자 하는 기본적인 욕구가 있다고 주장한다. 또한 그는 친화적인 환경에서 자아가 승인되고 격려되는 한, 모든 이에게는 자아 실현과

계발을 위한 경향이 있다고 믿는다(p. 22).

대인관계 접근방법의 지지자는 특히 다른 사회문화적 집단 구성원이 그들 스스로와 세계에서 그들의 위치를 어떻게 보는지에 관심을 가진다. 집단 간의 그리고 집단 내의 관계는 다른 사람을 향한 태도로 생각된다. 그리고 자아 개념(self-concept)과 자존감(self-esteem)은 자신과 자신이 속한 집단을 향한 태도로 여겨진다.

자아 개념과 자존감은 특히 다른 사회문화적 집단의 구성원인 학생을 고려할 때 교육자가 자주 단순화하는 매우 복잡한 현상이다. 『왜 모든 아프리카계 미국인 아동들은 학교 식당에서 같이 앉아 있는가(Why Are All the Black Kids Sitting Together in the Cafeteria)』에서 저자 타텀(Tatum, 1997)은 자아 개념의 형성에서 드러나는 복잡한 양상을 제시한다. 그녀는 학생들이 문화 집단의 일원으로서, 학교에서 왜 그렇게 서로 붙어 있는지를 이해하는 것이 중요하다는 점을 강조한다. 학생들이 또래와 '마치 하나인 것처럼' 사회적 집단을 형성하는 것은, 소속감은 물론 긍정적 정체성을 형성하는 것을 촉진시킨다. 때때로 집단 형성은 학교 환경과 교육과정에 의해 평가 절하된 학생들을 보호하는 기능을 한다. 인종 정체성의 유형을 토론하면서, 타텀은 자아 개념의 발달을 인정하고 현재 존재하는 인종적 민족적 분류에 관한 대화에 참여하는 것이 필요하다는 점을 강조한다.

다음의 관찰은 교사가 종종 자아 개념의 문제를 협소한 방식으로 접근하는 것을 보여준다. 우리는 한 교사로부터 교사에게 안기기 위해 다가오는 멕시코계 미국인 아동은 자아 개념이 약할 것임에 틀림없다는 말을 들었다. 왜냐하면 그는 집에서 많은 사랑을 받지 못하고 주위의 관심이 결핍된 채 학교에 오기 때문이다. 유사하게, 우리는 교사가 저소득 계층의 아프리카계 미국인 아동은 집에서 낮은 자존감을 가지고 있기 때문에 숙제를 하려는 노력을 하지 않는다고 묘사하는 것을 들었다. 학생들의 자존감을 증가시키려는 시도로서, 일부 교사들은 교육과정에 자아의 발달과 관련한 진정한 복잡성을 고려하지 않은 채, 아동이 속한 문화집단의 영웅과 여걸에 관한 수업 내용을 삽입한다.

교육자는 하류층 집단의 학생이 가정에서 낮은 수준의 자아 개념을 계발한다고 가정하는 것을 경계해야 한다. 특히 아동들이 교사의 기대에 맞게 행동하지 않을 경우 더욱 조심해야 한다. 종종 이러한 교육자들이 설정한 가정은 사실과 다르다. 예를 들어 아프리카계 미국인과 백인 아동의 자아 개념과 자존감에 관한 상당한 연구가 다차원으로 행해졌다. 이 연구의 결론을 살펴보면, "아프리카계 미국인 아동은 평균 이상의 높은 자존감을 표출했으며 때때로 또래의 백인 아동의 자존감보다 높게 나타나는 것을 반복적으로 확인할 수 있었다." (Madhere, 1991, p. 47). 피니, 칸투, 커츠(Phinney, Cantu, Kurtz, 1997)는 청소년들 사이의 자존감을 예측지표로 설정하여 민족과 미국의 정체성에 관한 연구를 하였다. 그들은 미국에서 태어난 고등학생 669명을 대상으로 연구하였다(라틴계 372명, 아프리카계 232명, 백인 65명). 학생들은 자존감, 민족 정체성, 미국인 정체성, 다른 집단을 향한 태도, 인구 통계적인 변수들의 척도를 작성하였다. 자존감의 다중회귀분석(multiple regression analyses)은 각 민족 집단별로 분리해서 실행되었으며, 이때 예측지표(predictors)로 민족과 미국인 정체성, 다른 집단에 대한 태도, 성, 나이, 사회경제적 지위, 성적을 사용하였다. 결과는 모든 집단에서 (국가 정체성이 아닌) 민족 정체성은 자존감을 알아볼 수 있는 중요한 예측지표라는 것을 보여주었다. 단지 백인 학생들에게만 미국인으로의 정체성은 자존감의 중요한 예측지표이며, 이는 민족 정체성과 밀접한 관련이 있었다. 다른 예측지표들은 민족 집단에 따라 다양했다. 민족 정체성이 자존감의 중요한 예측지표임에도 불구하고, 그것은 비교적 변인의 작은 부분을 차지하였다. 아프리카계 미국인 부모와 다른 유색인종 부모는 자녀들이 직면하게 될 사회적 적대감을 알기 때문에, 자녀들의 자아 개념과 강한 집단에 대한 소속감을 정교하게 쌓아나간다. 결과적으로 학생들은 자기 자신, 개인적 능력, 인종 혹은 민족 집단에 대한 긍정적인 마인드를 가지고 학교에 간다. 더 나아가 교사에게 자꾸만 안기려고 하는 아동은 성인과 포옹하는 것에 익숙하기 때문에 가정에서뿐만 아니라 학교에서도 어른과 포옹하려 한다.

빈과 리프카(Beane and Lipka, 1986)는 유아의 자아 개념에 대한 4가지의 공통된 특징, 즉 가족 구성원으로서의 자아, 또래로서의 자아, 학생으로서의 자아, 특징을 지닌 사람으로서의 자아라는 목록을 만들었다. 각각의 특징은 더 세부적인 차원으로 분화가 가능하다. "학생으로서의 자아"는 학교 활동에서 배우는 사람, 학교 활동의 참여자, 또는 학업 성취자로서의 자아를 의미한다. 예를 들어, 수학 성취자로서의 자아와 음악 성취자로서의 자아로 더 세분화할 수 있다. 그들은 또한 자아 개념과 자존감을 구분한다. 그들은 자아 개념이란 '개인이 자신에게 부여하는 특징' 이고, 자존감은 "개인의 자아 개념 묘사에 대한 생각을 평가하는 것이다" (pp. 5-6). 자아 개념과 자존감은 복합적이기 때문에, 어떠한 한 상황에서의 아동 행동에 기초하여 아동의 자아 개념을 단정지을 수 없다. 이와 더불어, 비록 교실과 같은 특별한 환경에서의 아동의 행동이 다른 상황에서 발달된 아동의 자존감을 반영할 수 있다 할지라도, 그것은 또한 상황 그 자체에 대한 즉각적인 반응일 수 있다.

아동은 다양한 상황 속에서 다른 사람들과의 상호작용을 통해 자아 개념을 발달시킨다. 학교와 마찬가지로, 가정과 이웃은 맥락을 제공한다. 그렇지만, 학교는 제도화된 불평등을 반영하는 정도에 따라, 학생들의 자아 개념을 차별적으로 지원한다. 학생들은 유치원에서부터 학교에서의 학업을 수행하는 능력에 대한 피드백(칭찬 혹은 비난의 말, 등급, 시험 점수, 능력 집단별 과제)을 받는다. 어떤 아동은 매우 일찍 자신을 학교에서 유능한 사람으로 여기는 것을 배우고, 다른 아동은 자신을 무능한 사람으로 간주하는 것을 배운다. 또한 아동은 교사와 또래로부터 호감도(likability)와 관련하여 피드백을 받는다. 이와 더불어, 학교는 다양한 사회문화적 집단의 이미지를 전달한다. 그 이미지는 아동들이 사람들을 자신들처럼 보게 되는 거울과 같은 역할을 할 수 있다. 예를 들어, 교육과정 속에서 만약 남학생들의 업적이 지속적으로 격려를 받는다면, 아동들은 어떤 성이 흥미 있는 일을 수행하는 데 더 유능한지 알아차리게 된다. 필자가 아는 한 교사는 어느 날 한 5학년 여학생이 읽기 교재에 대해 밝힌 의견을 소개하였다. 그 여학생은 "오 좋았어. 이 이야기는 물고기에 관한 거지? 이 책에 나오는 여자애들은 절대 재미있는 걸 안 해." 교사는 다시 교재를 확인해 보고는 이 학생의 말에 동의했다. 그 학생은 교사가 발견하지 못한 하나의 패턴을 발견한 것이다.

초등학교 고학년과 중학교에서 일부 범주에 속하는 학생들의 자존감은 떨어지기 시작한다. 예를 들어, 매드히어(Madhere, 1991)는 아프리카계 미국인, 특히 남학생의 자존감이 7학년부터 떨어진다는 것을 밝혔다. 미국 여성 대학생

협회(the American Association of University Women)에 의한 연구에서는 중학교 여학생의 자존감이 남학생의 자존감보다 떨어진다는 것을 밝혔다. 동성애자 학생은 평균적으로 9살쯤 동성애의 감정을 처음 경험한다. 그리고 청소년기에 이르기까지, 그들은 자신의 감정이 사회적으로 용납되지 않는다는 점을 알게 되면서 고전분투한다. 결국 이는 그들의 자존감에 상처를 준다(Sears, 1993). 학생들이 더 넓은 사회를 접하게 되고 자신이나 자신과 같은 사람들에 대한 사회적인 평가에 노출되면서, 자존감과 자기가 소속된 집단에 대한 존중감은 영향을 받게 된다.

학교는 더 큰 사회의 일부분이고, 아동들이 반응하는 해로운 메시지를 전달할 지도 모른다. 많은 유색인종의 아동은 대부분의 교육과정이 내포하고 있는 백인에 대한 찬양에 대해 부정적으로 반응한다. 저소득층 사람들은 일반적으로 학교를 포함한 더 넓은 사회에서 경시된다. 저소득층의 많은 학생들은 학교를 자신들과 다른 이질적인 기관으로 간주하곤 한다. 스페인어를 사용하는 많은 학생들은 학교에서 스페인어를 말하는 것이 자랑스럽기보다는 문제시된다고 느끼기 때문에, 결국 스페인어로 말하는 것을 거부하게 된다.

어떤 가정은 건강한 자존감의 발달을 지원하지 않지만, 교사는 종종 가정을 잘못 이해한다. 아동의 행동에 대해서 가정을 비난하기보다는, 자신의 교실이 아동의 자아 개념을 제공할 수 있는 일종의 환경이 될 수 있는지 고려하는 것이 더 효과적이다. 일부 범주에 해당하는 아동이 부당하게 혼나거나, 무시당하거나, 칭찬을 받는가? 교육과정이 일부 사회문화적 집단의 중요성을 다른 집단보다 더 강조하는가? 모든 아동들이 성공을 위한 정당한 기회를 갖고, 영재나 특별한 영역에서 재능이 있는 것으로 판별되는 과정에서 형평성이 실현되는가? 당신은 개개의 아동과 어떤 종류의 대인관계를 갖는가? 이러한 질문들은 교사 스스로가 제어할 수 있는 요인으로 방향을 조절한다. 교실은 자아 개념과 자존감이 발달하는 여러 종류의 상황 중 하나에 불과하지만, 매우 중요한 상황이다.

많은 교사는 이러한 종류의 질문에 다음과 같이 반응한다. "나는 피부색을 보지 않고 단지 아이들만 봐요." 이는 교사들이 말 그대로 피부색이나 다른 차이를 '보지' 않는 것이 아니라는 점에 주목해야만 한다. 만약 우리가 피부색이나 인간의 특성에 부정적인 이미지를 연결시킨다면, 우리의 그런 부정적 관련성을 떨쳐버리기 위해 그러한 특징을 보려고 하지 않을지도 모른다. 그러나 우리가 이미 지적한 바와 같이, 아동들은 외형적 다름을 알아보고, 그러한 차이가 의미하는 것에 호기심을 갖는다. 대인관계 접근방법을 사용하는 교사는 개인의 차이를 격려하는 교실이 되도록 만들어야 한다. 인종, 언어, 개인 재능, 신체 크기, 머리카락 색깔, 육체적 능력, 흥미 등은 모두가 가지고 있는 속성이지만, 각각 다른 특징으로서 아동들에게 나타난다. 그 차이는 단지 정상적일 뿐만 아니라, 흥미롭고 가치 있는 것이다. 이와 더불어, 교사는 아동들이 성공의 경험을 맛볼 수 있는 다양한 경험을 제공하고, 다양한 아동들의 자존감을 발달시키기 위해 노력한다. 그들이 취하는 방식은 모든 이에게는 다른 이들에게 제공할 수 있는 무엇인가가 있고, 어느 누구도 완벽하지 않다는 철학에 근거한 접근방법이다.

이론에 대한 생각

우리는 준거집단이론과 인지발달이론이 편견의 발달과 차별을 가장 설득력 있게 설명한다고 생각한다. 왜냐하면 이 두 이론은 사람들의 집단에 대해 논의하기 때문이다. 인지발달이론은 우리 개개인이 어떻게 사람들을 집단으로 분류하고 그 집단을 묘사할 때 어떠한 고정관념을 가지고 설명하는지 이해하는 데 도움을 준다. 우리 사회는 이미 인종, 성, 집안 배경, 장애에 기초하여 다소 분리되고 계급화되는 경향이 있다. 인지발달이론은 개개인이 맞부딪치는 사회에서 어떻게 감각(sense)을 형성해 나가는지 설명한다. 준거집단이론은 왜 인종, 성, 사회 계층, 장애에 대한 편견이 개인에 의해서 나타나지 않고 집단적인 현상으로 나타나는지를 설명한다. 이 이론은 왜 사람들은 어떤 가치, 인지를 고집하는 경향이 있는지, 자신의 집단에 소속되지 않은 사람들을 거부하는지, 그리고 다른 집단의 사람을 싫어할 개인적인 이유가 없음에도 불구하고 집단들 사이에는 왜 불안이 존재하는지에 대한 이해에 도움을 준다.

정신역학이론(psychodynamic theory)과 사회학습이론(social learning theory)은 왜 어떤 사람들은 다른 사람들보다 다른 집단을 받아들이지 않는 경향이 더 큰지 설명한다. 그렇지만 그 이론들의 개인에 대한 관심은 대규모 집단 간의 관계를 설명하지는 못한다. 편견과 차별을 감정적인 동요(disturbance)의 수준으로 보는 관점은 사회의 계급화가 지배 계급에 부여한 이익을 간과한다. 백인은 인종차별주의를 지속시키도록 돕는 행동을 취함으로써 경제적 정치적 우위를 고수하려 한다. 남성은 성 차별을 유지함으로써 이익을 유지시킨다. 자기 이익(slef-interest)에 근거하여 행동하는 것은 때때로 도덕적으로 문제시되기도 한다. 그러나 그것이 반드시 정서적 불안정성(emotional instability)의 부산물은 아니다. 예를 들어, 부유한 백인 동네에서 유색인종의 여성을 '가사 도우미' 로 고용하는 것을 생각해보자. 백인 고용주는 아마도 그들의 고용인에 대해 긍정적으로 생각할 수도 있고, 고용인과 상호작용하면서 긍정적인 행동을 배우거나, 아마도 그들 자신의 삶과 사람을 수용하는 데 있어서 정서적 안정성을 표현하였을 수도 있다. 그러나 한편, 그들은 오직 여성만이 집안일을 한다는 것과 유색인종 여성들이 최저임금을 받으면서 다른 사람의 집에서 가사 를 돕는다는 것을 당연하게 받아들일 수도 있다. 그들은 그러한 부류의 사람들에 대한 고정관념을 받아들이고, 그렇게 분류된 사람들이 비록 유용한 기능을 하는 사람들임에도 불구하고 그들을 다른 집단으로 간주할 것이다. 그 동네에 사는 사람들은 유색인종에 대해 부정적인 생각을 품을 수도 있다. 그 동네에 사는 일부 사람들은 이와 같은 여성을 매우 싫어할 수도 있다. 반면에 다른 사람들은 가사도우미를 잘 대한다고 느낄 수 있고 개인적으로 이들을 좋아한다고 생각할 수 있다. 그와 동시에 그들은 여전히 그 사람들을 다르다고 여기고, 유색인종 여성에 대한 고정관념대로 그들을 받아들이고, 그들을 더 낮은 계층으로 간주한다. 다음의 전략은 주로 준거집단, 인지발달, 사회학습, 부조화, 자아개념이론에 기초한다.

전략

교실에서의 대인관계 전략은, 앞서 언급한 이론과 정신분석을 제외한 주요 이론들을 기초로 한다. 올포트(Allport, 1979), 카터(Carter, 1995), 대나(Dana, 1997) 그리고 헬름과 쿡(Helms and Cook, 1999)은 다른 사람들에게 지나치게 적대적인 태도를 가진 사람들을 돕기 위해 개인 상담과 치료를 추천한다. 상담가와 치료사들은 정신치료 기술로 그들의 마음속에 있는 두려움과 갈등을 해결하도록 할 수 있고, 다른 사람들에게 더 긍정적인 태도를 가질 수 있도록 도와줄 수 있다. 이런 치료법은 학급에서 일반적으로 실행될 수 없을 뿐만 아니라 교실에서 사용하도록 추천하기 힘들다.

대인관계 접근방법의 지지자들은 학급에서 사용할 수 있는 표 3.1에 요약된 몇 가지 전략을 개발하였다. 그들은 교사가 특정 전략을 선택하기 전에 고려해야 할 중요한 네 가지 기준을 개발하였다. 우선 그 원리를 먼저 제시할 것이다.

일반적인 원리

첫째, 대인관계 프로그램은 종합적이어야 한다. 즉 여러 교과목에 걸쳐서 녹아들어 있어야 하며, 학생들에게 혼란스러운 메시지를 전달하지 않기 위해 학교 차원에서 이루어져야 한다. 예를 들면, 사회 수업이 편견 감소를 그 목표로 하는 반면, 국어와 수학 수업에서는 수준별 수업을 한다고 가정해보자. 지적 장애가 있는 학생은 성취 수준이 낮은 집단으로 한꺼번에 몰아넣고 학교 동아리는 가장 유능한 학생들의 독점이 되다시피 한다. 이러한 상황에서 지적 장애가 있는 학생에 대한 사회적 수용성을 도모하고자 하는 학교의 시도는 그 의도가 상반된다.

둘째, 다양한 전략을 사용해야 한다. 우리는 실행을 위해 고려할 수 있는 다양한 전략을 설명할 것이다. 전략들은 각각 다른 것을 달성하고, 오직 한 가지 전략만이 긍정적인 대인관계를 발전시키기 위한 최고의 전략이 되는 것은 아니다. 그러나 학생들이 적극적으로 참여하는 전략은 더 효과적인 경향이 있다. 비록 정보를 제시하거나 활동을 구체화하는 데에는 나름대로의 가치가 있지만, 학생들에게 적극적인 역할을 부여하는 전략은 이들에게 수동적인 역할을 요구하는 전략보다 훨씬 효과적이다.

셋째, 프로그램은 학생들의 실제 삶의 경험에서 출발해야 한다. 예를 들면, 교육자들은 교실 내에서의 대인관계에 대한 내용이나, 학교 수준에서의 집단 간의 적대감을 시점으로 프로그램을 진행할 것을 권고한다. 학생들은 이러한 친숙한 경험을 통해, 자신의 삶과는 거리가 멀거나 추상적인 개념보다 대인관계를 개발하는 관점을 더욱 쉽게 이해할 수 있다.

마지막으로, 모든 학생은 교실 내에서 사회적, 학업적 성취를 경험할 수 있어야 한다. 그리고 일부 학생들의 성공은 다른 사람들의 실패에 의해 우연히 일어나서는 안 된다. 때때로 교실 내에서 학생들은 보상이나 성적을 위해 경쟁한다. 이러한 경쟁은 아동들에게 다른 사람의 감정과 성취를 평가 절하하는 것을 가르친다. 왜냐하면 자신이 뛰어나 보이기 위해서는 다른 학생들이 부족해 보여야 하기 때문이다. 시종일관 바닥이거나 그 근처에 머무르는 학생들은 다른 사람들에 의해 거절받는 것에 대해 고통받는 경향이 있다. 그리고 그들은 아마도 개인적인 무능감을 키워나갈지도 모른다. 이와 같은 정서는 대인관계 접근방법이 지향하는 목적과 반대된다.

이와 같은 원리들은 수많은 전략을 사용하는 기준에 적용된다. 그 전략에는 정확한 정보를 제공하는 것, 집단역학(group process)을 사용하는 것, 다양한 경험과 역할놀이를 사용하는 것, 자원 봉사에 학생을 참여시키는 것, 그리고 사회적 기술을 가르치는 것 등이 있다.

정확한 인지 정보 제공하기

무지는 편견을 낳는다. 정확한 정보는 편견을 감소시킬 수 있다. 어린 아동들은 자연적으로 그들이 보는 것에 호기심을 가지고, 정보를 원한다. 더만 스파크스(Derman-Sparks, 1989)는 어린 아동들의 질문과 적절한 반응의 예를 다음과 같이 제시하였다.

> "사람들은 어떻게 그들의 피부색을 갖게 되나요?" 세 살박이 헤더(Heather)가 물었다. "헤더는 어떻게 생각해요?" 선생님이 되물었다. "펜이라고 생각해요. 선생님이 빨강, 파랑, 갈색 펜을 선생님 몸에 칠한다면, 선생님이 원하는 피부색을 가질 수 있을 거예요." 선생님: "선생님은 헤더가 무엇인가를 알아내려고 이렇게 노력하는 게 너무 기뻐요. 하지만 사람들은 그렇게 해서 피부색을 갖지 않아요. 우리는 아빠 엄마로부터 피부색을 받게 되요.

> 헤더의 피부색깔은 선생님의 색깔과 같지요. 마리자(Marizza)의 피부색은 마리자의 엄마와 아빠의 피부색과 같아요. 데니스(Denise)의 피부색은 밝은 갈색인데, 데니스는 엄마의 흰 피부와 아빠의 까만 피부가 섞였기 때문이예요." (p. 33)

그 교사가 제공한 정보는 정확하고, 세 살짜리 아동이 이해할 수 있을 정도의 개념이다. 나이가 더 많은 아동은 멜라닌에 대해 배울 수 있고, 멜라민이 피부를 어떻게 보호하는지, 그리고 지리적으로 적도 가까이에 사는 사람들은 북극에 가까이 사는 사람들보다 왜 더 많은 멜라닌 색소를 가지고 있는지에 대해 배울 수 있다. 그런 정보를 제공하는 것은 화제를 무시하거나 아동에게 그러한 문제에 대해서 이야기하지 말라고 하는 것보다 더 구성적(constructive)이다.

다문화교육 프로그램에서, 정확한 인지적 정보를 제공하는 것은 다양한 인종, 민족, 장애, 성, 사회 계층, 동성애자와 같은 사람들에 대해 정확한 정보를 제공한다는 것을 의미한다. 이와 동시에, 그것은 수업 자료가 공공연한 고정관념이나 선입견을 포함하고 있지 않도록 조심해야 한다는 것을 의미한다. 대부분의 교육자들은 정확하고 종합적인 정보를 설명함으로써, 고정관념을 제거하는 것 이상의 목표를 지향한다. 이 전략은 중요하다. 왜냐하면 앞서 언급한 바와 같이, 사람들은 고정관념을 배우고, 피부색과 같은 사람들의 범주적 속성에 주의를 기울이기 때문이다. 이는 그 속성을 과장하고, 지나치게 단순화하며, 많은 경우 사람들을 잘못 표현한다. 정확한 인지적 정보는 아동이 이미 가지고 있을지도 모르는 고정관념과 오개념을 대체한다.

대인관계 교육자들은 이런 정보는 사람들의 '개성(individuality)' 만큼 '공통점(commonality)' 도 강조해야 한다는 생각에 동의한다(Colangelo, Dustin, Fozley, 1985, p. 1). 제2차 세계대전 이후 타바와 동료들(Taba et al., 1952)은 교사들이 학생들에게 문화적 차이를 어떻게 가르치는가에 대해 제안하였다. 그들은 문화란 자신들의 특별한 삶의 조건 속에서, 일상적인 문제를 해결하기 위해 사람들이 취하는 합리적인 대응방식이라는 점을 강조할 것을 권고하였다. 이들은 '중국인들의 식사' 를 가르치는 것을 예로 든다. 앵글로 아동은 중국요리에서 쌀을 사용하는 것을 특이한 점으로 간주한다. 앵글로 학생은 왜 모든 사람들에게 곡물이 필요한지 배우고, 앵글로 요리에서는 밀을 주로 곡물로 사용한다는 사례를 학습한다. 이를 통해, 중국인들의 쌀 소비 문화가 곡물을 섭취하는 공통적인 문화로 다시 설명된다. 최근 들어 존슨과 존슨(Johnson & Johnson, 2002), 가즈다와 동료들(Gazda et al, 2006)과 같은 교육자들은 타바의 생각에 동의한다. 그러나 이들은 문화를 이해하도록 학생들을 가르치는 좀 더 명시적인 접근법에 대해 설명한다. 이러한 작업은 다양한 대인관계 활동에 참여함으로써 다양성의 가치를 가르치는 것, 자신의 문화에 대한 분석을 통해 문화를 이해하는 것, 그리고 이러한 분석을 통해 문화 간의 유사점과 차이점을 탐구하는 것이다.

칼로웨이(Calloway, 1999)는 이러한 생각을 장애에 적용하였다. 그녀는 통합학급의 교사는 장애에 대한 학생들의 질문에 정확하고 정직하게 대답해야 한다고 말한다. 학생들이 편안한 상태에서 장애에 대해서 배울 수 있도록 그림, 책, 인형 등을 제공해야 하며, 비장애 학생과 장애가 있는 학생이 상호작용할 수 있는 기회를 충분히 제공해야 한다. 『학습으로의 전환(Turn on Learning)』(Grant & Sleeter, 2009)의 대인관계 부분에서는 건강 단원에서 장애에 대한 정보를 어떻게 통합할 것인가와 같이 현재의 교육과정과 교수에 장애를 어떻게 적용할지에 대해 안내한다.

앞서 언급한 것처럼, 아동들은 어떤 종류의 질문은 무례하다는 것을 배우기 전까지 자유롭게 질문한다. 성인들은 종종 인간적인 차이에 대해 질문하는 것을 무례하게 생각한다. 그러면 아동들은 성인들에게 질문하던 것을 그만둔다. 대신에 그들은 차이를 농담, 부적절한 말, 놀림의 형태로 언어화하는 것을 배운다. 예를 들어, 시어스(Sears, 1992)는 "많은 학생들이 인간의 섹슈얼리티가 다양한 것에 대해 무지하고, 많은 교사들과 학생들이 섹슈얼리티에 대해 귓속말로 속삭이거나, 잔인한 농담, 성적인 풍자를 사용하는 것 이상의 공개적인 논의를 회피한다"(p. 147)라고 지적한다. 초등학교 고학년이나 중학생들은 지금까지 공개적으로 논의하지 말라고 배워왔던 차이점에 대해 처음으로 학습하는 것을 매우 불편하게 여길 수도 있다.

필자 한 사람은 한 중학교 교사가 민족성에 대해 전혀 논의해본 경험이 없는 학생들과 함께 이에 대한 논의를 시도하는 것을 본 적이 있다. 자신의 민족성을 다른 학생과 공유해 보라는 교사의 제안에 처음엔 침묵만이 감돌았다. 잠시 후 학생들은 당혹스러움에 깔깔대기 시작했고, 결국 농담조의 반응으로 이어졌다 (아프리카계 미국인 학생은 그들이 중국인이었다고 말했다). 학생들의 반응에 준비가 되어 있지 않았던 그 교사는, 수업을 중단하고 다른 주제로 옮겨갔다. 교사들은 좀 더 높은 학년의 학생들과 수업을 진행하면서, 이 주제가 전혀 공개적으로 논의된 적이 없던 주제라는 점을 주지한 후 수업을 시작하기를 원할 것이다. 그리고 인종적 차이와 같은 주제에 대해 논의하였던 교사의 이전 경험을 되살릴 것이다. 그리고 난 후 그 토론은 교사가 배워왔었고 가르치기를 원하는 매우 흥미로운 정보로 이어지고, 교사는 사례를 통해 정확한 용어와 정확한 정보를 제공한다. 교사가 편안한 분위기를 조성하는 가운데 학생들은 인간의 차이나 성격에 대해 논의하게 되고, 결국 학생들은 자신을 개방하고, 유아기부터 억눌려왔던 궁금점에 대해 질문하기 시작한다.

'다른 이들(the other)' 에 대해 가르치기 위해 교사는 때때로 학생들에게 그러한 차이의 대표가 될 수 있는 사람을 초대한다. 예를 들어 교사들은 휠체어를 탄 학생의 발표가 장애에 관한 다른 어떤 설명보다도 더 큰 의미가 있을 수 있다고 생각한다. 우리는 여기서 주의할 점을 짚고 넘어가고자 한다. 이 영역과 관련한 많은 연구들에서는 단순한 '접촉(contact)' 자체로는 이들을 이해하는 데 충분하지 않다고 주장한다. 예를 들어, 이와 같은 학습은 초대 손님을 모시는 대가로 오히려 그 사람과 학생들 간의 '차이점(differentness)' 을 더욱 강화하는 질문을 받을 수도 있고, 차별에 대해 괴로운 답변을 해야 할 수도 있다. 더 나아가, 연구자들은 과거 몇 십 년 동안 꾸준히 다음과 같은 사항에 동의하였다. 즉, 교사는 반드시 휠체어에 있는 학생들과 그렇지 않은 학생들 사이의 고정관념과 편견을 감소시키기 위한 긍정적인 관계 형성을 위해, 학생들이 상호작용할 수 있는 상황과 기회를 만들어야 한다. 또한 이러한 연구자들은 두 집단의 학생 모두 같은 지위에 있어야 한다고 논쟁한다(Marcus-Newhall, Miller, Holtz, Brewer, 1993; Urban & Miller, 1998; Wright, Aron, Mclaughlin-Volpe, & Ropp, 1997). 결국 핵심은 '개인적인 상호작용' 과 '동등한 지위' 이다.

그러나 교사는 학생 자신들에 대해 가르치기 위해서 다른 집단의 구성원에게 전적으로 의지해서는 안 된다. 만약 교사가 가르치기에 충분한 정보를 가지고 있지 않다면, 시중에 있는 훌륭한 자료를 활용할 수 있다. 예를 들면, 교사들이 의미 있는 수업을 구성하기 위해 사용할 수 있는 웹사이트, 영감을 줄 수 있는 일화가 있는 책들, 교사가 의미 있는 수업을 구성할 수 있는 중점 활동들이 있다(예, Grant, 1995; Gazada et al., 2006; Johnson & Johnson, 2002; Tiedt & Tiedt, 1995). 이와 더불어 아동들의 문학 책은 다양한 집단에 대한 훌륭한 정보가 될 수 있다. 또한 교사는 무엇이 가치 있는 교수인지에 대해 공부할 필요가 있다.

교사는 처음으로 차이점에 대해 가르치기 시작할 때, 더만 스파크스(Derman-Sparks, 1989)가 '여행자 교육과정(tourist curriculum)' 이라 부르는 것을 구성한다. 여행자 교육과정이란 음식, 전통 의상, 민간 설화, 가사 용품과 같은 다른 나라의 문화적 산물에 관심을 두는 것이다. 예를 들면, 멕시코의 명절인 5월 5일(Cinco de Mayo)에는 학생들이 멕시코 음식인 타코스를 먹고 스페인어로 열 까지 세는 법을 배우거나, 혹은 미국 원주민을 연구하기 위해 머리장식이나 토템 기둥을 만들고, 구운 빵을 먹고, 민간설화를 듣는다. 더만-스파크스는 여행자 교육과정을 비판한다. 왜냐하면, 여행자 교육과정은 문화 사이의 '이국적' 차이점을 강조하면서 다른 사람의 실제 생활 속 일상적인 문제와 경험을 다루는 대신에, 축제의 표면적인 면과 오락의 유형을 다루기 때문이다. 아동들은 백인의 문화가 아닌 다른 문화를 잠깐 동안 '방문' 하고, 단지 지배적인 문화가 영향을 끼치는 그들의 터전인 일상적인 교실로 '돌아온다.' 휴일에 초점을 맞추면, 비록 성인과 아동 모두에게 극적인 상황과 기쁨을 줄지라도, 그것들은 일반적으로 '다른' 사람들, 즉 유색인종들이 하는 것이라는 인상을 남긴다. 상호간의 의사소통에서 실패한 것은 바로 '진정한 이해' 이다(p. 7).

대신 그녀는 학생들이 지금 여기서 보고 경험하는 문화적, 신체적, 성과 같은 다양한 차이점에 대한 교수를 시작할 것을 추천한다. 교사는 차이점을 이국적인 것으로 다루기보다는 공동체 속에서 정상적인 것으로 다루어야 한다. 또한 교사들은 사람들이 이해하지 못하는 차이점에 어떻게 반응하는지에 대한 학생들의 이해를 돕기 위해, 고정관념과 편견에 대해서도 논의해야 한다.

인지적인 정보를 가르치는 것이 얼마나 많은 영향을 미칠 수 있는가? 뱅크스(Banks, 1991)는 인종, 성에 대한 내용이 학생들에게 미친 영향을 연구한 수

많은 자료들을 검토하였다. 그는 비록 연구의 결과가 일치하지 않았을지라도, 중재적인(intervention) 교육과정이 학생들의 인종, 성에 대한 태도에 긍정적인 영향을 끼친다는 것을 알아냈다. 그는 다양한 접근방법, 그 효과를 측정하기 위해 다양한 방법을 사용한 연구들을 조사하였다. 이렇듯 서로 다른 중재가 연구에서 사용되었지만, 결국 대부분의 연구들에서 학생들의 태도에는 긍정적인 변화가 있었다. 부정적인 영향에 대해서 보고한 연구는 하나도 없었다. 대부분의 중재는 짧은 기간 동안 이루어졌다. 우리가 감지할 수 있을 정도로 오랜 기간 동안 그 영향에 대한 연구는 이루어진 바가 없다.

교육자들은 주요한 교수 전략으로 활용되는 정보를 제시하는 교수법의 한계를 지적한다. 정보를 제시하는 그 자체만으로는 행동이나 태도를 바꿀 수 없기 때문이다. 예를 들어, 와트(Watts, 1984)는 태도에 대한 설득력 있는 정보의 영향에 관한 문헌들을 고찰한 후 다음과 같이 결론지었다. 즉, 정보는 다음의 두 가지 여건하에서 사람들의 태도를 변화시킬 가능성이 높다. 첫째, 한 개인이 이미 확고한 태도(target attitudes)를 가지고 있지 않거나, 둘째, 그 태도가 핵심적 신념과 직접적으로 연관되지 않은 경우이다. 한 사람의 핵심적인 신념의 근간이 되는 태도는 쉽게 변화하지 않으며, 제시된 정보는 쉽게 무시당할 수 있다. 스나이더만과 피아자(Sniderman & Piazza, 1993)는 사람의 교육수준이 가장 강한 편견의 예언변인이라고 지적하였다. 달리 말해, 교육은 편견을 감소시킨다. 부가적인 전략을 가지고 정보를 제시하는 교사들은 학생들에게 더 강력한 영향을 준다. 예를 들어, 교사교육에 대한 논의에서 킹(King, 1991)은 사회 불평등에 대한 사실적 정보를 단독으로 제시하는 것을 권장하지 않는다. 대신 그녀는 학생들이 지니고 있는 다음과 같은 요구를 강조하였다. 즉, 학생들은 "사회적 지식과 자기 정체성을 재구성하고 이를 비판적으로 생각할 수 있는 대안적인 내용을 요구한다" (p. 143). 이와 유사하게 벌락(Berlak, 1996)은 학생들의 사고방식을 변화시키고 인식을 높이는 이야기의 가능성을 강조한다.

그렇지만, 학생들에게 자신들의 집단에 관한 긍정적인 정보를 제시하는 것이 아주 큰 도움이 될 수 있다. 특히 그것이 부정적인 인식과 대치된다면 더욱 더 큰 도움이 될 것이다. 사람들은 자신에 대해 긍정적으로 생각하고 싶어하고, 자존심을 정당화할 수 있는 정보를 구하고자 한다. 학교 교육과정은 유색인종의 여성, 현대의 미국 원주민, 장애가 있는 사람들과 같은 많은 집단의 중요한 정보를 포함하지 않는 경향이 있다. 정보의 부족은 이와 같은 집단에게 그들이 상대적으로 중요하지 않다는 메시지를 보내며, 이는 집단의 자아 개념에 해가 될 수 있다. 예를 들어, 미국 원주민 아동은 자기 부족에 대해 두 가지 다른 방편으로 학습할 수 있다. 하나는 21세기를 사는 미국 원주민을 미국 역사의 산물로 제시하는 것이고, 다른 하나는 그 부족의 업적에 대한 정보를 제시하는 과정이다. 학생들은 후자를 통해 자신의 역사에 대해 더욱 열정을 보이게 된다. 앞으로 제시하는 전략들은 학생들을 적극적으로 참여시키며, 정보와 함께 제공할 때 더욱 유용하다.

집단역학 사용하기

1954년, 쿡과 쿡(Cook & Cook)은 집단역학(group process)을 "집단을 통해 구성원들을 교육하는 것"이라고 정의하였다(p. 243). 이러한 정의는 그동안 지속적으로 통용되었다. 칸(Kahn, 1999)은 집단역학을 2명 이상의 사람들이 공통된 관심사에 대해 토의하기 위해 모이는 것이라고 설명하였다. 대인관계 접근법의 교육자는 수업에서 대개 이질 집단(heterogeneous group)을 이용할 것을 지지한다(예, 다양한 인종 집단, 다양한 성 집단, 특수교육을 받은 학생들과 일반적인 학생들을 포함한 집단을 만드는 것). 특히 협동학습은 더욱 인기를 더해가고 있다. 집단역학 전략은 앞에서 논의한 두 가지 이론을 채택한다. 첫째는 인지발달이론이다. 학생들은 신중하게 구조화된 상황에서 진행되는 다른 집단의 구성원과 직접적인 접촉의 결과로서, 그 집단 구성원에 대한 고정관념에 도전할 수 있는 정확한 정보를 얻을 수 있어야 한다. 예를 들어, 만약 한 학생이 농인(the Deaf)들이 사교적이지 않다고 생각한다면, 사교적인 농인과 학급 프로젝트를 구성하면 된다. 그렇게 하면 그 고정관념은 약화되거나 사라질 것이다. 둘째는 준거집단 이론집단역학이다. 이질적인 학생들을 포함한 집단을 구성함으로써, 교사는 이전에 서로를 외(外)집단으로 규정하던 학생들과 함께 내(內)집단을 구성하는 시도를 할 수 있다. 예를 들어, 남녀로 분리되어 있는 학급에서 남학생과 여학생을 통합하여 팀을 구성하다 보면, 한 팀에서 같이 활동하는 이성도 만나게 되고, 다른 팀에 있는 동성도 인식하기 시작한다. 또한 학생들은 자신의 성과 다른 팀의 구성원들과 상호작용하는 가치를 알아가면서, 그 반 전체의 또래 집단은 성 차별(인종 혹은 장애인 차별)을 방지할 수 있는 규범을 만든다.

교사가 집단 활동을 어떻게 구성하느냐에 따라 성공할 수도 해가 될 수도 있다. 일부 교사들은 다른 집단의 구성원과 접촉하는 그 자체가 이롭다는 잘못된 생각을 가지고 있다. 사실 앞서 언급했듯이 접촉하는 것 그 자체로는 충분하지 않다. 어떤 경우 그것은 도리어 고정관념, 편견, 사회적인 거부를 강화시킬 수 있다. 예를 들어, 교외지역의 좋은 학교에서 훌륭한 선생님들로부터 교육을 받으며 자랐고, 인종 차별이 폐지된 중산층 백인 학생들로 구성된 학교의 교사를 상상해보자. 동시에 아프리카계 미국인이며 하류층 아동들이 다수인 학교에서 근무하며, 자기 자신조차 열악한 환경의 학교에 다녔었던 교사를 상상해보자. 이 교사가 인종적 혼합 집단을 만들고 그 집단에게 산업혁명에 대해 도서관에서 조사해 오라는 과제를 부여한다고 가정하자. 아프리카계 미국인 학생들이 백인 학생들만큼 이 과제를 잘 해올 수 없을 것은 충분히 가능성 있는 예측이다. 따라서 만약 백인 학생들이 아프리카계 미국인 학생들을 더 열등하다고 생각한다면, 이러한 접촉의 경험은 그 생각을 재확인시킨다. 반대로 아프리카계 미국인 학생들이 백인은 거만하다고 생각한다면, 이 역시 그러한 생각을 재확인시켜 준다.

올포트(Allport, 1979)는 상대 집단에게 접촉하는 것이 이로울 수 있는 상황을 구체화하였다.

> 편견(만약 개인을 구성하는 특성에 아주 뿌리 깊게 자리 잡고 있지 않다면)은 공동의 목표를 지향하는 지배집단과 소수집단 간의 평등한 지위에 기초한 접촉을 통해 감소될 수 있다. 만약 이 접촉이 기관이나 제도적인 승인을 받는다면 효과가 더욱 고조된다. …… 또한 그 접촉이 두 집단 구성원들 간의 공통적인 인간적인 본성과 공통된 관심에 대한 인지를 이끄는 방향으로 진행된다면 그 효과가 더욱 향상된다(p. 281).

협동학습은 상당한 참여를 이끌어 낼 수 있는 집단 활동의 한 형태이다. 존슨, 존슨, 그리고 할루벡(Johnson, Johnson, & Holubec, 1998)은 몇 가지 요소를 바탕으로 전통적인 집단화에서 협동학습을 구별하였다. 협동학습 집단에서 학생들은 과제를 성공적으로 해결하기 위해 공동으로 작업해야 한다. 그 일은 상호 의존을 높이도록 구성되어 있다. 협동학습은 집단의 책임뿐만 아니라 개인의 책임도 포함해야 한다. 교사는 개인과 집단 양쪽에 피드백을 제공해야 한다. 협동학습 집단에서 학생들은 리더십의 기능과 관련한 책임을 공유해야 한다. 또한 그들은 각자의 성취를 위해 책임을 공유해야 한다. 교사는 학생들이 과제를 공유하면 보상을 받는다는 것을 확인시켜 주어야 한다. 협동학습 집단의 교사는 학생들이 갈등을 다루는 법, 경청하는 법과 같은 집단역학 기술을 발달시킬 수 있도록 도와야 한다. 학급에서의 협동학습이 장애, 인종, 성에 대한 고정관념과 사회적 소수자에 대한 사회적 거부를 줄이기 위한 성공적인 교수전략이라는 점을 보여주는 많은 예들이 있다(Cohen & Lotann, 1997; Johnso & Johnson, 2002; Slavin, 1990, 1991). 협동학습을 다양한 교수 원리와 어떻게 통합할 것인가에 대한 예는 『학습으로의 전환(Turning on Learning)』(Grant & Sleeter, 2006)에서 찾아볼 수 있다.

협동학습에는 다양한 모델들이 있다. 집단 조사 모델(group investigation model)은 소규모 이질 집단이 다양한 재능, 기술 혹은 관점이 필요한 과제물을 수행하기 위해 활동하는 것을 포함한다(Johnson & Johnson, Holubec, 1998). 그 결과물은 멀티미디어 제작과 같이 복잡하고 정교할 수도 있고, 짧은 대화를 통해 고안한 아이디어를 정리하는 간단한 과제가 될 수도 있다. 집단을 바탕으로 한 연구 과제는 교사가 미리 면밀한 계획을 세워야 한다. 왜냐하면 과제는 집단 각각의 학생의 능력이나 강점에 기초해야 하기 때문이다. 어떠한 작업도 그 구성원의 일부가 실패하도록 할당되어서는 안 된다. 예를 들어, 주제를 조사하는 방법으로 신문을 만드는 것은 다양한 쓰기 스타일이 필요한 기사를 준비하는 것, 그림을 그리는 것, 인터뷰를 하는 것, 전체 구도를 디자인하는 것과 같은 기술을 요구한다. 반면에 그 집단의 모든 학생들이 도서관으로 달려가서 문헌조사를 하는 과제는 일부 학생을 벌써 실패로 몰아넣은 격이 된다. 물론 모든 학생들이 도서관 문헌조사에 능통하고, 교사가 미리 모든 학생들이 도서관에서 자료 찾는 것에 대해 흥미를 가지고 그에 합당한 기술을 숙련시키는 것이 없다면 말이다.

지그소우(jigsaw) 모델은 과제를 해결하기 위해 두 개의 집단구성을 사용한다. 첫 번째 집단구성에서, 각각의 집단은 주제와 관련이 있지만 다른 것들을 탐구한다. 그리고 각 집단의 구성원들은 그 분야를 이해하고 그것에 대한 '전문가'가 되기 위해 함께 노력한다. 그 학생들은 각 분야의 한 명이나 두 명이 포함된 새로운 집단을 만든다. 그리고 학생들에게는 전문성 발휘를 요구하는 과제가 부과된다. 예를 들면, 영어 수업에서 학생들은 단편시(sonnet)에 대해 공부한다고 가정해 보자. 교사는 학급을 집단으로 나누고, 각각의 집단에서 공부할 다른 단편시를 준다. 각 집단의 구성원들은 단편시의 복사본과 토론을 안내해줄 몇 가지 질문을 받는다. 그리고 난 후 학생들은 다른 단편시를 읽은 다른 학생들과 다시 집단을 만드는데, 새로운 집단은 각각의 단편시에 대한 '전문가'들로 구성된다. 그들의 과제는 논의한 단편시들을 비교함으로써 단편시의 필수적인 특성에 대해 결론을 내리는 것이 될 수 있다. 많은 교사들은 이와 같은 특별 협동학습 모형을 선호한다. 왜냐하면, 학생들이 두 번째 집단에 가게 되면, 각자가 나머지 집단의 구성원들에게 중요한 정보를 제공함으로써 이들이 필요로 하는 것을 채워주는 데에 공헌할 수 있기 때문이다. 더 나아가 가장 낮은 학업 성취자도 서로 공유할 수 있는 전문성을 갖게 된다.

팀별 게임(team game) 모델에서는 학생들을 이질 집단으로 나눈다. 모든 학생은 개인 차원에서 기능이나 지식을 완벽하게 습득해야 한다. 그러나 학생들은 팀을 구성하여, 토너먼트 형식으로 다른 팀과 경쟁한다. 자기 팀이 성공하는 주요한 방법은, 시합에 들어가기 전에 집단 구성원 상호간에 개인 교사(tutor)가 되는 것이다. 교사는 팀 게임을 다양한 방법으로 사용할 수 있다. 그 방법에는 특정 주제에 대한 아주 짧고 간단한 퀴즈를 내어서 점수가 가장 높은 팀이 이기도록 하는 것에서부터, 아주 통합적인 토너먼트를 수행하는 것에까지 이른다(Slavin, 1986). 때때로 일부 교사들은 전통적인 교육방법에서 잠깐 벗어나기 위해 협동학습 활동을 한다. 다른 사람들은 교수 프로그램의 많은 부분을 협동학습과 관련하여 구성한다. 예를 들어, 부족 프로그램(tribes program)은 "대여섯 명의 학생들이 1년 동안 매일 함께 활동할 수 있도록 학생들을 구성한다"(Gibbs, 1987). 그 교사는 학생들이 다 함께 수행하는 것을 학습하기 위해, 집단역학 활동을 계획하고, 위에서 설명한 협동학습 프로그램을 사용한다. 학생들은 도움을 주도록 요구받지 않았을 때에도 서로 도와주며 격려한다.

집단역학 전략의 중요한 부분은 함께 일하는 데 필요한 태도와 기술을 학생들에게 가르치는 것이다. 협동학습의 이점은 학생들이 잘 협력할 때 얻을 수 있다. 일부 교육과정 안내서에는 서로 이야기를 듣는 방법, 차이를 줄여 나가는 방법, 혹은 서로가 더 참여하도록 격려하는 방법과 같이, 학생들에게 협동하는 방법을 제시하는 구체적인 활동으로 가득 차 있다(예, Johnson & Johnson, 2002; Johnson, Johnson, & Holubec, 1998; Kahn, 1999; Prutzman, Stern, Burger, & Bodenhamer, 1988; Tinto, 1997).

집단역학 전략에 흥미가 있는 교사들은 도움이 되는 많은 유용한 자료와 워크숍을 찾을 것이다. 협동학습을 잘 사용하기 위해서는 준비가 필요하다. 때때로 교사들은 이를 시도하였다가 그들이 의도한 것이 자동적으로 실행되지 않기 때문에 포기할 것이다. 협동학습이 실패하는 주 원인은 협동학습에 대한 일반적으로 개념 때문이 아니라, 이 개념을 사용하는 교사의 기술적인 문제에서 비롯한다.

간접경험과 역할놀이 사용하기

엄프레이(Umphrey, 1999)는 직접 경험은 우리 스스로의 경험 속에서 얻는 것이고, 간접 경험(vicarious experience)은 다른 사람에게 어떤 일이 일어났는지 고민해 봄으로써 얻을 수 있다고 제시한다. 비록 우리가 북극에 직접 가 개썰매를 타보지 못했을지라도, 북극 탐험에 관한 영화를 보거나 책을 읽는다면 그 경험이 어떠할 것인지에 대해 많은 것을 배울 수 있다. 이것이 간접 경험이다. 이미 설명한 집단역학은 직접적이고 면대면 접촉을 촉진한다. 간접 경험은 현실의 상징을 사용함을 통한 접촉을 촉진한다. 간접 경험은 역할놀이, 사회극, 문학과 영화를 통한 접촉을 포함하는데, 이것을 통해 학생들은 다른 집단 구성원들의 관점을 배울 수 있다. 간접 경험은 그것이 어떻게 구성되었는가에 따라 다른 여러 가지 이론에 근거를 두게 된다. 이러한 경험은 주로 고정관념을 감소시키기 위해서 구성될 것이다. 예를 들어, 만일 모든 일본계 미국인이 조용하다고 믿는 일부 학생들이 그들의 고정관념과 다른 일본계 미국인들의 실제적인 삶을 그린 영화를 본다면 그들의 고정관념은 약화될 것이다(그 영화의 신뢰도에 따라).

간접 경험은 또한 사회적 거리(social distance)를 줄이고, 공감능력(empathy)을 발전시킬 수 있다. 예를 들어, 남학생이 비서의 월급을 가지고 혼자서 가족을 부양하는 여성의 역할을 연기할 때, 그는 아마도 직업 여성과 그러한 여성이 직면할 수 있는 문제를 발견하고, 그들에 대한 고정관념을 재평가할 것이다. 그리고 그들의 상황을 좀 더 염려스럽게 바라볼 것이다. 부조화 이론(dissonance theory)에 따르면, 역할놀이를 하는 동안 남학생은 이전의 부정적인 태도와 감정 사이에서 모순을 경험한다. 특히 역할놀이가 실감난다면, 경험은 태도의 변화를 이끌 수 있다. 장애인 체험은 일반 교실에 있는 학생들을 통합학습을 위해 준비시키는 방법으로 많이 사용된다.

반두라(Bandura, 1997)는 간접 경험을 위해 사용된 사회 모델링은 학생들의 자기 효능감(self-efficacy)에 영향을 주며, 학생들이 성공적인 모델을 보았을 때, 자기 효능감도 상승한다고 지적했다. 학생들이 모델이 자신과 비슷하다고 느끼는 정도에 따라 모델링은 그들의 자기 효능감에 영향을 미친다. 하지만, 반두라가 관찰하기를, 간접 경험은 성공적인 모델을 제공할 때보다 실패의 모델을 제공할 때 더 효과가 높다고 주장하였다.

역할놀이와 모의실험(simulation)은 장애인에 대한 사람들의 태도를 개선하기 위해 구조화되어 왔다(Johnson & Johnson, 2002; Kitano, Stiehl, & Cole, 1978). 모의실험은 다양한 영역에 걸친 민감한 부분을 다루기 용이하도록 만든다. 예를 들어, 실베스터(Sylvester, 1994)는 초등학교 교실을 지역공동체와 사회의 경제 문제에 대해 논의하는 장으로 변화시켰다. 학생들은 실업, 임금, 세금과 같은 문제를 다룸으로써, 사회 집단이 겪고 있는 갈등을 더 깊이 이해할 수 있었다. 이와 동시에, 모의실험은 상황을 너무 지나치게 단순화할 수도 있다. 학생들은 다른 집단의 문제가 쉽게 해결 가능하다고 여길 수도 있다. 따라서 모의실험을 사용하는 교사는 이러한 가능한 결과를 인지할 필요가 있다. 촌극(skit)은 학생들이 집단행동을 조사하는 데 유용하게 사용할 수 있다. 예를 들어, 프루츠만과 동료들(Prutzman et. al, 1988)은 교사가 학생들에게 대인관계의 갈등을 포함한 역할극을 시연하도록 지시할 수 있다고 제안하였다. 학생들은 자신이 직접 연극을 하거나 다른 학생들의 연극을 지켜보는 과정에서, 각본에 기술된 방식이 아닌 대안적인 행동양식을 토론하기 위해, 정기적으로 이 촌극을 멈추게 할 수도 있다. 촌극은 갈등의 해결책을 학습할 때 유용하다. "아동들이 그들이 이미 해결한 문제와 유사한 것에 직면했을 때, 그들은 창의적인 해결책을 통해 이들을 맞이할 준비가 되어 있다"(Prutzman et al., 1988, p. 60).

봉사학습 과제 활용하기

봉사학습은 직접 경험의 또 다른 형식이다. 봉사학습은 학생들을 교실 밖으로 이동시킨 후 이들을 지역사회 봉사 단체의 일원으로 배치시킨다. 샤인(Schine, 1997)에 의하면 "현재 학교 개혁의 분위기 속에서, 봉사학습은 종종 학교에 불만족스러워하는 학생들을 끌어들일 수 있는 전략으로 인용된다. 이를 통해 학생들은 건설적인 시민의식을 함양할 수 있는 습관과 태도를 계발한다"(p. 2). 집단 역학과 같이, 학생들은 봉사학습을 통해 실제적인 삶의 경험에 부딪친다. 봉사학습은 학생들의 고정관념과 개인적인 편견을 줄이기 위한 하나의 접촉방안을 제공한다. 이 전략은 역할놀이와 유사하다. 학생들은 학교 테두리에서 벗어나 실제적인 삶을 경험함으로써, 행동과 편향된 태도 사이의 부조화를 창출해낼 수 있다. 샤인(1997)은 봉사학습이 새로운 개념이 아니지만, 이는 점점 학교교육의 전도 유망한 요소로 간주되고 있다고 주장한다.

사회적 기술 가르치기

다른 집단의 구성원과 긍정적인 상호작용을 하지 않는 사람에게 사회적 기술을 가르치면 상호 집단 간의 관계와 긍정적인 태도를 촉진시킬 수 있다. 이 전략은 두 가지 서로 다른 방법으로 접목된다. 한 가지 방법은 주로 다른 집단에게 적대감을 갖거나, 무관심을 보이는 지배 집단의 구성원들을 위한 것이다.

라그리카(LaGreca, 1993)와 존슨(Johnson, 1993)은 한 개인이 가르칠 수 있는 기술을 소개하였는데, 여기에는 자기 공개(self-disclosure) 독려하기, 믿음 유지시키고 발전시키기, 경청하기, 반응하기, 메시지를 확실하게 전달하기, 언어적 비언어적인 감정 표현하기, 다른 사람을 건설적으로 대하기 등이 포함된다. 일부 교육자들은 다른 인종 간에 부딪치는 상황에서, 긍정적이고 건설적인 의사소통을 촉진시키기 위해 이러한 기능을 사용하도록 훈련시켜 왔다(Banks & Benavidez, 1981).

괴롭힘, 놀림, 집단 따돌림 등은 교사들이 종종 다루어야 하는 특정한 문제이다. 괴롭힘과 따돌림은 종종 성인들이 인지하고 수긍하는 정도보다 훨씬 더 심각하게 발생한다. 예를 들어, 학교에서 벌어지는 성 희롱에 대한 문헌을 보면, 린, 스테인, 영, 데이비드(Linn, Stein, Young and David, 1992)는 학생들 사이에서 성 희롱이 아주 빈번히 발생하며, 특히 어린 여학생이 남학생보다 더 많이 희생양이 된다고 하였다. "대개 이 정보(성 희롱과 관련한 진술)와 관련하여 어떠한 조치도 취해지지 않는다. 결국 그 문제와 여건은 악화된다" (p. 115). 아이저하겐과 해리스(Isernhagen & Harris, 2003)는 두 개의 주에서 고등학생의 따돌림 행동을 비교하였고, 대략 여학생의 1/3, 남학생의 1/5 정도가 종종 상처를 주는 농담이나 놀림의 형태로 약자를 괴롭히는 것을 목격하였다. 남학생은 여학생보다 육체적인 폭력을 좀 더 많이 사용하였다. 남녀 학생 모두 괴롭힘을 당하는 전체 시간의 1/4은 가해적인 협박을 받는다고 보고하였다. 성인들은 여러 가지 이유로 학생들 사이에서 일어나는 괴롭힘의 현상을 인지하지 못할 수도 있다. 그 이유는 그것이 종종 성인들이 주위에 없을 때 발생하기 때문이고, 학생들은 그것을 밝히기를 주저하기 때문이며, 성인들은 그와 같은 보고를 받을 때, 그 일을 대수롭지 않게 여기기도 하기 때문이다(예를 들어, '남자들은 종종 그래' 라고 대응한다든지, 특정 학생들이 '호모(fag)' 라는 점을 암묵적으로 인정하기도 한다).

대인관계 지지자들은 괴롭힘, 놀림, 집단 따돌림과 같은 문제를 어떻게 다룰 것을 제안하는가? 교사는 규칙을 만들고 학생들에게 이 규칙을 만든 이유를 설명해야 한다. 어린 아동들은 종종 욕설이나 다른 예외적인 행동을 하는 것이 왜 나쁜 것인지 모른다. 좀 더 자란 아동은 그것이 다른 아동에게 해가 될 것이라는 점을 알기도 하지만, 안 걸리면 된다는 식으로 이를 시도할 것이다. 교사는 이에 대해 즉시 중재해야 하며, 대상 학생을 안정시키고 지원하며, 그러한 행동을 금지하는 규칙을 만들어야 한다. 그러고 나서, 교사는 그러한 행동의 기저에 있는 이유를 고려해 보아야 한다. 때때로 괴롭힘이나 욕설은 또래의 압박 혹은 편견에 기인한다. 또한 괴롭힘은 종종 '힘의 행사(power play)' 이다. 지배 집단의 구성원이 지배하에 있는 집단의 구성원을 '그 자리에 있도록' 유지하게 한다. 예를 들어, 성추행은 종종 여성들로 하여금 그들의 취약한 점을 상기시킨다. 특히 남성의 분야인 스포츠와 같은 분야에서 성공을 위해 노력하는 여성에게는 더욱 그러하다. 즉각적인 해결책(예를 들면, 그 행동을 중지시킴)은 오랜 효과를 기대할 수 없다. 괴롭힘을 해결하려는 교사는 괴롭힘이 잠재적으로 존재한다는 것을 가정하고, 계속적으로 이 장과 이후의 장에서 제시하는 전략을 사용하여 문제가 발생하기 전에 학생들 간에 더 긍정적인 관계를 만들어 주어야 한다(Derman-Sparks, 1989). 사회적 기술을 가르치는 것의 실용성은 초, 중학교 학생들 사이의 폭력을 예방하는 것을 목표로 한다. '두 번째 단계' 는 공감훈련(empathy training), 충동조절(impulse control), 분노 조절(anger management)을 학생들에게 가르치기 위한 설계이다(grossman et al., 1997).

특수교육 학생, 사회적 평판이 좋지 않은 학생, 따돌림을 당하는 학생들이 다른 학생들과 사회적 관계를 형성하는 것을 돕기 위해, 그리고 그들이 스스로 자신들을 대변할 수 있도록 돕기 위해 사회적 기술을 가르치는 다양한 프로그램들이 개발되어 왔다. 그러한 연구에서 발견한 것에는 여러 가지가 혼재되어 있다. 그것은 따돌림을 감소시킬 수도 있고 그렇지 않을 수도 있지만, 따돌림의 희생자들이 그러한 상황에 대처할 수 있는 능력을 기르고, 자기 자신에 대해서 더 긍정적으로 느낄 수 있도록 돕는다(Fox & Boulton, 2003; Oden & Asher, 1977).

사회적 기술은 일반적으로 모델링(modeling), 지도(coaching), 역할놀이(role play)를 포함한 다양한 기술들을 사용하여 가르친다. 학생들이 바람직한 긍정적인 사회적 행동을 사용하게 되면, 곧이어 긍정적인 강화(reinforcement)가 일관되게 일어난다. 학생들은 실제 상황에서 그 기술을 사용할 수 있을 때까지, 기술을 개발시킬 수 있도록 도움을 받을 필요가 있다. 사실, 차이를 존중하고 서로 의사소통하고 갈등을 해결하는 것을 돕는 많은 안내서들이 출판되어 있다(Drew, 1987; Duvall, 1994; Henkin, 2005; Johnson & Johnson, 2002).

대인관계 접근방법을 어떻게 학교에 적용할 수 있을까? 어떠한 숙고와 문제들이 접근방법을 유용하게 할까? 아래의 간단한 일화는 전형적인 중학교 등교 시간의 모습이고, 대인관계와 관련한 문제가 매우 중요하다는 것을 나타낸다.

우울한 월요일 아침

중학교 사회 교사인 맥(Mack)은 출근길에 기분이 별로 좋지 못했다. 부인과 봄방학을 어디서 보낼 것인가에 대해 말다툼을 벌였기 때문이다. 부인은 갓 태어난 조카를 보러 샌프란시스코에 간 다음, 두 번째 신혼여행으로 자동차를 대여하여 캘리포니아 해변으로 가기를 원했다. 반면 그는 보스턴에서 켈틱(Celtics) 경기를 관람한 후, 하버드 대학 도서관에서 논문을 쓰는 데 필요한 자료를 찾고 싶었다. 그는 주말 내내 정신을 빼앗겼던 논쟁에서 진 것뿐만 아니라, 아침에도 자신의 입장을 설명하느라 너무 많은 시간을 소모했기 때문에(고속도로 통행료를 깎아주는 마지막 날) 그는 지금 학교에 늦을 위험에 처해 있다. 그는 지각 시 교장이 교직원들에게 전하는 이른바 "다시 한 번 더 늦으면 가만히 안 두겠다"는 식의 비언어적 의사소통의 메시지를 잘 알고 있었다. 그의 불안은 지난주 목요일에 지각한 것과 교차했다. 그가 자동차를 학교 주차장의 첫 번째 자리에 주차했을 때, 시간이 1분 30초밖에 남지 않았다. 만일 운동장을 가로질러 빠르게 걷는다면 윌슨 교장이 인상 쓸 것은 뻔하기 때문에, 그는 어중간하게 운동장을 가로지르기 시작했다. 그런데 갑자기 자기 학급의 세 명의 남학생을 보고는 외줄타기를 하는 것처럼 섬뜩해졌다. 그 학생들은 고함을 지르면서 새로 전학 온 빅토르 챙(Victor Cheng)을 뒤쫓고 있었다. 그는 자신이 제대로 들었는지 의아해 했다. 맥은 남학생들을 불러 세웠다. 그들이 도착했을 때는 지각하기 28초 전이어서 맥은 교실에서 이야기하자고 말하고 학생들을 돌려보냈다. 그러고 나서 빅토르 챙을 교무실로 데려갔다. 그는 빅토르에게 왜 남학생들이 뒤쫓고 소리를 질렀는지, 그들이 빅토르를 무어라고 불렀는지 물어보았다.

그는 이름과 도착 시간을 출퇴근 시간 기록 용지에 적어 넣었고, 수업 시작을 알리는 종소리가 울렸다. 그 종소리는 모든 직원들에게 하루가 공식적으로 시작됨을 알리고, 아직 출근 용지를 기록하지 않은 사람은 지각이라는 것을 의미했다. 빅토르는 그에게 남학생들이 무엇을 말했는지에 대하여 이야기해 주었다. 그들은 질 낮은 중국음식과 교실에서 똑똑해 보이려고 하는 사람들을 좋아하지 않는다고 했다. 그리고 점괴 과자(fortune cookies)를 들고 오지 않으면 괴롭히겠다고 말했지만 빅토르는 그들에게 과자를 가져다주지 않았다.

학교장은 기록 용지 근처에 있었기 때문에 이 대화를 듣게 되었고, 빅토르가 이야기를 마칠 때쯤에는 그에게로 다가와 있었다. 그리고 빅토르를 도서관에서 기다리게 해달라고 맥에게 부탁했다. 교장은 맥과 개인적으로 이야기하기를 원했다.

교장인 윌슨은 맥에게 이것이 지난 며칠 사이에 일어났고 그녀의 주목을 끈 아홉 번째 협박이라고 했다. "우리는 기본적으로 학교에서 유색인종의 학생들을 평화적으로 통합해야 하지만, 낙서, 싸움, 남학생의 화장실 벽에 적혀있는 깜둥이(Nigger)나 짱깨(Chink)와 같은 낙서는 학생들이 대인관계에 관한 지도가 필요하다는 것을 알려줍니다. 그들은 또한 성추행이 무엇인지 그리고 그것이 불법이라는 것을 알 필요가 있어요. 어제 한 아버지가 매우 화난 모습으로 찾아왔는데, 왜냐하면 그의 딸에게 일부 남학생이 손을 대서는 안 되는 곳에 손을 대려고 했기 때문입니다." 그녀는 맥에게 세 명의 다른 교사로 이루어진 위원회를 구성할 것을 제안하였다. 이 위원회는 학교 전체 혹은 교실에서의 대인관계와 관련한 활동을 추천하고, 이는 편견, 고정관념과 욕설을 없애고, 어떤 종류의 성추행도 금지시키는 데 도움이 될 것이다. 또한 게시판을 사용하여 사람들 간의 유사점, 형제애/자매애의 중요성, 다른 사람을 존중할 의무, 그리고 다른 성 사이의 적절한 행동의 필요성을 지적해 주어야 한다고 제안했다. 마지막으로 문제가 발생했을 때를 대비해서, 욕설이나 성 희롱을 보고하고, 그 문제를 다루기 위하여 학칙을 제정할 것을 제안하였다.

맥은 다음과 같이 말하였다. "좋습니다. 오늘 오후에 다른 위원회 사람들의 명단을 가지고 찾아뵙겠습니다. 어쨌든 이 같은 문제에 대해 배우는 것에 더욱

더 관심이 고조되었습니다. 그리고, 이러한 문제에 대해 학생들이 협동 집단의 형태로 학습하도록 하는 것이 도움이 된다는 이야기를 들어본 적이 있습니다."

윌슨은 자신도 그러한 이야기를 들은 적이 있다고 언급하였다. 그리고 위원회에서는 한 가지의 가능한 해결책에만 집중하지 말고, 다양한 전략을 알아내려는 노력을 해달라고 당부했다.

그는 윌슨과 헤어지고 빅토르 챙을 데리러 가면서 생각했다. "대인관계는 일을 할 때나 쉴 때나 모두 중요하지!" ■

비평

대인관계 접근방법은 교사들(특히 백인 초등학교 교사) 사이에서 가장 인기 있는 접근방법으로 보인다. 예를 들어, 장기간 동안 30명의 교사에 관한 연구에서, 다문화교육의 교원 발전 프로그램에서, 우리들 중 한 명은 교사들은 다문화교육을 다른 접근방법보다 대인관계 접근방법으로 가장 많이 정의한다는 것을 알아내었다(Haberman & Post, 1990; Sleeter, 1992). 하지만 이것은 차별 또는 다문화교육을 깊이 연구하는 대부분의 사람들이 선호하는 방법은 아니다. 왜 이런 불일치가 생기는가?

대인관계 접근방법에 대한 하나의 비판은 그것이 무엇을 하는 것을 목표로 하지 않고, 무엇을 하지 않도록 하는 것을 목표로 한다는 점이다. 물론 집단 사이의 편견, 고정관념, 긴장, 적대감을 감소시키는 것이 바람직하다는 논쟁을 할 수 있다. 하지만 그러한 접근방법 자체는 왜 차별과 불평등이 존재하는가를 분석하는 데에 그리고 문화와 정체성의 간단한 개념에는 제한적이다.

특수학생과 문화적으로 다른 학생에 대한 교수 지지자들은 학업 성취의 측면에 있어서 대인관계적 접근방법을 너무 약하고 비효율적인 것으로 본다. 그들이 지지하는 접근방법은 직접적으로 어떻게 교육과정을 발전시킬 것인가를 진술하지만, 대인관계 접근방법은 그렇지 못하다. 예를 들어, 종전 사례에서 교사들은 문제가 발생하기 전까지 빅토르와 다른 아동들의 민족적 배경을 무시해 왔을 것이다. 그들은 아마도 학생들을 모두가 비슷하고, 학교가 백인 주류 사회인 양, 모든 학생들도 백인이라는 가정하에 가르쳤을 것이다. 학생들의 다양성은 오직 학교의 조화를 깨뜨릴 때에만 관심의 대상이 된다. 하지만 종전에 이야기했듯이, 대부분 학교에서, 유색인종 학생, 저소득 가정 학생, 성 정체성으로 혼란스러워 하는 학생, 장애를 갖고 있는 학생들은 교외에 살며 대학에 진학할 확률이 높은 백인들에 비해 많은 기회를 가지지 못한다. 특수 학생과 문화적으로 다른 학생에 대한 교수 지지자들(우리가 이후에 논의할 접근방법의 지지자들 또한)은 학생의 성취를 가장 기초적으로 중요한 주제로 본다. 만일 우리가 낮은 성취 수준을 자연스러운 것으로 받아들이고 학생들이 어떻게 어울리도록 할지에만 집중한다면, 우리는 교사로서의 직무를 제대로 수행한다고 볼 수 없다. 사실상, 우리가 검토하는 두 가지 접근방법(특수학생과 문화적으로 다른 학생에 대한 교수와 대인관계)은 동시에 실행할 수 있다. 그럼에도 불구하고, 일반적으로 교사들은 대개 한 가지 측면만을 강조한다(현재 교육과정을 잘 가르치는 것 혹은 교실에서의 정서를 개선시키는 것). 왜냐하면 모든 것을 완벽하게 잘하기에는 시간이 부족하기 때문이다.

우리가 다음 장들에 논의할 다문화교육을 위한 세 가지 다른 접근방법들은 차별, 불평등, 문화, 문화적 정체성의 문제를 대인관계 접근방법보다 더 복잡하게 본다. 예를 들어, 왜 많은 수의 유색인종 아동이 백인 아동보다 가난하게 살아가는지 자문해 보아라. 이 질문에 대해 대부분의 백인은 처음에는 아무 대답도 하지 못한다. 그런 다음 유색인종이 무언가(야망, 교육) 부족하다고 이야기한다. 그리고 때때로 유색인종을 고용하지 않는 친척을 언급하는 것과 같은, 차별에 대한 모호한 예를 든다. 또는 일부 직업에 대한 기회가 열려 있음에도 불구하고, 왜 여성이 더 가난해지는지 자문해 보아라. 여성에 대한 고정관념과 성추행으로 여성의 가난이 완전히 설명되는가? 이러한 의문점을 고민하지 않고서는, 대부분 그 해답을 간단하게 알아낼 수 없다. 그러므로 교실에서 불평등의 징후가 보일 때, 교사들은 그 즉시 현상(욕설, 고정관념, 편견)을 바로잡아야 한다. 예를 들어, 학교에서 아동 두 명이 싸운 장면을 상상해보자. 한 아동은 저소득 가정의 푸에르토리카인이고 또 한 명은 중산층의 앵글로인이다. 어떤 사람은 그들에게 싸우는 것 대신 같이 노는 것이 더 낫다고 가르칠 수 있다. 그리고 어떤 사람은 푸에르토리카인이 폭력적이지 않거나(앵글로 아동의 고정관념에 반하여), 앵글로가 거만하지 않다고(푸에르토리카인의 고정관념과 달리) 가르칠 수 있다. 불행하게도, 이러한 가르침은 이 푸에르토리카인 아동이 많은 라틴계 아동과 마찬가지로 가난 속에 살고 있다는 사실 자체를 변화시킬 수는 없다. 그리고 중산층의 앵글로 학생은 가난한 사람들을 접할 때, 그것이 그 사람들의 개인적인 잘못이라고 생각할 수 있다. 그리고 앵글로 아동의 앞에는 하류층의 푸에르토리카 아동과 중산층의 푸에르토리카인 특히 피부색이 짙은 아동들이 가지지 못한 많은 기회의 문이 열려 있을 것이다. 아마도 대인관계 교육의 결과로서 이러한 특정한 앵글로 아동은 유색인종을 더 부드럽게 대할 것이다. 그러나 이러한 친절한 처우는 그 자체로 가난, 무기력함, 사회의 계층화 또는 제도적인 차별을 제거해 주지는 못할 것이다. 위의 사례에서, 다른 학생들은 아마도 빅토르와 즐겁게 상호작용하는 법을 배우고 중국 음식을 즐기게 될 것이다. 하지만 이러한 순응은 그들이 중국인 마을의 가난이나, 많은 아시아 이민자들이 그들의 정체성을 미국 사회에 동화시켜야 한다는 패배감을 깨닫고 직면하는 정신적인 황폐함과 같은 주제에 대하여 배우도록 보장하지는 않는다. 맥카티(McCarthy, 1993)는 불평등의 구조적인 본성을 지적하는 것에 실패하고, 긍정적인 관계의 필요성과 개인적 태도의 변화만을 강조하는 다문화교육의 접근방법에 대하여 매우 비판적이다.

맥카티의 비판은 모두 중요하고 타당하다. 대인관계 교육과정은 이러한 주제를 더 깊이 강조하지 않는다. 예를 들어, 우리는 유치원에서 중학교까지를 위한 다양한 대인관계에 대한 주제를 담고 있는 『다문화교육: 활동, 정보, 자원의 핸드북(Multicultural Teaching: A Handbook of Activities, Information, and Resources)』(Tiedt & Tiedt, 1995)을 다시 검토하였다. 그 수업 안은 개인적인 자아 존중감, 타인에 대한 동정심, 그리고 미국에 살고 있는 모든 사람이 평등함을 알고 그렇게 대하는 것을 포함한다. 이 핸드북에서는 아동들에게 다양성이 가치 있다는 사실을 강조하고, 다른 피부색을 가진 사람들도 미국 사회에 많이 기여한다는 점을 전달하는 것을 목표로 한다. 그리고 "유아/노인, 남성/여성, 장애, 언어집단, 출신국가, 인종, 종교적인 믿음의 집단이 다문화교육과정에서 표현해야 할 다양성의 범위이다"(pp. xiii-xiv). 수업의 목표에서 포함시켜야 하는 내용은 다음과 같다. 민족 집단 간에는 다양성이 있고, 개개인의 독창성은 소중히 존중되어야 하며, 문화 집단 간에는 서열이 없으며 모두가 감정을 가지고 있다는 사실이다. 이와 같은 목적은 가치로우며, 수업은 창의적이고 기술적으로 그것을 성취할 수 있도록 설계되어야 한다. 그렇지만 비록 저자가 다문화교육은 "논란이 되는 쟁점"에 대한 담화를 포함해야 한다고 주장할지라도, 대인관계 접근법에서 제시하는 수업과 수업의 목표들은 과거에도 있어 왔고 현재에도 발생하고 있는 사회 부정의에 대해 가르치지 않는다. 그들은 실제 삶에서 집단들이 어떻게 부와 힘을 쟁취하기 위하여 경쟁하는지 조사하지 않는다. 또한 미국에서 어떻게 힘의 위치가 부유한 백인 남성에 의하여 지배되고 있는지, 왜 대도시의 빈민가에서 실업률이 높은지(단편적으로 지리적으로 그곳이 사업체들이 들어서기에 적절하지 않아서 그런 것인지), 그리고 많은 기업들이 어떻게 이익을 다른 사람과 나누는 것보다, 개인의 이익 증진에 더 가치를 두는지 검토하지 않는다. 이러한 수업은 '왜 한 집안의 가장이며 직업이 필요한 많은 여성들이 자녀들을 위한 육아 시설의 부족을 느껴야 하는지 설명하지 못한다. 또한 이러한 여성들이 자신의 자녀들을 방치해두거나 다른 자녀들과 함께 집에 남겨둔 채 직장을 다녀야 하는 것과 정부의 최저 생계 보조를 받으며 아동들과 함께 집에 머무는 것 중에서 하나를 선택하도록 강요받는지'에 대해서는 설명하지 못한다.

이러한 문제들은 개인끼리 서로 잘 어울리게 하거나 다양성을 가치 있게 가르치는 것만으로는 해결할 수 없다. 사실, 다양성을 가치 있게 여기는 것은, 예를 들어, 멕시코계 미국인은 스테이크보다 콩을 더 좋아하는데, 왜냐하면 콩이 '더 멕시코적'이기 때문이라고 믿는 것을 의미하는 것으로 해석할 수 있다. 그러한 생각은 콩이 더 값싸다는 사실을 무시한다. 그리고 사람들이 스테이크를 먹을 돈이 없기 때문에 콩을 먹는 사람들이 있다는 것을 인식하지 않은 채, 가난이나 무력함에 적응하는 현재의 삶의 방식을 미화할 수 있다.

매우 현실적으로 말해 대인관계 접근방법은 문화적 동화주의자(assimilationist)가 될 수 있다. 대인관계 접근방법을 받아들이는 일부 교육자들은 종종 동화의 주제를 다원론과 대비시켜 이야기하지 않는다. 문화적 차이는 오직 자신과 다른 사람의 느낌을 개선시키기 위해서만 다루어진다. 다른 대인관계 교육자들은 어떤 차이가 가장 가치 있고, 어떤 것이 역사적 산물이며, 무엇이 불공평을 나타내는지 반드시 조사하지 않고, 단지 차이를 수용하는 것을 강조하며 문화적 다양성을 논의한다. 이와 더불어, 사회 문제와 구조적인 불평등에 적절하게 초점을 맞추지 못하고, 그 접근방법은 현재의 상태를 무조건적으로 받아들인다. 그것은 현재의 상태를 변화시키기 위해 사람들을 교육하기보다는 현재의 상태에서 서로 잘 융합할 것을 요구한다.

우리가 전에 언급했던 협동학습은 현재 매우 인기가 높다. 종종 교사들은 이것을 학급 학생들 간의 관계를 증진시키는 데 사용한다. 하지만 그렇지 않으면, 교사들은 일상적인 비즈니스 상태를 유지한다. 예를 들어, 협동학습을 통해 현재의 백인과 미국 원주민들과의 관계에 대한 비판을 하지 않고, 원주민 부족 국가들이 서로 연합하지 않은 점에 맞추어 미국 원주민 국가의 정복에 대한 수업이 가능하다. 사폰 쉐빈과 스키니데윈(Sapon-Shevin & Schniedewind, 1989/1990)은 다음과 같이 지적하고 있다.

> 협동학습을 배우고 이를 이용하는 것은 학교가 자신들의 정책, 철학, 실행의 모든 측면을 알아볼 수 있는 기회를 제공한다. 그리고 이것들은 모든 학생들을 가르칠 수 있다는 가능성과 가치에 대한 신념을, 공동체를 창출하는 상호적인 책임감과 일치시킨다(p. 65).

협동학습과 같은 전략은 어떻게 집단이 서로 연관되어 있는가에 관한 더 거대한 질문과 연결된다. 이후에 논의될 다문화교육을 위한 세 가지 접근방법에 대한 지지자들은 교육자들이 이러한 더욱 거대한 질문을 추구하기를 기대한다. 성차별이나, 동성애자에 대한 편견, 계급에 대한 편견 등에 관심이 있는 교사들은 대인관계 접근방법에서 이와 같은 쟁점을 다루지 않기 때문에 이 접근방법을 채택하지 않는다. 한 때 이 접근방법을 사용했던 유색인종들도 앞으로 전개될 다른 접근방법들 중 하나로 이동하였다. 대인관계 접근방법은 다른 접근방법들과 통합될 수 있다. 따라서 다른 접근방법을 받아들이기 위하여 편견과 고정관념에 대항하여 싸우는 것을 포기할 필요가 없다.

대인관계 접근방법은 현재 특수교육 학생들을 가르치는 사람들에게도 인기가 있다. 이는 장애인에 대한 책을 발간하고 그들을 가르치는 대부분의 사람들이 장애를 가지고 있지 않기 때문일 것이다. 교육자들은 학교에서의 대인관계 문제를 보지만, 그들은 장애인을 억압받는 소수자의 관점에서가 아니라, 결핍적이거나 차이의 관점에서 그들을 바라본다. 결국 많은 교사들은 만일 아동들이 서로 잘 지내고, 이들이 자신과는 다른 육체적 또는 정신적인 특징을 받아들인다면 그것으로 충분하다고 믿는다. 이후에 논의하게 될 세 가지 접근방법의 지지자들, 장애인 인권 운동가, 그리고 장애학 연구 학자들이 취하듯이 장애인을 억압받는 소수집단의 관점으로 보는 이들은 기관이나 조직에 들어갈 수 있는 넓은 범위의 접근성, 장애인 공동체의 문화, 그리고 주류 사회의 '장애자 차별주의(ablism)' 와 같은 문제에 관심을 가진다. 유치원과 초등학교의 교사들은 이와 같은 우리의 비판이 마치 어린 학생들에게 직업 차별과 같은 문제를 다루어야 한다고 주장하는 것으로 생각할 수 있다. 그리고 우리의 논의가 주요한 논점을 벗어나고 있다고 느낄 수도 있을 것이다.

사실, 유아의 수준에서 좋은 대인관계를 가르치는 것은 이후의 좀 더 복잡한 다문화교육 접근방법을 위한 긍정적인 기초를 제공할 수 있다. 이 장의 핵심어는 '여행자 교육과정(tourist curricula)' 이 아니라 '좋은 대인관계' 이다. 예를 들어, 이 장에서 우리는 반편견 교육과정(Derman-Sparks, 1989)과 『다문화 교수: 활동, 정보, 그리고 자원(Multicultural Teaching: A Handbook of Activities, Information, and Resources)』(Tiedt & Tiedt, 1995)을 언급하였다. 반편견 교육과정은 우리가 이후에 논의하게 될 세 가지의 다문화교육 접근방법과 관련되는 학습의 기초를 아동들에게 제공하기 위해 정교하게 개발되었다. 다문화 교수는 아직 잘 설계되어 있지는 않지만, 많은 아동들에게 훌륭한 기초를 제공한다. 결국 이를 통해 아동들은 세 가지 접근방법을 세워나가는 것이 가능하다. 이와 유사하게, 킹(King, 1990)은 학생들이 그들의 즉각적인 환경 속에서 민족적 차이와 성 차이를 탐구할 수 있도록 돕는 많은 활동을 제시한다. 음식과 민속 문화에 초점을 맞추는 여행자 교육과정은 그러한 기초를 제공하지 않는다. 유아교사와 초등학교 교사들은 다문화교육의 다섯 가지 접근방법 모두에 친숙해져야 한다. 그러나 그들은 아마 그들 작업의 대부분이 대인관계 접근방법과 관련이 있음을 발견할 것이다.

생각해볼 문제

1. 교사임용 면접에서 "여행자 교육과정(tourist curricula)을 정의하고, 그것의 위험성에 대해서 논하시오"라는 질문을 받는다면, 어떻게 대답할 것인가? 곧이어 "교사들은 어떻게 학생들에게 여행자 교육과정을 제공하는 것을 피할 수 있는가?"라고 질문받는다면 어떻게 답변할 것인가?
2. 대인관계 접근방법 사용의 학문적, 사회적 취약점은 무엇인가?
3. 대인관계 접근방법은 학교와 사회의 어떤 측면을 간과하는가?
4. 교사들이 교실에서 할 수 있는 협동학습의 다양한 형태를 설명하라. 학생들이 협동 집단에 참여하는 것을 배우는 데 중요한 기능은 무엇인가?
5. 교실에서 학생들이 사람들을 어떻게 바라보는지에 관한 차이점에 대해 신중하고 공개적으로 토론한다면 어떤 일이 일어날 수 있는가? 교사는 대화를 촉진시키기 위해 어떠한 전략을 사용할 수 있는가?

참고문헌

Aboud, F. (1988). *Children and prejudice*. Oxford, UK: Basil Blackwell.

Adorno, T. W., Frenkel-Brunswik, E., Levinson, D. J., & Sanford, R. N. (1950). *The authoritarian personality*. New York: Harper & Row.

Allport, G. W. (1979). *The nature of prejudice* (25th anniversary ed.). Reading, MA: Addison-Wesley.

American Association of University Women. (1992). *The AAUW report: How schools shortchange girls*. Washington, DC: AAUW and the National Education Association.

Bandura, A. (1997). *Self-efficacy in changing societies*. New York: Cambridge University Press.

Banks, C. (2005). *Improving multicultural education: Lessons from the intergroup education movement*. New York: Teachers College Press.

Banks, G. P., & Benavidez, P. L. (1981). Interpersonal skills training in multicultural education. In H. P. Baptiste, Jr., M. L. Baptiste, & D. M. Gollnick (Eds.), Multicultural teacher education: Preparing educators to provide educational equity (pp. 177–201). Washington, DC: Association of Colleges & Teacher Education.

Banks, J. A. (1991). Multicultural education: Its effects on students' racial and gender role attitudes. In J. P. Shaver (Ed.), *Handbook of research on social studies teaching and learning* (pp. 459–469). New York: Macmillan.

Beane, J. A., & Lipka, R. P. (1986). *Self-concept, self-esteem, and the curriculum*. New York: Teachers College Press.

Berlak, A. C. (1996). Teaching stories: Viewing a cultural diversity course through the lens of narrative. *Theory into Practice, 35*(2), 93–101.

Bourdieu, P. (1977). *Outline of a Theory of Practice*. New York: Cambridge University Press.

Brown, K. (2006). *Mapping conceptions of risk across a multi-sited educational context*.

Unpublished University of Wisconsin-Madison, Madison, WI.
Calabrese, R. (2002). *A companion guide to leadership for safe schools*. Lanham, MD: Scarecrow Press.
Calloway, C. (1999). 20 ways to promote friendship in the inclusive classroom. *Intervention in School and Clinic, 34*(3), 176–177.
Carter, R. (1995). *The influence of race and racial identity in psychotherapy*. New York: Wiley.
Cohen, E. G., & Lotan, R. A. (Eds.). (1997). *Working for equity in heterogeneous classrooms*. New York: Teachers College Press.
Colangelo, N., Dustin, D., & Foxley, C. H. (1985). *Multicultural nonsexist education: A human relations approach* (2nd ed.). Dubuque, IA: Kendall/Hunt.
Cook, L. A., & Cook, E. (1954). *Intergroup education*. New York: McGraw-Hill.
Creighton, A., & Kivel, P. (1992). *Helping teens stop violence: A practical guide for counselors, educators, and parents*. Alameda, CA: Hunter House.
Dana, R. H. (1997). *Understanding cultural identity in intervention and assessment*. Thousand Oaks, CA: Sage.
Derman-Sparks, L. (1989). *Anti-bias curriculum: Tools for empowering young children*. Washington, DC: National Association for the Education of Young Children.
Diamond, K. E. (1996). Preschool children's conceptions of disabilities: The salience of disability in children's ideas about others. *Topics in Early Childhood Special Education, 16*(4), 458–475.
Drew, N. (1987). *Learning the skills of peacemaking: An activity guide for elementary-age children on communicating, cooperating, and resolving conflict*. Carson, CA: Jalmar Press.
Duvall, L. (1994). *Respecting our differences: A guide to getting along in a changing world*. Minneapolis, MN: Free Spirit.
Fishbein, H. D. (2002). *Peer prejudice and discrimination: Origins of prejudice* (2nd ed.). Mahwah, NJ: Erlbaum.
Fox, C. L., & Boulton, M. J. (2003). Evaluating the success of a social skills training (SST) programme for victims of bullying. *Educational Research, 45*(3), 231–247.
Gazda, G. M., Asbury, F. R., Balzer, F. J., Childers, W. C., & Phelps, R. E. (2006). *Human relations development: A manual for educators* (7th ed.). Boston: Allyn and Bacon.
Gibbs, J. (1987). *Tribes: A process for social development and cooperative learning*. Santa Rosa, CA: Center Source.
Girard, K., & Koch, S. (1996). *Conflict resolution in the schools: A manual for educators*. San Francisco: Jossey-Bass.
Goethals, G. (1999). *Peer influences among college students: The perils and potentials*. Williams Project on the Economics of Higher Education. Retrieved May 20, 2005, from www.williams.edu/wpehe/DPs/DP-51.pdf
Grambs, J. D. (1960). *Understanding intergroup relations*. Washington, DC: National Education Association.
Grant, C. A. (Ed.). (1995). *Educating for diversity: An anthology of multicultural voices*. Boston: Allyn and Bacon.
Grant, C. A., & Sleeter, C. E. (2006). *Turning on learning* (4th ed.). New York: Wiley.
Grossman, D. C., Neckerman, N. J., Koepell, T. D., Liu, P.-Y., Asher, K. N., Belan, J. K., Frey, K., & Rivara, F. P. (1997). Effectiveness of violence prevention curriculum among children in elementary school: A randomized, controlled trial. *Journal of the American Medical Association, 277*(20), 1605–1611.
Haberman, M., & Post, L. (1990). Cooperating teachers' perceptions of the goals of multicultural education. *Action in Teacher Education, 12*(3), 31–35.
Harris, D. B., Gough, H. B., & Martin, W. E. (1950). Children's ethnic attitudes: II, Relationship to parental beliefs concerning child training. *Child Development, 21*, 169–181.

Helms, J. E., & Cook, D. A. (1999). *Using race and culture in counseling and psychotherapy: Theory and process*. Boston: Allyn and Bacon.

Henkin, R. (2005). *Confronting bullying: Literacy as a tool for character education*. Portsmouth, NH: Heinemann.

Isernhagen, J., & Harris, S. (2003). A comparison of 9th and 10th grade boys' and girls' bullying behaviors in two states. *Journal of School Violence, 2*(2), 67–80.

Johnson, D. W. (1993). *Reaching out: Interpersonal effectiveness and self-actualization* (5th ed.). Englewood Cliffs, NJ: Prentice-Hall.

Johnson D., & Johnson R. (2002). *Multicultural education and human relations: Valuing diversity*. Boston: Allyn and Bacon.

Johnson, D., Johnson, R., & Holubec, E. (1998). *Cooperation in the classroom*. Boston: Allyn and Bacon.

Kahn, P. (1999). *The human relationship with nature: Development and culture*. Cambridge, MA: MIT Press.

Katz, P. (1982). Development of children's racial awareness and intergroup attitudes. In L. G. Katz (Ed.), *Current topics in early childhood education* (Vol. 4, pp. 17–54). Norwood, NJ: Ablex.

King, E. W. (1990). *Teaching ethnic and gender awareness*. Dubuque, IA: Kendall/Hunt.

King, J. E. (1991). Dysconscious racism: Ideology, identity, and the miseducation of teachers. *Journal of Negro Education, 60*(2), 133–146.

Kitano, M., Stiehl, J., & Cole, J. (1978). Role-taking: Implications for special education. *Journal of Special Education, 12*, 59–74.

Kohlberg, L. (1966). A cognitive-developmental analysis of children's sex-role concepts and attitudes. In E. E. Maccoby (Ed.). *The development of sex differences* (pp. 82–173). Stanford, CA: Stanford University Press.

LaGreca, A. M. (1993). Social skills training with children—Where do we go from here? *Journal of Clinical Child Psychology, 22*(2), 288–298.

Linn, E., Stein, N. D., Young, J., & Davis, S. (1992). Bitter lessons for all: Sexual harassment in schools. In J. T. Sears (Ed.). *Sexuality and the curriculum* (pp. 106–123). New York: Teachers College Press.

Madhere, S. (1991). Self-esteem of African American adolescents: Theoretical and practical considerations. *Journal of Negro Education, 60*(1), 47–61.

Marcus-Newhall, A., Miller, N., Holtz, R., & Brewer, M. (1993). Cross-cutting category membership with role assignment: A means of reducing intergroup bias. *British Journal of Social Psychology, 32*, 224–253.

McCarthy, C. (1993). After the canon: Knowledge and ideological representation in the multicultural discourse on curriculum reform. In C. McCarthy & W. Crichlow (Eds.). *Race, identity, and representation in education* (pp. 289–305). New York: Routledge.

O'Bryan, M., Fishbein, H., & Ritchey, P. (2004). Intergenerational transmission of prejudice, sex role stereotyping, and intolerance. *Adolescence, 29*, 407–427.

Oden, S., & Asher, S. R. (1977). Coaching children in social skills for friendship making. *Child Development, 48*, 495–506.

Phinney, J. S., Cantu, C. L., & Kurtz D. A. (1997, April). Ethnic and American identity as predictors of self-esteem among African American, Latino, and White adolescents. *Journal of Youth and Adolescence, 26*(2), 165–185.

Prutzman, P., Stern, L., Burger, M. L., & Bodenhamer, G. (1988). *The friendly classroom for a small planet*. Santa Cruz, CA: New Society.

Purkey, W. W., & Novak, J. M. (1984). *Inviting school success* (2nd ed.). Belmont, CA: Wadsworth.

Purkey, W. W., & Schmidt, J. J. (1987). *The inviting relationship: An expanded perspective for professional counselors*. Englewood Cliffs, NJ: Prentice-Hall.

Rey, M. (1991). Human rights and Intercultural education. In H. Starkey (Ed.), *The challenge of human rights education* (pp. 135–151). London: Cassel, Council of Europe series.

Rey-von Allmen, M. (2004). Towards an intercultural education. In Milan Mesic (Ed.), *Perspective of multiculturalism: Western & transitional countries* (pp. 103–112). Zagreb: FFpress.

Ritchey P., & Fishbein H. (2001). The lack of an association between adolescent friends' prejudice and stereotypes. *Merrill-Palmer Quarterly*, *47*(2), 188–206.

Sapon-Shevin, M., & Schniedewind, N. (1989/1990). Selling cooperative learning without selling it short. *Educational Leadership*, *47*, 63–65.

Schine, J. (Ed.) (1997). *Service learning*. Chicago: University of Chicago Press.

Sears, J. T. (1992). The impact of culture and ideology on the construction of gender and sexual identities: Developing a critically based sexuality curriculum. In J. T. Sears (Ed.), *Sexuality and the curriculum* (pp. 139–156). New York: Teachers College Press.

Sears, J. T. (1993). Responding to the sexual diversity of faculty and students: Sexual praxis and the critically reflective administrator. In C. Capper (Ed.), *Administration in a pluralistic society*. Albany, NY: SUNY Press.

Sherif, M., & Sherif, C. W. (1966). *Groups in harmony and tension*. New York: Octagon.

Slavin, R. E. (1986). *Using student team learning*. Baltimore, MD: Johns Hopkins Team Learning Project.

Slavin, R. E. (1990). *Cooperative learning: Theory, research, and practice*. Englewood Cliffs, NJ: Prentice Hall.

Slavin, R. E. (1991). Are cooperative learning and untracking harmful to the gifted? *Educational Leadership*, *48*(6), 68–71.

Sleeter, C. E. (1992). *Keepers of the American dream*. London: Falmer Press.

Sniderman, P., & Piazza, T. (1993). *The scar of race*. Cambridge, MA: Harvard University Press.

Sylvester, P. S. (1994). Elementary school curricula and urban transformation. *Harvard Educational Review*, *64*(3), 309–331.

Taba, H., Brady, E. H., & Robinson, J. T. (1952). Intergroup education in public schools. Washington, DC: American Council on Education.

Tatum, B. D. (1997). *Why are all the black kids sitting together in the cafeteria?* New York: Harper-Collins.

Tiedt, P. L., & Tiedt, I. M. (1995). *Multicultural teaching: A handbook of activities, information, and resources* (4th ed.). Boston: Allyn and Bacon.

Tinto, V. (1997). Classrooms as communities: Exploring the educational character of student persistence. *Journal of Higher Education*, *68*, 599–623.

Umphrey, M. (1999). *First hand experiences & vicarious experience. Writing an essay of place*. Retrieved May 22, 2005, from http://www.edheritage.org/tools/eop

Urban, L., & Miller, N. (1998). A theoretical analysis of crossed categorization effects: A meta-analysis. *Journal of Personality and Social Psychology*, *74*, 894–908.

Valentine, G. (1997). Get real! Teaching tolerance strategies that work. *NEA Today*, *15*(5), 4–6.

Van Ausdale, D., & Feagin, J. R. (2001). *The first r: How children learn racism*. Boulder, CO: Rowan & Littlefield.

Watson, R. (2002). *The school as a safe haven*. Westport, CT: Greenwood Press.

Watts, W. A. (1984). Attitude change: Theories and methods. In R. L. Jones (Ed.), *Attitudes and attitude change in special education: Theory and practice* (pp. 41–69). Reston, VA: Council for Exceptional Children.

Wright, S. C., Aron, A., McLaughlin-Volpe, T., & Ropp, S. A. (1997). The extended contact effect: Knowledge of cross-group friendships and prejudice. *Journal of Personality and Social Psychology*, *73*, 73–90.

제 4 장

단일집단 연구

핵심 질문

1. 교육은 가치중립적인가 아니면 가치가 내재하는가? 만약 그렇다면 왜 그러한가?
2. 교육적 평등의 의미와 특징은 무엇인가?
3. 교육과정에서 특정 문화집단의 역사가 다른 집단의 역사보다 더 중요한가?
4. 문화 집단의 부모들은 학교와 교사들에게 무엇을 원한다고 생각하는가?

아마 '단일집단 연구' 라는 용어를 들어보지 못한 독자도 있을지 모른다. 이 용어는 우리가 새롭게 만든 용어이다. 이는 다문화교육의 한 접근방법으로서, 예를 들어 여성, 아시아계 미국인, 아프리카계 미국인, 라틴계인, 미국 원주민, 아팔라치아인들(Appalachians), 유대인 사회, 장애인, 동성애자, 혹은 노동자와 같이 하나의 집단에만 초점을 맞춘다. 이 접근방법을 민족학 연구, 여성학 연구, 혹은 아프리카계 미국인 연구로만 간주하는 것은 이 밖에 거론될 수 있는 다양한 집단을 포함하지 못한다.

목표

다문화교육에서 단일집단 연구를 지지하는 사람들 대부분은 사회 계층화를 감소시키고, 그들이 관심을 가지는 집단의 힘과 지위를 증가시키기를 희망한다. 우리는 제1장에서 미국 내의 다양한 집단의 권력과, 여러 가지 자원에 대한 접근성의 관점에서 현재의 차이점들에 대해서 논의하였다. 이전에 논의한 두 접근방법(특수학생과 문화적으로 다른 학생에 대한 교수와 대인 관계접근방법)은 집단 사이에 존재하는 변하지 않는 불평등과 정면으로 맞서지 않는다. 단일집단 연구의 모든 지지자들은 그들의 특정 집단이 더 많은 힘을 가지고 사회경제적 자원을 제어하기를 바란다. 표 4.1에서 제시하였듯이, 이들의 주된 목표는 연구하고자 하는 집단을 인지함으로써 사회정의를 도모하는 것이다. 그들은 관심 대상이 되는 집단을 비가시적이거나 주변인으로 여기지 않고, 이들을 미국 문화의 중요한 한 부분으로 포함시키는 것을 기대한다. 본질적으로, 단일집단 연구는 사회 활동의 기초를 제공하고자 노력한다. 이는 그 집단에 대한 정보(여기에서는 학교교육)와, 그 집단에 대한 과거와 현재의 차별의 영향에 관한 자료를 제공함으로써 가능하다. 이 접근방법은 하나의 완전한 교육 프로그램(예, 학과 전공)으로 구성이 가능함에도 불구하고, 학교에서는 한 단원이나 수업으로 실시된다.

그 목표를 다양하게 진술할 수 있으나, 단일집단 연구 접근방법의 주된 아이디어는 억압받는 사람들의 권리를 증진시키고 연합을 강화하는 것이다. 예를 들어, 마이헤수아(Mihesuah, 2003)에 따르면, 인디언학 연구의 주된 책임은 지적 도구를 사용하여 부족 공동체가 '비식민지화, 임파워먼트, 그리고 국가수립 전략' 을 획득할 수 있도록 지원하는 것이다(p. 6). 그는 많은 인디언학 연구 프로그램들이 이러한 목표와는 대조적으로, 인디언이 아닌 사람들에게 인디언에 대해 가르치도록 개발되어 왔다고 지적한다. 그에 의하면, 이러한 연구 프로그램들은 비인디언들이 상대적으로 인디언에 대해 편안함을 느끼도록 가르치지만, 정작 인디언들의 삶을 개선하는 데에 있어서는 아무런 역할도 하지 못하였다. 그는 인디언학 연구는 부족들과 그들이 직면한 문제들(특히 식민지화를 주된 목적으로 하며)과 밀접하게 연관될 필요가 있다고 주장한다. 여성학

표 4.1 단일집단 연구: 접근방법의 개관

사회적 목표	구조적 평등과 해당 집단에 대한 인식의 증가
학교의 목표	해당 집단에게 이로운 방향으로의 사회 변화 추구를 위한 학생들 사이의 자발성과 지식의 증가
대상 학생	교육과정이나 수업과 관련하여 학생들과 관련이 있는 대상 집단이나 개인들
실행	
교육과정	집단의 문화와 관련한 단원 혹은 수업에 대한 교수 그 집단이 어떻게 희생당했는가? 해당 집단의 관점에서 그들이 직면한 사회적 쟁점
수업	학생들의 학습 유형에 기초한 수업, 특히 그 집단의 특성을 토대로 하기
교실 내에서 유의할 점	해당 집단 학생들을 배려하고 편안한 교실(장식, 초대강사, 분위기 등) 조성하기
학교 차원에서 유의할 점	해당 집단의 사람을 직원으로 채용하기

연구는 "세상에 대한 비전을 바탕으로 탄생하였는데, 여기서 언급하는 비전이란 모든 사람들이 그들의 잠재력을 충분히 발휘하고, 모든 이데올로기와 사회 구조에서 자유로워지는 것을 말한다. 이러한 현재의 이데올로기와 사회 구조는 의식적으로 혹은 무의식적으로 (여성을) 억압하고, 다른 사람의 이권을 위해 이들을 착취한다."(National Women' s Studies Association, 2005). 게이 및 레즈비언 연구는 "민족적으로 다양하고 성적 형평성에 전념하는 학생과 교직원들을 위한 인지적 공동체를 형성한다"(A National Survey, 1990-1991, p. 53). 민족학 연구(ethnic studies)는 "학생들이 민족과 관련된 문제에 있어서 사려 깊은 결정을 하고, 미국과 전 세계 사회에 있는 민족적, 인종적 문제 해결을 돕는 개인적, 사회적, 그리고 시민으로서의 행동을 취하는 능력을 향상시킬 수 있도록 협력한다"(Banks, 2002, pp. 25-26). 단일집단 연구의 주된 미션은 학생들이 비판적인 관점으로 사고하는 능력을 함양하고, 특정 집단의 억압과 관련된 불평등한 사회적 환경을 변화시키기 위해 노력하도록 하는 것이다.

단일집단 연구는 1960년대 후반 시민권 운동 동안에 정치적인 논쟁과 직결되는 지적인 접근방법으로서, 주로 대학에서 많이 알려졌었다. 이와 같은 학문의 일부 영역들은 시민권 운동 훨씬 이전부터 시작되었다. 예를 들어, 뱅크스(Banks, 1997)는 아프리카계 미국학 연구를 1880년대 후반부터 1990년대 초반까지 추적하였다. 로스차일드(Rothchild, 2002)는 여성학 연구는 1960년대의 여성 운동 때부터 성장해 왔다고 설명한다. 샌디에이고 주립대학에서 최초로 "여성학 연구 강좌(women' s studies course)"를 개설했고, 1977년에 국가 여성학 연구 위원회(the National Women' s Studies Association)가 창설되었다. 백인 여성운동을 시초로, 여성학 연구는 인종 배제 문제를 해결하려 노력해오고 있다. 1981년 인종차별주의와 여성에 관한 학회에는 1,000명이 넘는 사람이 몰렸다. 그중에는 여성학 연구가 인종차별주의에 대항하여 활동하는 유색인종 집단의 연구와 연결되기를 바라는 많은 수의 유색인종 여성도 포함되어 있었다. 여성들의 다양성과 그들 간의 불평등한 권력 관계를 고려하며, 여성 차별의 매우 기본적인 합의점을 찾는 것이 어렵고 때로는 고통스러웠다. 로스차일드는 "여성학 연구의 중요성은 계속해서 여성차별 연구의 기초를 탐구하는 과정을 개설하는 것, 그리고 오늘날의 것과 같이 그것에 관한 지식의 인지적 기초를 추구하는 방법론을 만드는 것을 넘어섰다고 설명한다. 그들의 초점은 변화를 위한 페미니스트 교육에 있었다"(p. 26). 로터(Lauter, 1991)는 다음과 같이 논의하였다.

> 제2차 세계대전 전후 정치적, 인지적 빙하기 이후에 변화를 위한 움직임은 가능성을 위한 비전을 재구성하였으며, 정의와 평화 획득을 위한 견고한 노력을 이루었다. 이러한 노력의 의미는 1960년대에 있었던 흑인학 연구 프로그램에 대한 요구보다, 몽고메리 버스 보이콧(Montgomery and the bus boycott)[31)]과 더 밀접한 관련이 있다(p. 19).

---

31) 역주: 1955년에 몽고메리와 앨라배마 주에서 시작된 미국 사회의 인종차별적인 정책에 대항한 정치적 사회적 항의 운동. 몽고메리 공공버스 시스템에서는 백인은 버스의 앞좌석부터 앉기 시작하고 유색인종은 버스의 뒷좌석부터 앉는다. 당연히 버스에 탑승객이 많아지면 중간지점에서 백인과 유색인종이 만나게 된다. 유색인종이 앉아 있는 상태에서 백인이 새로 탑승하면 이 유색인종은 백인에게 자리를 양보해야 한다. 로사 팍(Rosa Park)은 이러한 규칙을 지키지 않고 백인에게 자리를 양보하지 않았다. 이를 계기로 인종 간의 갈등이 심해졌고, 이것이 버스 보이콧으로 이어졌다.

단일집단 연구의 지지자들은 대개 전통적인 교육과정에서 강조하던 중산층 백인 남성학 연구와 그 균형을 맞추기 위해 그 접근방법을 제도화해왔다. 다양한 집단의 연구에 관한 공통된 주장은 미국이 인종, 민족, 문화적으로 다원주의 국가라는 점이다. 일상의 제도적이고 문화적인 과정을 통제하는 지배적인 국가적, 문화적 집단에 대한 묘사는 실제 삶과 동떨어져 있다.

아마 단일집단 연구 프로그램이 누구에게 초점을 두어야 하는지 의문스러울 것이다. 예를 들면, 아프리카계 미국학이 아프리카계 미국인을 위한 것인지 모든 사람을 위한 것인지, 여성학 연구가 여성의 권익을 위한 것인지 양성 모두의 권익을 위한 것인지 궁금할 것이다. 우리의 해답은 연구에 따라서 다르다는 것이다. 종종 그 목적은 주로 목적 집단의 구성원인 학생들의 힘을 신장시키는 데 초점을 둔다. 이것은 특히 학교 생활에서 특정 학생들의 사고가 식민화된 나머지, 주류 사회에서 제시하는 결핍주의적인 관점으로 그들 자신을 보게 될 때 중요하다. 때때로 단일집단 연구의 목적은 그 해당 집단에 속하지 않는 학생들을 교육시키는 데 중점을 두기도 한다. 이 두 목적 모두 단일집단 연구의 설계에 포함된다. 이것은 우리가 나중에 논의하겠지만 어떤 문제들을 초래할 수 있다. 진정으로 단일집단 연구의 지지자가 아닌 초, 중, 고등, 대학교의 관리자들은 이들 집단에서 제시하는 가치에 대한 존중이나 심사숙고에 기초해서가 아니라, 교내의 잡음을 없애고 평화를 유지하는 차원에서 학생 혹은 공동체의 요구를 수용하고 이러한 프로그램들을 설립한다.

1960년대 후부터 1970년대 초기 이래로, 대학교 수준의 단일집단 연구 학자들은 방대한 연구와 이론화를 이루었다. 그들은 다양한 집단들에 대한 방대한 정보를 축적했을 뿐 아니라, 다양한 원리들과 도전적인 생각에 기초해서 새로운 개념적 구조의 틀을 제시하였다. 마허와 테트롤트(Maher & Tetreault, 1994)는 기존의 정전(the canon)에 도전한 페미니스트 그리고 민족학 연구들을 검토한 후 다음과 같이 설명한다. 즉, "그들은 억압받는 계층의 삶에 기초해서 모든 학문 영역에 대한 새로운 평가, 새로운 이론적 구조 틀, 새로운 지식체계(bodies of knowledge)를 창출하였다" (p. 4).

단일집단 연구는 고등학교 수준보다 대학교 수준에서 더 큰 영향을 미쳐 왔다. 예를 들어, 밀워키(Milwaukee)와 할렘(Harlem)에는 아프리카계 미국인 중심의 교육과정을 운영하는 아프리카계 미국인을 위한 고등학교들이 있으며(Byndloss, 2001), 한 부족 중심의 교육과정을 실행하는 원주민을 위한 고등학교들도 있다(McCarty, 2002). 일부의 고등학교에서는 민족학 연구 혹은 여성학 연구에 대한 수업을 정규 수업 과정으로 포함하고 있으며, 그리고 한 집단에 초점을 맞춘 수업 과정을 발견할 수 있다. 그러나 성취기준을 통해 학교에서 무엇을 가르쳐야 하는지에 대해 정의하고자 하는 각 주 차원의 움직임으로 인해, 각 학교에서는 학교 교육과정을 각 주의 성취기준과 일치시키기 위해 노력하고 있다. 결과적으로 민족학 연구나 여성학 연구를 정규 수업으로 포함시키고자 하는 노력 중 많은 부분들이 사라지고 있다. 그렇지만 우리는 단일집단 연구를 회피하는 경향이 일시적이기를 기대한다. 왜냐하면 이는 지배적인 사회의 관점을 중심으로 조직된 학교교육을 고쳐가기 위한 거대한 작업이기 때문이다.

새로이 다문화교육에 입문하는 교육자들은 대개 이러한 지식의 복잡성과 정교성을 과소평가하는 경향이 있다. 이 장에서 논의하는 접근방법과 더불어, 제5장과 제6장에 소개되어 있는 두 가지의 다문화교육을 위한 접근방법 또한 그 중요성에 있어서는 이와 같은 학풍에 포함된다.

철학적 기초

단일집단 연구 접근방법의 교육적, 철학적 성향의 기반은 바로 교육이 중립적 과정이 아니라 정부나 다른 강력한 권력(노동계, 경제계)에 의해 사회적 정치적 목적을 위해 사용된다는 것이다. 집단의 대상과는 상관없이, 예를 들어, 아프리카계 미국학 연구, 여성학 연구, 아시아계 미국인 연구들에 대한 자료를 살펴볼 때, 지식의 본질, 사회의 본질 그리고 학교교육의 목적에 대한 쟁점에서 유사한 철학적인 신념을 발견할 것이다.

교육의 중립성에 대한 신화

많은 사람들은 교육을 본질적으로 중립적인 과정이며, 특정 이데올로기나 관점을 키우지 않는 것이라고 간주한다. 예를 들어, 우리는 36명의 교육학과 학부생들에게 다음과 같은 질문을 던졌다. 즉, 우리는 학생들에게 교육 혹은 학교가 중립적인지, 그리고 자신의 경험을 비추어볼 때 (유치원에서 고등학교까지) 학교는 특정 메시지를 가지고 있는지 물어 보았다. 대학교 3학년들 중 절반 이상이 교육은 중립적이며, 그들의 학교는 특정 시각만 강조하거나 다른 집단들보다 한 집단의 관점만을 강조하지 않았다고 대답하였다. 이러한 입장을 가진 많은 학생들이 그들의 교사가 중립적인 시각을 만들어준 것으로 기억하였다. 그러나 그 밖의 많은 학생들은 동료들의 나태함을 지적하였다. 그 학생들은 어떻게 교육이 미국적 삶의 특정한 생각에 맞추는 것을 돕는 사회화의 과정으로서의 역할을 하는지 사례들을 제시하였다. 예를 들면, 어떤 학생들은 최근까지 교과서에서 여성의 존재가 빠져있음을 지적하였다. 그리고 이것은 젊은 사람들이 사회는 남성 중심이라는 것을 받아들이도록 만들었다고 주장하였다.

두 시간의 논의가 끝나고, 강의실에 있던 대부분의 학생들은 학교 교육이 중립적이 않다는 결론을 내렸다. 그들이 논쟁하였던 학교교육은 사회화의 과정으로 간주되어야만 한다. 그것은 국가의 정치적 구조(종종 현재의 정치적 상황)와 관련이 있고, 정치적 사회적 역사와 관련되어 있으며, 사회적 신념과 가치와 관련이 있었다. 이와 더불어, 학교에서 지식으로 간주하는 것들은 정체성을 가진 집단들 사이의 문화적 정치적 투쟁의 결과로 얻어진 것들이었다. 그리고 사회의 힘의 분배에 의해 형성되었다(Apple, 1993, 1996).

그러나 이전에 논의하였던 다문화교육에 대한 두 가지 접근방법(대인관계 접근과 특수학생과 문화적으로 다른 학생들에 대한 교수 접근)은 학교 교육을 정치적으로 중립적이라고 간주한다. 대인관계 접근방법은 고정관념을 줄이기 위해 학교가 무엇을 가르치는지를 염두에 둔다. 이는 대개 고정관념에 의해 규정되는 집단에 대한 정보를 더 많이 제공하고, 그 집단에 속해있는 모든 학생들에 대해 긍정적인 인상을 제공한다. 특수학생과 문화적으로 다른 학생들에 대한 접근방법은 학교에서 가르치는 내용을 수정한다. 이는 학교에서 어려움을 겪는 학생들을 위해, 필요에 따라 교육과정을 그 학생들에게 적절하도록 개정하는 것이다. 두 가지 접근 방법은 학교의 과정과 수업 내용 대부분이 본질적으로 공정하고 바람직하며, 정치적으로 중립적이라고, 다시 말해 특정 집단에 대한 편견이 없으며, 이들을 선호하지 않는다고 여긴다.

단일집단 연구는 특정 집단이 자원 분배에 있어서 불공정한 대우를 받는 이유에 대해, 대안적인 방식으로 설명한다. 예를 들면, 여성 노동자는 남성에 비해 똑같은 시간을 일하고도 20%이상 낮은 임금을 받는가? 왜 대부분의 장애가 있는 사람은 취업이 어렵고 취업을 하더라도 시간제 직업밖에 구할 수 없는가? 학력 차이가 줄어듦에도 불구하고 왜 아프리카계 미국인과 라틴계인들의 빈곤율은 백인보다 더 높은가?

단일집단 연구는 지배적인 학교 교육이나 관점과는 달리 이 문제에 대한 다른 접근방법을 제공한다. 도표 4.1은 불평등이 존재하는 이유를 이해하는 상이한 사고의 틀을 제시한다. 이 표는 두 가지 요소(사회의 본질과 소외집단의 본질)에 집중하고 있으며, 사회에서 지배적인 집단이 받아들이는 관점을 열거한다. 우리 대부분은 사회의 본질에 대한 시각을 바탕으로 교육을 받았다. 결과적으로 우리들 대부분이 미국은 공정하고 모든 이에게 개방적이며, 열심히 일한다면 누구든지 '아메리칸 드림' 을 성취할 수 있다고 반복적으로 교육을 받아왔다. 이와 더불어, 백인, 남성, 이성애자, 그리고 경제적으로 안정되어 있는 사람들은 노력과 성공 사이의 직접적인 상관관계를 경험한다. 이 시스템은 모든 사람에게 공정하게 열려있음에 틀림없다. 왜냐하면, 이것이 우리가 배워왔던 내용인 동시에, 이 시스템이 우리에게 공평하게 작용해왔기 때문이다.

그렇다면 한 집단이 다른 집단에 비하여 성공적인 사례가 적은 이유는 무엇인가? 우리 대부분은 이 결과를 그 집단이 가지는 특성을 통해 설명한다. 특히 그들에게 결핍된 것에 초점을 맞추면서 교육, 문화, 열정, 언어, 현대적 가치 등을 그 예로 제시한다. 억압받는 집단의 관점은 도표 4.1의 오른쪽 열에 열거되어 있다. 어떤 지배적인 미사어구를 사용할지라도, 사회는 개방적이지 않고

	지배 집단	피지배 집단(억압받는 집단)
사회의 본질	공정, 개방적	불공정, 조작됨
가지지 못한 집단에 대한 본질	열정, 노력, 문화, 언어, 교육, 기술의 부족	힘, 자원, 발전된 작업

도표 4.1 불평등에 대한 관점

모든 집단에게 공평하지 않다. 이는 현재에도 그러하고 역사적으로도 그러했다. 오히려 지배 집단은 자신들과 다르게 규정되는 집단에 소속된 사람들의 발전을 가로막는 장벽을 세웠다. 억압받는 집단은 문화 혹은 능력이 부족하지 않다. 오히려 사회가 개방적인 구조를 가지고 있다면, 그들은 잠재력을 성공으로 증명할 수 있는 창의적인 지적, 예술적 유산을 풍부하게 가지고 있다. 이 관점은 일반적으로 학교에서 가르치는 것이 아니다. 예를 들어, 앞서 제기했던 성에 따른 임금의 차이에 대한 질문을 상기해 보라. 일반적으로 이런 불평등은 별로 중요하지 않은 문제로 간주되며, 고등학교 과정에서 인정되거나 가르치지 않는다. 이러한 이슈에 대하여 관심이 없는 사람들은 종종 성차별은 과거의 것이라고 생각하거나 점점 사라져 가는 것으로 생각한다. 혹은 여성들이 더 적은 임금을 받는 것은 더 적은 보수를 주는 직업을 선택했기 때문이라고 생각한다. 이러한 설명은 제도적 성차별을 개선되어야 할 문제라는 인식을 줄이고, 여성의 개인 선택의 문제로 간주한다. 여성학 연구는 이러한 가정의 저변을 탐사한다. 예를 들어, 여성학 연구는 왜 여성들이 주로 집안 살림과 아동을 돌보아야 하는지, 특히 그러한 책임이 다른 역할을 가질 수 있는 여성의 능력을 제한하는지 질문한다. 여성학 연구에서는 또한 어떻게 성차별이 노동 시장에서 작용하는지 조사한다. 토마스코빅 디베이와 스캐그스(Tomaskovic-Devey & Skaggs, 2002)는 노동 시장에서 분석한 자료를 기초로 여성은 소위 말하는 여자다운(female) 직업으로 분류되며, 성에 대한 차이 때문에 특정 기술을 배울 수 있는 훈련에 접근할 기회를 얻지 못한다는 것을 밝혔다. 이것은 여성은 덜 복잡하고 관리직과는 크게 상관이 없는 훈련에만 접근하도록 제한되어 있다는 것이다. 여성이 남성의 직업에 대한 접근성을 갖지 못할 때, 이러한 직업을 수행해 나가기 위한 훈련의 기회 역시 갖지 못한다(p. 120).

어떤 사람은 남성과 여성이 왜 다른 직업으로 분리되고, 결과적으로 기회와 임금에서 차별적이고 불공정한 대우를 받게 되는지 질문할 수 있다. 이러한 질문은 우리의 시선을 도표 4.1의 왼쪽 열에서 오른쪽 열에 대한 분석으로 옮긴다. 또한 이러한 인식이 노동 시장에서 성차별을 제거하거나 감소시키는 여성 조직을 이끌어 온 것은 물론, 아동과 청소년의 성 역할의 사회화에 대한 재고를 유도해 왔다. 산체스(Sanchez, 1999)는 이민자 연구가 지나칠 정도로 도표

4.1의 오른쪽 열에서 제시하는 관점에 초점을 맞추지 않는다고 주장하였다. 그는 다음과 같이 논하였다.

> 그것은 역사적 해석의 갈림길이며, 결국 이민자 집단의 역사를 연구하는 학자들이 양면적인 가치를 취하도록 지속시킨다. 예를 들어, 그들의 피부색은 다르지만 라틴계인과 아시아계 미국인들은 미국 이주민 집단에서 후진주자들이다. 미국에서 오랫동안 역사적으로나 인종적으로 소수 집단으로 존재하는 아프리카계 미국인들과는 어떤 점에서는 비슷하다고 할 수 있으나 또 어떤 점에서는 매우 다르다.

세계적으로 인구의 이동이 늘어나면서, 그는 인종, 문화, 권력에 관한 개념을 이러한 연구에서 강조할 필요가 있다고 주장하였다. 그렇지 않으면 사람들(예, 노동착취 현장 근무자)이 경험하는 역동성이 현저하게 축소된다고 주장하였다. 예를 들면, 이주민 집단의 건강관리에 대한 필요성은 이주민의 문화에 의해서만 형성될 뿐만 아니라, 아주 강하게 작용하고 있는 주류 사회의 인종차별주의에 의해서도 발생한다. 이와 더불어, 그는 이민 그 자체는 미국의 국제적인 행동과 중재의 결과라고 주장하였다. 결국, 단일집단 연구에서는 교육이 중립적이지 않다고 여긴다. 왜냐하면, 학교가 무엇을 가르칠지, 무엇을 가르치지 않을지, 그리고 교수-학습에서 교사가 어떠한 관점을 사용할지 결정하기 때문이다.

진(Zinn, 1994)은 "움직이는 열차 안에서 중립적일 수 없다" 고 주장하였다. 이 말의 의미는 바로 "학생들은 그들이 교실에 도착하기도 전에 이미 장기간 동안, 가정과 고등학교, 매스 미디어를 통해 오랜 기간 정치적인 세뇌를 받아왔다" (p. 8)는 점이다. 그는 학교는 다양한 관점을 제시해야 하고, 교사는 자신의 관점을 명백히 해야 한다고 주장한다. 그러나 학교가 모든 관점을 가르치거나 아무 관점도 가르치지 않는 것처럼 가장하는 것은 무지한 태도이다. 이것은 지배적인 관점의 구조가 진실이라고 생각하는 사람들에게만 의미가 있다. 사회의 많은 집단들에게 민주주의는 현실적이라기보다 더 이상적인 방향으로 나아간다. 미국의 역사를 거슬러 올라가면서 학교에서 특정한 관점에 대해서 가르치는 것을 추적해볼 수 있다. 예를 들어, 1900년대 초기의 교육 선구자였던 엘우드 패터슨 커벌리(Ellwood Patterson Cubberley, 1909)는 다음과 같이 진술하였다.

> 어디에서나 이민자들은 같은 문화적 배경을 지닌 이민자끼리 집단으로 정착하고, 거기에서 그들의 국가적 윤리와 관습, 규범을 세우는 경향이 있다. 우리의 임무는 그들을 미국 인종으로 합병하고 동화시키기 위해 이러한 집단 혹은 정착민들을 와해시키는 것이다. 그리고 그들의 아동들에게 할 수 있는 만큼 앵글로 색슨의 정의에 대한 개념, 법과 규율, 정부에 관한 시각을 심는 것이다. 그리고 우리의 민주적 제도에 대한 존경심을 가지도록 그리고 우리가 시민으로서 그것을 연속시키기 위해서 하고 있는 것들에 대해서 일깨우는 것이다(p. 15-16).

타이약(Tyack, 1966)은 토마스 제프슨, 노아 웹스터, 벤자민 러쉬(Thomas Jefferson, Noah Webster, and Benjamin Rush) 모두 공립학교의 기능은 자유와 사회 질서 사이의 균형을 가르치는 것이라고 믿고 있다고 지적한 후, 다음과 같이 기술하였다.

> (미국 건국의 아버지들은) 가족, 정치적 모임, 신문, 비공식적인 조직들로부터 제공되는 무의식적이고 무계획적인 사회화에 만족하지 않았다. 그들은 정치적 신념과 조직이 '부여되었다는 점(given-ness)'도 신뢰하지 않았다. 그들은 학교에서 심사숙고하는 미국인들을 교육하는 방안을 모색하였다. 하나의 중앙화된 권력으로부터 미국을 해방시키는 투쟁을 해 오면서, 그들은 새로운 연대, 보편적인 시민의식과 문화, 공통된 미래상을 창출하고자 시도하였다. 제프슨과 러쉬, 웹스터는 자유와 질서 사이의 균형을 위한 이러한 추구 속에서, 그리고 개인과 사회 사이의 적절한 균형을 위해 갈등상황에 직면하였다. 이는 시민교육을 위해 오늘날도 논쟁거리가 되고 있으며, 교사에게는 하나의 명령과도 같이 표현된다. 즉, 학생들이 비판적으로 사고하게 교육하는 것과 전반적으로 애국심을 갖도록 가르치는 문제가 그것이다(p. 31).

달리 말하자면, 학교는 역설적으로 미국인들에게 민주적 참여뿐만 아니라 어느 정도의 부를 가진 앵글로 색슨 남성들에 의해 정의된 문화적 사회적 구조에 대한 복종을 가르친다. 스프링(Spring, 1997)은 학교가 종종 동화주의적인 실행을 통해 역사적으로 문화적 다양성을 억압하고, 사회적으로 사람들을 소외시키고, 존중하지 않으며, 일부 사람들을 비가시화하고, 특정 집단의 학생들(예를 들어, 아일랜드인, 미국 원주민, 그리고 푸에르토리카인)을 '문명화' 시켜 온 세부적인 방식에 대해서 논의하였다. 이와 같은 교수 방식이야말로 단일 집단 연구 지지자들이 염려하는 바이다. 학교에서 민주주의가 촉진되어야 함에도 불구하고, 만약 그것이 이미 오직 정치적 경제적 지배력을 가진 사람들의 관점과 관심들로만 결부된다면, 이와 같은 민주주의는 하나의 위장일 뿐이다. 진정한 민주주의를 위해 억압받는 사람들 또한 그들의 생각을 자유롭게 표현할 수 있어야 하며, 그들의 이야기와 삶에 관심을 가져야 한다.

"지식은 힘이기 때문에 교육과정은 단일 집단 연구 지지자들의 주요 관심사이다. "지식을 더 많이 지닌 사람들은 그렇지 못한 사람들에 비해서 더 큰 권력을 가진다. 어떤 것이 지식인가를 정의하는 사람들은 대부분 지배적인 집단의 사람들이다"(Pagano, 1990). 이와 더불어, 읽기는 문명화된 사회의 힘을 얻을 수 있는 가장 중요한 방법이다. 그것이 억압받는 집단이 이러한 힘을 가진 지식을 얻기 위해, 그리고 사람들이 그들이 만들어내는 지식에 귀를 기울이도록 투쟁하는 이유이다(Lauter, 1991, p. 161). 1960년대, 교과서는 백인 중산 계급, 그리고 오직 남성의 관점과 경험들로 구성되어 있었다. 제1장에서 언급하였듯이 오늘날 교과서는 다원적인 관점들을 보여주고 있다. 만약 당신이 20년 전 발행된 교과서들을 넘겨보면, 그것이 이전에 비하여 훨씬 더 많이 통합되어 있다는 것을 알 수 있다. 『학습으로의 전환(Turning on Learning)』 제4장에 나와 있는 교과서 분석 도구를 사용하여 분석할 수 있다.

교육과정은 단순한 사실들의 종합이 아니다. 그것은 이야기를 전달하고 그림을 제시한다. 일부 당연시되는 주제들은 대부분의 교육과정 내용들을 뒷받침한다. 우리는 이러한 주제들을 도표 4.2로 요약하였다. 이들은 교육과정에서 거의 직접적으로 언급되지 않는다. 대신에 이들은 교과서에 무엇이 존재하고 무엇이 존재하지 않는지를 통해 발현되며, 백인과 중산층 이상의 계층, 그리고

- 미국은 부와 기회의 땅이다. 기회는 노력하는 모든 사람들에게 열려 있으며, 누구든지 하고자 하는 바를 이룰 수 있다.
- 미국 역사는 유럽에서부터 북미의 동부연안으로 유입되었으며, 다시 서부로 전해졌다.
- 미국 문화의 기원은 유럽인들의 문화에서 찾을 수 있다. 유럽은 가치 있는 문화를 성취해 온 주된 근원이다.
- 미국의 국가적 이상은 개인의 발전, 사유 재산의 축적, 다수에 의한 결정과 시장의 수요, 미국 정부에 대한 충성, 언론 표현의 자유다(그리고 반드시 그래야만 한다).
- 과거에 존재했던 사회 문제는 일부 해결되었다.
- 대부분의 사회 문제를 해결할 수 있는 기술적인 해결책이 있다. 과학과 수학은 이러한 문제를 해결하는 핵심 열쇠이다.
- 미국 시민은 대부분의 것들에 대해 의견 일치를 보인다. 차이점은 개인적인 것이며 문제를 공적으로 논의할 수 있다(대개 한 가지 이야기로)
- 세계의 다른 곳곳에는 빈곤과 다른 문제들이 있다. 그러나 미국은 그렇지 않으며, 미국은 다른 나라에서 겪고 있는 문제를 해결해 주어야 하는 사명을 가지고 있다.
- 미국은 기본적으로 백인, 중산 계급, 기독교, 이성애자들이 주류를 이룬다. 기독교를 신봉하는 백인 남성은 가장 높은 수준의 사고를 하며, 가장 훌륭한 문제 해결자이다. 그리고 그들은 대개 모든 사람의 최선의 이익을 위해 행동한다.

도표 4.2 유럽적이고 남성 중심적인 교육과정 주제들

남학생들과 교사들의 삶의 경험을 통해 재확인된다. 예를 들면, 어떤 교과서는 대부분의 사회 문제는 해결된 것으로 언급한다. 심지어 그들은 과거에 존재하였던 노예문제와 대공황과 같은 문제에 대해서 언급했음에도 불구하고, 소수의 교과서들만이 현재의 사회 문제들을 조사한다. 교과서는 결코 부유한 백인 남성이 세계의 문제를 가장 잘 해결하는 존재라는 점을 직접적으로 언급하지는 않는다. 교과서들은 단지 어떤 다른 집단에 대한 이야기보다 그들에 대한 이야기를 많이 다루고 있을 뿐이다. 가르샤(Garcia, 1982)는 모든 민족은 지리학적으로 정의되고 형성된 고유의 역사를 가지고 있다는 점을 지적하였다. 그러므로 각 민족 집단을 단편적으로 그리고 특정 사건들만 연속성 없이 연구하기보다는, 이를 연속적이고 세밀하게 연구해야 한다고 기술하였다. 다음은

2000년 위스콘신 주립대학교 메디슨 캠퍼스(the University of Wisconsin-Madison)의 아프리카계 미국학과(the Afro-American Studies Department)의 대학생에게 제시된 아프리카계 미국인의 처우에 관한 언급이다.

> 비록 아프리카계 미국인 공동체가 고유한 역사적인 경험을 가지고 있고, 독특한 문화를 발전시켜 왔으며, 그리고 미국 사회에서 특별한 문제에 직면하고 있기는 하지만, 학자들은 아프리카계 미국인의 경험을 거대한 미국인들의 경험의 불필요한 사족정도로 치부하고 심하게 왜곡시키거나 그들의 경험을 완전히 버리려는 경향이 있다(p. 31).

또 다른 예로서, 1998년 교육과정에서 장애가 있는 사람들이 어떻게 묘사되었는지에 관한 린톤(Linton, 1998)의 설명을 고려해보자. 그녀는 그러한 묘사들이 일반적으로 '장애에 대한 협소하고, 병리적인 개념' 에 기초한다고 설명하였다. 그리고 장애문제와 관련한 목소리와 장애학(disability studies)은 하나의 관념이며, 추상적인 것으로 배척된다고 설명하였다. 더군다나 사회과학과 인문과학에서 장애에 대한 아이디어들은 좀처럼 드러나지 않고(unpacked), 장애학 이외에는 이들을 분석하거나, 조사하거나, 혹은 역사화하지 않는다(p. 88). 쟁점을 제시할 때 자신의 입장을 표명하는 것을 거부하고자하는 교사일지라도, 학교생활 속에서 무엇을 어떻게 가르칠 것인지에 대한 수 많은 결정에 접하게 된다. 그리고 이러한 결정은 특정한 관점을 제시할 수 있다. 예를 들어, 미국 소설을 가르치는 영어교사는 인종, 성, 섹슈얼리티, 그리고 계층에 대한 시사점을 포괄하는 관점을 가르치게 될 것이다. 만약 그 교사가 마크 트웨인(Mark Twain)의 『허클베리 핀(The Adventures of Huckleberry Finn)』이나 데이비드 샐린저(J.D. Salinger)의 『호밀밭의 파수꾼(The Catcher in the Rye)』, 제임스 디키(James Dickey)의 『구출(Deliverance)』, 그리고 존 스타인벡(John Steinbeck)의 『분노의 포도(The Grapes of Wrath)』를 가르치기로 결정하였다면, 그 교사는 (지금까지 최소한) 클라우드 브라운(Claude Brown)의 『약속의 땅의 사내아(Manchild in the Promised Land)』, 맥신 홍 킹스턴(Kaxine Hong Kingston)의 『여전사(Woman Warrior)』, 쥬디 블룸(Judy Blume)의 『영원(Froever)』, 앨리스 워커(Alice Walker)의 『칼라 퍼플(The Color Purple)』을 포함시키지 않기로 결정한 것과 같다. 두 부류의 소설이 가진 학문적 관점은 매우 다르며, 교육과정에 포함시키지 않기로 결정한 소설에는 세 명의 여성과 세 명의 유색인종이 등장한다. 만약 이들 모두를 장기간 동안 사용한다면, 두 부류의 소설 모두 정치적으로 중립적이지 않다. 문제는 "교사들의 결정이 의식적이든 무의식적이든, 무엇을 가르칠 것인지를 결정하는 교사의 판단에 어떤 정치적 관련성이 있는가?" 하는 점이다.

이와 더불어, 무엇을 가르칠지, 이를 어떻게 가르칠지에 대한 논의 또한 중요하며, 그것은 하나의 관점을 제시하거나 영향을 준다. 예를 들어, 한두 명의 아프리카계 미국인 학생들이 속한 교실에서 미국 작가에 대해서 가르치는 교사가, 『말콤 엑스의 자서전(The Autobiography of Malcolm X)』 대신 리차드 라이트(Richard Wright)의 『네이티브 선(Native Son)』을 가지고 학기를 시작하기로 결정한다면, 아프리카계 미국인 학생들은 힘 없고 상처받기 쉽다. 왜냐하면, 주요 등장인물이 힘 없는 노예이며, 살인자이기 때문이다. 반면에, 말콤 엑스의 자서전』은 아프리카계 미국인 학생들에게 대개 자긍심과 존경심을 불러일으킨다. 어떻게 교육과정을 제시하는가(순서와 시간 그리고 예들)는 정치적인 시사성을 지니고, 비록 무의식적이라고 할지라도 교사의 입장을 암시한다.

정체성과 학교 교육의 사회적 목적

학교는 사회화를 위한 사회적 대행기관 (혹은 사회의 조직)이다. 학교는 젊은이들에게 그들이 성인으로서 살아갈 사회에서의 역할을 준비시킨다. 이러한 역할로서, 어떤 이는 오늘날의 학생이 미래의 시민이라는 점에서, 학교를 사회 변화를 위한 엔진이라고 생각한다. 또한 어떤 이는 학교교육이 사회 통제의 한 형태이고 현재의 상태를 유지하도록 하는 수많은 방법을 규정할 수 있을 것이라고 생각한다.

학교는 사회화 과정을 통하여 통제의 역할을 수행한다. 사회화는 삶 전체를 통한 과정이고, 인간 활동의 기본이며, 가정이나 종교 단체에서처럼 교실에서도 일어난다. 학교는 학생들을 기존의 문화와 사회 관습에 적응시킴으로써, 그리고 학생의 개성이나 정체성의 발달을 도움으로써 사회화의 과정에 기여한다. 학교에서의 다양한 사회적 경험에 참여함으로써, 학생들은 지식, 태도, 행동, 가치를 배우고 그것에 익숙해진다. 많은 이들은 학교를 젊은이들에게 '올바른' 가치와 사회적 태도를 주입시키는 사회적 기관이라고 간주한다. 예를 들어, 어떤 교육자들은 학교에서 학생들은 복종의 태도, 근면성, 청결, 시간엄수와 같은 것을 중요한 사회적 가치로서 배우고, 이는 결국 학생들이 성인이 되어 사회의 한 구성원으로서 유용하고 생산적인 사람이 되도록 조력한다고 주장한다.

보울스와 긴티스(Bowles and Gintis, 1976)는 학생들의 미래를 투사하여 학생들을 분류하고, 이러한 분류에 기초하여 학생들을 사회화시킴으로써, 결국 학교가 어떻게 사회 계층을 재생산하는지 제시하였다. 학교는 합법적으로 불평등을 촉진시킨다. 학교에서는 확연하게 보이는 '능력 중심적 방법(meritocratic manner)' 에 기초하여 학생들에게 상을 주어 격려하고, 그들을 위계적인 직업세계의 차별화된 위치로 배치시킨다. 학교는 학생들 사이의 사회 계층적, 인종적, 성적 정체성의 패턴을 창출하고 강화한다. 이는 결국 사회화 과정에서 학생들이 권위적인 위계질서와 지위에 따라, 그들의 최종적인 위치를 '적절히' 관련시키도록 조장한다. 학교는 경제적인 영역에서 지배와 피지배라는 관계에 걸맞도록 개인 발달의 유형을 만든다(p. 11). 예를 들어, 하류 계층 학생들은 낮은 수준의 능력을 가지고 있으며 치료(remedical) 중심의 학급으로 분류되는 경향이 있다. 반면에 상류층 학생들은 대학진학을 목표로 한 고급반에 편성되는 경향이 있다. 표면적으로 그 과정은 공정하게 보인다. 왜냐하면 그러한 과정에서 객관적인 시험과 전문적인 지침이 사용되기 때문이다. 학생들은 일단 분류가 되면 자신들의 현재 위치가 합당하다는 것을 배우고, 지도자-추종자의 형태로 서로를 관련시킨다. 그러한 상태는 재생산되지만, 자연적인 현상처럼 보인다. 무엇보다, 이와 같은 방식으로 한번 분류가 되고 나면, 학생들은 질적으로 다른 교육을 받게 된다. 고급반에 편성된 학생들은 일반학급이나 치료학급의 학생들보다 더 고급수준의 그리고 지적으로 도전적인 교육과정을 배운다. 학생들은 학교를 통해 성장하므로, 그들은 다른 미래를 준비하면서 점점 더 달라진다. 그러나 학교교육은 또한 아주 해방적(liberating)일 수 있으며, 거대한 사회 변화를 일으킬 수 있다. 사람들은 읽기와 쓰기가 자유를 위한 도구라 간주하면서, 이들에 대한 접근성을 위해 투쟁해 왔다(물론 읽기와 쓰기가 이러한 방식으로 자주 사용되지 않지만 말이다). 타이악과 쿠반(Tyack and Cuban, 1995)이 지적한 것처럼, 학교는 퇴화(retrogression)와 진보(progress) 양쪽 모두의 관점으로 동시에 이해될 수 있다. 단일집단 연구의 중심에 놓여 있는 사람들을 개인적으로 혹은 집단으로 해방시키는 것은 교육의 힘이다. 그러나 해방은 개인에게 내외적으로 영향을 미치는 억압의 실제에 대한 이해를 필요로 한다.

인종 정체성 발달에 관한 연구는 학교가 어떻게 학생들의 자아 개념을 형성하고, 사회 질서를 유지시키는지를 이해하는 데 도움을 준다. 그리고 동시에 학교가 어떻게 '해방적'이 될 수 있는지에 대한 이해에 도움을 준다(Cross, 1991; Helms, 1990; Tatum, 1992; Thompson & Carter, 1997). 이와 같은 연구는 백인과 유색인종 사이의 다른 정체성 발달의 단계를 설명한다. 우리는 또한 이 단계들을 다른 다양성의 형태에 적용할 것이다. 즉 지배 집단의 사람들(백인, 남성, 중산층, 고소득층, 이성애자, 비장애자)이 자신들의 정체성을 어떻게 바라보는지와 억압된 집단의 사람들은 그들의 것을 어떻게 보는지를 구분해볼 것이다. 도표 4.3은 그 단계들을 요약하여 나타낸 것이다.

지배적 집단의 학생들은 (그리고 교사들은) 일반적으로 캡슐화(encapsulation)의 단계에 있다. 그들은 자신들과 같은 사람들이 건국 초기부터 미국을 이끌고, 위대한 업적을 이루어 왔다고 배워왔다. 이러한 메시지는 지배층에 있는 사회문화 집단 출신의 젊은이들에게 이와 같은 통치가 합법적으로 획득되었으며, 억압이나 억압받는 사람들의 경험을 이해할 필요가 거의 없다고 가르친다. 사실, '억압(oppression)'이라는 개념은 그들에게 낯선 것이다. 그들은 미국을 자유롭고 모든 이에게 개방된 나라라고 생각한다. 학교의 '일상적인 비즈니스'는 이 단계를 강화한다.

단일집단 연구의 지지자들은 학생들이 좀 더 높은 단계로 나아갈 수 있도록 도울 길을 찾는다. 다음은 '붕괴(disintegration)' 단계이다. 이것은 학생들이 단일집단 연구가 제시하고자 하는 '차별대우의 경험'에 직면할 때 생긴다. 전형적으로, 지배 집단의 학생들은 그러한 경험이 매우 불쾌하다는 것을 발견하고 종종 그러한 상황을 다루는 것을 회피한다. 예를 들어, 우리 학생들은 차별대

지배적인 집단 구성원

A. 캡슐화(Encapsulation): 현재의 상태를 편안해 함. 다른 집단의 경험이나 관점을 고려하지 않음. 다른 집단에 대한 사회의 고정관념을 수용함.

B. 붕괴(Disintegration): 이전의 관점과 상충되는 차별대우의 증거에 직면–죄책감, 분노를 느낌.

C. 복귀(Reintegration): 붕괴 단계의 문제를 해소하는 하나의 방법. 가능한 한 첫 단계(캡슐화)로 돌아감.

D. 유사 독립(Pseudo–Independence): 붕괴 단계의 문제를 해소하는 다른 방법. 다른 집단에 속한 사람들과 접촉하거나 어울리면서, 다른 집단에 관한 정보를 적극적으로 찾기. 자신이 속한 집단이 아니라 다른 집단들을 통해 더 많이 식별함.

E. 자율(autonomy): 억압된 집단을 대한 차별대우를 종식시키기 위해 적극적으로 활동하기. 자신들의 집단에 대한 긍정적인 정체성을 가지되, 집단의 우위적인 지위를 받아들이지 않음.

억압받는 집단 구성원

A. 부합(Conformity): 지배 집단과 그들이 규정한 사회를 통해 정체성을 찾기. 자신들의 집단에 대한 부정적 이미지 수용함.

B. 불일치(Dissonance): 이전의 관점과 상충되는 차별대우의 증거와 직면함–혼란스러움을 느끼고, 더 알고 싶은 욕구가 생김.

C. 저항과 몰입(Resistance and immersion): 주류 사회와 그들의 신념을 적극적으로 거부. 자기 자신의 집단에 대한 지식을 갈망함.

D. 내면화(Internalization): 자신 집단에 대한 강한 긍정적인 정체감을 갖기. 종속적이지 않은 위치에서 지배적인 집단과 재연결하고자 노력함.

E. 헌신(Commitment): 반차별 전략을 위해 장기간 동안 노력함. 자기 자신의 집단과 '자율(autonomy)' 단계에 있는 지배 집단의 구성원과 긍정적인 정체성을 가짐.

도표 4.3 정체성 발달의 단계

우에 대한 영향력 있는 정보를 제시하는 수업은 자신들의 '세계관을 전복시킨다' 고 논의해 왔다. 학생들이 불편함을 다루는 가장 쉬운 방법은 '복귀(reintegration)' 로 설명할 수 있다. 혹은 학생들은 그 강좌나 단원이 끝났을 때 다시 첫 단계로 돌아간다(그 강좌나 단원이 짧다면 상대적으로 쉽게 복귀할 수 있다). 붕괴 단계에 있는 학생들을 도울 수 있는 또 다른 방법은 다른 집단에 관한 정보를 제공하거나 그 집단의 구성원과 접촉하도록 만드는 것이다. 이를 유사 독립(pseudo-independence) 단계라고 한다. 만약 학생들이 다른 집단에 관한 연구에 집중한다면, 결국 그 학생은 자율(autonomy) 단계에 도달할 것이다. 이 단계에서 학생들은 자신의 집단에 대한 긍정적인 정체성을 가지고 억압받는 집단에 대한 차별을 종식시키기 위해 노력한다. 억압받는 집단 구성원과 관련하여, 가장 낮은 단계는 부합(conformity)이다. 이 단계의 사람은 현재의 상태를 받아들이고 자신들의 집단에 대한 부정적인 이미지를 가진다. 소수 집단의 사람(여성, 빈곤층, 동성애자, 장애인)들은 학교, 그리고 사회의 다른 기관들 속에서 사회화되고 결국 이 단계에 머문다. 이들은 자신이 속한 집단의 사람들은 눈에 두드러진 성취나, 사회적 기여, 혹은 정치적 결정을 만들지 못한다고 배워왔다. 결과적으로 억압된 집단의 학생들은 종종 자신들과 그들의 집단은 무력하고 가치 없는 것으로 여긴다. 이러한 감정은 "우리는 모든 사람들이 무엇이든 할 수 있고 선택할 수 있는 자유 민주주의에 살고 있으며, 누구나 자신들이 노력한 것을 획득할 수 있다"는 내용을 동시에 배울 때 더욱 악화될 수 있다. 예를 들어, 모호크족(Mahawk)[32] 중심적인 교육과정의 개발에 대한 논의에서 아그보(Agbo, 2001)는 다음과 같이 설명하였다. 즉, "미국 인디언이 주류 문화에 동화되는 과정에서 오는 심리적인 상처는 서구의 교육 모델과 관련이 있다. 이것은 전통적인 신념의 붕괴와 젊은이들의 정체성과 자아 존중감의 결핍을 초래하였다" (p. 44). 미국 백인 중심의 학교가 모호크족 학생들에게 전달한 이미지는 '무력감(powerlessness)' 이다. 그러나 지배 집단의 사람들은 종종 부합 단계에 있는 억압된 집단의 사람과 있을 때 가장 편안함을 느낀다. 왜냐하면 그들은 매우 수용적이기 때문이다. 예를 들어, 백인 교사는 교사의 권위와 백인 중심의 교육과정을 받아들이는 소수 집단 학생들을 편안하게 느끼는 경향이 있다. 그 교사들은 자신들의 인종적 정체성을 주장하는 학생들을 불편하게 느낀다.

부조화 단계는 대개 개인적인 경험(예, 성에 따라 확연히 차별받는 것)이나

32) 역주: 모호크 말을 사용하며, 중앙에 한 줄 짧은 머리를 남기고 나머지를 삭발하는 북미 원주민의 한 종족.

자신이 배워온 것과 상반되는 새로운 정보를 접하는 자극(예, 신체 장애가 있는 사람들의 성취에 대한 새로운 정보)에서 시작한다. 이러한 경험과 정보는 종종 그 사람이 자신이 했던 경험과 관련하여 더 알고 싶도록 만든다. 이것은 '단일집단 연구'가 추구하는 것이기도 하다. 저항과 몰입(resistance and immersion) 단계에서 개인은 자신들의 집단에 대해 가능한 한 많이 배우고자 한다. 이 단계에서는 수년간에 걸친 억압의 경험으로부터 생긴 분노가 종종 표출된다. 지배 집단에 있는 사람들, 특히 캡슐화 단계에 있는 사람들은 종종 저항과 몰입 단계에 있는 사람에 의해 위협을 받곤 한다. 예를 들어, 저항과 몰입 단계에 있는 젊은 여성은 성차별주의에 분노하게 되고, 그녀가 성차별주의자라고 생각하는 남성의 행동에 대해 격분한다. 그녀의 남자 친구들(그리고 부합 단계에 있는 여자 친구들)은 "그녀가 여성해방 운동이라는 마약(women's lib garbage)에 과도하게 심취해 있다"고 반응할 것이며 그녀를 피하거나 놀릴 수도 있다. 만약 그녀와 친구들이 함께 여성학 연구를 경험한다면, 적어도 그들은 같은 정보에 노출될 것이며, 서로의 생각을 존중하면서 그들의 다른 입장에 대해서 논쟁할 수 있을 것이다. 결국, 저항과 몰입의 분노는 내면화(internalization)를 위한 발판이 되며, 변화를 위한 장기간의 노력을 가능하게 한다. 또한 이는 유사 독립 단계와 자율 단계에 있는 지배 계급의 구성원을 인지하고 신뢰할 수 있도록 만든다. 그 젊은 여성은 변화를 위해 노력하면서, 아마 자신과 비슷한 사람들을 만날 것이며 내면화에 도달할 것이다. 이것은 그녀가 자신의 집단에 대한 긍정적인 정체성을 가지고 있으면서 흔쾌히 지배 집단의 사람들과 동등한 관계에서 협력하는 것을 의미한다. 이는 곧 헌신(commitment)으로 발전할 수 있다.

단일집단 연구의 지지자들은 사회의 본질에 대해서 비판적인 입장을 가지고 있지만, 인간의 본성과 교육의 잠재력에 대해서는 낙관적이다. 인간의 본성은 본질적으로 능동적인가 수동적인가? 아동들은 선천적으로 배우기를 원하는가 아니면 그들을 구슬려야 하는가? 학습은 본질적으로 의미 형성의 과정인가, 아니면 백지와 같은 정신 상태에 지식 꾸러미를 새기는 과정인가? 단일집단 연구는 학생들이 배우고자 갈망하고, 판단을 할 수 있으며, 그들의 학습에 대한 반성에 전념한다고 본다. 그러므로 단일집단 연구의 입장에서 학교는 학생들을 프레이리(Freire, 1970)가 명명한 '비판적 의식화(critical consciousness)' 에 이르도록 발달시켜야 한다. 학생들이 사회에 대한 그들의 전통과 기여에 대해 배운다면, 그들은 자기 발견(self-discovery)과 사회의식의 과정에 참여한다. 이러한 발달은 그들이 열등하다는 사회적 통념과 달리, 그들의 행동이 세계와 미국을 변화시키는 과정이라는 것을 실감하는 결과를 낳는다. 다시 말하면, 학생들이 자신들의 집단에 대해 학습함으로써, 자신에 대해 더 잘 알게 되고 자부심을 가지게 되며, 다른 이들이 그들 집단에 대해 배우면 그들 또한 새로운 지식을 가지고 관계를 변화시킬 것이다. 지배 집단은 그들 자신이 지배력을 획득했다기보다 점유했다는 것을 알게 될 것이며, 그들이 권력을 사용하는 것이 대개 편견적이고 공정하지 않다는 점을 인지하게 될 것이다. 국가 여성학 연구위원회(the Consitution of the National Women' s Studies Association, Graber, 1997)의 서문에는 다음과 같은 진술을 명시하여 여성학의 목적이 의식의 증진이라는 점을 직접적으로 강조하고 있다. 즉, "여성학 연구는 의식과 지식의 변혁을 추진하고자 하는 교육 전략이다"(p. 6). 학습을 하도록 설득당하는 학생들의 사례가 마음속에 바로바로 떠오를 것이다. 여전히 학생들은 학습 자료에 몰두하도록 강요당하는데, 이는 자신들의 삶과는 별 의미가 없는 내용이다. 젊은이에게 있어서 학교는 그들과 관련이 없을 때는 멀어지며, 반대로 관련이 있을 때에는 더 의욕을 가진다.

요약하면, 단일집단 연구 접근방법은 사회 변화에 초점을 둔다. 그것은 학교에서 일반적으로 가르쳐온 지식에 대해서 의문을 제기한다. 그리고 이러한 지식은 다른 이들보다 부유층 백인 남성들의 지배를 강화한다고 주장한다. '일상적인 비즈니스' 는 젊은이들이 현재의 상태를 '올바른 것(right)' 으로 받아들이도록 사회화를 추구하며, 유색인종의 아동들, 가난한 아동들, 그리고 여성 아동들을 사회조직으로부터 멀어지게 한다. 학교교육은 주요한 모든 사회적 집단에 대한 심층적인 연구를 제공할 필요가 있다. 이것은 집단 구성원들에게 힘을 실어주고, 집단의식과 그들의 자부심을 성장시키며, 지배 집단의 사람들이 다른 이들의 경험을 인식하도록 돕는다. 그리고 어떻게 자신의 집단들이 다른 집단들을 억압해 왔는지 인지하도록 돕는다.

지식의 재구조와 정전

1980년대 후반부터, 우리는 고등교육에서 '정전(the canon)'과 관련한 열띤 논쟁을 겪고 있다. 로터(Lauter, 1991)는 다음과 같이 정전을 정의한다.

> 나는 정전(canon)을 문학작품들, 철학적, 정치적, 종교적으로 중요한 자료들, 한 사회 내에서 일반적으로 문화적인 가치가 수록된 특정한 역사의 진술들로 정의한다. 문화적 정전을 어떻게 정의하느냐는 명백하게 대학의 교육과정과 연구의 중요도를 결정한다. 그러나 이는 또한 누구의 경험과 관점이 학문의 중심에 놓이는지 정확히 결정하는 데 도움이 된다(p. ix).

우리는 앞서 단일집단 연구는 1960년대 고등교육 기관에서 가르치기 위해 시작되었다고 언급하였다. 아프리카계 미국학 프로그램들에 이어서, 여성학 연구, 멕시코인에 대해 연구하는 치카노학(Chicano Studies), 그리고 아시아학이 재빠르게 그 뒤를 이었다. 이후 장애학, 게이와 레즈비언학이 탄생했다. 그리고 아팔래치아인(Appalachian)에 대한 연구 센터가 노스 캐롤라이나 주의 아팔래치안 주립대학에 세워졌다. 먼저 교수나 학생들이 특정 집단의 문학이나 역사를 주로 연구하지만, 그 프로그램들은 더 광범위한 것에 초점을 둔다. 예를 들어 무노즈(Munoz, 1984)는 치카노학 프로그램에 대해 다음과 같이 설명하였다. 즉, "관념적으로 볼 때, 치카노학 교육과정에 대한 정의는 두 가지 스펙트럼을 통해 진행된다. 첫째는 멕시코계 미국인들이 미국 문화와 미국 사회 내에서 기여한 바를 강조한다. 반면, 다른 이들은 치카노학을 인종차별과 계층적 억압의 구조에 초점을 맞추는 교육과정으로 정의한다"(p. 9).

시간이 지나면서 학자들은 해당 집단이 겪는 지속적인 억압과 관련한 문제들, 그리고 왜 주류 교육과정(그리고 사회)이 그 집단의 완전한 편입에 그토록 완강히 저항하는지에 초점을 두게 되었다. 예를 들어, 아프리카계 미국인 여성들은 프란세스 하퍼(Frances E. W. Harper)로부터 토니 모리슨(Toni Morrison)에 이르기까지, 장구하고 풍부한 문학적 전통을 가지고 있다. 여전히 주류의 문학 강좌나 수업에서는 '중요한' 작품을 다루고 난 후, '소수 문학(minority literature)'이라는 추가적인 분류하에 이들 작품들을 논의한다. 이들은 위대한 문학작품의 사례로서가 아니라, 추가적인 문학형태로 소개된다. 이와 같이 소수 문학에 대한 편파적(biased)이고 주변적인 취급에 대해, 예를 들어, 게이트와 맥캐이(Gates & McKay, 1997)의 아프리카계 미국인 문학의 노턴 전집(The Norton Anthology of African American Literature)은 전통적인 지식체계와 그 지위에 대해 중요하고도 강력한 도전장을 내민 것과도 같다.

학자들이 그들의 연구 영역에서 떠오르는 주요 아이디어들을 종합하고, 그들의 작업에 저항하는 광범위한 교육 체제와 투쟁함으로써, 그 논쟁은 '정전에 대한 투쟁(battle over the canon)'으로 알려졌다. 이들은 어떠한 그리고 누구의 판단기준이 어떤 지식을 가르칠지를 결정하는지 질문한다. 가장 뜨거운 논쟁은 아프리카 중심주의(Afrocentrism)에서 벌어졌다. 많은 아프리카계 미국학 학자들은 아프리카 중심주의를 유럽중심주의의 교육과정과 병치하였다.

오늘날의 단일집단 연구를 뒷받침하는 주된 주제들을 이해하는 것은 교사들에게 매우 중요하다. 왜냐하면 한 집단에 대한 교육과정을 만들 때 이러한 주제들을 참고해야 하기 때문이다. 우리는 주요 공통 주제들의 윤곽을 간단히 기술할 것이다. 물론 그러한 주제들이 집단별로 다르게 진행된다는 점을 염두에 두어야 한다.

우리는 이것이 지식의 구성법에 대한 인지적인 주제라는 점을 명심해야 한다. 우리는 이미 도표 4.2에서 전통적이고, 백인 중심적이며, 남성 지배적인 교육과정에 관한 주제들을 살펴보았다. 단일집단 연구는 정전과 학문을 재정의하고자 시도한다. 이는 백인 남성이 이외의 집단을 그 중심으로 하였을 때 발현하는 다양한 주제를 중심으로 지식을 조직한다. 도표 4.4는 모학(Mohawk)인들의 교육과정에 나타난 사회 내의 주제들을 설명한 것이고, 도표 4.5는 여성학 연구의 교육과정에서 논의되는 일반적인 주제를 나열한 것이다.

중심화: 시작점의 중요성

필자의 수업에서 이루어진 토론에서, 한 역사학 전공생은 전체적인 이야기를 구성하는 데 있어서 그 시작점을 논의하는 것이 얼마나 중요한지 이야기하였

- 족보 체계
- 기념일
- 추수감사절
- 이로쿼이(Iroquois) 부족의 연방
- 생애주기와 전통
- 가족의 역할
- 정신적인 정화와 치유
- 의학(약)
- 아크웨사스네(Akwesasne)[34] 연구
- 노래와 춤
- 음식
- 의류
- 전통적인 가정
- 생존 기술
- 이야기하기와 희곡
- 부족 게임과 스포츠
- 의사소통과 교통
- 예술 형식과 매체
- 환경적인 인식
- 정부 구조

도표 4.4 모학(Mohawk) 교육과정의 주제들
출처: Agbo(2001).

다. 이 학생은 왜 멕시코계 미국인들이 멕시코 전쟁(Mexican War)[33] 이전의 교육과정에 등장하지 않는지 설명하려고 시도하고 있었다. 혹자는 미국이 멕시코 절반을 식민지화하기 이전에 멕시코에서 무엇이 일어났는지 학습할 것이나, 그 학생이 배운 것은 미국 역사가 아니다. 그 역사학 전공 학생은 미국 역사가 관심을 두고 있는 점은 미국의 정치적 국경 내에서 무엇이 일어났는지, 그리고 미국의 설립과 관련한 유럽에서의 사건들이라고 설명하였다. 그 수업을 진행했던 교수는 멕시코계 미국인과 미국 원주민의 관점에서 역사를 설명하려 하였다. 즉, 공부할 가치가 있는 역사는 고대 마야인(Mayas)과 아츠텍인(Aztecs)까지 거슬러 올라간다. 그리고 미국의 식민지화는 그 장구한 역사에 비추어 보았을 때 상대적으로 최근의 일이다. 이 경우, 그 역사학 전공 학생의 출발점은 미국의 정치 체계가 설립된 시점이고, 교수의 출발점은 고대로 거슬러 올라가서, 지금 멕시코라 불리는 땅에서 문명이 생겨난 시점이다. 그 교수

33) 역주: 1845년에 일어난 미국과 멕시코의 전쟁으로 미국의 멕시코 영토 매수 교섭을 둘러싼 무력 충돌.

34) 역주: 모학(Mohawk)산 근처에 있는 부족.

- 성 차이와 성 불평등: 무엇이 공평하며, 무엇이 공평하지 않은가? 생물학적 특징이 어떻게 지배의 방법으로 사용되는가? 성(sex)은 선천적으로 어느 정도 다른가? 그리고 생물학적 특징이 어느 정도 운명을 결정짓는가? 신체적으로, 여성은 무엇을 할 수 있는가?
- 사적인 영역(가정, 여성에 의해 지배되는)과 공적인 영역(남성이 지배하는 사회): 사적인 영역(예, 육아와 가사)이 어떻게 여성의 공적인 영역(예, 사회 진출)으로의 접근을 제한하는가? 그리고 왜 사적인 영역은 비판을 위한 '제외 구역(out of bounds)'으로 간주되는가?
- 여성의 가난 탈피. 여성에 대한 신체적 심리적 폭력
- 공적인 영역 경제적, 정치적 활동으로부터 여성을 배제시키고 그들의 가치를 절하하는 데 이용되는 과정들
- 문화적인 구성체로서의 성. 어떻게 각각의 성(sex)과, 성(sex) 그 자체가 매체, 예술 혹은 다른 분야에서 나타나는가?
- 여성의 창의적 능력과 예술과 국내 예술에서 여성의 의견(voices)의 표현
- 다음 세대인 자녀를 출산하고, 이들을 교육하는 여성의 일
- 인종적, 민족적, 문화적으로 다양한 여성
- 사회 활동가로서의 여성

도표 4.5 여성학 연구에서 중심적인 주제들

의 관점에 따르면, 미국 역사가 종교적 자유를 위해 배를 타고 미국에 정착한 영국 사람인의 삶과, 감자기근(Potato Famine)[35]과 정치적 불안으로 유입된 수많은 아일랜드 이민자들에 대해 논의하는 것처럼, 미국 역사는 멕시코계 미국인들의 역사적인 사건들도 거론해야 한다.

아프리카 중심주의는 의식적으로 시작점의 중요성을 강조하면서, 아프리카계 미국인의 역사적 시작점을 미국에서의 노예 시기로부터 그 훨씬 이전인 초기 문명인들이 고대 아프리카에 정착했을 시점으로 새롭게 정의하였다. 아프리카 중심주의를 창설한 한 학자인 아산테(Asante, 1990)는 "모든 지식은 어디에서 누군가를 만나는 계기에서 비롯된다. 그러나 그 위치는 아프리카 중심주

35) 역주: 1740~1741년에 감자 잎마름병(potato blight)으로 아일랜드가 겪은 매우 심각한 기근.

아프리카의 후손들: 창조자, 사상가, 건설자

고대 이집트, 문명의 촛불
다른 식민지 전 시대의 아프리카 왕국들
식민화와 노예화
교회 설립: 아프리카계 미국인 단체의 출현
노예로서의 멍에에 대한 저항
재건
할렘 르네상스(The Halem Renaissance)[36)]
시민 운동
아프리카, 캐리비안, 그리고 남아프리카의 흑인 민족주의
오늘날의 창조자, 사상가, 건설자

도표 4.6 아프리카 중심주의 과점에서의 역사 주제들

의자들이 아프리카의 이상과 가치를 탐구의 중심에 놓음으로써, 올바르게 형성된 관점으로 남아 있게 된다"(p. 5)고 설명한다.

혹은 뮤렐(Murrell, 2002)에 따르면 "아프리카계 미국인들은 중요하고 명백한 문화적 유산 중에서, 집단적인 역사와 집단적인 기억만을 가지고 있다"(p. 19). 도표 4.6은 학생들이 고대 아프리카부터 시작하여 아프리카 중심적인 역사 수업에서 학습할 수 있는 주제들이다.

세계의 특정 지역에 뿌리를 둔 민족적 인종적 집단에 있어서도 그 시작점을 정의하는 것은 그 역사의 나머지를 구성한다. 예를 들어, 원주민들의 역사는 일반적으로 그 지역과 그 지역에서 사람들이 맺어 온 관계 속에서 시작한다. 한 집단의 이야기는 아시아에서 비롯하여 동쪽으로 이동하거나, 남아메리카나 중앙아메리카로부터 북쪽으로, 혹은 유럽에서 시작하여 동쪽으로, 혹은 수천 년 전에 바로 이 곳 북아메리카 대륙으로 이동하였을 것이다. 더 나아가, 만약

36) 역주: 흑인 운동(New Negro Movement)으로 알려진 1920~1930년 일어난 아프리카계 미국인들의 문화적 인지적 움직임.

어떤 사람이 그 집단을 예속된 상태에서가 아니라, 강한 위치에서(아프리카 문명과 같이) 시작하였다고 간주하고, 그 집단이 약자로서의 위치(노예와 같이)에서 시작하는 것이 아니라, 그 고유의 강점을 재건하려는 시도를 하고 있고, 지금 떠오르려는 시도를 하고 있다고 여긴다면 그 역사에 대한 해석은 달라진다. 『학습으로의 전환(Turning on Learning)』에서 제시된 멕시코계 미국인과 같은 수업 예시안은 누구의 경험을 바탕으로 교육과정을 시작하는지에 따라 어떠한 변화를 수반할 수 있는지 설명한다.

자연적 범주의 사회적 창조

우리 대부분은 그동안 배워왔던 인간에 대한 범주적인 구별을 당연하게 받아들여 왔다. 예를 들어, 성(gender)에는 남성과 여성이라는 두 가지 범주가 있는데, 이는 상호배타적이고 생물학적으로 정의된다. 인종 집단은 생물학적으로 정의되었으며 변하지 않는다. 예를 들어, 모든 사람들이 백인과 흑인이 어떻게 다른지 알고 있다. 장애가 있는 사람들은 다소 결함을 가진 것으로 생물학적으로 정의된다. 어떤 사람은 미국 시민이거나 시민이 아니다.

이와 같은 범주는 그 본질이 '명백'하고 고착된 것으로 가정되었는데, 이는 억압받는 집단에게 해롭게 작용되는 경향이 있어 왔다. 이러한 억압받는 집단의 사람들은 그러한 범주가 어떻게 사회적으로 창출되고 강화되었는지 검토하고 있다. 예를 들어, 유럽인들과 유럽계 미국인들은 흑인(Negro)을 창출하였다. 다양한 육체적 특성과 아프리카의 다양한 부족으로부터 기원한 모든 이들이, 어두운 피부색을 통해 흑인라는 한 가지 단어로 명명되고, 노예로 낙인찍히게 되었다. 노예제도 이전에, 아프리카 부족들은 그들을 아프리카 사람 혹은 흑인(Negro)이라고 생각하지 않았다. 그것은 백색 인종과의 관계에서 차후에 생긴 인종의 개념이다. 오늘날 다른 사람들이 무엇이라고 논의할지라도, 모든 사람은 인종적으로 색맹이 아니다. 우리는 여전히 유색인종을 다르게 본다. 그리고 사람들은 인간의 다른 부류를 만들기 위해 피부색을 어떻게 이용하는가? 무엇보다, 전 세계에 있는 아프리카 사람들의 후손들은 현재 그들이 시민권을 가지고 있는 나라를 초월하는 공통점을 가지고 있는가? 범아프리카학 연구

(Pan-African Studies)는 이에 대해 긍정적인 입장을 가진다. 라티노학 연구(Latino Studies) 또한 그러하다. 많은 라틴계 사람들은 미국의 경계를 자의적인 것으로 간주한다. 예를 들어, '*la raza de Aztlan*(아즈틀란의 인종)' 이라는 용어는 멕시코계 사람들의 '인종' 을 묘사한다. 미국 국경은 아즈틀란(*Aztlan*)[37]을 반으로 나누며, 멕시코 토착민들을 위압한다. 점점 더, 문화적 민족적 관련이 있으나 전 세계에 흩어진 사람들(유대인, 아프리카의 후손들, 혹은 중앙아시아의 후손들)의 거주지는 현재 그들이 속한 국가를 초월하여 그들 '민족의식' 의 중요성에 기초하여 연구되고 있다(Heller, 1992).

게이와 레즈비언학과 함께 성 또한 여성학 연구의 중요한 분야이다. 생물학적인 것이 어느 정도 성 역할을 결정하는가? 이 문제의 논의를 위해서, 여성학 연구는 성의 생물학적 측면과 심리학, 일부 여성 집단에 의한 다른 여성 집단에 대한 차별, 그리고 인종, 성, 사회 계층의 다양한 관점에서 분석되는 여성 억압에 관한 움직임에 중점을 둔다. 『학습으로의 전환(Turning on Learning)』(Grant & Sleeter, 2006)에 제시된 '과학과 동물적 본능' 에 관한 수업 안은 교실에서 어떻게 생물학과 성에 대한 논의를 시작할 수 있는지 보여준다. 게이와 레즈비언학 학자들은 두 개의 성 사이의 명백한 분화가, 남성의 사회 통제를 지지한다고 주장한다. 전통적인 성 정체성(gender identities)에 순응하지 않는 사람들은 "사회 내에 기존의 권력과 통제의 관계를 지탱해주는 이념적인 신념과 문화적 가치를 위협한다" (Sears, 1992, p. 145).

모든 사회이론의 사회적 구성 개념

사회이론은 이론가들의 시작 점(starting place)에서 출발한다. 심지어 다큐멘터리처럼 실제적이고 중립적인 어떤 것도 제작자의 관점이나 가치를 나타낸다. 제작자는 누구를 위해서 무엇을, 어느 각도에서 어떻게 녹화할 것인지를 결정한다(Trinh, 1991). 사회적으로 만들어진 이론의 개념은 중요하다. 왜냐하면 그것은 무엇이 현재의 실재인지 질문하고 다른 아이디어를 통해 실제를 재고하는

---

37) 역주: 아즈틀란(Atzlan)은 아즈텍 신화에 등장하는 본래 아즈텍인들이 살던 곳이다.

방법을 제공하기 때문이다. 예를 들어, 버날(Bernal, 1981)은 그리스 문화의 아프리카-아시아적 근원에 대한 분석에서 두 가지 이론, 즉 고대이론(the Ancient theory)과 아리아 이론(the Arian theory)을 대조하였다. 고대 이론은 (주로 18세기까지 믿어졌는데) 그리스 문화의 뿌리를 이집트에서 찾는다. 그리고 아리아 이론은 (18세기 유럽에서 생겼으며) 그리스는 특별한 문화적 뿌리가 없이 발현하였다고 여긴다. 버날은 아리아 이론이 유럽인들이 전 세계의 유색인종을 식민화할 때 발전했다고 주장한다. 이 이론은 서구 문화에 막대한 영향을 미친 사람들을 식민화 혹은 노예화시키는 데 작용하지 않는다. 반대로 이는 지질학적으로 증명이 가능한 증거를 제한함으로써, 그리고 언어분석, 신화나 전설, 문학 교재의 분석 증거를 배제함으로써, 비서구 문화의 근원에 대해 '반증한다'.

특수교육과 이들에 대한 전문적인 지원은 의학적 구조에서 장애가 있는 사람들에 관한 이론에 기초를 둔다. 우드워드와 앨리어트(Woodward and Elliott, 1992)는 그 의학적 모델을 탐구하면서 주류화 운동(mainstreaming movement)이 장애가 있는 사람들을 좌절시켰다고 지적한다. 왜냐하면, 그것은 누가 주류에 포함될 수 있는지 없는지, 그리고 장애가 있는 아동들의 지원적 '필요성'을 결정함으로써, '장애가 있는 사람들은 살아남기 위해 전문가들의 도움이 필요하다'는 생각을 단정했기 때문이다(p. 15).

그루메와 스톤(Grumet and Stone, 2000)은 페미니즘 이론의 가능성에 대해 언급한다. 그들에 따르면 페미니즘은 "교육을 하나의 과정으로 창출할 잠재력이 있다. 그 과정이란 바로 우리 자신과 아동들에게 어떠한 새로운 가능성을 제공해주는 것이며, 이는 단순히 과거의 똑같은 커플들이 옷만을 갈아입은 것과는 다르다."(p. 195). 그들은 자유주의에 근거한 페미니즘 이론은 여성을 위한 교육을 재개념화하지만, 언제나 남성들을 포함시키는 것이 아니기 때문에, 페미니스트들을 특별 이익 집단으로 남게 된다고 주장한다. 그러나 누구나 페미니즘 이론을 아버지와 어머니가 자녀의 양육에 어떻게 다르게 관여하는지, 그리고 그 과정에서 상실(loss)을 어떻게 극복하는지를 이해하기 위해서 이용할 수 있다.

그들은 '아버지의 프로젝트는 분리(separation)에 중점을 두는 인식론적 가정에 대항하여, 아동에 대한 권리를 주장하는 것'이라고 설명한다. 여기서 말하는 인식론적 가정이란 주류 사회에서 개인주의와 개인적 자율을 인간 발달의 목표라고 주장하면서, 부성이라는 것이 아동을 직접 돌보기보다는 경제적 책임을 지는 것으로 제한시키는 것을 일컫는다. 이와 같은 맥락에서 아버지의 역할은 상실을 의미한다. 대조적으로 "어머니의 프로젝트란 관계에 중점을 두는 인식론적 가정에 저항하여 그 개별화(differentiation)를 주장하는 것이다." (p. 195). 여성들은 자연의 섭리를 거스른다고 정의하는 사회적 맥락 속에서, 공간과 자율성을 탐색하는 자신을 발견하게 된다. 그루메와 스톤은 가족에 대한 전통적 이해와 자유주의에 기반을 둔 페미니즘의 이해 중 어느 것도 모든 이의 관계(connection)와 개인적 자율성(autonomy)에 대한 관련성(relations)을 염두에 두지 않지만, 자신들이 제시하는 페미니즘 이론은 이를 할 수 있는 잠재력이 있다고 주장한다.

억압된 집단의 힘

주류의 교육과정은 억압된 집단(노예, 살해당한 미국 원주민, 도움을 필요로 하는 장애인, 차별받는 아시아계, 집안에 있는 여성)을 수동적으로 혹은 희생자들로 나타낸다. 대조적으로, 도표 4.6에서 제시한 바와 같은 아프리카 중심의 교육과정에서는 대부분의 역사 교재가 아프리카계 미국인을 창조자, 사상가, 건설자로 묘사한다. 대부분의 전통적인 교과서들은 미국 원주민들을 역사적인 것으로 기술하고 박물관에 전시한다. 그러나 알렌(Allen, 1986)은 미국 인디언학에서 나타나는 가장 강력한 주제들 중 하나는 미국 원주민들이 항존한다는 것이다. 조직적인 학살 정책(질병, 살인, 단종, 빈곤)이 일어난 지 500년 후, 미국 원주민들은 여전히 존재하며, 여전히 창조되고 있다.

여성들은 그들이 운동선수로서의 기회가 주어지면, 남성들이 몇 년 전에 기록한 올림픽 신기록을 갱신한다(Linn & Hyde, 1989). 그리고 그들은 현재 접근 가능한 남성의 영역에서 남성을 따라잡을 뿐만 아니라 그들을 능가한다(Bae et al., 2000). 혹시라도 누군가가 억압받는 집단의 사람들에게 당신들은 약하고 수동적이라고 설득할 수 있고 (만약 그들이 설득당한다면), 그들은 자신들의 운명에 대해 훨씬 더 잘 수긍할 것이다. 활동과 인내라는 주제가 자신에 대한 억압에 저항하여 활동할 수 있도록, 집단 구성원들을 움직이는 데 있어서 매우 중요하다.

문학작품과 예술에서의 집단 정체성

주류 사회는 다양한 매체(영화, TV, 학술적 글, 이야기와 격언, 문학 그리고 예술)를 통하여 억압받는 집단에 관한 이미지를 만든다. 이러한 정체성은 일반적으로 사회에서 집단의 위치를 합리화한다. 예를 들어, 마줌다(Mazumdar, 1989)는 주류 사회가 만든 아시아계 미국 여성에 관한 정체성을 열거한다. 이는 '19세기 샌프란시스코의 타락한 매춘부, 그리고 현재의 조용하고, 예의바르며, 효율적인 아시아계 여성 사무직원' 의 정체성이다. "미국에서 아시아계 여성들은 개인적으로 나타난 것이 아니라 외부 사회의 얼굴 없고, 이름 없는 사람들로 발현되어 왔다" (p. 1). 처칠(Churchill, 1992)은 주류 사회가 미국 원주민의 정체성을 "주인 된 인종의 환상(Fantasies of the Master Race)" 으로 구성하였다고 묘사한다. 주류 사회는 노동계층을 자본과 사적인 소득에 비추어 '중산층' 으로 정의하였다. 가난한 사람들은 아주 부정적인 정체성(범죄자, 복지제도에 의존하는 사람, 노숙자)으로 규정되어 왔고, 이는 결국 현재 상황을 정당화하고, 그들의 조건을 하류 계층 개개인의 탓으로 비난한다(Aronowitz, 1992).

집단의 구성원들이 자신들을 어떻게 바라보고 정의하는지와 같은 집단의 실제적 정체성은 그 집단 구성원들이 만들어내는 예술작품과 문학작품들의 주요 주제이다. 예를 들어, 장애를 가지지 않은 사람들은 장애가 있는 사람들을 한두 가지 측면으로 보는 경향이 있는데, 그것은 도움이 필요한 차별받는 사람들로 보거나 정상인들과는 다른 어떤 능력이 있으며 어떤 일을 비장애인과는 다른 방식으로 해결하는 것을 제외하면 같은 사람으로 보는 것이다. 대조적으로, 장애인들에 의해서 간행되는 「가장자리(The Ragged Edge)」라는 잡지는 정기적으로 정체성에 대해 논의한다. 그들은 장애와 관련한 한계점을 인지하거나 다루고 있으며, 또한 복잡한 인간으로서의 장애인의 이미지를 투사한다. 누군가 한 집단이 창조한 예술적 창작물이나 문학작품을 읽거나 본다면, 그들은 주류 사회가 나타내는 정체성과는 아주 다른 풍부하고 다양한 정체성을 접할 수 있을 것이다. 동성애자 혐오적인 문화 속에서 레즈비언으로서의 정체성으로 인해 힘들어하는 젊은 여성인 사디 베닝(Sadie Benning)의 비디오 작품들과, 1990년에 시작된 예술적이고 사회적인 확장형 프로젝트인 슈팅 백(Shooting Back)[38]에 참여한 노숙자 아동들의 사진작품들은, 예술적 잠재력에 관한 의미 있는 예이다. 이들은 예술을 통해 적법성의 차원에서 일반적으로 제외되었던 두드러진 지식과 경험을 나타낸다(더 자세한 내용은 Paley, 1995 참조). 다시 말해, 이와 같은 사례들은 어떤 예술적 작품은 '보편적인' 것으로 규정하고, 다른 작품들은 특별한 집단의 작품으로 규정짓는 정전(canon)의 선정과정에 의문을 제기한다.

집단 의식

억압된 집단의 삶의 질적 향상을 위한 사회적 변화는 일반적으로 그 집단이 집단적으로 요구하기 때문에 발생한다. 예를 들어, 시민운동은 법 차원의 변화를 낳았으며, 그것은 특히 아프리카계 미국인과 같은 유색인종들의 노력으로 생겨났다. 집단적인 의식은 또한 심리적으로 차별받고 소외당하는 사람들을 강하게 만든다. 그러나 이러한 집단의식을 만들어내고 유지하는 것은 쉽지 않다. 물론 그 어려움은 집단마다 다를 수 있다. 예를 들어, 여성들은 눈으로 식별할 수 있지만, 일반적으로 가족 관계 속에서 남성들과 산다. 그것은 그들이 공통적으로 가지고 있는 성 문제를 명확하게 보거나 여성공동체를 발달시키기 어렵게 만든다. 이러한 연합을 통한 변화는 가족에 대한 충실도와 대립할 수 있다. 많은 여성들이 남편, 아버지, 아들을 지배하는 집단으로 간주하려 하지 않는다. 장애가 있는 사람들도 매우 명백한 수준에서 비슷한 단절을 경험한다. 왜냐하면 장애가 있는 사람들은 자신들과 비슷한 입장에 있는 사람들과 접할 수 있는 기회를 많이 가질 수 없기 때문이다. 동성애자들은 그들이 자신의 성적 지향성을 드러내기로 결심하기 전까지 잘 드러나지 않는다. 그리고 그들이 자신의 성 정체성을 공적으로 밝히는 커밍아웃을 하면 불이익이 따른다. 왜냐

---

38) 역주: 짐 허바드(Jim Hubbard)가 1989년에 불우하고 위험에 처한 아동들에게 사진을 가르침으로써 격려하기 위해 만들었다.

하면 이성애자들의 세계는 여전히 동성애를 거부하기 때문이다.

노동학 연구는 사회 내에서의 계층의식을 발달시키기 위해 시도한다. 이는 사회 계층이 삶의 기회와 거의 관련이 없다는 주장에 대해 지속적으로 논쟁을 벌이고 있다. 예를 들어, 즈웨이그(Zweig, 2000)는 우리는 물론 개인들이지만, 결국 우리 삶의 일상적인 선택이 사회 계층에 의해 형성된다는 점을 학생들이 인식할 수 있도록 도우려 한다. 이러한 점에서, 노동자 계층의 사람들은 공통된 관심을 가진 강력한 집단이다. 영스타운 주립대학(Youngstown State University)에서는 노동학 연구에 대한 준학사학위를 수여하는데, 이들에 따르면 노동학 연구 전공에서는 "노동 조합원, 노사관계와 인사 전문가, 그리고 미국 노동조합의 원리를 더 잘 이해할 수 있는 전통적인 학생들을 양성한다. 이와 동시에 이 프로그램에서는 노사 관계 및 인사분야와 관련하여 노동조합과 임용에 적극적으로 참여할 수 있도록 준비시킨다." 또한 영스타운 주립대학은 "노동학 연구는 사회, 경제, 정치적인 의도에 대한 탐구, 그리고 현대 직종별 노동조합의 활동에 대한 연구를 포함한다. 이것은 단체교섭, 노동법규, 노동역사, 직종별 노동조합의 관리와 철학, 그리고 새로 부각되는 노사관계의 형태들에 관한 연구도 포함한다"고 진술하고 있다. 그러나 집단성(collectivity)에 대한 논의가 이와 같은 집단들에게 중요한 쟁점이 되는데, 이러한 집단성의 문제는 단일집단 연구가 일반적으로 직면한 문제이며, 지배 사회에서 강조하는 개인주의와 대치된다. 그러나 노동 문제와 노동 계층의 문화는 대학수준에서 두드러진 관심을 받고 있다. 초중등 학교에서는 대개 이에 대한 관심의 폭이 좁다. 슬리터와 그랜트(Sleeter & Grant, 1991)는 초등학교 교과서들을 검토한 결과, 교과서에 사회 계층에 관한 논의가 거의 없다는 점을 발견하였다. 그것은 노동학 연구 학자들이 만들어낸 지식은 교육과정의 중요한 부분을 차지하고 있지 못한다는 것을 의미한다. 교육과정에는 노동학 연구에 대한 정보가 아주 미비하지만, 노동자들을 미국 역사와 문화 발전의 큰 주축으로 다루고자 하는 교사들은 노동 계층을 구체적으로 강조한 다른 교재들을 찾을 수 있을 것이다. 예를 들어, 노동 연구를 위한 조지 미니 센터(the George Meany Center for Labor Studies)에서 발간한 『노동자의 유산(Labor' s Heritage)』에는 그와 관련한 전반적인 자료가 포함되어 있다. 이 노동출판물을 만든 스튜어트 카프만(Stuart Kaufman)은 그것의 기여를 다음과 같이 기술하였다. "역사학자들은 그들의 최근 연구물을 공유한다. 도서관의 기록보관자들은 그들의 노동 집단이 가지고 있는 안목이나 관점을 기술한다. 박물관의 학예사들은 많은 사람들이 개인적으로는 접하지 못했을 노동자들의 사진과 글을 전시한다. 음악가, 미술가, 민속학자는 노동의 세계에 대한 그들의 식견을 공유한다" (Palladino, 1997, p. 12).

집단 해방

자신들이 예속된 존재라고 간주하는 억압된 집단에서는 집단 해방의 기초를 창출하기 위하여 자신들의 이야기를 진술하는 주도권을 다시 탈환하고자 한다. 예를 들어, 애드리안 리치(Adrienne Rich)는 다음과 같이 설명한다.

> 역사가 정복자와 지배자들에 의해 만들어진 사건들의 집합이라고 이야기하는 것은 전혀 새로울 것이 없다. 지배자들조차 이것을 인정한다. 유색인종, 백인 여성, 동성애자, 그리고 산업지대와 농촌의 노동계층들이 좀 더 정서적이고 실제적으로 이야기한 것은, 우리의 고유한 역사가 없다면 우리의 미래를 상상할 수 없다는 점이다. 왜냐하면 우리는 우리가 어디에서 왔는지에 대한, 예를 들어, 우리보다 앞서간 사람들의 용맹과 동요, 비전, 그리고 패배를 포괄하는 귀중한 앎의 자원을 빼앗겼기때문이다(Gaard, 192).

예를 들어, 미국 원주민학은 과거를 교정함으로써(reclaiming) 미래를 열고자 시도한다. 듀프리스(Dupris, 1981)에 따르면, 미국 정부는 미국 원주민들의 격리수용(ward)을 선포했었다. 이를 통해 미국 인디언의 문화적 가치는 '역기능적인 것' (dysfunctional)으로 지정되었고, 따라서 소멸되어야 하는 것으로 간주되었다. 미국 원주민 문화 말살정책은 교육과 관련한 업무가 백인이 통제하는 인디안 업무국(Bureau of Indian Affairs)으로 넘어가면서 시작되었다. 그리고 이들의 정책은 명백히 동화 정책이었다. 그 결과는 비참하였다. 듀프리스에 따르면 체로키족(Cherokees)은 100년 전에 90%의 문해능력을 보였다. 70년 동안의 백인들에 의한 학교교육의 결과로 중퇴율은 75%이고, 학생들의 문해능력은 단 60%에 불과하였다. 이와 유사하게 데이힐(Deyhle, 1995)은 앵글로 지배적인 문화 속에서 젊은 나바호(Navajo) 학생들이 겪는 문화적 충돌에 대해서 논의한다.

일부 상실되기도 하였지만, 미국 원주민의 언어와 문화를 복귀하고, 정체성을 강화시키며, 미국 원주민 학생들의 성취도를 높이는 것이 미국 인디언 교육이 미국 원주민들에 의해서 다루어져야 하는 이론적 근거가 된다.

집단 해방은 정치적인 동시에 교육적인 것이다. 단일집단 연구의 지지자들은 교육을 집단 해방의 도구로 간주한다. 그러한 관점에서, 정치 교육과 품질 좋은 교육은 불가분의 관련이 있다. 떨어질 수 없는 관계에 있다. 뮤렐(Murrell, 2002)은 아프리카계 미국인 학생들의 비참한 낮은 성취도에 관해 이야기하면서, 학교를 발전시키고자 하는 주류 사회의 구조는 권력과 공동체의 발달, 인종과 문화 정체성의 발달, 그리고 의미 있는 교육에 대한 비판적인 관점을 제공하지 않으며, 오히려 그것을 부적절하게 만든다고 지적하였다. 그는 또한 "인종차별주의적인 세상에서, 폭력, 마약, 두려움과 같은 현재의 문제들을 관련시키고, 교육적 사고의 핵심에 아동의 지적, 사회적, 정치적인 삶을 배치하지 않는 접근법은 아프리카계 미국인 학생들의 교육의 질을 위해 충분하지 않을 것이다"라고 언급하였다(p. 9).

이러한 주제들이 대학에서 학문적 논점으로 부각됨에도 불구하고, 그 주제들은 해당 집단의 평범한 사람들의 일상적 경험 속에서 지속적으로 회자된다. 한 집단의 구성원은 전통적인 교육과정을 배운 후 단일집단을 연구하는 프로그램에 입학할 것이다. 그러나 그들은 종종 순식간에 정말로 정곡을 찌르고 일리가 있는 교육에 대한 뜨거운 열정을 경험하기도 한다. 그렇지만, 일부 예외를 제외하고 이러한 주제들은 아직 초중등 학교교육에 깊숙히 스며들지 못하고 있다. 이곳에서 단일집단 연구는 종종 주류 사회의 주제들로 재생산된다. 예를 들어, 학습 단원에서는 사회를 '만들어 온' 유명한 사람들의 모습을 조명하고, 사회가 열심히 일하는 모든 사람들에게 열려있다는 암시를 제공한다. 교사들은 단일집단에 대한 연구를 교육과정으로 연결시키기 전에, 억압된 집단이 자신들과 그들의 경험에 대해서 무엇을 이야기하는지 경청할 것이 절실히 요구된다. 아주 성공적으로 다른 집단에 대해 가르치는 것을 배울 수 있지만, 이를 위해서는 노력이 필요하다.

실제를 위한 제안

단일집단 연구 프로그램의 주된 목표는 표 4.1에 제시된 바와 같이 특정 집단의 이익이 되는 사회적 변화를 추구하는 학생들을 위한 지식과 자발성을 증대시키는 것이다. 단일집단 연구는 학부와 대학원의 주류와 비주류를 위한 과정들이 있는 대학 수준에서 광범위하게 계발되어 왔다. 고등학교 수준에서는 이러한 수업들이 한 단원 내에서 혹은 여러 단원에 걸쳐서 교육과정으로 편성되어 왔다. 초등학교와 중학교 수준에서는 특정 집단에 관해 매우 간략하게 단원이나 수업에 나타나 있다. 그러나 학교의 수준과 관계없이, 그리고 특정 사람이 관련된 어떤 집단과 관계없이, 지지자들은 매우 유사한 실제를 위해 제안하였다.

교육과정

우리는 단일집단 연구 교육과정의 공통 특징에 대해서 간략하게 묘사하고자 한다. 주요 공통점은 표 4.1에 나타나 있다. 그러나 먼저, 우리는 제작된 학습자료, 학문적 정보, 해당 집단 구성원들에 대한 탐색 없이, 한 집단에 대해서 중요한 것이 무엇인가에 관한 자신의 짐작을 바탕으로 교육과정을 개발하는 것을 경계하고자 한다. 자신의 생각은 해당 집단 사람들이 자신들과 그들의 경험을 어떻게 생각하는지를 왜곡시킬 수 있다. 예를 들어, 유색인종에 대해서 가르치고자 할 때, 백인 교사들은 일반적으로 자신들이 무엇을 하는지에 대한 자각 없이 어떤 것을 가르칠지를 경정할 때 유럽 출신 민족 경험에 따른 자신들의 해석을 적용한다. 그것은 결과적으로 유색인종이 실제적으로 중요하다고 생각하는 것과는 거리가 먼 교육과정을 만들어낸다. 알바(Alba, 1990)는 오늘날 미국 백인들이 민족주의에 만들어낸 상징적 의미를 조사하였다. 그는 인종집단과 달리 미국의 유럽적 인종주의는 더 이상 의미 있는 삶의 변화를 만들어내지 못함에도 불구하고 왜 미국 백인들이 민족주의에 대한 관심을 지속적으로 표출하는지 의아해 하였다. 그는 유럽 출신 미국인들은 민족적 정체성을 개인의 선택 문제로 본다는 것을 발견하였다. 그들은 민족적 계통을 넘어서 공유되는 민족 이민 역사와 민족주의의 가치 표현(음식, 휴일, 축제)의 공통성을 강조한다. 많은 사람들은 집단 전체의 경험으로서가 아니라 한 사람의 개인적 가족 역사로서 민족은 동등하다고 본다. 백인들은 민족성을 사회 구조(이웃, 친구 집단, 직업, 혹은 정치적 조직)와 연결시키지 않는다. 교육과정은 마침내 유럽으로부터 전해진 음식, 휴일, 이야기와 같은 관습에 초점을 맞추게 된다. 또 하나의 공통적인 주제는 가족의 유산에 대한 것이다. 예를 들어 학생의 가족이 어디에서(어떤 나라에서) 왔는지, 그들이 물려받은 풍습(음식 조리법과 같이)이 무엇인가에 초점을 맞춘다. 어떤 교사들은 미국 원주민들을 유럽 이민자의 구조 속에서 미국 원주민들이 첫 번째 이민자 무리였다고 설명한다. 그러한 수업은 인종이 더 이상 미국에서 자원에 대한 접근성을 구조화하지 않는다는 점과, (누구나가 참여할 수 있는 구세계의 관습에 의해서만 오직 그 구별이 가능해지는) 미국에서 인종 집단은 서로간의 동등한 지위를 유지한다는 점을 암시한다. 이들은 개개인의 성취만을 강조하고 그것을 달성하고자 할 때 겪는 어려움을 간과하면서, 역할 모델에 관한 수업에서조차도 시스템은 노력하는 모든 이에게 동등하게 열려있다고 제안하게 된다.

여성학 연구 분야는 종종 여성차별이 여전히 존재한다는 증거나 여성이 직면한 여러 측면의 억압을 제시하지 않은 상태로, 유명한 여성들에 초점을 맞춘다. 장애에 대한 인식을 목표로 하는 수업은 종종 장애인들이 겪는 사회적 장벽에 대한 비판 없이, 장애가 있는 사람들의 특징을 설명한다. 이와 같은 수업의 문제는, 종종 자신들의 역사와 경험을 학습한 집단 구성원들이, 자신들의 중요성을 고려하고자 하는 생각을 발전시키지 않는다는 것이다.

단일집단 연구 교육과정은 일반적으로 집단의 역사를 포함한다. 인종 집단의 측면에서, 그 역사는 이민의 이유(예, 아시아계 미국인) 혹은 노예화(예, 아프리카계 미국인의 경우)의 이유를 설명해줄 것이다. 그 역사는 아마 초기 백인 정착자와의 관계(예, 미국 원주민과 멕시코계)에 대한 정보도 제공해줄 것이다. 혹은 미국 원주민의 경우, 법적 이주와 백인들과의 분쟁의 역사도 보여줄 것이다. 또한 단일집단 연구 프로그램은 아마도 현재의 문제들, 한 집단이 직면한 도전에 대한 논의도 포함할 것이다. 여기에서는 차별철폐와 원주민 언어 사용과 같은 문제들을 다룬다.

현재 그리고 과거의 한 집단의 남녀를 포함한 영웅들, 그리고 집단의 예술적, 문학적, 과학적 창조물은 매우 자주 자세하게 소개된다. 예를 들어, 유명한 작가, 음악가, 과학자, 시민 대표자들이 소개된다. 이와 더불어 많은 단일집단 연구 프로그램은 미술, 음악, 다른 문화적 양식들을 포함한다. 전통적 그리고 동시대적 관점들이 집단의 문화에 대한 통찰력을 제공하기 위해 제시된다. 예를 들어, 멕시코계 미국인들은 매우 강하고 폭넓은 가족 관계를 가지고 있다고 알려져 있으며, 어떤 관점은 남성과 여성의 행동과 관련이 있다. 멕시코계 미국인들의 미술과 문학에서 이러한 생각을 찾을 수 있다. 애팔라치아(Appalachia)는 주류 사회가 이들을 '힐리빌리(hillbilly)' 라는 식으로 고정관념화하는 풍부한 문화를 가지고 있다. 그들의 문화는 산 사람들의 거대한 힘과 창조성의 존재를 나타낸다. 농인(the Deaf)에 대한 연구는 농인들을 위한 극장, 청력 보강을 위한 기술의 사용에 관한 논의 등의 학습을 포함한다. 또한 한 집단의 차별적 경험과 그 집단이 그러한 차별을 어떻게 다루었는지를 연구한다. 그러한 예로서 제2차 세계대전 동안 일본계 미국인들의 억류, 19세기 강제 이주를 통해서 겪은 미국 원주민들의 눈물의 흔적(the Trail of Tears), 2차 세계대전 방어벽에서의 리벳공 로지(the work of Rosie the Riveter), 단체교섭에서 노동조합의 역할, 그리고 동성애 단체의 시민권을 위한 단체 조직의 역할이 있다. 많은 프로그램과 과정은 집단 내의 다양성을 보여주는 정보 또한 포함하고 있다. 예를 들어, 여성학 연구는 그 집단이 유색 여성과 백인 여성으로 구성되어 있다는 사실에서 생기는 강점과 문제들을 다룬다. 푸에르토리카인에 대한 연구는 피부색과 직업 기회의 관계를 연구한다. 고정관념, 신화, 문화적, 제도적 편견 또한 포함된다.

집단의 철학적 세계관 또한 연구의 대상이 된다. 예를 들어, 여성학 연구 프로그램은 종종 페미니스트 철학을 연구하며, 아프리카계 미국인 연구는 아프리카계 미국인의 정치적인 사고를 연구한다. 마지막으로, 집단이 가지고 있는 현대의 문제점들 또한 연구한다. 예를 들어, 여성학 연구는 종종 성(gender)과 관련한 경제적인 불평등에 대해, 동성애자와 여성의 의료문제를 다룬다. 치카노학(Chicano Studies: 멕시코에 대한 연구분야)은 남서부 농부들의 지위와 밀입국 문제에 대해 이야기한다. 장애 연구는 장애법과 관련한 미국인들의 생각을 조사한다.

지난 삼십년 동안 민족학 연구, 여성학 연구, 장애학 연구, 탈식민 연구 등의 연구들이 싹텄기 때문에, 단일집단 연구는 매우 복잡해졌다. 예를 들어, 1960년대 후반부터 1970년대 초반에는 치카노학이 주로 역사학과 사회과학의 한 과정으로 발달했다. 1980년대에는 멕시코 여성에 대한 치카나학으로 탄생하였으며, 라티노에 대한 비판적 연구는 1990년대에 생겼다(Rodriguez, 2000). 플로어(Flores, 1997)는 "라티노학은 라틴계 민족 집단에 대한 더욱더 초국가적이고 전 세계적인 움직임과 동시에 일어났다. 이와 더불어, 페미니스트, 탈식민주의, 그리고 인종이론들, 그리고 동성애자 연구들의 이론적 개념은 초기 치카노학, 그리고 푸에르토리코인(Puerto Rican)에 대한 연구 당시 존재하지 않았던 복잡성을 가져왔다" (p. 208)고 하였다.

위스콘신 대학교(University of Wisconsin)의 오클래어(Eau Claire) 캠퍼스의 학생들은 인디언학을 학부전공으로 채택할 수 있다. 그 전공은 36학점으로 이루어져 있으며, 세 개의 필수강좌가 있다. (1) 미국 역사와 문화 개론, (2) 미국 인디언의 표현 문화 개론, (3) 학생들이 리서치 프로젝트를 완성할 수 있도록 하는 종합 프로젝트(Capstone)가 그것이다. 학생들은 미국 인디언의 언어 연구, 미국 인디언 문학 개론, 미국 인디언 역사, 미국 인디언 신화와 같은 과정에서 18학점을 선택할 수 있고, 선택과정에서 9학점을 선택할 수 있다. 유치원부터 고등학교까지의 수준에서는 단일집단을 중심으로 전체 교육과정을 구성할 수 있다. 사실, 그것은 주로 주로 미국 백인 그리고 남성들의 집단이다.

아프리카 중심적 학교는 백인 연구가 아니라 아프리카계 미국인 연구에 초점을 맞추기 위해 교육과정을 재구성한다. 전체 교육과정을 재구성하는 하나의 축소판으로, 단일집단 연구 강좌를 개설할 수 있다. 그러나 강좌들은 점점 더 다양한 집단에 관심을 두며, 자연스럽게 간학문적으로 되어간다. 예를 들어, 위스콘신의 매디슨(Madison)에 있는 한 고등학교는 아프리카계 미국인의 역사적 경험에 관한 과목을 개설하고 있다. 다른 세 고등학교는 간학문적인 것을 강조하는, 다양한 집단에 관한 교과목을 제공한다. 이와 같이, 여전히 '민족학 연구' 라는 전통적인 제목을 가진 과정은 다문화적이며 간학문적인 작업으로 변화하고 있다. 초, 중, 고등학교 교사들이 단일집단 연구를 가르치기 위해 많은 자료를 접할 수 있지만, 교육과정 기준을 따라야 한다는 압박은 그러한 노력에 걸림돌이 된다. 교사들은 단일집단 연구를 통해 주 교육과정 기준을 가르칠 방법을 찾기 위해 창의적으로 생각할 필요가 있다.

많은 학교, 교사, 학부모들은 동성애자와 양성애자의 문제를 교육과정에 포함시키는 것을 경계해 왔으며 지금도 그러하다. 그러나 그것을 뒷받침할 수 있는 많은 교육 자료와 문학작품(Combs, 2000; Klein, 2007, Loutzenheiser, 1996; Macgillivray, 2004; Perrotti, 2001; Woog, 1995)이 있다. 또한 만약 동성애자에 관한 교수 자료를 초, 중, 고등학교 학생들 수준에 맞추고자 한다면, 그들은 자신들의 교실의 요구에 맞출 수 있는 많은 자료를 찾을 수 있을 것이다. 비디오 또한 교실에서 사용할 수 있다. 예를 들어, 『이것이 기본이다: 초등학교에서의 동성애자에 관하여 논의하다(It' s Elementary: Talking about gay issues in school, 1997))』와 『그것이 가족이다(That' s a family, 2000)』라는 두 비디오 자료가 대표적이다. 동성애자와 양성애자 학생들의 교육적 경험을 향상시키는 데 관심이 있는 조직[남녀 동성애자 연합, 프로젝트10(Project 10)[39], 양성애자와 진보적 교사 연합(the Gay, Lesbian, and Straight Teachers Network)]들 또한 이용 가능한 교육과정 자료를 만들어오고 있다. 동성애자와 양성애자 학생들을 위해서 그리고 그들에 의해서 출간된 『스무 살의 두 십대들(Two Teenagers in Twenty, Heron)』(1994) 혹은 『나는 우울한가? 침묵으로부터의 커밍아웃(Am I Blue? Coming Out from the Silence)』(Bauer, 1994)과 같은 책들은 그 젊은이들의 생각을 교실로 끌어들이는 데 유용하다. 그것들은 학생들이 '자신들과 어떤 면에서 비슷한' 동성애자와 이성애자를 접할 수 있는 기회가 될 뿐 아니라, 동성애자와 양성애자가 살아가면서, 성장하면서 겪는 경험을 더 잘 이해할 수 있도록 돕는다. 학급에 동성애자 학생들 혹은 성전환자 부모가 있는 교사들을 위한 자료 또한 많이 있다. 예를 들어, 가너(Garner, 2004)의 『나의 가족과 비슷한 가족들: 동성애 부모의 아동들의 솔직한 이야기(Families like mine: Children of Gay Parents Tell It Like It is)』, 하웨이와 사뮤엘(Howey and Samuels, 2000)의 『일상 밖으로: 동성애자, 성전환자 부모 밑에

39) 미국의 동성애자, 양성애자, 성 전환자 학생들의 교육을 지원하기 위해 만들어짐.

서 성장하는 이야기(Out of the Ordinary: Essays on Growing Up with Fay, Lesbian, and Transgender Parents)』, 하웨이(Howey, 2002)의 『복장 규정: 세 여성, 나의 어머니, 나의 아버지, 나(Dress codes: Of Three Girlhoods, My Mother' s, My Father' s and Mine)』 등이 있다. 이와 더불어, 다른 단일집단 연구에서 더 의미 있는 교육과정 개발 자료는 오래된 문서들이다. 중요한 역사적 자료를 이용하는 것은 전통적으로 교육과정에서 제외된 사회 집단을 드러내고 그들의 지위와 목소리를 만들어낼 수 있는 길을 제공한다. 또한 인터넷을 통해서도 자료를 찾을 수 있다. 『학습으로의 전환(Turning on Learning)』에 있는 변형된 교수-학습안은 교육과정 내에서 그러한 자료를 어떻게 이용할 수 있는지를 잘 보여준다.

교수 전략

교육과정은 교육전략보다 단일집단 연구에 점점 더 많은 비중을 둔다. 그러나 해당 집단에 속해 있는 학생을 가르치고자 할 때 그들을 어떻게 가르칠 것인가 하는 문제가 대두된다. 예를 들어, 뮤렐(Murrell, 2002)은 개인적인 학습으로서가 아니라, 사회 속에서의 아프리카 중심 교육을 묘사하고 발전시켰다. 그는 아프리카 중심 교육의 다섯 요소를 이야기한다. 이는 (1) 학생들의 흥미, 약속, 참여를 촉진하는 실행, (2) 학생들의 배경과 관련되는 정체성을 알아보고 발전시키도록 하는 구성, (3) 아프리카계 미국인 문화와 유산과 관련되도록, 학습자 공동체의 지적이고 사회적인 삶을 구성하는 실행, (4) 학생들이 지적인 도구를 사용하여 의미를 만들도록 촉진하는 교수 전략, (5) 젊은이들이 그들 자신들의 표현 방식으로 사용하는 말, 신호, 그리고 다른 사람들에 대한 이미지들의 실제적 탐구이다. 뮤렐은 역동적이고, 공동체적 문화 중심 교육은 전통적인 교육이 가지고 있지 않았던 방식으로 아프리카계 미국인 학생들을 지적으로 더 참여시킬 수 있는 힘을 가지고 있다고 주장한다. 여성학 연구 프로그램은 '페미니스트 교육학' 을 발전시켰으며, 다양한 제도적 환경 속에서 교육자들은 여성에게 적합한 교육 환경을 만들고 재구성하는 과정 속에 있다(Maher & Tetreault, 1994). 본질적으로, 페미니스트 교육학은 여학생들에게 어떤 능력을 부여하기 위한 교수 접근이다. 그것의 주된 아이디어는 여성은 다른 사람들의 생각을 받아들이도록 사회화되었다는 것이다. 전통적인 교실에서 여학생은 남성의 세계관이 들어있고 그들에 의해서 기록된 교재들을 학습하였다. 오랜 시간 동안 여성은 세계를 그들 자신의 입장에서 해석하는 것을 배우지 않았다. 페미니스트 교실에서 여성은 자신의 통찰력을 믿고 이를 개발하는 법을 배운다. 이는 개인적인 경험에서 출발하는 과정 중심의 교수법을 통해 가능하게 된다. 여기서 지칭하는 과정 중심의 교수법이란 그 통제 자체가 '나, 교사, 지식의 조정자로부터, 교과와 관련한 나와 학생들 간의 상호작용으로 옮겨가는 것'을 의미한다(Tetreault, 1989, p. 137). 헤이스(Hayes, 2001)는 페미니즘 교육학은 여성의 생물학적 특징으로부터가 아니라 여성이 경험한 사회화로부터 발생한다고 주장한다. 그녀는 "누구도 성(gender)의 차이를 과장하지 말아야 한다고 제시한다. 그러나 그 차이는 여성의 특정적 성 역할, 그리고 부모와 다른 양육자와의 관계 속에서 일어난 사회화의 영향 때문이다"라고 주장한다(p. 38). 그리고 그녀는, 만약 모든 학습이 사회적이고 상황적이라면, 그리고 그러한 상황에서 학생들이 성, 인종, 민족성과 같은 것의 영향을 받는다면, 모든 학생은 그들의 상황과 맥락의 기대에 부합하여 학습하는 경향을 보일 것이다. "개인의 발달에 관한 기원에서 볼 때, 교육자들은 학습자들이 그들의 학습에 영향을 미치는 성에 대한 신념 체계(gender belief system)를 인지하고, 그들의 학습에 걸림돌이 될 수 있는 그러한 믿음에 도전할 수 있도록 가르쳐야 한다"(p. 41).

헤이스의 주장은 매우 중요한데, 모든 교육적 접근에서는 학생들이 이전에 겪은 사회화를 반드시 고려해야 한다고 제안하기 때문이다. 어떤 사회문화적 집단이 그들이 누군가에 따라 특별한 방식으로 학습한다고 추측하기보다, 교사들은 학생들의 성장 환경에 관심을 가지고, 그러한 환경이 학생들의 지적인 능력이나 자존감에 어떤 영향을 미쳤는지, 그리고 그들이 지적인 작업을 수행하는 방식을 습득할 필요가 있다.

실행

프로그램을 계획하거나 교육과정을 구성할 때, 교사는 그 교육과정과 학교의 다른 교육과정들과의 관계에 관한 결정을 내려야 한다. 그 결정은 계획, 교수와 밀접한 관련이 있다. 단일집단 연구가 일반 교육과정과 분리될 수도 있고 통합될 수도 있다. 일반적으로, 단일집단 연구가 실행이 되면, 분리된 접근방법이 이용되는데 종종 특정 영웅을 기념하는 날 혹은 특별한 시기의 단원(예, 흑인 역사 주간), 축제, 그리고 민족의 야외 요리 파티와 같은 집단 경험의 표면적인 것만 다룬다. 우리는 공립학교 단일집단 연구의 주요 실행 전략은 박람회, 축제, 음식, 민간 설화나 전설이라는 네 가지 측면을 발견하였다. 일반적으로 단일집단 연구가 이러한 방식으로 전개될 때, 그것을 그렇게 분리시키는 확실한 이유가 없다. 그리고 그 집단 자체에 대한 심층적인 연구 또한 없다. 그것은 아마도 원래 수업 계획에 특별한 수업이나 활동을 첨가하는 것이 더 쉽기 때문일 것이다. 그러나 그렇게 추가된 것들은 기존의 프로그램을 실제적으로 변화시키는 전략이 결여되어 있다. 학교 교육과정의 실제적인 변화가 단일집단 연구 실행가들의 주요 목표라고 할지라도, 그들은 통합(integration) 혹은 분리(separation)를 주장한다.

대부분의 단일집단 연구 지지자들(특히 초등학교 중학교 교사들)은 그들의 연구를 기존의 교육과정 내용에 통합할 것을 주장한다. 이 접근은 사회, 정치, 역사, 문학, 미술, 음악과 같은 교과에 집단의 역사적 문화적 경험에 관한 정보를 포함시키는 것을 촉진한다. 우리가 이 전략을 사용한다면 5장과 6장에 소개되어 있는 다문화교육 접근방법 중의 하나에 더욱 가까워질 것이다. 지지자들이 주장하는 이 방향을 취하지 않는 것은 단일집단 연구 교육과정을 기존 교육과정의 부수적인 것으로 만들 것이다. 뱅크스(1997)는 “만약 민족적 내용이 기존의 전통적 교육과정에 단순히 그리고 효과적이지 않은 방식으로 첨가된다면, 교육과정을 민족적 내용과 함께 구성하려는 노력은 막다른 길로 들어설 것이다”(p. 83)라고 주장한다.

그러나 통합에는 또 다른 이면이 있다. 중요한 문제는 “지적인 작업과 정치적 논쟁의 중심 없는 주류에 들어가지 못하는 문화와 경험은 좀 더 체계적으로 주변으로 밀려날 것이다.” 특히 해당 집단에 대한 연구를 훈련받지 않은 사람이 그 집단에 대한 내용을 교과에 포함시킬 때 더욱 그러하다(Lauter, 1991). 단일집단 연구는 그들의 권리에 맞게 연구되고 발전될 필요가 있다. 예를 들어,

아시아인에 대한 연구 학자들은 기존의 교육과정과 통합을 위해 아시안 연구를 없애는 것을 지지하지 않는다. 사실 학자들은 해당 분야에 집단적으로 집중된 노력을 기울이기 위해 프로그램, 부서, 센터 간의 분리를 지지하는 경향이 있다.

인종차별을 폐지한 학교들은 여전히 유럽 중심의 모델을 적용하며, 많은 유색인종 학생들은 심각한 소외감을 느낀다. 일부 큰 학교의 아프리카계 미국인 사회는 낮은 학업 성취도와 문화적 소외를 지속적으로 받아들이지 않고 공립 아프리카계 미국인 중심의 학교를 선택하였다. 이 학교들의 주요 목적은 학생들에게 강한 자신감, 높은 성취도, 미래에 대한 가치 있는 목표를 갖게 해 주는 것이다. 아프리카계 미국인 중심의 학교는 계속해서 존재하지만, 아프리카 중심주의에 대한 담론은 점점 차이점을 초월하는 연합을 추구하는 것으로 옮겨갔다. 그것으로서 다양한 공동체(예, 게이와 레즈비언, 미국 원주민)의 지식과 경험을 주지하는 집단적인 교육 형태와 정치 계획에 대한 필요성이 인식되고 있다. 예를 들어, 많은 고등학교에서 하나의 인종 혹은 민족 집단에만 초점이 맞춰졌던 민족학 연구(ethnic studies) 수업은 다양한 집단들과의 관계와 폭넓은 문제를 강조하는 교육과정에 맞춰지고 있다. 이리하여, 여전히 많은 일들이 남아있지만 단일집단 중심적 관점, 논의, 실제에 대한 노력은 다양한 집단 연구로의 진화를 보여준다. 그리고 다양한 집단의 학생들을 적절하게 가르치는 것의 중요성이 점점 더 알려지고 있다.

이중언어 학교들 또한 양쪽 언어와 관련 있는 경험과 문화를 가르치기 위한 계획이 필요하다. 이중언어 몰입 학교는 두 언어 사이의 균형을 아주 잘 잡고 있으며, 이중 문화 교육과정 구성을 위한 충분한 기회를 제공한다. 간단한 이중언어 프로그램을 가진 학교들에서, 우리는 이중언어 교사들이 민족학 연구 교육과정(예, 멕시코인, 그리고 멕시코계 미국인의 역사)을 가르치는 것을 관찰하였다. 그러나 다른 학교들에서는 대부분 전통적인 교육과정을 가르친다.

단일집단 연구의 실행을 위해 내려야만 하는 그 외 결정은 얼마나 많은 원리들을 포함할 것인가, 그들의 관계는 어떠할 것인가에 대한 것이다. 교사는 본질적으로 세 가지를 선택할 수 있다. 단일학문적 접근, 다학문적 접근방법(multidisciplinary approach), 간학문적 접근방법(interdisciplinary approach)

의 사용이 그것이다. 가장 덜 복잡하고, 가장 보편적이며, 고등학교에서 많이 사용되는 것은 단일학문 접근방법이다. 예를 들어, 이것은 역사 교사가 아프리카계 미국인 역사에 관한 전체 단원이나 과정을 구성하거나, 한 문학 교사가 아시아계 미국인의 문학 과정이나 단원을 구성하는 것을 의미한다.

다학문적 접근방법은 여러 분야에 종사하는 교사와 교수들을 포함하며, 그들 개개인은 단일집단 연구 프로그램의 단원이나 과정에 기여한다. 예를 들어, 미국 인디언학 프로그램은 인류학, 미술, 역사, 종교를 포함할 수 있을 것이다. 간학문적 접근방법은 가장 복잡한 방법이다. 그것은 해당 집단에 대한 문제를 탐구하기 위해서 두 개 혹은 그 이상의 학문영역들의 통합을 필요로 한다. 예를 들어, 간학문적 접근방법을 이용하는 아프리카계 미국인 연구 프로그램에서, 역사, 문학, 미술 교사는 미술과 문학작품에 영향을 준 역사적 사건들의 영향을 조사함으로써, 아프리카계 미국인의 정교한 표현에 관한 연구를 발전시킬 수 있다. 뱅크스(Banks, 2002)는 간학문적 개념 접근방법을 사용하는 것은 매우 중요하다고 주장하는데, 이는 학생들이 사회 변화를 이룰 수 있는 반성적인 결정을 내릴 수 있도록 돕기 때문이다. 그는 사회학, 인류학과 같은 사회과학 분야들을 통합해야 하며, 그 학문들 간의 분석적인 개념(가치와 규범)을 인종차별주의와 성차별주의와 같은 복잡한 사회 문제에 관한 결정을 내리기 위해 사용해야 한다고 믿는다. 그에 따르면,

> 의사결정과 아프리카계 미국인의 경험에 초점을 둔 사회과 교육과정은 간학문적이어야 한다. 그것은 모든 사회과학에 걸쳐서 핵심적, 구조적 개념들을 통합해야 한다. 단지 하나의 학문으로부터 나온 지식은 우리가 빈곤, 제도적 인종주의, 억압과 같은 복잡한 문제들에 관한 결정을 내릴 때 충분하지 않다. 학생들은 빈곤과 같은 사회적 문제에 대해서 효과적인 사회적 행동을 취하기 위해서 반드시 그 현상을 지질학적, 역사적, 사회적, 경제적, 정치과학적, 심리적, 인류학적으로 보아야 한다(p. 156).

종종 교사의 준비나 자료의 유용성에 따라 단일집단 연구를 가르치는 방법이 결정된다. 특정 학문 영역을 개발해본 경험이 없을지도 모르는 교사들이 있는 초등학교와 고등학교에서 이 사실은 특히 중요하다. 또한 교사들은 학생들

이 아마 자신들이 익숙하지 않은 집단에 대한 자료에 민감하거나 그것과 관련된 질문에 당황할 수 있다는 점을 반드시 인식해야 한다.

우즈(Woods, 2002)는 동성애자 강사가 학생들에게 게이와 레즈비언학에 대해 가르칠 때 나타나는 학생들의 반응을 논의하였다. "많은 이성애자 학생들이 그 강좌를 수강하였는데, 그 강좌가 이성애자들을 공격하는 것처럼 보이는 것에 대해 불편해 하였다. 그들은 동성애자의 권리에 관한 투쟁이 과거에 있어왔고, 이로 인해 현재에는 상황이 많이 역전되었다는 점을 강조하였다" (p. 53). 우리의 연구에 의하면, 단일집단 연구를 가르치는 데 있어서 가장 중요한 요소는 교사의 태도다. 그것은 그 작업이 그들이 해야만 하는 일이라고 생각하는 인식, 실행, 수행, 헌신이다.

다음 이야기는 단일집단 연구 접근방법을 사용하는 두 교사의 이야기이다.

세노 리카르도 고메즈와 캐티 바넷

리카르도가 등교했을 때, 복잡한 감정이 교차했다. 그는 매우 기뻤으며, 대학교 시절이 과거의 이야기로 남겨진 것과 교사 자격증을 받은 것을 뿌듯하게 생각하고 있었다. 반면 다음주가 되면 곧 28살이 되고, 처음으로 진짜 직업을 가진 것에 대해 약간 슬프고 화가 났다. 지난 2년 동안 복무했던 해군 경력을 진짜 직업으로 간주할 때도 있었고, 그렇지 않은 때도 있었다. 그는 해군으로 있는 동안 정말 많이 성숙했다고 느꼈다. 그는 그의 절친한 친구 주안과 페드로를 잃었고, 그때 6개월 동안 병원신세를 져야 할 만큼 심각한 충격을 받았다.

그 세 명의 젊은이는 레이크뷰 고등학교(Lakeview High School)를 졸업하는 날 동시에 해군에 입대했다. 그는 수많은 라틴계 형제들이 중동에서 전사했다고 생각했다. 리카르도가 그 생각을 더욱더 진척시키기 전에, 키 작은 학생이 그에게 외쳤다. "새로 오신 체육 선생님이세요?" 리카르도가 얘기했다. "아니에요. 새로 온 사회 선생님입니다."

케네디 중학교(Kennedy Junior High School)는 대도시의 교외에 있었다. 그 학교는 중상류층이 사는 지역에 있었으며, 학생의 86%가 백인, 4%가 아프리카계 미국인, 2%가 아시아계 그리고 8%가 라틴계인였다. 모든 유색인종 학생들은 대도시 빈민가에서 등교하였다. 리카르도는 얼마 지나지 않아 그 학교의 좋은 교사들 중의 한 명이 되었다. 그는 미국 역사 수업 세 학급과 세계 지리 수업 한 학급을 할당받았다. 학생들은 그를 좋아하고 존경했으며, 동료들은 그가 친절하고, 전문적일 뿐만 아니라 신속한 사람이라고 생각하였다.

그는 자신이 기억하는 한 역사광이었다. 그는 과거가 현재와 미래에 대해 우리에게 가르쳐 주는 것이 흥미있었다. 빠른 시일 내에, 그의 교실은 도처에 있는 사진들과 역사적 조형물로 인해 매력적이고 박물관과 같은 모습을 갖추었다.

조지 글렌(George Glenn)은 6년 동안 그 학교의 교장이었다. 그의 의무 중 하나는 모든 교사들, 특히 초임교사를 평가하는 것이었다. 지역교육청의 기준에 따라, 그는 초임교사를 연중 3회 이상 참관해야 했다. 교장이 리카르도 교사의 수업을 참관하러 갈 때, 그는 알라모 요새의 몰락에 관한 수업을 참관할 것이라는 정보를 얻었다. 그러나 그가 관찰한 것은 알라모의 영웅 데이비 크로켓과 그의 소총 배시에 관한 수업이 아니었다. 오히려, 멕시코 정부에 대항하는 폭동을 진압하는 멕시코 장군 산타 애나(Santa Anna)와 그의 군대에 관한 수업이었다. 그 교실은 게시판, 포스터, 그리고 다른 공예품들이 있어 마치 멕시코계 미국인의 문화를 보여주는 듯하였다.

나중에 진행된 면담에서 리카르도는 교장에게 학생들에게 폭넓은 역사적 관점을 제공해 주는 것이 얼마나 중요한가에 대해서 설명하였다. 그는 수업에 미국 역사에 관한 앵글로(Anglo)의 관점뿐만 아니라 라틴계인(Latino)의 관점도 포함시키는 것이 멕시코계 미국인으로서 그의 의무라고 생각하였다. 그는 교장에게 왜 학교의 일상적인 활동에서 라틴계인의 문화에 대해 관심을 더 두지 않는지 질문하였다. 그는 학교의 교육과정과 활동은 정책과 실행의 측면에서 앵글로에 너무 편중해 있다고 언급하였다. 교장은 리카르도의 논의에 대해 깜짝 놀랐으며, 이에 대해 뭐라고 답변할지 어려움을 겪었다. 리카르도는 라틴계 학생들이 학교에서 자신의 역사를 배우지 못하기 때문에 불이익을 받고 있을 뿐만 아니라, 앵글로와 같은 다른 학생들도 자민족 중심주의적 태도를 보인다고 지적하였다. 교장은 고개를 끄덕였으며, 그 문제에 대해서 조만간 다시 논의할 것을 언급하며 대화를 종결하였다. 그리고 5분 후에 또 다른 수업을 참관해야 한다고 이야기하였다.

캐티 바넷(Kathy Bennett)은 그 학교에서 12년 동안 교감직을 맡고 있었다. 사실, 그녀는 교장인 글렌이 처음 교사를 시작할 때, 일대일 멘토로 그를 맡았었다. 그녀는 점점 직업과 학교에 환멸을 느끼고 있었다. 그녀는 교장 승진에서 여러 번 제외되었고, 교장 승진은 이제 더 이상 그녀에게 찾아오지 않을 것이라고 믿었다. 그녀에 대한 '평판' 은 그녀가 매우 공격적이며, 대부분이 남성인 다른 행정가들과 잘 맞지 않는다는 것이었다. 그녀와 친구들은 그녀를 결코 공격적이라 묘사하지 않았다. 오히려 그들이 판단하기에 그녀는 자신의 삶을 책임지기를 주장하는 사람이며, 자신이 무엇을 원하는지 그리고 어디로 나아가야 하는지 아는 사람이었다. 그녀는 그 학교 여학생들의 직업 목표와 관련하여 개인적이고 전문적인 관심을 가지고 있었다. 그녀는 많은 여학생들이 너무 수동적이고 무기력한 여성의 역할을 하고 있다고 생각하였다. 그들의 직업 목표는 매우 전통적인 것이었다. 그들은 마치 1940년대 1950년대를 사는 것 같았다. 캐티는 방과 후 과정으로 '너 또한 할 수 있어(You Too Can Do)' 라는 동아리를 운영하였다. 그 동아리가 모이는 교실에는 전통적인 그리고 비전통적인 여성의 직업에 관한 사진과 포스터들이 붙어있었다. 그곳에는 유명한 여성 작가들의 책과 남성에게 의지하지 않고 자신의 삶을 개척한 유명한 여성들과 그리 널리 알려지지 않은 여성들에 대한 이야기가 있었다. 그 동아리는 한 달에 두 번 모임을 가졌다. 모임을 진행하는 동안, 대개 여성이 이룩한 일부 업적에 대한 토의가 있거나 페미니즘의 몇 가지 특성을 주지하는 초대 손님의 강연이 있었다.

학교장은 캐티의 동아리를 알고 있었고, 전교생의 절반인 여학생들에 대한 그녀의 특별한 관심을 인지하고 있었다. 그러나 그는 그 활동에 크게 관여하지 않았다. 왜냐하면 그녀는 남학생들을 공정하게 대했고, 이 동아리가 그녀의 업무에 방해되지 않았기 때문이다. 그러나 글렌 학교장은 캐티 이전의 교감이었던 로버트 윌슨(Robert Wilson)이 교장으로 승진하는 것을 적극적으로 도와준 것과는 달리, 캐티가 교장으로 승진하는 데에는 개인적으로 적극적이지 않았다.

글렌 교장은 리카르도의 교실을 떠나면서 캐티를 보자 그녀를 불러 세워 의 논할 사항이 있다고 전하였다. 리카르도의 교육과정과 수업이 염려스럽다고 하였다. 그는 리카르도의 교실에서 관찰한 것을 설명하고, 그가 수업을 하면서 더욱 분개하였다고 묘사하였다. 캐티는 그녀가 직접 리카르도의 수업을 본 적은 없지만, '다르다' 고 들었다고 전하였다. 그러나 그녀는 학생들이 대부분의 리카르도 수업을 좋아한다고 설명하였다. 그리고 다음과 같은 말을 덧붙였다. "있잖아요. 저도 이 학교에서 여학생과 페미니스트의 쟁점에 대해 비슷한 느낌을 가지고 있어요." 그녀의 이야기를 들은 글렌 교장의 얼굴 표정은 당혹스러움에서 불쾌함으로 변했다. 그리고 그는 "지금 다른 교실에 참관수업을 가야 하니, 다음에 더 얘기합시다"라고 말하였다. ■

비평

리카르도와 캐티는 자신의 방식대로 학생들의 교육에 지속적으로 영향을 주었다. 리카르도의 수업은 항상 앵글로와 라틴계인의 관점 모두를 포함했으며, 캐티의 '너도 할 수 있어' 라는 동아리는 지속적인 만남을 통해 여성의 권리에 관한 토론을 가졌다. 한편 글랜은 두 교사의 교수 행동을 외면하려 하였다. 그러나 그는 종종 리카르도에게 미국의 스페인어 통용 지역인 바리오(barrio)에서 교편을 잡는 것이 어떻겠는지 부드럽게 권고하였다. 단일집단 연구를 비판할 때, 다문화교육을 위한 이 접근법에는 많은 긍정적인 진술이 가능하다는 점을 발견하게 된다. 단일집단 연구는 그 출발점으로 간주되기도 하는데, 왜냐하면 사람들은 다른 사람을 이해하려 하기 전에 먼저 자기 자신을 이해해야만 하기 때문이다. 뱅크스(1997)는 이를 다음과 같이 설명한다. "민족학 연구의 다른 중요한 목적은 개개인이 자신의 민족적 정체성을 명확하게 하는 것을 돕고, 그들의 민족 공동체에서 효과적으로 기능할 수 있도록 돕는 것이다. 그리고 이것은 반드시 개인들이 그들과 다른 인종적 민족적 집단의 사람들과 실제적인 관계를 가지기 전에 이루어져야 한다"(p. 21). 단일집단 연구는 또한 시작 단계에 있는 것으로 묘사할 수 있는데, 왜냐하면 1960년대의 시민권 운동이 아프리카계 미국인 집단에 의해서 시작되었고, 그들의 사회적, 정치적, 경제적 권리를 주장하였기 때문이다. 그리고 이를 시점으로 다른 집단들도 자신들의 권리를 주장했기 때문이다. 여성과 노동 집단의 투쟁이 새로운 것은 아니라고 할지라도, 학습을 위한 합법적인 집단으로서 교육과정에 포함되어야 한다는 그들의 요구는 다시 새롭게 활기를 얻으며 명료해졌다. 게이와 레즈비언학은 말 그대로 사람들이 정체성과 대개 침묵당했던 그들의 경험을 명료히 하는 것을 돕는다. 그 프로그램들은 성적 지향에 기초한 시민권 투쟁을 성장시키는 데 자극을 주었다.

단일집단 연구 접근방법은 집단적 자부심과 자신의 뿌리를 발견하고자 하는 욕망을 가져다준다. 미국 국회는 민족적 유산에 대한 관심으로 동요된 결과, 1972년에 민족적 유산 연구 프로그램(Ethnic Heritage Studies Program)을 발효하는 법안을 통과시켰다. 이와 유사하게 교육법안 제9조(Title IX)[40), 초중등 교육법(the Elementary and Secondary Education Act), 그리고 여성의 평등권에 대한 주장으로 여성 교육 평등 법안(the Women' s Educational Equity Act)이 제정되었다. 성 이슈, 사회 계층 이슈, 혹은 인종의 다양성에 대한 지식을 가지고 있지 않은 교사들에게 단일집단 연구 모델은 유용한 출발점을 제공한다. 예를 들어, 아시아계와 라틴계인을 가르치는 교사들을 위해서, 단일집단 연구 접근방법은 학생들 자신들이 누구인지 그리고 그들 집단이 어떻게 희생당했는지를 이해함으로써, 자긍심을 발달시킬 수 있는 출발점을 제공한다. 예를 들어, 리카르도의 라틴계인 학생들은 그들 집단 사람들이 수업에 등록하기 전에는 자신들에 대해서 잘 알지 못했다. 그들은 집에서 비공식적으로 라틴계인 문화에 대해서 약간 배웠지만, 학교에서 그들의 역사, 문학 등에 대해서 전혀 배운 바가 없다. 사실 그들은 전체 학생 중에서 아주 적은 부분을 차지하기 때문에, 교육과정에서 소외되고, 학교에서 비가시적으로 취급되었다.

물론 한계점을 지적하는 것은 그 사람의 관점에 달려있지만, 단일집단 연구 접근방법은 일부 한계점을 가지고 있다. 문화적으로 다른 접근방법에 대한 교수를 지지하는 사람들의 관점에서 볼 때, 단일집단 연구 접근방법은 중요하지 않은 집단이 가장 필요로 하는 것에는 너무나 적은 시간을 할애하고, 그들에게

---

40) 역주: 1972년 발효된 미국의 교육 법안으로 미국 연방의 기금을 받는 어느 학교에서, 어느 누구도 성(gender)에 의한 차별을 받지 않아야 한다는 내용을 담고 있음.

도움이 되지 않는 것에 너무 많은 시간을 할애한다. 또한 이 접근방법은 유색인종 학생들과 백인 여학생들을 주류에 들어오지 못하게 하고, 문화적 분리주의를 증진시킨다는 비판을 받는다. 예를 들어, 비판자들은 소수 집단의 학생들이 그들의 문화 학습에만 주력하여 주류 문화를 충분히 습득하지 못하는 것을 염려한다. 예를 들어, 아프리카계 미국인 역사에 관한 지식은 미국 대학 입학시험이나 전통적인 미국 역사 학습에 크게 도움이 되지 못한다. 그리고 그 시스템은 억압된 집단에 대한 학습이 아니라, 전통적인 교육과정에서의 성공을 필요로 한다. 게이와 레즈비언학 학자인 우즈(Woods, 2002)는 그의 입장을 반대하는 이들이 종종 "게이학이 그들을 어디로 이끌 것인가?"라는 질문으로 그들의 비평을 시작한다는 점을 발견하였다. 그들은 마치 학교교육의 목표가 학생들을 미래 직업을 위해 준비시키는 과정으로 간주한다(p. 47). 혹자는 젊은 학생들에게 시험과 직업을 준비시키자는 요구는, 어떻게 시스템이 소외된 이들의 지식과, 다양한 사람들과의 의사소통과 상호작용이 증가되는 글로벌 사회에서 살아가는 지식을 산출하는지 명백히 보여준다고 논쟁할 수 있다. 그럼에도 불구하고 문화적으로 다른 사람들에 대한 교수 접근방법 지지자들은 그 접근방법이 실행을 위한 가장 실제적인 과정이기 때문에 학생들이 반드시 그 시스템 속에서 성공할 수 있도록 준비시켜야 한다고 대응한다.

대인관계 접근방법 지지자들의 관점에서 단일집단 연구는 역생산적으로 보일 수 있다. 대인관계 접근방법의 지지자들은 다양한 집단의 기여를 연구하는 것을 옹호한다. 그들은 억압에 대한 연구는 긴장과 적개심을 악화시킬 것이라고 염려한다. 이와 더불어, 단절된 집단을 따로 연구하는 것은 그들의 통합에 도움이 되지 않는다고 믿는다. 대인관계 접근방법 지지자들은 고통스러운 과거를 연구하기보다는 사람들의 현재 모습을 함께 그려낼 방법을 탐구한다. 예를 들어, 캐티의 학생들은 한두 번쯤 그들이 여성이 억압받아온 것을 배운 이래로 남성에 대해서 분노를 경험할 것이다. 그러한 분노 중의 일부는 남학생, 남교사, 남동생, 오빠, 아버지를 향한 것일지도 모른다. 리카르도의 라틴계인 학생들은 백인에 대한 분노를 경험할 것이며, 아마 학교의 백인 학생과 교사들에게 적개심을 표출할 수도 있을 것이다. 대인관계 지지자들은 학생들이 과거의 억압과 희생의 고통과 불공평을 추구하기 보다는, 그들의 비슷한 점과 문화적 차이를 인정하고, 서로 훌륭한 개인으로서 상호작용하는 법을 배우기를 바란다.

문화적으로 다른 교수의 지지자들과 대인관계 접근방법 지지자들이 거론하는 한계점은, 세상을 변화시키려는 단일집단 연구 지지자들의 노력은 그들이 세계를 너무 간단한 방법으로 해석하기 때문이라고 비판한다. 예를 들어, 레빈(Levin, 2003)은 "획일화된 '아프리카 문화'는 아프리카 문화에 내재하는 다양성뿐만 아니라, 다른 문화에 내재하는 다양성(성다원주의, 성차별주의)에 대해서도 관심을 적게 갖는다"(p. 548)는 점을 지적하였다. 이와 유사하게, 레빈은 하나의 억압 형태를 가장 근본적인 것으로 보는 단일집단 연구 지지자들의 경향과 더불어, 다른 형태의 억압에 대해서는 무시하거나 경시하는 과정을 비판한다. 그는 자본주의가 모든 형태의 억압을 고정시킨다고 보는 일부 마르크스주의자들의 예를 인용한다.

> 맑스주의 정권이 붕괴되기 전에는 성차별주의, 인종차별주의, 동성애에 대한 혐오가 그 체제 아래에서 번성했었다는 점을 안다. (그리고 구소련에서는 심지어 '계급주의'에 대한 명백한 사례들이 있다. 예를 들어 노동자 계층의 구성원은 최고급 가게에 들어갈 수 없었고, 지배계급의 구성원이 되는데 제한점이 있었다). 그리고 서양에서 우리는 여성, 유색인종, 동성애자들이 자본주의 자체를 변화시키지 않고 그들의 처지를 현저하게 변화시키는 것을 보아왔다. 사실, 그들 중 일부는 지금 자본주의 권력 구조로 들어가거나 이를 바탕으로 성장하고 있다(p. 556).

그의 관점에서, 이 장의 뒷부분에서 논의할 접근방법들은 그러한 염려를 표명하지만, 다문화교육 접근방법에 회의적인 사람들도 유사한 우려를 제기한다. 단일집단 연구의 의도를 지지하고 받아들이는 사람들이 당면한 주된 한계점은, 그 접근방법이 일반적인 교육과정을 개혁하지 않고 그대로 둔다는 점이다. 코넬(Connell, 1993)은 다음과 같이 강조하였다. 즉, "사회정의는 교육과정의 틀에 의해서 충족되지 않는다. 분리되고 차별화된 교육과정(separate-and-different)은 몇 가지의 좋은 점이 있지만, 현재의 패권을 장악한(hegemonic) 교육과정을 그대로 남겨둔다. 사회정의는 …… 주류에 대한 재구조화를 요청한다"(p. 44). 물론, 대부분의 사람들이 교육과정을 개정할 필요가 있다고 생각하는 점을 고려한다면, 이와 같은 비평이 이 접근방법을 실행하고 이를 지지하는 사람들만의 잘못은 아니다. 그것은 엄밀하게 단일집단 연구와 대치되는 교육과정(countercurriculua)의 개발을 촉진시키는 필요성에 대한 인식 때문이다. 그럼에도 불구하고, 자체적으로 차별화된 프로그램으로서의 단일집단 연구는 기존의 다른 교육 프로그램들이 일상적인 비스니스의 원리에 의거하여 진행되는 것을 용인한다. 예를 들어, 글렌은 학교의 어떤 변화에도 관심을 두지 않고, 캐티와 리카르도에게도 무관심하려고 노력하였다. 그들의 활동이 별도의 강좌나 방과 후 활동으로 분리되더라도 캐티와 리카르도는 참을 수 있었다. 이와 같은 경우나 다른 경우에 있어서 현상유지의 태도를 전복하고자 하는 이들은 학생들이 인종, 성, 혹은 사회 계층의 경험에 적절한 교육을 받아야 하며, 리카르도와 캐티와 같은 교사들은 그들의 일을 하도록 허가해야 한다고 주장할 수 있다.

대개의 경우, 그러한 프로그램들은 학교의 주된 비즈니스를 보충하는 추가적인 형태로 존재한다. 결국, 그들은 연구하고자 하는 집단의 구성원들만을 따로 뽑아내는 경향이 있다. 예를 들어, 이상적인 차원에서 볼 때, 모든 학생이 필리핀학(Filipino) 연구에 대한 강좌를 수강해야 한다. 그리고 그 프로그램의 교사들은 필리핀계 학생들에게 그들의 역사와 문화를 가르치는 것만큼이나, 필리핀인에 대한 백인의 태도 변화가 절실하다고 간주한다. 그러나 항상 그래 왔던 것처럼, 단일집단 연구 프로그램이 보조적이고 선택과정일 때, 그 과정을 듣는 학생들은 해당 집단의 학생들이다. 지배 집단의 일부 학생들은 그 과정이 계몽적이고 가치가 있다는 것을 발견할 수 있지만, 다른 학생들은 자신들의 전체 수강생 중에서 소수라는 것을 느낄 때 이를 매우 불편해하고, 이와 같은 과목을 회피하고자 한다. 재교육이 가장 필요한 학생들은 주류를 변화시키지 않는 교육을 추구하면서, 편안히 이들을 멀리할 수 있다.

또 다른 문제는 단일집단 연구 프로그램은 같이 협력할 필요가 없다는 점이다. 대부분의 단일집단 연구 지지자들의 목표는 다양한 집단의 학생들을 교육과정에 포함시키는 교육과정의 재구성이다. 물론 궁극적으로, 이 접근방법은 교육과정을 다시 기술하는 것을 필요로 할지도 모른다. 왜냐하면, 그것은 주된 개념적 틀은 중상위 계층 백인 남성들의 연구에 기인하기 때문이다. 또한 현재 교육과정 재구성의 목표는 실제적인 증명이 아니라, 수사학적인 형태로 표현될 경향이 많다. 단일집단 연구에 관한 모든 글은 다른 집단을 포함시킬 것을 제안하지만, 그들이 제공하는 예들 속에는 이것이 거의 실행되지 않는다. 예를 들어, 민족학 연구는 종종 주어진 민족 집단의 남성에 초점을 둔다. 노동학 연구는 종종 백인 노동계층 남성 노동자에 관심을 두고, 여성학 연구는 종종 백인 중산층 이성애자에게 초점을 맞춘다. 다른 한 예로서, 라틴계인에 관한 리카르도의 연구는 남성 라틴계인의 경험을 강조하였다. 리카르도는 그의 협소한 초점에 대해서는 인식조차 하지 못한다. 이와 더불어, 여성 운동에 관한 캐티의 클럽은 백인, 중산층, 이성애자 여성들에게 관심의 초점이 맞춰졌다. 다른 이들을 배제하려고 의도하지는 않았지만, 두 교사들은 단 한 집단만을 우선시하였으며 그렇게 함으로써 잠재적으로 존재하는 다른 편견을 받아들였다.

교사들은 종종 그들이 실제적으로 단일집단 연구 접근방법을 사용할 때 혼란스러워한다. 우리는 2주 혹은 3주 분량으로 개발된 단원을 가르칠 때(예, 아시아계 미국인에 대한 학습) 이 접근방법을 사용한다고 믿는 교사들을 관찰하였다. 그들의 주된 목표는 한 해 동안 백인이 아닌 한 집단에 대해서 가르치는 것이었다. 단일집단 연구 지지자들은 그 교사들은 단일집단 연구를 실행하는 것이 아니라 1장에서 논의한 일상적인 비스니스를 실행한 것이라고 이야기할 것이다. 단일집단 연구는 한 집단에 대한 심층적이고 종합적인 연구이다. 집단에 대한 표면적인 수업은 단일집단 연구의 목적에 도달할 수 없으며, 단지 고정관념만 지속시킬 뿐이다. 이와 더불어, 그것들은 그 교사의 나머지 교수를 중상류 백인 남성 연구에 대한 헌신이나 일상적인 것으로 남겨둘 것이다. 그렇지만 이와 같은 교사가 한 단원을 아시아계 미국인에 대해 가르치고 다른 집단에 대해서도 유사한 단원들을 가르쳤다고 가정하자. 이 접근방법을 지지하는 이들은 만약 그 교사가 다른 이유보다도 다른 집단에 대한 동등한 시간을 할애하기 위해 백인 남성에 대한 시간을 최소화하였다면, 이 교사가 단일 집단 연구를 교육과정의 일부로 사용하였다고 논쟁할 것이다. 교사들에게 익숙한 '과제에 집중한 시간(time on task)' 은 다문화교육을 위한 이러한 접근방법들 중 어떠한 것일지라도, 교수의 중요한 측면을 나타낸다.

마지막으로, 일부 교육자들은 단일집단 연구를 거부한다. 왜냐하면 그들 자신은 그것을 부수적이고 추가적인 것으로만 여겨왔기 때문이다. 특히 사회과에서 그러하다. 예를 들어, 수학과 음악 교사들은 그것이 시간이 많이 걸리고 사회교과 밖에서는 그리 중요한 문제가 아니라고 생각하기 때문에, 실용성이 없는 정말 부수적인 접근방법이라고 볼 수 있다. 그러나 우리는 어떤 교과목의 주류 교육과정도 지배 집단, 즉 그 한 집단의 관점이나 경험을 반영하고 있는 것이 사실이다. 결국, 그것은 중립적이거나 보편적이지 않다. 당신의 선택은 교육 프로그램에 문화적 집단의 정보를 제공하는 여부가 아니라, 어떤 집단이 여기에 포함되느냐의 문제이다.

생각해볼 문제

1. 이 단원의 첫 번째 핵심 질문에 대한 자신의 답을 다시 보자. 그 대답이 바뀌었는가?
2. 이 장에 기술된 정체성 발달 단계를 다시 한 번 살펴보자. 단일집단 연구 접근방법이 어떻게 학생들의 정체성 발달을 도울 수 있겠는가?
3. 당신의 정체성 발달 정도는 어디에 있는가? 당신은 어느 단계에 있고 싶은가?
4. 당신은 (특히 한 민족 집단의) 학부모와의 작업을 위해 이 접근방법을 통해 무엇을 배웠는가?
5. 단일집단 연구 접근방법에서 단일학문적 접근, 다학문적 접근, 간학문적 접근은 어떻게 다른가?
6. 단일집단 연구 접근방법의 장점과 단점을 열거해보자.

참고문헌

Afro-American Studies Department. (2000). Pamphlet. Madison: University of Wisconsin—Madison Department of Afro-American Studies.

Agbo, S. A. (2001). Enhancing success in American Indian students: Participatory research at Akwesasne as part of the development of a culturally relevant curriculum. *Journal of*

American Indian Education, *40*(1), 31–56.
Alba, R. D. (1990). *Ethnic identity*. New Haven, CT: Yale University Press.
Allen, P. G. (1986). *The sacred hoop*. Boston: Beacon Press.
Apple, M. W. (1993). *Official knowledge: Democratic education in a conservative age*. New York: Routledge.
Apple, M. W. (1996). *Cultural politics and education*. New York: Teachers College Press.
Aronowitz, S. (1992). *The politics of identity*. New York: Routledge.
Asante, M. K. (1990). *Kemet, Afrocentricity, and knowledge*. Trenton, NJ: Africa World Press.
Bae, Y., Choy, S., Geddes, C., Sable, J., & Snyder, T. (2000). Trends in educational equity of girls and women. *Education Statistics Quarterly*, *2*(2), 115–120.
Banks, J. A. (1997). *Multicultural education and transformative knowledge*. New York: Teachers College Press.
Banks, J. A. (2002). *Teaching strategies for ethnic studies* (7th ed.). Boston: Allyn and Bacon.
Bauer, M. D. (Ed.). (1994). *Am I blue?: Coming out from the silence*. New York: HarperCollins.
Bernal, M. (1981). *Black Athena: The Afroasiatic roots of Western civilization* (Vol. 1). New Brunswick, NJ: Rutgers University Press.
Bowles, S., & Gintis, H. (1976). *Schooling in capitalist America*. New York: Basic Books.
Byndloss, D. C. (2001). Revisiting paradigms in Black education. *Education and Urban Society*, *34*(1), 84–100.
Churchill, W. (1992). *Fantasies of the master race: Literature, cinema, and the colonization of American Indians*. Monroe, ME: Common Courage Press.
Combs, B. (2000). *123: A family counseling book*. Ridley Park, PA: Two Lives Publishing.
Connell, R. W. (1993). *Schools and social justice*. Philadelphia: Temple University Press.
Cross, W. E., Jr. (1991). *Shades of black: Diversity in African-American identity*. Philadelphia: Temple University Press.
Cubberley, E. P. (1909). *Changing conceptions of education*. Boston: Houghton Mifflin.
Deyhle, D. (1995). Navajo youth and Anglo racism: Cultural integrity and resistance. *Harvard Educational Review*, *65*(3), 403–444.
Dupris, J. C. (1981). The national impact of multicultural education: A renaissance of Native American Indian culture through tribal self-determination and Indian control of Indian education. In *Proceedings of the Eighth Annual International Bilingual Bicultural Conference* (pp. 69–78). Rosslyn, VA: InterAmerica Research Associates.
Flores, J. (1997, Summer). Latino studies: New context and new concept. *Harvard Educational Review*, *67*, 208–221.
Freire, P. (1970). *Pedagogy of the oppressed*. New York: Seabury Press.
Gaard, G. (1992). Opening up the canon: The importance of teaching lesbian and gay literature. *Feminist Teacher*, *6*(2), 30–33.
Garcia, R. L. (1982). *Teaching in a pluralistic society*. New York: Harper & Row.
Garner, A. (2004). *Families like mine: Children of gay parents tell it like it is*. New York: HarperCollins.
Gates, H. L., & McKay, N. (Eds.). (1997). *The Norton anthology of African American literature*. New York: W. W. Norton.
Graber, B. (Ed.). (1997). Constitution of the National Women's Studies Association. *Women's Studies Newsletter*, *5*(1–2), p. 2.
Grant, C. A., & Sleeter, C. E. (2009 [in press]). *Turning on learning* (4th ed.). New York: Wiley.
Grumet, M., & Stone, L. (2000). Feminism and curriculum: Getting our act together. *Journal of Curriculum Studies*, *32*(2), 183–197.
Hayes, E. R. (2001, Spring). A new look at women's learning. *New Directions for Adult and Continuing Education*, *89*, 35–42.
Heller, S. (1992). Worldwide "diaspora" of peoples poses new challenges for scholars.

Chronicle of Higher Education, 38(9), A7–9.
Helms, J. E. (Ed.). (1990). *Black and white racial identity: Theory, research and practice.* Westport, CT: Greenwood Press.
Heron A. (1994). *Two teenagers in twenty.* Boston: Alyson.
Howey, N. (2002). Dress codes: Of three girlhoods—my mother's, my father's and mine. New York: Picador.
Howey, N., & Samuels, E. J. (2002). *Out of the ordinary: Essays on growing up with gay, lesbian and transgender parents.* New York: St. Martin's Press.
Klein, S. (2007). *Handbook for achieving gender equity.* New York: Routledge.
Lauter, P. (1991). *Canons and contexts.* New York: Oxford University Press.
Levin, R. (2003). Interpreting and/or changing the world, and the dream of a lost Eden. *Textual Practice, 17*(3), 543–559.
Linn, M. C., & Hyde, J. A. (1989). Gender, mathematics and science. *Educational Researcher, 18*(8), 17–27.
Linton, S. (1998). *Claiming disability.* New York: New York University Press.
Loutzenheiser, L. W. (1996). How schools play smear the queer. *Feminist Teacher, 10*(2), 59.
Maher, F., & Tetreault, M. (1994). *The feminist classroom: An inside look at how professors and students are transforming higher education for a diverse society.* New York: Basic Books.
Mazumdar, S. (1989). A woman-centered perspective on Asian American history. In Asian Women United of California (Eds.), *Making waves: An anthology of writings by and about Asian American women* (pp. 1–24). Boston: Beacon Press.
McCarty, T. L. (2002). *A place to be Navajo.* Mahwah, NJ: Erlbaum.
Macgillivray, I. K. (2004). *Sexual orientation and school policy: A practical guide for teachers, administrators, and community activists.* Lanham, MD: Rowman & Littlefield.
Mihesuah, D. A. (2003). Scholarly responsibility to indigenous communities. *American Indian Quarterly, 27*(1–2), 5–8.
Muñoz, C., Jr. (1984). The development of Chicano studies 1968–1981. In E. E. Garcia, F. A. Lomeli, & I. D. Ortiz (Eds.), *Chicano studies: A multidisciplinary approach* (pp. 5–18). New York: Teachers College Press.
Murrell. P. C., Jr. (2002). *African-centered pedagogy.* Albany, NY: SUNY Press.
A National Survey of Lesbian and Gay College Programs. (1990–1991). *Empathy, 2*(2), 53–56.
National Women's Studies Association. (2005). *NWSA Mission.* Retrieved May 11, 2005, from http://www.nwsa.org/about.html
Pagano, J. A. (1990). *Exiles and communities: Teaching in the patriarchal wilderness.* Albany, NY: SUNY Press.
Paley, N. (1995). *Finding art's place: Experiments in contemporary education and culture.* New York: Routledge.
Palladino, G. (1997). Telling labor's story. *Labor's Heritage, 8*(3), 4–17.
Perrotti, J. (2001). *When the drama club is not enough: Lessons from the safe school program for gay and lesbian students.* Boston: Beacon Press.
Rodriguez, R. (2000). Chicano studies. *Black Issues in Higher Education, 17*(16), 26–31.
Rothschild, J. (2002). NEWSA25: In the beginning. *NWSA Journal, 14*(1), 22–28.
Sanchez, G. J. (1999). Race, nation, and culture in recent immigration studies. *Journal of American Ethnic History, 19*(4), 66.
Sears, J. T. (1992). The impact of culture and ideology on the construction of gender and sexual identities. In J. T. Sears (Ed.), *Sexuality and the curriculum* (pp. 139–156). New York: Teachers College Press.
Sleeter, C. E., & Grant, C. A. (1991). Race, class, gender, and disability in current textbooks. In M. W. Apple & L. K. Christian-Smith (Eds.), *The politics of the textbook* (pp. 78–110). New York: Routledge.
Sleeter, C. (2005). *Un-standardizing curriculum: Multicultural teaching in standards-based class-*

rooms. New York: Teachers College Press.

Spring, J. (1997). *The American school: 1642–1996*. New York: McGraw-Hill.

Tatum, B. D. (1992). Teaching about race, learning about racism: The application of racial identity development in the classroom. *Harvard Educational Review*, *62*(1), 1–24.

Tetreault, M. K. T. (1989). Integrating content about women and gender into the curriculum. In J. A. Banks & C. M. Banks (Eds.), *Multicultural education: Issues and perspectives* (pp. 124–144). Boston: Allyn and Bacon.

Thompson, C. E., & Carter, T. R. (Eds.). (1997). *Racial identity theory*. Mahwah, NJ: Erlbaum.

Tomaskovic-Devey, D., & Skaggs, C. (2002). Sex segregation, labor process organization, and gender earnings inequality. *American Journal of Sociology*, *108*(1), 102–128.

Trinh, T. M. (1991). *When the moon waxes red*. New York: Routledge.

Tyack, D. (1966). Forming the national character. *Harvard Educational Review*, *36*, 29–41.

Tyack, D., & Cuban, L. (1995). *Tinkering toward utopia*. Cambridge, MA: Harvard University Press.

Woods, G. (2002). Educationally queer: Teaching lesbian and gay studies in higher education. *Changing English*, *9*(1), 47–58.

Woodward, J. R., & Elliott, M. (1992, May/June). What a difference a word makes! *The Disability Rag*, 14–15.

Woog, D. (1995). *School's out: The impact of gay and lesbian issues on America's schools*. Boston: Alyson.

Zinn, H. (1994). *You can't be neutral on a moving train*. Boston: Beacon Press.

Zweig, M. (2000). *The working class majority: America's best kept secret*. Ithaca, NY: Cornell University Press.

제 5 장

다문화교육

핵심 질문

1. 다문화교육이란 무엇인가? 학교 교육의 어떠한 측면이 다문화교육에 포함되는가?
2. 다문화교육의 목표는 무엇인가?
3. 문화라는 단어를 정의해보자.
4. 다문화교육에 관심을 가지게 된 사회적 움직임이나 사건은 무엇인가?
5. 다문화교육의 지침에 어떤 사회 이론들이 사용되는가?

어떻게 우리는 다문화교육에 다문화교육적 접근방법을 사용할 수 있는가? 우리는 이것이 반복적인 단어 사용을 통해 혼란을 주리라는 점을 알고 있기에 지금부터 이를 설명하고자 한다. 다문화교육은 교육자들이 보편적으로 사용하는 단어로서, 이는 성, 인종, 장애, 계층, (점차적으로) 성적 지향과 관련한 인간의 차이와 유사함을 인지하고, 인정하고, 확인하는 교육적 정책과 그 실제를 의미한다. 이 용어가 이처럼 보편적이고 대중적이기 때문에 앞에서 설명한 다른 접근방법을 사용하더라도 많은 교육자들이 자신은 다문화교육을 실행하고 있다고 이야기한다. 따라서 다문화교육적 접근방법을 지지하는 이들이 어떠한 의미에서 이 용어를 사용하는지 명료화할 필요가 있다.

목표

코플만과 굳하트(Koppleman and Goodhart, 2005)에 의하면 "다문화교육은 다원주의에 대한 헌신을 기본으로 한다. 그 목표는 학생들이 다양하고 민주적인 사회에 적극적으로 참여할 수 있도록 준비시키는 것이다(p. 292). 고르스키(Gorski, 2003)는 "다문화교육의 기본적인 목표는 사회 변화에 있다"고 설명하였다. 그는 사회 변화를 변혁의 세 가지 요소와 결부시켰다.

1. 자신의 변혁
2. 학교와 학교 교육의 변혁
3. 사회의 변혁

이와 유사하게, 약 30년 전에 골닉(Gollnick, 1980)은 다문화교육의 다섯 가지 목표를 설정하였다.

1. 문화적 다양성의 장점과 그 가치에 대한 증진
2. 인권의 향상과 자신과 다른 이들에 대한 존중의 증진
3. 타인의 대안적 삶의 선택에 대한 이해의 증진
4. 사회정의와 모든 인간의 기회 균등의 증진
5. 집단 간의 균등한 권력 분배의 증진

이와 같은 사회 변화에 대한 세 가지 개념들은 사회의 변혁과 그 기관들의 변화에 역점을 둔다. 결국 그것들은 다양한 개개인 및 공동체의 다양한 정체성과 평등과 정의의 원리들을 반영한다.

많은 사람들이 이러한 접근방법을 인종과 민족성을 논의할 때 사용한다. 이와 같은 관점에서 뱅크스(Banks, 1994)는 다문화교육과 다인종교육을 구분하였다. 일부 연구자는 다문화교육에서 성의 문제를 주로 다루기도 하고(양성평등, 반성차별주의 교육, 성 형평성교육), 특수교육의 차원에서 다문화교육을

논의하는 학자들은 장애와의 통합교육을 중점적으로 논의한다. 이 장에서는 인종, 민족성, 성, 장애, 언어, 종교를 총괄하여 서로 중복되는 목적, 개념, 그리고 실제를 염두에 두면서, 다양한 형태의 다양성과 상호 맞물려 있는 억압에 대해 다루고자 한다.

미국에서 다문화교육은 1960년대 말에 시작하여 1970년대를 거치면서 급속도로 개발되었다. 1960년대 중반에 크게 세 가지 요인이 수렴되었다. 사람들의 시민권 운동에 대한 인식이 성숙하였고, 학교 교과서를 비판적으로 분석하였으며, (2장에서 제시한 바와 같이) 결핍 지향적인 인식의 기저를 재평가하였다. 시민권 운동은 비폭력적 방법으로 시작되었으며 그동안 억압되어 왔던 특정 인종 집단에 대한 법을 변화시켰다. 1960년대 말까지 이는 모든 유색인종 미국인들이 역동적으로 참여한 운동이었으며, 자기 결단(self-determination)과 임파워먼트라는 방향으로 진행되었다. 그 당시 학교는 매우 신랄하게 비판받았다. 인종에 따라 다른 학교에 다니는 분리차별 정책이 금지되면서 교육과정이 오직 혹은 주로 백인에 대한 내용으로 가득 차게 되었다. 또한 많은 교사들이 유색인종 학생과 그들의 문화에 대해 아는 바가 거의 없었으며, 영어가 모국어가 아닌 학생들을 처방이 필요한 결핍 학생으로 간주하였다. 게이(Gay, 1983)가 지적한 바와 같이 "학생 운동가들은 교과서를 분석하고 문화적 차이에 대해 새로운 사고방식을 선포하는 노력을 통해 최초의 다인종교육 프로그램을 촉발하였다." (p. 561, Grant & Ladson-Billings, 1997 참조).

1970년대 동안 이러한 학교 개혁과 관련한 초기의 아이디어는 많은 교실에 접목되고 실행되었다. 교사들은 다양한 자료들을 통해 격려와 지지를 받았다. 미국 내의 민족 집단들은 그들의 문화적 유산과 정체성을 대중에게 알리는 방법을 개발하였고 또한 여성권 운동에 대해서는 역시 많은 논의가 이루어졌다. 다양성에 대한 지지는 수많은 법적 사례와 연방정부의 법안을 통해 지지를 받았다. 이중언어 정책을 지지하는 라우 대 니콜라스(Lau v. Nicholsa)의 법적 결정, 다민족 교육과정 개발을 위한 민족 유산 법안의 통과, 그리고 문화적 다원성을 가르치는 것을 교육의 목적으로 접목시키는 노력 등이 있었다.

이와 같은 종류의 지원은 1980년대에 들어오면서 다소 주춤하기도 하였는데, 이는 정부의 정책이 더 보수적으로 바뀌고 다문화교육을 반대하는 자들이 거세게 반발하였기 때문이다. 이들은 다문화교육이 국가를 분리시키고 분열시킨다고 주장하였다. 또한 미국 경제의 침체로 인해 무너져가는 국제적 입지를 세우기 위해 정책 수립가와 교육 행정가들은 학교가 기본교육으로 회항하여 수학, 과학, 읽기, 쓰기와 같은 기본 교육에 주력해야 한다고 주장하였다.

1980년대부터 1990년대에 이르기까지의 교육 쟁점과 목적은 국가와 각 주에서 교육목표를 설정하고 성취규준을 성립하여, 학생들의 학습을 향상시키고 이미 기술된 교과 내용을 숙련할 수 있도록 시험을 실시하는 것이었다. 「목표 2000(Goal 2000: The Educate America Act)」과 1994년에 통과한 「미국 학교 개선안(Improve America' s Schools Act)」에서는 수학, 과학, 역사, 영어, 기타 다른 교과에서 국가 교육과정 규준을 설립하도록 촉진하였다. 모든 학생들이 교과 내에서 무엇을 배워야 하는지에 대한 철학적 분쟁으로 인해 규준을 설립하려는 노력은 연방정부 차원에서 각 주 차원으로 이동하였다. 1990년대 중반에 이르러 대부분의 주에서는 내용 규준을 개발하였고 이에 기초하여 주 차원에서의 시험 시스템을 실행하기 시작하였다. 이와 같은 맥락 아래에서 다문화교육은 뒷전이었다. 다만 백인, 영어 사용 학생과 유색인종, 가정에서 비영어 사용자 간의 '성취 격차(achievement gap)' 가 논의되었고, 이는 『낙오 학생 방지법』으로 연결되었다(제1장 참조).

그럼에도 불구하고 다문화교육적 접근은 개념적으로 발달해왔고 시대와 여건에 따라 변형되었다. 대부분의 교육자들은 그들이 이것에 대해 전혀 알지 못하거나 조금밖에 알지 못하더라도 이 사실에 대해 안다고 고백한다. 다음으로 우리는 다문화교육적 접근방법의 기저에 있는 이념과 이러한 실행을 뒷받침하는 이론에 대해 고찰하고자 한다.

이념과 다문화교육

이 장에서 우리는 이론과 이념을 구분하고자 하는데 이는 다른 접근방법과 달리 다문화교육적 접근방법이 이 두 개념을 혼용하여 혼란을 초래하였기 때문이다. 다문화교육적 접근방법의 지지자들은 어떠한 방향으로 교육이 전개되어야 하는지에 대한 생각과 실제적으로 사회에서 진행되고 있는 실제 사이의 괴리 사이에서 학교 교육의 정책과 실제를 논의한다. 우리는 **이념**(ideology)을 한 개인이 이렇게 되어야 한다고 믿는 신념과 가치 체계로 정의하는 반면, **이론**(theory)이란 사회 제도나 인간의 심리가 실제적으로 어떻게 작용하는지에 대한 것으로 정의한다. 기회의 균등은 이론과 이념을 기술하는가? 문화적 다원주의는 어떠한가? 이들은 이 접근방법의 지지자들이 주로 사용하는 용어이다. 이들을 좀 더 명확히 이해하고 평가하기 위해 먼저 이념을 고찰하고 이론으로 넘어가고자 한다.

다문화교육에 대한 초기 작업들은 한 가지 모델의 미국이 없다는 신념과 지식에 기초하였다(Hunter, 1974). 즉, 미국은 다원주의 국가이고 인종적 문화적 다양성은 인지되어야 하고 긍정적으로 평가해야 한다는 내용이다(Stent, Hazard, & Rivlin, 1973). 또한 여성의 역사와 여성 중심의 관점은 구조적으로 간과되었으며 학교에서 삭제되었다(Spender, 1982). 빈민과 장애자들은 논의 대상에 거의 포함되지 않았다.

지지자들은 널리 만연되어 사람들이 신봉하는 신념과 아이디어를 바꿔야 할 필요성을 인지하고 미국의 다양성을 인정하는 학교 정책과 실제를 창출하는 것의 중요성을 인식하였다. 어떻게 되어야만 하는지에 대한 비전은 초기 이 접근방법 지지자들을 인지적으로 정서적으로 지지하는 기반이었다. 다문화교육의 이념은 사회 변화에 있었는데, 이는 사회에서 소외된 이들을 단순히 통합하는 것이 아니라 사회 전체의 조직을 변경하는 것이다. 이러한 이념은 크게 문화적 다원주의와 기회의 균등이라는 크게 두 가지 요소로 구성되어 있다(표 5.1 참조).

문화적 다원주의

다문화교육의 지지자들은 종종 미국 사회를 샐러드나 천조각을 붙여 만드는 퀼트에 비유한다. 이러한 비유는 다양한 크기, 모양, 색깔의 자원과 이들의 정렬을 논의한다. 각각의 재료는 상호 의존적이지만 각각은 아직도 독창적이다. 각각의 재료는 통합되어 집단적인 전체를 이루지만 다양성에 의해 그 성격이 구분된다. 비록 문화적 다원주의에 대한 공식적인 정의가 다양하다 할지라도,

표 5.1 다문화교육

사회적 목표	'구조적 평등'과 문화적 다원주의의 도모 ('샐러드' 로서의 미국)
학교의 목표	학교에서 기회의 균등, 문화적 다원주의와 대안적인 삶의 방법, 다양한 사람들에 대한 존중, 집단 간 힘의 균등을 위한 지원
대상 학생	모든 학생들
실행	
교육과정	다양한 집단의 기여도와 관점을 중심으로 개념 조직하기 비판적 사고에 대한 교수 다양한 관점에 대한 분석 공통점과 차이점 모든 학생들에게 학업적인 의욕을 불어넣기 학생들의 경험적인 배경과 연계시키기 다양한 언어 수립하기
수업	학생의 학습 장점에 기초하기 생산적인 지적 활동을 위해 학생들을 적극적으로 참여시키기
교실 내에서 유의할 점	학습에 대해 공정하게 평가하기 다양한 방법의 평가 및 평가에서 다양한 언어 인정하기 학생의 다양성을 반영하고 다원주의, 다양한 삶의 방식을 인정하는 교실
학교 차원에서 유의할 점	학부모와 지역공동체 적극 활용하기 저소득층 부모와 유색인종 학부모 연계하기 다양한 인종, 성, 언어, 장애 집단을 포괄하는 다양한 패턴의 교직원 인사하기 다양한 민족, 종교 집단을 수용하는 환경미화, 특별 이벤트, 식단메뉴 모든 집단의 학생들을 방과 후 활동으로 초대하기 어느 집단이든 불공정하게 훈육하지 않도록 유념하기 학교는 누구에게나 열려있다는 점을 유념하기

이것들은 모두 다양성의 유지, 차이에 대한 존중, 그리고 한 개인의 독창적인 정체성을 포기하지 않고 사회에 적극적으로 참여하는 권리를 포함한다.

문화적 다원주의는 차이와 단합을 모두 존중하는 것을 바탕으로 다양한 문화와 한 국가 내의 정체성 간의 조화를 중요하게 여긴다. 코플만과 굳하트(Koppleman and Goodhart, 2005)에 따르면 "다원주의의 지지자는 다양성이란 극복해야 하는 어려움이 아니라, 사회의 긍정적인 측면이다. …… 다원주의자에게 개인은 그들의 인종, 문화, 민족, 종교적 유산을 자랑스러워하고 유지할 권리가 있다"(p. 155). 다원주의자는 다양한 전통이 장점과 주요한 자산이 되는 다양한 방법을 지목한다. 예를 들어 다원주의자는 미국 시민이 영어에 능숙해야 한다고 믿지만, 그들은 또한 한 가지 이상의 언어를 구사하는 것이 미국인이 전 세계인들과 의사소통하는 데 중요하다고 믿는다. 미국 내에 존재하는 언어적 다양성은 문제점이 아니라 하나의 자산이고 이와 같은 방식으로 지속되어야 한다. 또한 다원주의자들은 미국이 현재 그리고 지속적으로 문화적으로 다양해왔다고 설명한다. 미국은 문화적으로 다양한 나라이고 다수의 시민들이 종교를 가지고 있다. 『세계 크리스천 대백과(World Christian Encyclopedia』(2001)에 의하면 미국 시민의 76%가 신교와 구교를 통틀어 크리스천이고, 1/3%가 유대인이며, 0.5%가 무슬림이다. 이 밖에 불교가 0.5%, 힌두교가 0.4%, 뉴 에이지가 0.1%, 그리고 무종교나 종교에 관여하지 않는 이가 13%이다. 이러한 전통 내의 어디이든지 간에 거대한 다양성이 존재한다. 미국은 종교의 자유원칙과 종교와 국가 간의 분립을 기저로 설립되었으며 개인과 가족은 자유의사에 의해 종교를 선택할 수 있다. 종교적 다양성에 대한 존중은 많은 논쟁과 의견의 불일치를 가져온다. 예를 들어 어떤 종교적 경축일을 지켜야 할지, 이것을 어떻게 지켜야 할지, 혹은 다양한 창조설을 어떻게 존중할지가 관건이다. 그럼에도 불구하고 종교적 다원주의의 지지자는 한 종교를 부과하는 것보다 불일치를 탐색하는 법을 배우는 것이 더 중요하다고 강조한다. 결과적으로 선택에 대한 개인의 자유를 모색할 수 있다.

성과 관련한 문화적 다원주의와 개인의 선택은 남성과 여성이 그 역할과 스타일에서 자유로워야 한다는 점을 강조한다. 특별한 성역할에 대한 이미지나 수행해야 하는 일의 기준에 따라 성이 규정되어서는 안 된다는 의미이다. 예를 들어, 많은 여성이 조직에 들어가면 성공적인 남성의 수행 스타일을 모방한다. 여성인 자신에게 적합한 것이 무엇인지 그리고 그 과제에 주어진 성격이 무엇인지 관찰하는 대신, '남자의 세계 안으로 들어가려는' 노력을 한다. 교육 행정의 관점에서 볼 때, 블룸과 먼로(Bloom and Munro, 1995)는 여성 교육 행정가에 대한 연구를 바탕으로 이들이 갈등적인 위치에 있다는 점을 발견하였다.

그들에 따르면 이들 여성은 자신의 역할을 성공적으로 수행하려는 동시에 남성 중심적인 담론에 자신이 빠져들지 않기 위해 노력한다. 이와 같은 갈등이야말로 성에 대한 문화적 다원주의를 찬성하는 사람들이 주장하는 핵심이다. 다시 말해 직장에서의 업무나 가사에 대한 성 역할은 가변적이고 성에 따라 규정되지 않으며 젊은이들의 사회화 과정에서도 성차별반대주의자적인 접근이 필요하다는 점을 강조한다. 또한 그들은 성이라는 것이 이성애자적인 삶의 유형으로 고착되어서는 안 된다는 점을 역시 강조한다. 사람들은 차별 없이 이성애, 게이, 레즈비언, 혹은 양성애적인 삶의 방식을 선택할 수 있다. 다원주의자들은 공동체 내에서의 정체성 정립과 전통이 건강한 심리적 성정을 가져온다고 지적한다. 청소년들, 특히 이민자 가정의 청소년들은, 동화에 대한 압력으로 인해 허우적댄다. 예를 들어 오늘날 몽(Hmong) 공동체의 청소년들은 주류사회에 동화되어야 한다는 필요성을 느끼면서 자신의 문화적 뿌리나 가족의 문화로부터 벗어나려고 한다. 문화적 다원주의를 존중한다는 의미는 주류 사회의 삶의 유형을 우월하다거나 가장 바람직한 것이라고 생각하기보다, 다양한 문화, 언어, 역사적 전통을 영예롭게 생각하는 것이다. 더 나아가 다원주의자들은 다양성을 하나의 풍부한 자원으로 간주한다. 예를 들어, 미국 내의 주류에서는 자연 환경을 보존하는 것을 이상하게 여긴다. 긴 안목으로 보았을 때, 소위 말해 서구 문명의 전통 밖에서 생성된 인류의 지혜를 저버리는 것보다 이들로부터 인간 존재를 재고하는 기회로 삼는 것이 필요하다. 이는 지구에서 다른 유기체와 공존하며 사는 것에 대한 안목을 제시한다.

그렇다면 통합을 중요하게 여기는 사회 내에서 얼마만큼의 다양성과 선택이 가능한가? 1980년대 말에는 이러한 질문이 다문화교육을 공격하는 거대한 물결로 다가왔다. 이에 대해서는 이 장 끝부분의 비평에서 더 자세히 언급할 것이다. 다문화교육적 접근의 지지자들은 사회의 많은 집단들이 의사 결정 과정에서 제외되어 왔다는 점을 지적하면서, 미국 사회는 실제적으로 전혀 통합되었거나 문화적인 일치를 이룬 적이 없었다는 관점을 유지한다. 예를 들어, 백인, 중산층의 교육자는 종종 1950년대 초기에 있었던 조화와 일치의 황금시대를 되돌아보면서 다원주의가 그러한 일치를 파괴한 것인지에 대해 의문을 던진다. 그렇지만 1950년대 초반에 아프리카계 미국인들은 전적인 참여에서 제외되었고, 미국 원주민은 그들의 부족의 기반을 말살하는 정책을 직면해야 했으며, 멕시코계 미국인 아동은 학교에서 스페인어를 사용한다는 이유로 처벌받았으며, 일본계 미국인은 자신들이 '지나치게 다르다'는 이유로 포로수용소에서 살아야 했다. 여성은 직장에서부터 가정으로 돌아오도록 요구받았으며 집에서 가사를 돌보도록 권고받았다. 게이와 레즈비언들은 자신의 삶의 방식을 사회에서 인정하기 않기 때문에 정체성을 숨기고 살았다. 다시 말해, 다양성은 억압되었고 억제되었으며, 이는 아직도 고전분투 중에 있다.

삶의 방식이 어떠해야 하는지에 대한 주류의 개념에 적합하지 않은 이들에 대한 지지는 없었다. 다문화교육의 지지자들은 다음과 같이 질문한다. 미국 사회에 존재하는 실제적인 다양성에 견주어 보았을 때, 우리는 다양성을 억누르거나 부정하는 것이 아니라 어떻게 이를 지지하고 존중하는 법을 배울 수 있는가? 전 세계의 사람들이 다양할 뿐만 아니라, 세계의 다양한 사람들의 이주가 더욱 확산되고 있다. 특히 직업의 유동성, 지역에 따른 임금의 차이, 가족 상봉, 그리고 정치적 불확실성이 이러한 이주를 더욱 강화시킨다. 유엔(United Nation, 2007) 보고서에 따르면 175백만의 사람들, 혹은 전 세계 인구의 2.9%에 해당하는 인구가 자신이 태어난 고향을 떠나 살고 있다. 이민자들이 가장 많은 국가로는 미국이 35백만, 러시아가 13백만, 독일이 7백만 명이다(Freedman, 2007). 전 세계 7대 부강국의 경우 전 세계 이주민의 1/3이 살고 있으며, 이들은 독일인, 이탈리아인, 일본인, 혹은 캐나다인이 무엇을 의미하는지에 대한 복잡한 질문을 안고 산다(Surge in Gobal Migration, 1997). 다문화교육 지지자들은 젊은이들이 전 세계의 다양한 이들과 건설적이고, 협력적이며, 상호 존중적으로 일하는 법을 준비해 나가야 한다고 주장한다. 왜냐하면 그들이 성인이 되었을 경우 혹은 머지않은 시점에 이러한 기술이 필요할 것이기 때문이다.

기회 균등

기회의 균등은 다문화교육의 또 다른 주요 이념이다. 기회의 균등은 「브라운과 캔자스 토피카 교육청 간(Brown v. Board of Education)」에 있었던 법적 논쟁을 바탕으로 1954년에 제정된 교육에 대한 법적 권리이다. 이 결정에서 수석

대법관이었던 워런은 다음과 같이 기술하였다. “오늘날 아동이 교육에 대한 기회를 거절당한다면 이 아동이 사회에서 성공하리라고 기대하는 것은 어렵다. 주에서 박탈해왔던 그러한 권리는 평등성의 원칙 아래 모든 이에게 가능해야 한다.” 교육적 평등권을 실시하는 것은 교실에서 인간 다양성을 적극 수용한다는 것이다. 이는 학생들의 지적 자산을 무시하는 수업 방법, 학생들이 이해하지 못하는 언어로 진행되는 수업, 자신에게 잘 적용되지 않는 교수법 등을 고수함으로써, 그 학생을 장애가 있는 학생으로 취급하는 것을 방지하기 위해서이다. 혹은 학생들이 자신의 피부색, 종교, 성적 지향, 신체적 특성 때문에 환영받지 못하는 느낌을 받아서는 안 된다. 교실은 모든 학생들이 자신의 가정에서의 문화와 언어를 통해 잠재력을 충분히 발휘하고 자아존중감을 개발해갈 수 있는 장이 되어야 한다. 이와 같은 교실에서는 많은 학생들이 특수교육 대상이라는 꼬리표를 달지 않으며 실제적으로 장애가 있는 학생들도 환영을 받는다.

그렇지만 「브라운」 결정 이후에 실질적인 학교 실제에서 기회의 균등이 작용하는지는 또 다른 논쟁의 문제이다. ‘일상적인 비즈니스’ 적인 입장은 인종, 성, 언어, 장애에 따라 교육에 대한 접근방법을 부인하는 것이 불법이기 때문에, 학교에서는 기회의 균등법과 법정의 결정, 예를 들어 교육법안 제9조인 「장애인을 위한 교육법안(IDEA: the individuals with disabilities edcuation act)」과 「라우 대 니콜라스(Lau v. Nicholsa)」에 따라 교육의 형평성을 준수해야 한다. 하지만 실제적인 교육 장면을 주목해 보았을 때, 기회의 균등에 대한 모습은 겉으로는 중립적으로 보이거나 모든 학생들이 똑같이 취급받기 때문에 공평하다고 느낄 수도 있지만, 사실 일부 집단에 대한 차별은 여전하고 과거에 느꼈던 차별의 양상이 남아있다. 예를 들어 학교 간의 차별이 주거지에 대한 차별의 결과라면 소수인종이 대다수를 이루는 학교에서는 백인이 다수인 학교에 비해 학생들에게 빈약한 교육과정을 가르치게 된다. 차별화된 학교에서 졸업한 학생들이 대학 입학 측면에서 볼 때 균등한 기회를 가진다고 할 수 있는가? 오필드(Orfield, 1998)가 실행한 연구에서는 그렇지 않다고 지적한다. 대학 입학이 대학 준비와 직결되는데, 이는 학생들이 그들의 삶을 통해 겪어 왔던 인종, 계층과 관련한 요소와 연결된다.

고용과 입학에서의 차별철폐 정책(affirmative action)은 차별이 역사적으로 장기화되고 다양한 사회에서 기회의 균등을 보장한다는 것이 무엇인지에 대한 논의를 바탕으로 탄생하였다. 에들리(Edley, 1998)는 이 정책에 대한 법적 기조는 14차 헌법 개정안의「동등한 보호(Equal protection)」조항과 1964년에 제정된「시민권 운동 법안」이라고 제시한다. 이 법안들에 따르면, 기관에서는 차별화된 처우에 기초하여 인종이나 민족성을 사용해서는 안 된다. 이에 대한 예외조항은 첫째, 설득력 있는 이익이 있거나, 둘째, 인종을 고려한 측정이 미미할 때이다(p. viii). 기회의 균등이라는 목표를 성취한다는 것은 과거의 차별의 효과를 전적으로 인정하고 다양한 범주의 다양한 젊은이들에게 고등교육의 기회를 제공함으로써 설득력 있는 국가의 이익을 추구하는 것이다.

논쟁의 여지가 비교적 적은 사례로서, 어떻게 교육의 균등이 언제나 똑같은 처우를 의미하는 것이 아닌지에 대해 살펴보자. "학생들이 최고의 테크놀로지, 교수-학습 방법, 교사에 대한 접근성을 가지더라도, 한 가지 방법이 만병통치약은 아니다(one size doesn' t fit all)." 장애가 있는 학생에게 음성인식 소프트웨어와 같은 기구는 컴퓨터에 대한 접근성을 높여주기 때문에 그러한 도구가 없다면 기회의 균등이라는 점은 의미가 없게 된다. 영어를 배우는 학생들(English Language Learners)의 경우 영어로만 되어 있는 소프트웨어나 웹사이트를 제공한다면 이 역시 영어 원어민 학생과 비교해 보았을 때 기회의 균등이 되지 못한다. 교실에서 기회의 균등을 위해서라면 영어를 배우는 학생들에게 통역인이나 영어 이외의 다른 언어로 된 컴퓨터 자료가 필요하다. 집에 컴퓨터가 없는 학생은 그렇지 않은 학생에 비해 컴퓨터를 사용할 수 있는 기회가 당연히 공평하지 않다. 남학생들의 흥미에 맞추어 개발된 소프트웨어는 여학생들에게 설득력이 없을 것이다. 달리 말해, 학생들의 배경이나 경험이 다른 이상, 공평한 기회를 제공한다는 것이 꼭 똑같은 형태의 기회를 제공하는 것은 아니다.

다시 말해 기회의 균등에 대한 이념은 학교 안팎에서 학생들이 접하게 되는 다양한 요인들, 특히 일부 학생들에게 혜택이 되고 다른 학생들에게는 불이익이 되는 요인들을 인지한 후 학습에 대한 기회의 균등에 대한 방향을 논의한다. 예를 들어, 캘리포니아에서는 빈곤층, 유색인종 학생, 영어 학습자들의 학습 기회를 축소시키는 구조적인 요인에 대한 보고가 있었다(Gándara, Rumberger, Maxwell-Jolly, & Callahan, 2003; Oakes, Blasi, & Rogers, 2004). 이중언어 교육 프로그램의 삭감과 다음과 같은 요소들이 미비된 상황이 접근성의 불공정성을 초래하였다. 자격증 보유 교사, 영어 학습자에 대한 연수를 마친 교사, 비영어 사용자에 대한 평가 형태, 학교 내에서 의미 있는 학습 시간, 충분한 교재, 컴퓨터, 학생을 위한 다른 자료, 영어 학습자가 이해할 수 있는 자료, 학교 건물이 이에 해당한다. 결국, 다문화교육의 지지자들은 학교에서 접근방법을 방해하고 참여를 제한하는 법적 장애물을 제거하는 것만으로는 충분하지 않다는 점을 지적한다. 집단들이 사회적 기관으로부터 공평한 결과를 얻지 못한다면 그 기관들은 기회의 균등을 제공하지 못하는 것이다. 백인 중산층 학생들이 다른 학생들보다 더 높은 성취 점수를 가지고 성공적으로 학교를 졸업하는 한, 학교 졸업 후 남학생들이 수학, 교육 분야에 진출하고 여학생들이 서비스 업종이나 가사로 머무는 한, 그리고 학생들이 백인 남성의 업적이 가장 중요하다고 여기면서 학교를 졸업하는 한 학교는 기회의 균등을 제공하지 못한 것이다.

이론과 다문화교육

다문화교육의 지지자가 교육의 균등, 선택권, 문화적 다원주의를 성취하고자 한다면 이러한 비전을 위해 어떠한 이론적인 뒷받침이 있고 학교에서는 이를 어떻게 실현할 수 있을까? 무엇보다 이론이 무엇인지 정의해보자. 보그단과 비클린(Bogdan & Biklen, 1992)에 따르면 이론이란 "세상을 보는 방식, 무엇이 중요한지 사람들이 가지고 있는 가정, 그리고 세상을 돌아가게 하는 것이다. …… 이론은 자료가 일관되도록 도와주고 방향성 없고 비구조화된 자료들을 넘어서 연구를 가능하게 한다"(p. 33).

달리 말해, 이론은 왜 그러한 방식으로 일이 진행되는지 설명하기 위해 자료를 종합하는 것을 포괄하며 어떠한 조건하에 실제적인 변화가 일어나는지 그리고 왜 그러한지 설명하는 것을 의미한다. 다문화교육의 지지자들은 왜 그러한 방식으로 세상 일이 진행되는지에 대한 논의보다, 당위적으로 어떻게 세상이 되어야 하는지에 대해 논의하였다. 반면, 사회학, 인류학, 응용언어학에서 제시하는 이론들은 다문화교육적 접근에 지침을 제공한다. 문화적 다원성

이론과 문화적 전달이론이 두 가지 주요한 이론이다.

문화적 다원성 이론

윌리엄 뉴만(William Newman, 1973)은 문화적 다원주의에 대한 심도 있는 논의를 개발하고 사회학자들이 이를 어떻게 이용하는지 설명하였다. 여기서는 피터스(Pieterse, 1996)에 의해 확장된 그의 4가지 주요한 이론을 간략히 소개한다.

첫 번째 이론은 **동화(assimilation)**이다. 뉴만은 이를 'A+B+C=A' 라는 도식으로 설명하였다. "여기서 A, B, C는 각각 다른 집단이고 그중 A는 주류 집단이다" (p. 53). 이 이론은 소수 문화 집단이 주류 문화 집단과 상충했을 때, 소수 집단의 가치와 삶의 방식이 시간을 거쳐 주류 집단의 그것으로 대치된다는 것이다. 피터스(1996)는 동화를 패권과 자본주의의 확장으로 연계하였다. 그는 **맥도날드화(McDonaldization)**라는 용어를 사용하면서, 서구의 문화가 근대화와 동일시되면서 전 세계로 퍼져나간 것을 제시한다. 뉴만은 비록 일부 사회학적 연구가 그 이론을 지지하고 주류의 문화가 소수의 문화를 동화하지만(2세대 이민자에 대한 연구), 다른 연구(이민 3세대에 대한 연구나 1960년대와 1970년대, 1980년에 있었던 민족 부흥운동)에서는 꼭 그런 것만은 아니라는 것을 보여준다. 다시 말해 어느 정도 문화적 동화가 대개 일어나지만 시간이 지나면서 그 양상이 역전될 수도 있다. 문화적 동화는 절대적이지 않다. 다문화교육의 지지자들에 따르면, 많은 학교 교육이 동화이론에 근거하였고, 이 이론을 더 활성화하는 방법을 모색하였다. '일상적인 비즈니스' 가 가정해왔듯이, 다수의 문화는 꼭 그러한 것은 아니지만 만연될 것이다. 예를 들어 한 언어와 한 방언, 한 관점의 역사, 한 문해능력(literacy)의 전통, 사람과 자연 사이의 관계에 대한 한 가지 관점, 기타 등등, 다수의 문화는 그 영역을 확장할 준비가 되어 있다. 결국 '일상의 비즈니스' 는 실제와 대비를 이루었다. 예를 들어 수년 동안 남서부에 있는 학교에서는 스페인 언어와 멕시코 문화를 없애기 위한 노력으로 영어 전용 정책을 실시해 왔다. 그러나 스페인어를 버리기보다 수천 명의 아동들이 학교를 그만두거나 퇴학을 당했다. 스페인어는 미국 남서부 지방에서 지속적으로 사용되있다. 1970년대에 영어 전용 수업과 이중언어 수업의 목적에 대한 뜨거운 설전이 오가기는 했지만, 이중언어 교육이 점차적으로 더 많이 실시되었다(Crawford, 1999; Cummins, 2000; Fillmore & Valadez, 1985; Schirling, Contreras, & Ayala, 2000). 구트리(Guthrie, 1985)는 중국어-영어 이중언어 프로그램에 대한 문화기술지(ethnography)에서 학교 정책과 상관없이 중국인 공동체에서는 중국어를 유지해야 하는 필요성과 열망이 지속되었다고 제시하였다. 이러한 현실을 부정하는 동화주의적인 학교의 실제는 잘 전달되지 못한다. 그리고 종종 학생들과 교사를 그 중심에 놓이게 한다.

아동들은 종종 동화주의적인 학교 정책의 희생자가 되었다. 특히 '일상적인 비즈니스' 에 치중하는 교사들이 그들을 가르치고 이 학생들의 가정 문화나 종교를 열등하거나 반미국적이라고 여길 때, 학생이 자신의 공동체에서 제대로 활동할 수 있는 기능을 상실시킬 때, 혹은 학교가 학생들을 소외시키고 이들이 학교를 거부하도록 만들 때 이러한 정책의 희생자가 된다.

동화주의적 정책은 아동과 가족 사이의 분열의 쐐기를 박음으로써 정상적인 사회화를 방해한다. 이러한 문제점은 특히 교사가 영어가 모국어가 아닌 학생들에게 영어를 숙달하기 위해 집에서 그들의 모국어를 사용하지 말도록 지시할 때 더 악화된다. 이러한 실행은 의사소통의 발달을 저해할 뿐만 아니라, 가족들이 그들만의 가치와 신념을 아동들에게 가르치는 데 저해가 된다. 동화주의적인 학교 정책은 또한 다수 집단 아동들이 자신의 가정 문화와 종교가 유일한 미국 문화라는 점을 다른 아동들에게 강화시키고 모든 사람들이 자신들처럼 생각하고 행동하고 말해야 한다고 강요할 때 더욱 해롭다.

뉴만(1973)이 제시한 두 번째 이론은 **융화론(amalgamation)**인데, 그는 이 도식을 'A+B+C=D' 로 표시하면서 "D는 다른 집단들이 다른 새로운 집단으로 탄생하는 융화물이라고 표현하였다" (p. 63). 피터스(Pieterse, 1996)는 이를 '문화적 혼성(cultural hybrid)' 이라고 명명하고 이는 사람들이 섞일 때 언제나 발생한다고 설명하였다. 사람들의 왕래가 이루어짐에 따라 언어는 다른 언어로부터 단어를 차용하여 사용한다. 예를 들어 미국 영어는 스페인어(예, patio), 아프리카어(예, goobar 땅콩), 아라비아어(예, algebra), 원주민어(예, coyote)와 융합되었다. 음악은 풍부한 문화적 혼성의 영역이다. 캐리비안의 살사와 메렝게 춤, 아프리카의 리듬, 캐리비안과 라틴 아메리카 춤, 유럽의 민속 춤, 락, 재즈 등이 그 예이다(Guerrero, 2004).

뉴만은 많은 이들이 융화의 개념을 용광로(melting pot)의 이상을 잘 설명해 주는 개념으로 생각하였지만, 이 이론은 집단 간의 관계를 거의 묘사하지 않았다고 지적한다. 피터스(1996)는 혼성이 종종 다른 집단과의 식민지적 관계의 산물이라고 지적하면서, 주로 주류 집단이 다른 사람들과의 문화적 창출을 설명한다고 제시하였다. 예를 들어 락 음악은 아프리카계 미국인 음악가들의 업적으로 형성되었는데 백인 라디오 방송에서 그들의 음악을 방송하지 않았기 때문에 백인 애청자들은 락 음악이 백인 음악가에 기원을 두는 것으로 가정했다.

뉴만이 제시하는 세 번째 이론은 **고전적 문화 다원주의(classical cultural pluralism)**인데, 이는 'A+B+C=A+B+C' 로 표현 가능하며 "여기서 A, B, C는 각각 다른 문화 집단을 표현하며 시간에 걸져 자신의 고유한 정체성을 보유한다." (p. 67). 피터스(1996)는 이 이론을 '문명화의 충돌(clash of civilization)' 이라고 명명하면서, 문화 집단이 확연한 영역을 고수하고 그러한 심도 있는 차이가 교환보다는 충돌을 가져온다고 가정한다. 뉴만은 이 이론이 미국의 모든 민족들의 삶을 설명하지 못한다고 제시한다. 대부분의 미국 도시와 많은 외곽 지역에는 확연히 구별되는 민족별 거주형태가 있으며 이는 시간이 지나도 사라지지 않는다고 지적한다. 사실 일부 민족 집단은 더 강력해졌으며, 어떤 민족과 종교 공동체는 그 구성원들이 뿔뿔이 흩어졌음에도 불구하고 그 문화를 지키고 있다. 예를 들어 노스 다코타(North Dakota)로 이주한 이들은 곧바로 지역의 유대인회에 합류되어 공동체를 형성하였다. 또 다른 예로 아프리카계 미국인 공동체는 흑인 라디오 방송, 잡지, 신문을 통해 구성원들이 흩어져 있기는 하지만 연대성과 문화적 독특성을 지켜 나간다.

하지만 뉴만이 지적하듯이 이 이론은 완벽하지 않다. 이는 공유된 미국 문화를 설명하는 데 역부족이다. 미국 문화는 집단들이 시간을 걸쳐 진행해온 문화 교류와 다른 문화적 집단과의 경험을 통해 형성된다.

가장 정확한 네 번째 이론은 문화적 다원주의에 대한 변형 'A+B+C=A+B+C1' 이다. 뉴만이 논의하듯이, "이태리에 있는 이태리인들은 이태리인계 미국인과 다르고 흑인은 아프리카계 미국인과 다르다" (p. 79). 변형된 문화적 다원주의는 다른 민족, 종교, 인종 집단이 주류 문화에 어느 정도 동화되기는 하지만 이 동화의 정도는 집단에 따라 다르고, 많은 집단은 그들의 독특한 문화적 성격을 유지함으로써 지속한다고 강조한다. 미국 집단의 삶을 볼 때, 이 이론이 다른 세 이론보다 더 설득력이 있다.

변형된 문화적 다원주의와 문화적 혼성이 다문화교육적 접근방법을 지지하는 이론이며 이들은 최소한 학교에서는 미국 내에 실제로 존재하는 문화적 다원주의를 학교에서 받아들여야 한다고 주장한다. 그것이 존재하는 한, 교사는 공유된 문화를 인지하고 가르쳐야 한다. 그렇지만 이와 동시에 학교 내에 실제적으로 존재하는 문화적 다양성을 모든 미국인에게 가르쳐야 한다. 예를 들어 모든 학생들은 한 가지 미국 문학의 전통만 존재하는 것이 아니라는 점을 배워야 한다. 학교에서 교사가 암묵적으로든 아니면 명시적으로든 좋은 문학은 백인 남자가 창작한 것이거나 백인 남자만이 좋은 문학을 쓸 수 있다고 가르친다면, 이는 미국의 현실을 가르치는 것이 아니다. 젊은 미국인들은 무엇이 좋은 문학을 구축하는지 다양한 관점을 배워야 한다. 동시에 다양한 미국의 문학 전통에 의해 양산된 문학과 친숙해져야 한다. 교사가 이를 민감하게 가르칠 때, 이러한 지식은 문화 집단 간의 분열을 조장하는 것이 아니라 다양한 집단 간의 대화를 증진시킨다. 이 마지막 부분을 더욱 강조하고 싶다. 문화적 다원주의 이론들은 미국의 크기를 고려했을 때 아무리 주류 집단이 동화를 위해 애쓰더라도 문화적 다양성이 언제나 지속될 것이라는 입장이다. 사람들은 공유된 정체성을 지켜 나가고 이것으로부터 그들에게 필요한 문화적 자산을 유출해 낼 것이다. 강요된 동화는 집단의 적대감을 양산하고 젊은이들을 소외시킨다. 일부분 문화적 다양성이 자연스럽다고 한다면 학교에서는 이러한 다양성이 존재하는 않는 것처럼 가장하거나 이것이 국가에 해롭다고 주장하기보다, 이러한 다양성을 포용해야 한다.

문화적 다원주의 이론은 인종이나 민족성을 넘어서는 다른 형태의 차이로 적용이 가능하다. 예를 들어, 장애 공동체는 공동적인 미국 문화뿐만 아니라 확연한 하부 문화(subcultures)를 공유한다. 장애 문화 집단의 발달에 있어서 비록 필요가 선택보다 종종 주요한 역할을 차지하지만, 다문화교육에 관한 시사점은 비슷하다. 예를 들어, 휠체어 경기는 잘 개발되었고 비교적 높은 단계의 참여를 유도한다. 젊은이들에게 휠체어 운동 경기의 존재여부를 알리는 데 실패한 체육 교육 프로그램은 미국 운동가에 대한 매우 제한된 개념을 보유한 것이다. 농인 공동체(the Deaf community)는 언어, 역사, 문학, 공연 분야에서 풍부한 전통을 가지고 있다. 미국 수화(American Sign language)는 미국에서 네 번째로 많이 사용되는 언어로서(National Institute of Health, 2000), 점차적으로 미국의 많은 학교에서는 그 중요성을 인식하고 있고 극장에서도 농인을 위한 극장 프로그램을 상연하고 있다.

이제 문화적 전파와 사회학습이론들이 어떻게 문화적 규준과 역할이 학습되는지에 대한 지침을 제공하는지 제시할 것이다.

문화전파이론과 사회학습이론

다문화교육의 이념은 문화적 다원성을 강조하고 다양한 대안과 관련한 지식과 인식을 갖도록 격려한다. 이 접근방법은 세계가 지금 이대로 별 문제 없다고 생각하지 않으며 학생들은 더욱더 많이 배워야 한다고 제시한다. 오히려 이 접근방법의 지지자는 현재 상태의 세상이 불공평하고, 많은 이들이 억압받고 있으며, 모든 이들에게 기회의 균등을 제공하지 않는다고 염려한다. 더 나아가 사람들은 그들이 성공하고자 하면 무엇이 규준인지에 대한 제한적인 정의에 맞추어 행동하게 된다. 예를 들어 다양한 민족적 배경을 지닌 이들은 백인, 중산층 미국인의 행동과 언어 방식을 구사하도록 요구받는다. 예상되는 성 역할에 부합하지 않는 여성은 과격하거나 남성적이라는 꼬리표를 달게 되고 남성적인 이미지를 전달하지 않는 남성은 여성스럽다고 평가받는다.

다문화교육은 모든 젊은이들이 문화적 다양성, 융통성, 그리고 선택을 지지하는 지식, 가치, 행동 양식을 배우는 법을 모색한다. 문화전파이론과 사회학습이론은 학생들이 어떻게 사회의 가치와 신념을 배우고 이들이 어떻게 일상의 삶에서 이를 배우게 되는지 교사들에게 새로운 지침을 제공한다. 문화전파이론은 인류학 분야에서, 사회학습과 모델링이론은 심리학 분야에서, 상황학습은 사회 심리학 분야에서 발달하였다. 문화 전파란 다양한 문화적 집단이 자신의 문화를 젊은 세대에게 전파하는 것을 의미한다. 문화는 공유된 이해와 신념으로 이루어지는데, 이는 민족성이나 인종과 연결되기도 하고 연결되지 않기도 한다. 구티에레즈와 로고프(Gutiérrrez and Rogoff, 2003)가 설명하듯이, 인종, 민족, 문화를 서로 합성하지 않는 것이 중요한데 이렇게 함으로써 사람들은 꼭 진실이 아니거나 유용하지 않은 가정을 만들게 되기 때문이다. 그들은 문화적 공동체를 다음과 같이 정의한다. "우리는 문화적 공동체를 서로 함께 일하는 사람들의 집단으로 정의하는데, 이들은 여러 세대에 걸쳐 일부의 전통과 이해를 공유하고, 참여자 사이의 다양한 역할과 실제 및 지속적인 변화를 인지하는 동시에, 공동체의 실제들을 변혁시켜 나간다."(p. 21). 모든 이가 문화적 공동체에 참여하고 그러한 참여를 통해 공동체의 문화가 전파된다. 물론 일부 전파가 학교에서 발생하지만, 가정, 종교 기관, 이웃을 통해 전파가 발생한다.

예를 들어, 양육은 여성의 문화적 영역인 반면, 자동차 수리는 남성의 영역이다. 남성과 여성이 반성차별주의의 전통을 갖는 것이 희귀하지 않지만, 결국 전통적인 성 역할을 가정하는 것으로 결론지어진다. 이는 단순히 성장과정에서 여성은 어떻게 기저귀를 잘 가는가에 대해 배우는 반면, 남성은 엔진을 뒤 엎는 기술을 연마하기 때문이다. 양성이 다양한 역할을 준비하기 위해서 학교에서는 전통적으로는 한 성에만 가르쳤던 지식을 양성 모두에게 가르쳐야 한다.

교육자는 자신의 학생들이 어느 공동체에 참여하고 있는지, 그 공동체에서 무엇을 배우는지, 그 공동체가 학교에서도 설립이 가능한지, 그리고 학교와 교실이 문화를 전파하는 공동체로서의 역할을 할 수 있는지 질문할 필요가 있다. 예를 들어 저자들 중 한 명은 고등학교의 영어 교육과정을 조사하였다. 거기에는 '과거의 훌륭한 작가들' 과 '최근의 영미 작가' 에 대한 과목이 있었다. '과거의 훌륭한 작가들' 에서는 오직 백인 남성 작가들과 소수의 백인 여성 작가들만 포함되어 있었다. '최근의 영미 작가' 과목에서는 여성 작가와 유색인종 작가가 모두 포함되어 있었다. 이러한 지식의 분화는 비록 겉으로는 아무런 편견이 없는 것처럼 보일지라도 학생들에게 훌륭한 작가는 오직 백인이고 대개가 남성이라는 점을 강화시킬 수 있다. 비록 교사들이 학생들에게 모든 문학이 가치 있다고 설명할지라도 문화적 장소로서의 학교는 실질적으로 다른 것을 가르치고 있다.

사회학습이론과 모델링이론은 개개인이 특별한 행동 패턴을 보이는 것에 대한 원리를 제공한다. 제3장에서 우리는 반두라와 월터스(Bandura and Walters, 1963)의 편견 형성에 대한 이론을 소개하였다. 그들의 연구는 사회학습이론과 연관이 있다. 사회학습이론가는 행동 양상의 결과에 초점을 맞추고 모델링 이론가는 역할 모델을 닮아가는 과정에 초점을 맞춘다. 사회학습이론에 따르면, 학생들은 성인들을 관찰함으로써 대안적인 행동 양상을 배우고 강화에 의해 언제 이 행동을 모방할지 학습한다. 예를 들어, 여학생은 다른 나이 많은 여성들이 말하는 것을 경청함으로써 간접적이고 비폭력적인 말하기 패턴을 배운다. 그들은 그러한 말하기 패턴을 사용하는 법을 배운다.

문화전파, 사회학습, 모델링이론은 어떻게 아동들이 그들의 문화에 따라 형성되고 양성되는지, 그리고 어떻게 가치, 신념, 행동 양상이 그들 사회 환경의 결과로 개발되는지 설명한다. 이러한 이론이 주는 한 가지 시사점은 학생들이 복잡하고 다양한 메시지를 통해 학습한다는 사실이다. 종종 우리가 교수를 생각할 때, 말하는 것을 생각할 때, 인류학자와 심리학자 모두 이러한 교수에 대한 사고 방식은 매우 과장되게 축소되었다고 설명한다. 예를 들어, 타브리스와 웨이드(Tavris and Wade, 1984)는 성 역할에 대한 정보의 근원을 기술한다. 그들은 부모가 성을 어떻게 다루는지, 교사가 교실에서 성을 어떻게 취급하는지, 성에 따라 어떠한 장난감을 지급하는지, 동화책에서의 메시지, 텔레비전에서의 메시지, 언어에서의 성차별(예, 영어에서 men, mankind는 인류를 지칭한다, p. 233), 성에 따른 언어 구사의 차이 등을 예로 든다. 결국 교사는 남성과 여성은 똑같이 평등하다고 말하지만, 은연중에 다양한 방법을 통해 남성과 여성은 다르고 남성이 여성보다 더 중요하다는 식의 메시지를 전달하게 된다.

학습의 사회문화적 이론은 적극적이고 사회적인 본성에 주의를 기울인다. 탈프와 동료들(Tarpe, Estrada, Dalton, & Yamauchi, 2000)이 제시하듯이 "지식은 상호 활동을 통해 구성된다. 학생들과 성인들이 공동으로 활동하고 이야기함에 따라 이들의 정신은 지속적으로 지식을 구성한다. 이는 특히 무경험자와 젊은이에게서 더욱 그러하다"(p. 44). 이는 교실이 젊은이들과 교사 상호간에 적극적으로 학습할 수 있는 장이 되어야 한다는 점을 의미한다. 더 나아가 교사는 학생들이 어느 곳 출신인지 그 맥락을 파악하는 것이 중요하다. 특히 그 배경이나 학생들이 교실에 들고 오는 지식과 언어가 교사에게 친숙하지 않을 때 그 중요성이 더욱 부각된다. 어떠한 맥락하에서 학생의 지식, 관찰하는 방법, 그리고 언어가 이치에 맞으며 그것이 어떻게 성립 가능한가? 구티에레즈와 로고프(2003)가 지적하듯, "학생들을 문화적 특성을 나타내는 카테고리 안에 묶어두고 학생들에게 자신의 '특성'을 가르치거나 이러한 특성을 대체할 시도를 하도록 하기보다, 학생이 자신에게 친숙한 것과 새로운 것을 모두 잘 사용할 수 있도록 도와주어야 한다"(p. 23).

균등한 기회가 존재하기 위해서는 다양한 집단의 구성원들이 다양한 맥락에서 성공적으로 활동하는 것을 배우는 것이 필요하다. 소외된 문화 집단의 구성원들은 필수적으로 주류 문화 내에서 성공하는 법을 배워야 한다. 예를 들어, 가정에서나 자신의 지방에서 표준 영어를 사용하지 않는 학생들은 표준 영어에 대한 숙련을 해야 하는 동시에 어느 상황에서 이러한 영어를 구사해야 하는지 터득해야 한다. 소외 집단의 구성원에게 언어, 행동양식, 그리고 주류 문화 집단의 지식을 가르치는 데 실패하는 학교는 사회에서 균등한 기회를 위한 수단을 제공하지 않는 것이다. 이와 동시에, 모든 이들이 주류 문화 이외의 문화적 맥락에서 성공적으로 활동할 수 있도록 가르치는 것 또한 중요하다. 뱅크스(Banks, 1994)는 다음과 같이 제시하였다. "만약 앵글로계 미국인이 다른 민족 집단들이 그들의 문화를 어떻게 인지하는지 알지 못하고, 주류 문화가 미국의 이미지를 형성하는 데 있어서 어떻게 진화되었고 힘을 얻게 되었는지 인식하지 못한다면, 이들이 백인이 아닌 사람들에게 긍정적이고 민감하게 반응하는 것을 배운다는 것은 무척 어려운 일이다."(p. 99)

실제를 위한 제안

다문화교육적 접근방법은 모든 아동을 위한 학교 교육의 전 과정에 대한 개혁을 모색한다. 특수학생과 문화적으로 다른 이들을 위한 교수와는 달리, 이 접근방법은 특정 집단의 학생만을 위한 접근이 아니다. 이는 모든 이를 위한 접근방법이며 사람들을 기존의 사회에 통합시키는 것뿐만 아니라 모든 이들을 위해 사회를 개선시키는 것을 포괄한다. 대인관계 접근방법과 달리 다문화교육은 태도의 개선에서 멈추지 않고 다문화주의를 지지하는 기술과 확고한 지식 기반을 개발하는 것을 모색하다. 단일집단 연구와 달리, 이 접근방법은 단순히 교육과정을 개선하는 수준에서 벗어나 학교 교육 전체를 변혁시키는 것을 추구한다. 우리는 학교 교육과 관련한 다음과 같은 요소에 대한 실제적인 제안을 하고자 한다: 교육과정, 수업, 학습 평가, 가정/공동체-학교 관계, 그리고 다른 학교 관련 이슈들. 표 5.1에 이와 관련한 사항을 요약하였고, 이는 『학습으로의 전환』(Grant & Sleeter, 2009) 책에 더 자세히 나와 있다.

교육과정

다문화교육의 지지자는 학교에서 '일상적인 비즈니스' 수준에서 교육을 실시할 때 간과되거나 그릇되게 표현되는 사람들의 다양한 관점, 경험, 기여도 등을 정기적으로 표현할 수 있도록 교육과정을 개혁해야 한다고 주장한다. 개념은 다양한 집단의 경험에 기초하여 개발되어야 한다(Banks, 1993; Gay, 2000; Gollnick & Chinn, 2002; Grant & Sleeter, 2002; Nieto, 2001; Sadker & Sadker, 1994; Sleeter, 2005). 예를 들어, 한 교사가 시에 대해 가르친다면 그 교사는 다양한 집단 구성원들의 작품을 선정해야 한다. 이를 통해 시에 대한 개념이 풍부해지고 이는 학생들이 다양한 형태의 시 형식을 배울 뿐만 아니라 다양한 시에서 발견할 수 있는 공통점을 학습하게 된다. 교육과정은 집단들이 자신을 정의내리고 집단이 활동적이고 역동적이라는 점을 반영할 수 있어야 한다. 예를 들어, 교사는 미국 원주민을 교육과정에 포함시키기 위해 종종 사카자위(Sacajawea)를 영웅으로 선정하여 토의를 진행한다. 그러나 미국 원주민의 입장에서 볼 때 세꾸오야(Sequoya)가 바람직한 역사적인 인물이다. 사카자위는 루이스와 클락을 서부로 인도하면서 백인의 이익을 도모한 반면, 세꾸오야는 체로키(Cherokee)어를 기술할 수 있는 알파벳을 개발함으로써 체로키의 이익에 기여했다.

오늘날 학교에서 내용 규준은 종종 교육과정을 스스로 개발할 수 있는 교사의 능력을 제한한다. 내용 규준은 동의서로 제시되는데, 이는 교과 내에서 무엇이 가장 가르칠 만하고 배울 만한지에 대한 동의 내용을 기술한다. 그렇지만 내용 규준은 이념적으로 중립적이지 못하다. 그들은 권력을 지식 구조에 부여함으로써 사람들의 관점을 변형시킨다. 예를 들어, 국가 예술 교육 규준에 대한 분석에서 앤더슨(Anderson, 1996)은 예술을 네 가지 교과, 즉 "미술, 음악, 무용, 연극으로 나누고 시각 예술을 DBAE(Discipline-based art education: 교과 중심 미술 교육)이라는 명목하에 생산, 비평, 예술사, 미학으로 나누어 가르치는 것에 의문을 던졌다"(p. 58). 그는 많은 비유럽 문화에서 예술은 서구 방식의 교과로 구분되지 않고, 오히려 상호 통합적이고 예술을 교과 중심의 학문으로 제시하지 않는다고 지적하였다. 교사는 자신이 의도하지 않은 이념을 가르치는 것에 대한 경계의 의미로 교과 규준을 비판적으로 분석하는 것이 중요하다. 비판적으로 본다는 것이 이들을 전혀 사용하지 않는다는 의미는 아니며 오히려 이들을 더 성찰적으로 이용하는 것이 된다.

교육과정 개발에 대한 사고를 돕기 위해 뱅크스(Banks, 1993)는 서로 다른 지식을 다섯 가지로 다음과 같이 구분하였다. (1) 개인적/문화적 지식, (2) 대중적 지식, (3) 주류의 학문적 지식, (4) 학교 지식, (5) 변혁적 학문적 지식. 그는 변혁적 지식이란 "주류의 학문적 지식에 도전할 수 있는 개념, 패러다임, 주제, 설명 등을 포함시킴으로써 역사적, 문학적 정전을 확장시켜 나가는 것이다. …… 변혁적이고 주류의 학문적 지식은 지식의 본질, 인간 이익과 지식 구성의 가치에 대한 영향력, 그리고 지식의 목적과 같은 다른 인식론적 가정에서 출발한다"(p. 9). 변혁적인 지식은 전통적인 학문적 지식에서 소외된 사실이나 중요한 인물들에 대한 것뿐만 아니라 주류의 사람들과 다르거나 이들과는 입장을 달리하는 이들의 역사적인 사건과 이에 대한 해석을 포괄한다.

다양한 자료는 다양한 관점을 제시하는 데 사용되어야 한다. 학생들은 한 가지 이상의 관점이 존재한다는 사실을 인지하고 한 가지 버전을 믿기보다 다양한 관점을 추고하고 기대하는 것을 배워야 한다. 예를 들어 뉴욕시의 공립학교(1990)는 네 가지 주제를 강조하는 미국과 뉴욕의 역사 교육과정을 개발하였다. (1) 문화/다양성, (2) 사람들의 이주, (3) 기여들, (4) 평등을 위한 노력(p. viii). 각각의 단원은 유럽계 미국인, 미국 원주민, 아프리카계 미국인과 같은 미국의 다른 사회문화적 집단의 관점을 기초로 주제와 시간 연대기표를 재구성하였다. 교사는 학생들에게 다양한 관점을 제공하고 학생들이 이러한 관점들을 분석하도록 격려하며, 그들은 결과적으로 교과서 저자의 결론이 아닌 자신의 결론에 도달하게 된다.

변혁적인 지식을 바탕으로 설립된 교육과정은 학생들이 종종 알고 있는 실질적인 이슈를 제시함으로써, 추상적인 '영웅과 축일/휴일' 접근방법을 사용하는 것보다 학생들에게 더 큰 영향력을 제시한다. 비글러(Bigler, 1995/1999)는 집단이나 집단 구성원들을 인종, 민족성, 혹은 성에 따라 꼬리표를 붙이는 형태의 교육과정은 각 집단의 차이에 대한 학생들의 이해를 고정관념으로 채우게 된다는 점을 발견하였다. 그렇지만 인종차별주의에 대한 자료를 제공하는 교육과정은 유식인종 아동과 백인 아동의 형평성과 유색인종에 대한 태도 변화에 영향을 주었다고 밝혔다(Milligan & Bigler, 2006). 이는 아마도 그러한 교육과정이 왜 일부 집단이 다른 집단보다 더 나은 처우를 받는지 그리고 공평성에 도달하기 위한 사례에는 무엇이 있는지에 대한 정보를 제공하였기 때문일 것이다. 역사 교육에서는 현재의 삶에 대해 더 많이 강요하는 것이 필요하다. 예를 들어, 역사 교과서에 등장하는 여성은 대개 백인 여성이고 이들은 여성 참정권 운동에 참여하고 있다. 이는 사회 교과에서 여성이 어떠한 방식으로 등장하고 학생들에게 전달되는지 보여주는 일면이다. 아프리카계 미국인 여성들 역시 억압에 적극적으로 저항해 왔다. 많은 이들이 (역사적으로나 현재 시점에서) 사회 조건을 개선하기 위해 아프리카계 미국인 여성 조직에서 활동하고 있다. 많은 이들은 괄목할 만한 성취를 이룩하였다. 그리고 또 다른 이들은 (여전히 그렇지만) 희생물이 되고 있다. 극도로 축소화된 정보는 독자를 그릇된 곳으로 몰고가거나 고정관념을 창출할 수 있다. 이와 유사하게 스턴즈(Sterns, 1988)는 사회의 역사를 가르치는 과정에서 "사회 역사가들은 일반인에 대한 삶뿐만 아니라 일반인의 삶의 관점도 연구해야 한다"(p. 142)는 점을 지지하였다. 그는 다음과 같은 내용을 첨부하였다.

> 여기서의 주요한 쟁점은 전통적인 역사의 주류에서 벗어난 집단이—다시 말해 이들 집단은 공식적이거나 상위 문화의 생산자들이 아니며 정치적 무대에서 활약상을 벌인 인물들도 아니지만—그들만의 권리를 바탕으로 하는

> 과거를 지녔다는 것이다. 더 나아가 그러한 집단은 사회의 지도자에 의해 단순히 활동하지 않았으며 그러한 경제적인 주기에서는 무명이었다. 사회적 패권과 부에 대한 공평한 분배가 빈약했지만, 그들 자신의 가치와 습관을 형성해 나가는 데에는 두말할 것도 없이 주요한 역할을 했다(p. 142).

교육과정은 학생의 경험적인 배경지식과 관련이 있어야 하고 여기에서 출발하거나 혹은 "그들이 학교에 가지고 오는 공동체나 공동체에 가지고 오는 학교의 면모"와 연계되어야 한다(Foerster, 1982, p. 125). 더 나아가 학생들이 인간의 차이에 대한 이해와 다양한 관점을 갖도록 도와주기 위해 다문화적 교육과정은 차이를 넘어선 공동된 근저를 볼 수 있도록 도와야 한다. 예를 들어, 메처(Metzger, 2002)는 종교에 대한 학과공부는 학생들이 인간 조건에 대한 공통점을 인식하게 도와주고 왜 인간이 자신들의 근심을 표현하기 위해 종교적 상징, 예식, 신념 등을 사용해 왔는지 알려준다. 그는 사람들이 자신이 잘 모르는 것에 대해 존경을 표명한다는 것이 어렵다는 점을 지적하였다. 그는 사람들이 공유하는 것들은 자기 표현이나 신념의 자유에 대한 갈망이라고 제안하였다. 다시 말해, 차이에 대해 공부하는 것은 공유된 공통의 기저에서부터 출발해야 한다.

모든 것들은 전반적인 교육과정과 연계된다. 달리 말해, 모든 교과 영역은 언제나 다문화적으로 전달되어야 한다. 니에토(Nieto, 2001)가 제시하듯이 다문화교육은 학교 개혁의 일환으로서, "학교의 교육과정과 교수 전략을 포괄하며, 교사 간의 상호관계, 학생과 부모, 그리고 학교가 교수-학습의 본성을 어떻게 개념화하는지에 대한 내용을 총괄한다"(p. 307).

다문화적 교육과정은 다중언어 사회로 나아가는 것을 포함한다. 이 책의 저자 중 한 명은 뉴욕의 이중언어 학교를 방문하고 있었다. 그가 사무실에 앉아 있는 동안 몇몇 아프리카계 미국인 학생들이 들어와 그에게 스페인어로 이야기하였다. 그들은 그가 (다른 미국인처럼) 한 가지 언어밖에 사용하지 못한다는 점에 놀랐다. 이중언어 학교는 모든 학생이 완벽한 이중언어 사용자가 될 수 있도록 교육과정을 개발한다. 토마스와 콜리어(Thomas and Collier, 1999)가 설명하듯이, 잘 개발된 일방적 혹은 양방향적 프로그램은 모든 학생들의 성장을 도모한다. 특히 의미 있고, 이중문화적이며, 학년 수준의 교육과정은 학생들의 학교 안팎의 삶을 연결한다. 이러한 프로그램은 미국 원주민과 영어 학습자들의 학업 성취도를 높은 수준으로 끌어올렸다. 학생들은 효과를 약화시키는 물 타기 식의 교육과정으로 교육에서 소외되기보다, 이러한 풍성한 이중언어 교육을 통해 더 많이 성장하게 된다 .

이중언어 교육과정은 학과 내용은 모국어로 가르치되 제2외국어를 가르치는 방식으로 진행된다. 대개 학생의 절반은 영어를 사용하는 가정 출신이고, 다른 절반은 스페인어와 같은 다른 언어를 사용한다. 학생들이 제2언어에 능숙함을 보임에 따라 그들은 더욱더 언어에 능수능란해지고 수업에서도 영어와 다른 언어를 교차적으로 사용한다. 이중언어 학교들은 긍정적인 결과를 낳는다. 20개 이중언어 학교에 대한 연구를 바탕을 린드홈-레어리(Lindholm-Leary, 2001)는 "소수 언어 학생과 다수 언어 학생 모두 모국어의 능력이 고급 단계에까지 성공적으로 도달할 수 있었고 이중언어의 능숙도 역시 중간 단계까지 향상되었다. 더 나아가 학생들은 최소한 이중언어 교육을 받지 않는 동료들의 수준까지 도달했다"(p. 309)고 결론지었다.

마지막으로, 모든 학생들은 학문적으로 풍부한 교육과정에 도달할 수 있어야 한다. 골닉과 친(Gollnick and Chinn, 2002)은 "소수자 학생들은 백인 학생들과 마찬가지로 대학 준비반과 일반 교육 수업을 들어야 한다"(p. 277)고 권장하였다. 미국 여성 교육 재단(1992)에서도 고급반 수학, 컴퓨터, 과학 등에서 성 차별적인 수강신청을 금하도록 권고하였다. 이중언어 교육과 같이 저소득층과 소수 학생들을 위해 특별히 설정된 프로그램들은 학교 내에서 이들 학생들을 차별화함으로써 이 학생들의 고급반 교육과정에 대한 접근성을 줄인다. 이러한 문제점에 대해 니에토(2001)는 다음과 같은 입장을 표명하였다.

> 영어가 부족한 학생들과 주류의 학생들이 동시에 학습할 수 있는 많은 방법들이 있다. 이중언어 프로그램에서는 비학문적인 과업에 학생들을 통합할 수 있는 기회가 많다. 이들 학생들은 예술, 체육, 기타 비학문적 활동에서 영어 사용자 학생들과 통합하여 수업을 받을 수 있다. 더 나아가 이중언어 프로그램은 학교 내에서 통합이 가능하기 때문에 이들을 건물의 양쪽 끝에

배치하는 것을 지양함으로써 교사들은 이중언어 학급과 단일언어 학급이 협력하여 프로젝트를 하게끔 격려할 수 있다(p. 201).

수업

다문화교육적 접근은 높은 기대감을 가지고 학생들을 지원하고, 다양한 학생들이 교실에 가져오는 그들의 문화적 강점을 인정하며, 지식을 생산하고 이를 바탕으로 학생들을 참여시키기 위해 수업 과정을 재구성하는 것을 포함한다. 이미 앞의 장들에서 논의한 많은 수업 과정은 이미 이 접근방법과 겹친다. 철학적으로 다문화교육적 접근은 특수교육 내의 논의를 통해서도 배울 수 있다. 예를 들어, 일반 교실 밖에서 학습 문제를 치료하는 것에서부터 시작하여 일반 교실에서 다양한 학습자를 가르치는 것에까지 적용된다. 콜러와 루쉬(Kohler and Rusch, 1995)가 지적하듯이, 주류의 개념이 학생들을 '고치는(fixing)' 개념으로 수렴되었지만, 좀 더 현대적인 일반 교육 정책(Regular education initiative)은 개개인에게서 발현되는 특성에 초점을 맞춘다. 주류화(mainstreaming, 혹은 특수교육철폐론)란 학생들을 일반 교실에서 가르치면서 '특수(resource)' 교사의 지원을 받는 것이다. 지원 서비스는 학급의 다른 학생들의 수행 수준에 최대한 도달할 수 있도록 지원하는 것에 초점을 맞추었다. 결과적으로 주류화는 전형적인 학문 중심 교육과정에서 학생들의 결핍을 지적하는 경향이 있었다.

이와 대조적으로 통합 혹은 '통합교육'은 개개인의 목표와 일반교육이 진행되는 교실에서 발휘되는 학생의 능력에 초점을 맞춘다. 예를 들어 게일(Gale, 2001)은 교사들이 학습장애에 대한 소개서에 학생의 장애보다는 이 학생이 지닌 기여도나 강점에 초점을 맞추어 기술하고, 학생에게 최선의 지원을 위해 자신과 학생, 학부모가 서로 협력하여 의사결정을 하도록 강력히 권고하였다.

CREDE(The center for research on education, diversity, excellence: 교육, 다양성, 수월성을 위한 연구소)는 다문화교육에서 효과적인 교육을 위한 다섯 가지 규준을 개발하였다(Tharp et al., 2000).

첫째, 교사들과 학생들 사이의 생산적인 활동을 통해 학습을 증진시킬 것. 이는 강의나 워크북 중심의 교실에서 벗어나 학생들이 많은 사고와 활동을 할 수 있도록 교사가 적극적이고 지시적인 지침을 주는 것이다. 교사와 학생이 함께 참여하는 협동학습은 대개 가장 풍부한 학습 환경으로 이어진다. 베네트(Bennett, 1999)는 협동학습에 대한 연구물을 조망한 후 "연구 결과에 의하면 학생들의 협동학습은 학업성취는 물론 학생들의 대인관계에까지 긍정적인 효과가 있다. 모든 학생들(상, 중, 하 성취자들 모두)에게 이익이 된다" (p. 303)고 진술한다. 이는 영어를 배우는 과정 중에 있는 학생과 영어를 구사하는 학생 사이의 학문적 상호작용으로 이어진다(Airas, 1986).

둘째, 언어와 문해능력에 중점을 둔 수업을 교육과정 전반에 걸쳐 개발할 것(Tharp et al., 2000). 이는 학생들의 일상적인 언어가 특수한 교과의 구어적 문어적 언어와 연결되고 이를 통해 학생들의 학문적 언어 구사력을 높이는 것이다.

셋째, 학교와 학생들의 삶을 연결하고 교수와 교육과정을 학생들의 가정과 공동체에서 배우는 경험과 기술로 맥락화할 것(Tharp et al., 2000). 예를 들어, 홀린스(Hollins, 1982)는 학생들이 뛰어난 개념적 스키마를 가지고 학교에 온다는 점을 지적하였다. 교사는 이것을 새로운 개념으로 대치하기보다 학생들의 고유한 스키마를 사용하여 이에 기초하여 지식을 덧붙여야 한다. 이러한 스키마는 교실에서 학생들의 관심, 지식, 질문, 관련성 등을 반영한다.

넷째, 복잡한 사고, 인지적인 복잡함 속으로 학생들을 초대할 것(Tharp et al., 2000). 훌륭한 교사는 학생들이 대학에 들어갈 수준으로 기대치를 갖고, 현재 학생들의 수준에서 수업을 준비하며, 학생들이 복잡한 산물을 생산하고 복잡한 작업을 위한 인지적 수단을 개발하도록 협력한다. 베네트(1999)는 교사의 높은 기대수준이 평등한 교육을 위한 선행요소라고 강조한다. "만약 교사가 학습에 대한 평등성을 제공하고자 한다면, 학생에 대한 그들의 기대치가 긍정적이고 평등해야 한다" (p. 67). 인지적인 복잡성을 향한 교수는 자신이 모든 학생을 평등하게 처우하는지 되돌아보는 것을 포함한다. 예를 들어 일부 교사들은 여학생이나 유색인종 학생보다 남학생, 특히 백인과 아시안 남학생에게 더 높은 학문적 기대감을 갖고 이들을 지원한다(American Association of University

Women Educational Foundation, 1992).

다섯째, CREDE 규준은 대화, 특히 교수적 대화(instructional conversational)를 통해 학생들을 참여시킨다. 타프와 동료들(Tharp and colleagues, 2000)은 교수적 대화란 교사와 학생 사이의 학문적 대화로서, 정답을 반복하는 차원을 넘어 사고를 포함시킨다. 교사는 학생들을 코칭하고, 촉진시키며, 필요에 따라 사고의 방법과 문제 해결의 사례를 보여주고, 학생들은 많은 부분 이야기를 한다. 이를 잘 하기 위해 교사는 교실에서 일어나는 대화의 맥락 속에서 학생들을 잘 알아야 하고, 학생들의 학문적 내용과 연계시키기 위해서 교과 내용도 잘 알아야 한다.

궁극적으로 수업 과정은 학생들의 학습에 대한 긍정적인 자아 개념을 개발시켜야 한다. 니에토(2001)는 학생들의 낮은 자아 개념이 우연하고 단순하게 개발되는 것이 아니라고 지적한다. 오히려, 낮은 자아 개념은 일부 집단은 존중하고 인정하며 다른 집단의 가치를 절하하고 거부하는 과정에서 벌어지는 학교 및 사회 정책과 실제의 결과물로 설명한다. 베네트(1999)가 지적하듯이, 자존감이 낮은 학생이 교실에 들어오면, 이 학생이 학습을 하는 데 있어서 가장 다루기 힘든 개인차는 자아 개념이다. 왜냐하면 부정적인 자기 이미지를 지닌 학생은 전적으로 학습에 전념할 수 없기 때문에 학교는 높은 자아존중감을 가지고 이들이 성공할 수 있는 것을 차단하는 장소로 전락하고 만다(p. 131).

학습 평가

고위험 평가(high-stakes testing)에 대한 논의 없이 평가를 논의하기는 어렵다. 고위험 평가는 학생의 장래에 결정적인 역할을 한다. 예를 들어 이는 학생의 졸업 여부나 「낙오 학생 방지 법안」에서 제정한 연간 적정 향상도를 평가한다. 일부 관찰자들은 교사들이 학생들의 학습에 주의를 기울이기 때문에 고위험 평가가 학생들의 학업 성취를 증진시키고 하부집단 간의 성적 차를 줄이는 유용한 도구라고 말한다(예, Fuller & Johnson, 2001; Haycock, 2001; Skrla, Scheurich, Johnson, & Koshoreck, 2001).

다른 이들에게 이러한 방식의 평가는 문제점을 안고 있는데 시험이 불공정한 목표를 위해 사용되는 역사를 가지고 있기 때문이다. 예를 들어 지능 검사는 우생학의 일환이었다. 지능 검사는 유색인종 학생을 열반으로 배치시키고 그들을 학력 부진이나 특수교육이 필요한 대상으로 분류하는 데 사용되었다(Kornhaber, 2004). 멘쉬와 멘쉬(Mensh & Mensh, 1991)는 지능 검사의 역사와 실제를 고찰하는 연구를 통해 "검사는 개개인의 차이를 평가하는 도구가 아니라 개인차를 무시하고 인종과 계층 등 학생들이 이미 소속된 선행된 가정에 따라 이들을 구분하는 수단이다"라고 결론지었다. 그리고 검사가 지속적으로 사용되는 한, 학교는 지속적으로 "우성과 열성을 정당화하고 인종과 계층의 선에 따라 학생들을 교육하게 된다"(p. 158)고 설명하였다. 최근 학교 행정가들은 최저 능력 졸업 시험(minimum-competency graduation exams), 특히 부가적인 자원 없이 시행되는 시험에 우려를 표방하는데, 이는 장애를 지닌 학생들이 졸업장 없이 학교를 떠나도록 유도한다. 이러한 시험은 적절한 지원과 도움을 주지 않은 상태에서 학생들을 실패자로 규정한다(Manset-Williamson & Washburn, 2002).

표준화된 성취 시험이 일반적인 성취 수준과 학습을 측정한다고 하지만, 주에서 실시하는 내용에 대한 시험들이 학생들의 학습에 대한 다른 기관에서의 평가들(National Assessment of Education Progress, advancement placement test)과 반드시 상관관계가 있는 것은 아니라고 지적한다(Amrein & Berliner, 2002; Linn, Baker, & Betebenner, 2002). 수십 년간 교단에 섰던 교사들의 증언에 의하면 "표준화 성취 시험의 결과는 유색인종 학생들에 대한 일차적 관찰이나 평가와 대치된다. 이들은 정해진 학습 목표를 바탕으로 한 평가에서 우수한 성적을 보인다"(Hood, 1998, p. 189).

이와 같은 이유로 말미암아 다문화교육의 지지자들은 시험과 다른 형태의 평가가 학생들이 실제적으로 배우는 교육과정을 바탕으로, 규준지향 평가보다는 준거지향 평가방식으로, 그리고 수업을 개선할 수 있는 방향으로 진행되어야 한다고 주장한다. 특수교육의 적합성을 결정하는 평가는 (특히 인지 능력을 평가하는 부분에서) 문화적인 부분을 감안해야 한다(Townsend, 2002).

다문화교육의 지지자는 수행평가를 표준화된 시험보다 선호하는데, 이는 이러한 평가방식을 통해 학생들은 자신이 배운 내용을 다양한 형태로 표출할 수 있기 때문이다. 수행평가란 "수업 관찰, 프로젝트, 포트폴리오, 수행 시험과 에세이" 등과 같은 다양한 방법을 통해 학생의 학습을 평가하는 것을 의미한다(Neill et al., 1995, p. 1). 지지자들은 평가의 과정이 학생들에게 벌을 주는 과정이 되어서는 안 된다고 주장한다. 예를 들어 만약 과학 교사가 학생들의 과학적 개념에 대해 평가하고자 한다면 학생들은 이러한 기술 수준을 초월하는 일기와 쓰기 능력에 대한 평가를 해서는 안 된다. 만약 학생이 질문을 읽을 수 없거나 답변을 쓸 수 없다면 시험은 구술시험의 형태가 되어야 한다(이는 과학 시간에 읽기와 쓰기 능력을 가르쳐서는 안 된다는 의미가 아니다. 이러한 기술이 학생들이 과학시간에 배운 내용을 전달하는 데 있어서 방해가 되어서는 안 된다는 의미이다). 또한 평가에서 시간을 많이 필요로 하는 학생들을 위해 시간적 제약이 있어서는 안 된다.

영어보다 그 외 언어에 더 수월한 학생이 영어로 자신의 수행성을 효율적으로 표현하는 데 문제가 있다면 그 학생의 모국어로 평가가 진행되어야 한다(영어 능력을 평가하는 시험을 제외하고 말이다). 종종 그러한 학생들은 영어로 된 시험에서 확인할 수 없는 많은 지식을 가지고 있는데, 영어 전용 평가로 말미암아 교사가 그들이 알고 있는 부분에 대해 평가절하하고 학생의 능력에 대해 오류를 범한다. 더 나아가 학생의 영어 능력에 대한 평가에서 학생들이 인지적으로 학문적인 상황 내에서 터득해야 하는 내용이 사회적 상황에서 요구되는 영어 능력에 비해 더 많은 노력과 시간이 필요하다. 교사들은 흔히 너무 성급하게 영어 학습자들이 영어로 학습에 대한 평가를 수행할 수 있을 것이라고 판단한다. 하지만 학생이 모국어로 그 내용을 알고 있다 하더라도, 학습 내용에 대한 수월성을 보여주는 과정에서 학생이 습득한 것을 영어로 자유자재로 전화하여 표현할 수 있는 것은 별개의 문제이다(Cummins, 2000). 이미 언급한 다른 요소와 더불어 언어 요인을 정확하게 평가하는 것이 언어 소수자 학생들의 교육적 성취를 위해 필수적이다.

마지막으로, 교육자들은 평가가 한쪽 성에 유리하도록 전개되지 않도록 유념해야 한다. 예를 들어 미국 대학 여성 교육 재단(American Association of University Women Educational Foundation, 1992)의 연구에 의거하면 표준화 시험은 아직도 여학생보다 남학생에게 유리한 방향으로 전개된다. 이들 시험은 여학생이 선호하는 에세이 형태가 아니라, 남학생에게 더 유리한 객관식 시험으로 진행되기 때문이다.

가정/공동체-학교 사이의 관계

다문화교육적 접근방법의 지지자들은 학교가 가정 및 공동체와 긴밀한 관계를 유지하도록 격려한다. 그들은 학부모와 공동체의 구성원들이 아동에 대한 교육에 있어서 단순히 졸업식, 학교 방문의 날, 스포츠 행사에 참여하는 방관자 이상이 되어야 한다고 주장한다. 대부분의 관할 교육청에서는 가정과 학교를 건설적으로 연결시키는 것의 중요성에 동의한다. 예를 들어, 케스러-스크라와 베이커(Kessler-Sklar and Baker, 2000)는 지역 교육청의 정책에 대한 설문지에서 관할 교육청의 90% 이상이 학부모 참여에 대한 최소한 한 가지 이상의 정책을 가지고 있다는 점을 발견하였다. 엡스타인(Epstein, 1995)은 많은 학교에서 수십 년에 걸쳐 쌓은 경험을 근거로 학교의 목표와 일치하는 일반적인 학부모 참여를 6가지로 규정하였다. (1) 양육 (2) 의사소통 (3) 봉사 참여 (4) 가정에서의 학습 (5) 의사 결정 (6) 공동체와의 협동이 그것이다. 학부모들이 이 6가지 영역에서 활동할 수 있도록 의도적으로 활동을 수립한 학교들에서는 학생들의 출석이나 학습 면에서 긍정적인 효과가 있었다(예, Epstein & Sheldon, 2002; Sheldon & Epstein, 2002).

비록 학교가 가정-학교 파트너십에 대해 지지한다 하더라도 많은 사람들은 지원을 "계획 수립이나 이에 대한 실행"으로 생각하지 않는다(Epstein, 1991, p. 349). 이와 관련한 이슈 중 하나는 유색인종 학부모, 이민자 학부모, 빈곤층 학부모가 교사와 같은 방식으로 가정-학교 연계를 생각하지 않는다는 점이다(Lawson, 2003). 예를 들어, 학년 초에 유색인종 학생들의 더 나은 출발을 위해 이들 학부모와 간담회를 갖는다고 가정해보자. 무엇보다 이 안건이 매우 좋은 아이디어라고 생각할 수도 있지만 다음과 같은 결점을 고려하지 않는다면 실패할 수도 있다. 첫째, 이러한 아이디어가 유색인종 학생들이 학업 면에서 어려움을 가지고 있다는 가정 아래 교직원들의 기대수준이 낮은 경우, 둘째, 우리가 학부모 간담회 장면에서 많이 관찰하였듯이 대부분의 시간 동안 교사가 이야기하는 경우, 셋째, 이러한 간담회의 목적이 학생들에게 잘 전달되지 않아서 부모님이 학교에 오시는 것을 염려하는 학생이 있는 경우가 그것이다. 저자 중 한 명이 관찰했던 학부모-교사 간담회에서 일부 유색인종 학부모는 왜 백인 학생의 학부모를 제외하고 그들만 의무적으로 참여하게 했는지 질문을 던진 적도 있다. 가정-학교 참여의 지지자는 우리에게 다음과 같이 설명하였다.

> 유색인종 학생을 위한 교육에서 가장 효과적인 접근방법은 학교-공동체 파트너십이다. 이러한 파트너십에서는 공동체에서 어떠한 기여를 하는지가 학생들의 관심이나 필요를 정의하고 설명하는 데 도움이 된다. 학교는 주류 문화와 전문성 교육을 표현하면서, 문제해결 능력을 고취시킬 수 있다. 학교와 지역공동체와의 평등한 관계에서만이 이러한 파트너십이 더욱 강화될 수 있고 결과적으로 개선을 방해하는 문제를 표출할 수 있다(Montano, 1979, p. 152).

다문화교육의 지지자들은 예산 설정 과정, 학교 관계자 선택, 교육과정 개발에 대한 부분에서도 공동체가 참여하기를 원한다. 이와 동시에 그들은 학교가 학부모와 함께 부모참여 계획을 개발하는지 여부에 대해 염려하고, 다양한 형태의 가족에 대해서 그리고 왜 일부 학부모가 학교와 거리를 두는지에 대한 문제에 민감하게 대처한다. 예를 들어 라이언과 마틴(Ryan and Martin, 2000)은 많은 교육자들이 게이, 레즈비언 학부모에 대해 잘 모르고 편견을 가지고 있다고 지적한다. 그들은 학교에서 교사를 위한 반편견 훈련을 마련하고 동성애 커플 가족의 두 학부모를 모두 학교에 초대하는 정책을 펼쳐야 하다고 주장한다.

이러한 접근방법의 지지자들은 대인관계 지지자나 단일집단 연구 접근방법의 지지자처럼 학교가 학생들이 속해있는 가정/지역 공동체의 문화를 인지하고 우호적인 관계를 맺는 것의 중요성을 논의한다. 그들은 미국인이 한 가지 형태로 존재하지 않는다는 점, 그리고 가정이나 공동체의 모습이 한 가지 형태가 아니라는 점을 인식한다. 가정은 다문화 공동체를 구성하는 사람들처럼 다양하고 변화가 있다.

기타 학교 차원에서의 쟁점

다문화교육적 접근방법은 부가적인 학교 단위의 쟁점과 임원 채용, 능력별 반편성(tracking), 교과외 활동 등과 같은 교실의 실제에 대해 생각한다. 『학습으로의 전환(Turning on Learning)』 제5장에서 다원주의와 평등을 지지하기 위한 교실과 학교에 대한 평가 지침을 좀 더 상세히 기술하였다.

교직원 임용에서는 문화적 다양성과 성차별 반대적인 역할을 필수적으로 고려해야 한다(Baker, 1994; Gollnick & Chinn, 2002). 그러므로 교직원의 일부분은 유색인종이어야 하고, 보조원이나 학교 위생원뿐만 아니라 행정가나 교사 역시 유색인종이어야 한다. 의사 결정의 절반 이상은 여성들이 해야 하고 성역할에 대한 편견에 근거하여 교사들의 교과목을 배정해서는 안 된다(예, 수학 남교사뿐만 아니라 수학 여교사도 있어야 한다). 더 나아가 학교 지도자들은 교직원 사이의 동지적이고 협력적인 관계를 촉진시키는 데 주력해야 한다. 이는 특히 다양한 프로그램 출신의 교사(예, 이중언어, 특수교육)에게 중요하며 이들을 지원하는 것도 학교의 주류 사회 문화와 통합해야 한다.

능력별 반편성이나 수업에서 학생들을 그룹화하는 것도 차별이나 불평등을 번복하는 일이 되어서는 안 된다. 많은 학교에서 고등반과 영재반 프로그램은 주로 중산층 백인과 아시아 학생들로 가득 차 있는 데 반해, 하위반이나 특수교육 학급은 저소득층 가정, 특히 아프리카계 미국인이나 라틴계 학생들로 가득하다. 이러한 구조 내에서 특권층의 학생들은 역사적으로 대우받지 못했던 배경을 지닌 학생들보다 더욱 흥미진진하고 심화된 수업을 받는다. 이러한 문제점을 거론하기 위해 일부 학교에서는 능력별 반편성 정책을 폐지하였다. 예를 들어 뉴욕의 락빌 센터(Rockville Centre) 지역교육청에서는 다양한 배경을 지닌 학생들로 구성된(heterogeneous) 고급반에서 수업을 받게 하기 위해 수업을 '최대평등화(leveling up)' 하는 방향으로 전환시켰다. 학교에서는 점차적으로 하위반 수업을 폐지해 나갔는데, 여기에는 모든 학생들이 더욱 복잡하고 어려운 과제를 수행할 수 있도록 배울 수 있고 교사는 이렇게 이질적인 학급에서 효과적으로 가르치는 법을 배울 수 있다는 기대치가 반영되어 있다. 학생들의 학업 성취도를 측정하는 고급반 편성 미적분 시험과 뉴욕 주 학력표준화 시험(Regents)에서 상위권 하위권 학생 모두 성적이 향상되었으며, 인종 간에도 성적차가 줄어들었다(Burris, Heubert, & Levin, 2004). 이는 역사적으로 차별적이었고 이들을 지속시키는, 그리고 하위권 학생들을 좀 더 효율적이지 못하게 가르치던 사회 구조를 뒤흔든 사례이다. 특별활동에서도 다문화적인 관점에 주의를 기울일 필요가 있다. 예를 들어 베이커(Baker, 1994)는 학교에서 운동 프로그램에 유색인종 학생들과 여학생을 포함하도록 재확인하고 치어리더팀을 구성하는 데에도 양성과 유색인종 학생 모두를 포괄할 수 있도록 권고하였다. 그녀는 학교에서 여학생들에게는 일부 스포츠에 참여하는 데에 적극적으로 권고하지 않는 경향이 있고 저소득층 학생들은 스키와 같이 비용이 많이 드는 운동경기에 참여할 수 없다는 점을 지적하였다. 베이커(1994)와 골닉과 친(Gollnick & Chinn, 2002)은 모든 동아리와 기관들은 인종 및 성 차별을 지속해서는 안 되고 한 집단이 학생자치회를 장악해서도 안 된다고 강조하였다.

1972년에 통과한「교육법안 제9조(Title IX)」이후로 여학생이 운동에 참여할 기회는 많이 열렸고 해마다 여학생의 운동 참여는 증가하고 있다. 그렇지만 아직도 평등한 운동 참여를 위해 가야 할 길이 멀다. 남학생의 참여율이 여학생보다 높고, 여성 코치의 비율은 증가하기보다 오히려 감소했다. 코치를 유치하는 운동경기 프로그램은 전통적으로 수입이 된다고 여겨지는 남자 스포츠, 예를 들어 미식축구이다(Suggs, 2001). 그렇지만 1997년 6월 21일에 개선된 미국여성야구연합회는 역사적으로 의미심장하다.

많은 스포츠가 여전히 성에 대해 고정관념적이고 학생들은 어떤 스포츠는 남성 스포츠로, 어떤 스포츠는 여성 스포츠로 인식한다. 예를 들어 미국 대학 여성 교육 재단(American Association of University Women Educational Foundation, 1992)의 발표에 따르면, "피겨 스케이팅, 체조, 줄넘기, 응원단 여성들만이 여성적인 운동으로 규정되었다"(p. 45). 그러나 미디어에서 종종 성 고정관념적인 차원에서 스포츠를 중계한다고 해서 젊은이들이 그러한 방식의 중계를 선호하는 것만은 아니다. 예를 들어 '그는 레이커 선수와 같아! 그녀는 보기 좋아' 라는 연구에서 나이트와 쥴리아노(Knight & Giuliano, 2001)는 남녀 대학생 모두 운동선수의 외모보다는 그들의 실적에 초점을 맞춘 기사를 선호한다는 점을 밝혔다.

다른 학교 전체가 관련된 이슈는 학교에서 점심으로 어느 공동체의 음식을 어느 선까지 제공하는지 그리고 학교에서 지역의 문화를 반영하기 위해 어떤 프로그램을 제공하는지의 문제이다. 주요한 쟁점은 학교 지도자들은 다양성과 평등의 관점에서 학교를 조망해야 한다. 학교가 어떻게 학생들에게 영향을 미치는 조직인지 그들의 의견을 물어보는 것도 좋은 방법이다. 학생들은 종종 학교 개선을 위해 성인들이 생각하지 못하는 아이디어를 가지고 있다.

실행

존 마틴(John Martin), 마리 산체즈(Marie Sanchez), 그리고 엘렌 팍스리(Ellen Foxley)는 지역 교육청에서 제공하는 3일간의 교사연수 프로그램을 마치고 제임스 메디슨 중학교로 돌아오는 길이다. 학교 교장인 헐만 켐프너(Dr. Herman Kempner)가 이들을 지목하였는데, 이 교사들의 관심사가 학업 성적 향상과 학교에서 다양성과 평등을 건설적으로 구현하는 것이기 때문이다. 그는 또한 이들이 학교에서 보여준 일반적 리더십 능력을 높이 평가하였다. 제임스 메디슨 중학교는 도심지에서 멀지 않은 곳에 위치한 대안학교(magnet school)이다. 학교의 성격상 학생들의 배경이 매우 다양하다. 아시안 18%, 흑인 10%, 라틴계 10%, 미국 원주민 2%, 아랍인 2%, 백인 47%이다. 이 학생들의 사회경제적인 배경에도 차이가 있다. 학생의 약 55%는 비교적 중산층이라고 말할 수 있는 가정 출신이고, 나머지 45%는 노동자층 계층이다. 그리고 약 8%의 학생들이 한 가지 혹은 그 이상의 장애를 가지고 있다. 총 여학생이 총 남학생보다 2% 더 많다. 이 백분율은 지난 5년간 1~2% 사이에서 유동적이었다.

켐프너, 혹은 '닥(Dco)' 이라는 애칭으로 불리는 교장은 다문화교육을 학생들의 학업 성취를 위한 최선의 방법이라고 믿고 있는데, 특히 하와이와 일본 여행 이후 세계화가 주요한 이슈라는 점을 발견했기 때문이다. 그는 기술력과 글로벌화가 다른 이들의 일상적인 역사와 문화 그리고 함께 사는 법을 배워야 하는 이유를 제시한다고 믿었다. 그는 또한 교사가 학생들의 강점 및 정체성과 관련하여 수업을 할 때 최고의 학습 효과가 있다고 신봉하였으며, 학교에서 많은 학생들을 결핍이라는 관점에서 취급한다는 점을 알고 있었다. 비록 작년에 학생들의 학업 성취면에서 긍정적인 효과가 있었지만 아직 그 정도가 미비하다. 개선이 필요하다는 점이 명백하고 교장은 교사가 학생들의 흥미와 관심사에 초점을 맞출수록 학과 수업이 강화된다는 강한 신념이 있었다. 교장은 또한 학교에서는 학생들이 문화적 다양성이 미국 사회의 모습이라는 점을 받아들이고, 이러한 다양성은 중요한 자산이기에 지켜 나가야 하며 소중히 여겨야 한다는 점을 주지해야 한다고 주장하였다.

존, 마리, 엘렌은 다른 방식으로 다문화교육에 관심을 가졌다. 존은 아이비리그 대학을 졸업한 후 미국 교육개혁 사설 단체인 Teach for America(TfA)를 통해 교사가 되었다. 그는 LA에 있는 대도시 중심부의 빈민지역(inner city)에 발령을 받았으며 자신이 정말로 교직을 즐긴다는 사실에 놀랐다. TfA에서 부과된 필수사항을 이수한 후 영어과 교사로 몇 년째 이 학교에서 근무하고 있다. 마리는 텍사스 오스틴의 멕시코인들이 주거하는 구획에서 자랐다. 그녀는 댈러스에 있는 대학을 다니면서 도시와 사랑에 빠졌다. 엘렌은 현재 9년차 수학 교사이다. 엘렌은 어머니가 계시는 알래스카에서 자신의 삶의 대부분을 보낸 후 이 학교로 왔다. 엘렌의 어머니는 알래스카 원주민인 이뉴잇족(Inuit) 학생이 대부분인 학교에서 교장으로 재직 중이다. 그녀는 어머니를 위해 2년간 일했다. 교직 경력 초기에 그녀는 여성 운동에 가입하였으며 전국여성연합회(National Organization of Women) 지부를 설립하는 데 기여했다.

워크숍에서는 이 세 교사들에게 자신의 수업 계획을 계획하는 데 도움이 되는 시간과 자료라는 두 가지 유용한 것을 제공하였다. 또한 그들이 협력하여 학교 전반에 걸친 실행 계획을 구상할 수 있도록 격려하고 시간을 제공하였다. 그들은 학교에 오자마자 교장과 이러한 계획에 대해 논의하였다.

학교 전반에 걸친 계획에서는 각 교과 부서마다 교육과정을 평가하여 모든 학생들에게 학문적인 도전의식을 제공하는지, 교과 내용이 다양한 관점을 전달하도록 개발되었는지, 다양한 사회문화적 공동체를 반영하는지 확인해 볼 것을 권장하였다. 이 기획안에서는 각 교과 부서마다 필요한 부분을 개선하는 절차를 수립하도록 요구하였다. 이 기획안에서는 물론 각각의 교사가 자신의 교육과정에 대한 일차적인 책임이 있지만 교과의 다른 동료 교사들은 그 교육과정이 교과의 성취 규준에 부합한지에 대하여 협력하여 일해야 한다는 점을 강조하였다. 그리고 각 교사는 자신의 수업 방법을 평가하여 이것이 얼마나 다양한 학생의 학업 유형을 반영하는지 그리고 CREDE의 다섯 가지 규준에 부합하는지 살펴보아야 한다. 마지막으로 이 기획안에서는 핵심 교과 내에서 유색인종 교사를 더 많이 고용하도록 권고하였다. 주요 교과 교사 35명 중 오직 2명이 흑인교사이고 1명이 푸에르토리코인 교사이다.

이들은 자신들의 기획안에 대한 교장의 반응을 기다렸다. 얼마 지나지 않아 교장은 다음과 같이 질문했다. "다른 선생님들이 이러한 영역의 모임과 업무에 대해서 어떻게 생각할 것 같나요? 다문화교육을 학교의 교육목표로 설립하는 데 있어서 여기저기 포스터를 붙이는 선에 불과하지 매우 비협조적이었거든요." 엘렌은 이에 대해 이렇게 답변했다. "어머니가 하신 말씀 중에 이런 것이 기억나네요. '성공적인 수업 프로그램을 위해서는 강력한 지도자가 필요하다' 라고요. 교장선생님, 선생님이 정말 여기에 몰입하지 않으시면 다른 교사들이 이 모든 것을 심각하게 생각하지 않고 '내일이면 뭐 없어질 것이 뻔한데' 라는 입장을 취하게 되요. 그리고 우리 중 누구도 우리 학교가 개선 요구 학교로 평가받는 것을 원하지는 않잖아요!"

교장은 한숨을 쉬며 말했다. "선생님이 옳다는 것은 잘 알아요. 이달 교직원 회의 때 이를 안건으로 올립시다. 그러고 나서 다시 한 번 진지하게 생각하지요." 그리고 교장은 다시 물었다. "그렇다면 여러분들은 각각의 교실에서 어떻게 할 계획입니까?" 이미 대학 준비를 위한 7개 단원의 수업계획안을 만들어 놓았다고 존이 첫 번째로 대답하였다. 존은 학급의 하위 성취자들에게 대학입시와 관련 없는 자료들을 제공하였고 결과적으로 이들에게 그가 할 수 있는 최선의 노력으로 가르치지 않았다는 점을 인정하였다. 문학 수업을 위한 새로운 수업계획안에서 그는 문학 작품만을 바꾼 것이 아니라 교수 방법도 새롭게 개선하였다. 예를 들어, 그는 밀드레드 테일러(Mildred Taylor)의 *Roll of Thunder, Hear My Cry*, 스콧 오델(Scott O' Dell)의 *Carlotta*, 로렌스 엡(Laurence Yep)의 *Dragon Wings*, 진 크레이헤드-조지(Jean Craighead-George)의 *Julie of the Wolves*를 포함시켰다. 그는 수업 중에 협동학습 집단화를 통해 학생들을 참여시키고 또한 오디오 책을 준비하여 읽기에 어려움을 겪는 학생들이 책의 내용을 듣고 따라올 수 있게 할 계획이다.

마리는 원주, 반지름, 원주율 등을 가르칠 때 엠마와 폴의 휠체어를 활용할 계획이라고 설명하였다. 그리고 존과 협력하여 수학과 에세이 쓰기를 통합하는 수업을 준비한다고 하였다. 이 수업에서 학생들은 건물의 다양한 측면을 측정하고 어떻게 건축물을 장애인들이 쉽게 왕래할 수 있는 건물로 재구조화할지 토의하는 에세이 과제를 준비하였다. 그녀는 자신이 말하면서 더욱 흥미진진해졌는데, 이 아이디어가 수학과 사고 적용을 잘 연결하기 때문이었다. 그녀는 학생들이 수학적 개념이 어떻게 활용되는지 실질적으로 알지 않으면 그 개념을 암기하고 바로 잊어버리기 쉽다고 설명하였다.

엘렌은 제2차 세계대전에 대한 사회과 수업 단원에서 서부에 세워진 일본계 미국인들에 대한 포로수용소의 내용을 포함시키고 전쟁 중 아프리카계 미국인, 히스패닉, 아시아계 미국인, 그리고 여성의 역할에 대해서도 포함시킬 계획이라고 설명하였다. 그리고 학생들이 인터넷을 활용하여 자료를 찾고 연구할 수 있도록 배려하겠다고 했다. 소규모 집단들은 컴퓨터 워드 프로그램을 사용하여 짧은 페이퍼를 작성하고 나중에 이를 모아 책으로 만들 계획이다. 또한 소규모 집단들은 자신들이 배운 내용을 파워포인트를 통해 발표할 기회가 있다고 설명하였다.

교장은 이 세 교사의 훌륭한 아이디어에 대해 칭찬하면서 이를 다음번 교직원 회의 시간에 발표할 수 있는지 질문하였다. 또한 그는 다른 교사들에게도 같이 참여하자고 권유할 수 있겠냐고 물었다. 이 세 교사가 '예' 라고 대답하면서 회의는 종료되었다. ■

비평

다문화교육적 접근방법이 앞에 설명한 모든 접근방법들이 지닌 문제점들을 해결할 수 있으리라고 생각하는 사람들이 있을 것이다. 이 접근방법에 대해 뭔가 불만족스러운 감정이 있지만 무엇에 대해 불만족스러운지 잘 모르는 사람들도 있을 것이다. 이 접근방법의 지지자들이 많지만, 동시에 이 접근방법 역시 다양한 인식의 기저와 관점에서 비판받고 있다. 먼저 이 접근방법의 목표에 대해 앞에 설명한 세 가지 다른 접근방법들이 비판하는 내용을 제시하고자 한다. 그려고 난 후, 이 접근방법의 목표에 대해서는 동의하지만 그 실행방안에 대해 의구심을 갖는 비판을 설명할 것이다. 마지막으로, 제6장에서 묘사하는 접근방법의 관점이 해결하고자 하는 다문화교육적 접근방법의 문제점에 대해 비판하는 내용을 기술할 것이다.

특수학생과 문화적으로 다른 학생들을 위한 교수 지지자들은 다문화교육적 접근방법의 방향성이 잘못되었다고 믿는다. 우리는 지난 20년 동안 잘 구조화된 경제적, 구조적인 자료를 바탕으로 이를 비판하는 것을 보아왔다. 가장 거칠게 이 접근방법을 비판하는 이들은 암묵적으로 특수학생과 문화적으로 다른 학생들을 위한 교수를 지지하면서, 명시적으로는 모든 이가 국가의 화합과 공유된 문화에 동화되어야 한다고 믿는다. 그들은 미국 사회가 본질적으로 우수하고 정의로우며 언어, 문화, 혹은 학습방법 차원에서 이들을 지원하면서 차이를 다루는 최악의 방법이라고 설파한다. 예를 들어 슐레진저(Shlesinger, 1992)는 '민족적 이념'과 '파렴치한 업자'들이 "공립학교에서 민족 중심적, 아프리카 중심적, 이중언어 교육과정을 부과함으로써 소수자 학생들을 미국 사회로부터 앗아간다"(p. 130)고 주장하였다. 그는 다음과 같이 천명하였다. "미국의 이상은 한때 '여럿으로 이루어진 하나(e pluribus unum)'로 표현되었다. 이제 우리는 단합을 최소화하고 다양을 극찬할 것인가? 우리에게 중심이 있는가? 아니면 용광로가 바벨탑으로 양도되는가?"(Schlesinger, 1992, p. 2) 이와 유사하게 허쉬(Hirsch, 1996)는 모든 아동들이 배워야 할 지식(예, 전통 지식)을 잘 전달하는 것이 학교의 책임이라고 설명하면서, 아동들은 이러한 지식을 바탕으로 경제적으로 성공하고 공유된 문화에 참여해야 한다고 논쟁하였다. 허쉬는 이러한 학교의 역할이 더욱더 본질적인데 학생들은 문화적으로 결핍 상태에 있고 그들 가정의 문화는 교육에 적합한 배경 지식을 전달하는 데 실패하기 때문이라고 주장하였다.

비판가들은 주류 사회가 다원화될 것이라고 생각하는 것은 바람직하지 못하고 비현실적이라고 주장하면서 학교가 할 수 있는 최선의 방법은 가난하고 소수자이며, 기술과 지식 측면에서 장애가 있는 이들이 학교 교육을 통해 직업을 갖고 기존의 사회에서 신분 상승을 할 수 있도록 조력해야 한다고 주장한다. 그들은 인종과 민족성에 대한 지나친 강조는 구소련과 유고슬라비아에서처럼 한 사회를 분열로 이끈다고 믿는다(Barry, 2001; Ravitch, 1990). 그들은 미국이야말로 서구 정치 이념을 "정치적으로 완전히 새롭게 시도하는" 곳이고, 집단의 이익보다는 개인의 권리를 더 중요하게 여기는 가운데 탄생한 나라라고 설명한다(Bloom, 1989, p. 27). 비록 완벽하지는 않지만, 그들은 미국이 지난 2세기 동안 점차적으로 통합적으로 되고 있다고 논쟁한다. 즉, 공통된 문화를 바탕으로 자신의 민족적 배경을 버린 상태에서 한 미국인으로서 말하고 생각함으로써 이 통합이 가능해 왔다고 주장한다. 민족의 근원에 대한 관심이 통합, 공통성, 보편성을 저해하고 백인의 죄책감과 국가에 대한 증오심을 키운다고 여긴다(Stotsky, 1991).

이러한 비판에 의하면 존이 전통적인 문학에서 유색인종 작품들을 포함시키는 것은 잘못된 것이다. 수학시간에 장애인의 건물 접근성에 대해 논의하는 것도 그릇된 것이다. 엘렌이 유색인종과 여성에 대해 더욱 중점적으로 다루고 제2차 세계대전의 정치적 군사적 관점에 대한 시간을 삭감하는 것 역시 잘못된 것이다. 이러한 비평들은 공적인 자리에서 다문화교육에 대해 신랄히 비난한다. 예를 들어 이들은 타임즈와 같은 잡지에 투고하고 다문화교육적 접근방법의 지지자들을 극단주의자라고 치부한다. 이것이 일반인들이 다문화교육을 접하는 방식이다. 이와 대조적으로 교육자와 연구가들은 이 접근방법에 대해 다소 미약한 비판을 시도하였다. 장애라는 우위지점을 바탕으로 카베일과 모스터트(Kavale and Mostert, 2003)는 통합학급에 대한 연구가 이 개념을 실행하는 데 있어서 서두르기보다는 조금 더 주의를 기울여야 한다고 제시하였다. 그들은 연구 결과를 보았을 때 교사, 학부모, 행정가, 그리고 동료들이 일반 교실 내에서의 특수교육의 통합에 대해 엇갈린 의견을 가지고 있다고 설명하였다. 또한 연구에서는 일반 교실 교사들이 장애가 있는 학생들을 일대일로 지도하는 교수에 대해 준비되지 않았고 잘 훈련받지 못했다고 주장한다. 이들은 전적인 통합교육의 영향력에 대한 증거가 복잡하기 때문에, 교육자들은 이념적인 수준에서 통합교육을 접목하는 데에 매우 신중해야 한다고 제시한다.

다문화교육적 접근방법을 대인관계 관점에서 비판하는 이들은 다른 목적을 내세운다. 이들은 미국 사회가 사랑과 상호 보살핌을 주고받는 것을 증진하지 않는다고 믿는다. 그들은 사람들이 다른 이들을 고정관념으로 평가하지 않는 방법을 배우고, 상호작용하며, 공유하고, 만나는 사람과 서로 보살핌을 주고받는 가운데 사회 문제가 궁극적으로 해결될 것이라고 믿는다. 그들은 다문화교육적 접근방법이 다른 집단에 대한 인지적인 지식 차원에서 머물고 감정이나 사회적 이슈에 대한 탐색을 하지 않는다는 측면에서 문제가 있다고 지적한다. 이러한 비판가들은 다문화교육적 접근방법이 학생들에게 광범위한 지식 기반을 제공할 수 있지만, 대인관계술이 강조되거나 경험되지 않고서는 그들의 태도나 편견이 변화되지 않는다고 주장한다. 결국 대치되는 것은 어느 것을 중요하게 여기느냐이다. 대인관계의 지지자와 다문화교육의 지지자는 상치되는 불일치가 있지 않지만, 서로 다른 방향으로 나아간다.

단일집단 연구의 지지자들은 다문화교육의 비전에 대해 대부분 동의하지만 이 접근방법이 일부 집단에 대한 관심을 축소시킨다고 주장한다. 종종 다양한 집단의 구성원들은 다문화교육의 무지개 개념을 받아들이지만, 자신의 속한 집단이 다른 집단에 비해 최소한의 관심을 받게 되는 경우 단독으로 뛰쳐나오게 된다. 예를 들어, 다문화적 교육과정 자료들은 주로 아프리카계 미국인과 백인 여성의 문제를 다루지만 푸에르토리코인과 몽(Hmong)은 민족에 대해서는 거의 논의하지 않는다. 이와 더불어, 이중언어 교육자에게 가장 중요한 언어의 문제도 다문화교육에서는 주변부의 이슈이다. 이론적으로 왜 어느 일정 집단이나 이슈가 소외되어야 하는지에 대해서는 그 이유가 없으나, 현실적으로 다양한 집단들이 분화될 때, 각 집단은 충분하고 실질적인 처우를 받기 어렵다.

단일집단 연구의 지지자들이 내세우는 또 다른 반대의견은 다양한 형태의 다양성이 모두 똑같이 중요한 것이 아니라고 여기는 데서 비롯된다. 많은 민족학 연구자들은 인종을 억압의 기본 틀로 보지만, 여성주의자들은 성의 문제를, 계층 분석가들은 경제의 문제를 그 우선순위로 삼는다. 다양한 형태의 다양성을 연구하는 것은 표면적이고, 시간 낭비이며, 가장 큰 우려거리가 되는 다양성의 성취를 약화시킨다. 리카르도 고메즈(Richardo Gomez, 제4장)는 엘렌의 접근방법이 그녀의 수업에서 멕시코 미국인들의 풍부한 역사를 반영하지 않는다는 점 때문에 열정적이지 않을 것이다. 엘렌은 물론 멕시코계 미국인들의 삶을 반영하기 위해 적극적인 활동을 구상할 것이지만, 리카르도는 이보다 더 심도 있는 논의를 요구한다.

이제 다문화교육적 접근방법을 적용시키는 가운데 생기는 문제점에 대해 고찰해 보자. 우리가 발견한 문제점은 교육자들이 인종, 성과 같은 다양한 형태의 다양성을 평행선상에서 다루지만 결국 이 둘을 분리한다는 점이다(Grant & Sleeter, 1986). 예를 들어, 아프리카계 미국인과 여성에 대해 가르칠 때, 많은 교사들이 인종과 장애를 독립된 두 가지 주제로 취급하고 어떻게 인종차별을 통해 백인들이 흑인에게 장애인이라는 부적절하게 꼬리표를 다는지에 대해서는 무시하게 된다. 더 나아가 많은 교육자들은 인종, 성, 그리고 다른 사회적 표식을 단일체로 보고 이들의 비동시적이고 복잡한 성격, 그리고 한 집단 내에 존재하는 갈등, 사회생활을 구성하는 데 있어서 다양한 특성들이 역동적으로 작용하는 것을 다루는 데 실패한다(MacCarthy, 1990). 다문화교육적 접근방법 자체는 이러한 편견을 불러일으키거나 다양성을 본질주의자처럼(essentialist) 취급하지 않지만 아와 같은 접근이 다양한 이유로 말미암아 발생한다. 많은 교육자와 학자들은 단순히 한 형태의 억압(예를 들어 성차별)에 관심을 갖게 되고 다른 형태의 억압(예를 들어 인종차별)과 관련한 자신의 편견에 대해서는 해결하려고 하지 않는다. 이와 더불어, 그들은 종종 인종, 계층, 성, 장애와 같이 서로 맞물려 있는 문제들을 배우기 위해 시간과 열정을 투자하는 데 소홀하게 된다.

또 다른 문제는 이러한 접근방법을 사용하는 데 교육자들을 재교육하는 것이 필요하다는 점이다. 다문화교육적 접근방법은 매우 야망적이다. 예를 들어, 다양한 관점에서 악기를 가르친다고 하면 교사는 수많은 악기를 배워야 한다. 소수의 교사만이 학교에서 다문화교육에 대해 교육을 받았기 때문에 이를 배우기 위해서는 상당량의 시간, 헌신, 그리고 창의성이 요구된다. 대충대충 다문화교육에 접근하기란 어렵다. 일화에서도 보여주었지만, 이 교사들은 시간, 자료, 지식 등을 교육청에서 제공하는 교사연수를 통해 배우게 되었다. 그들은 또한 교장의 전폭적인 지원이나 격려 없이 다른 동료 교사들이 필요한 시간과 열정을 이 접근방법을 위해 투신하지 않을 것이라는 것도 알고 있다. 그리고 교과의 기저에 있는 다양하고 다문화적인 지식을 알기 위해서는 교사들이 먼저 자신의 사회적 위치가 어떻게 자신의 관점과 교수에 영향을 미치는지 파악하기 위해 자신의 삶을 돌아보아야 한다(Grant, 1991). 사실 다문화교육이 현실로 다가오기 위해서는 교사들이 그러한 접근에 보다 가까이 근접해야 한다. 예비교사들은, 예를 들어, 일정 집단의 문화와 역사를 이해하기 위해 그 공동체에 투신해야 한다. 그리고 경력이 많은 교사와 함께 일할 수 있는 기회를 가져야 한다(Ladson-Billings, 1994).

이 장에서는 성적 지향성에 대한 논의가 많지 않았다는 점을 발견할 것이다. 주류 사회는 현재 게이와 레즈비언 이슈에 대해 소외시키고 있으며 다문화교육 교육자들도 이 이슈에 대해서는 거론하기를 기피한다. 게이, 레즈비언, 양성애자의 인권을 지지하는 이들은 교사와 지역 공동체가 구체적인 전략을 바탕으로 어떻게 이러한 쟁점을 다문화교육과정 속에 통합시킬지 그 논의를 증대시켜야 한다고 주장한다. 그리고 이들은 교육자, 행정가, 학부모들이 성적 지향성을 다문화교육의 일환인 문화와 시민권 운동의 문제로 간주해야 한다고 주장한다. 점점 더 많은 책, 기사, 교육과정 자료들이 교실에서 이러한 이슈를 다룰 수 있도록 발간되기는 하지만(제4장 참조), 학교에서 현실적으로 이러한 자료들을 구입하는 것에는 장애물이 많다. 특히 게이와 레즈비언을 비도덕적인 것으로 간주하는 공동체에서는 더욱 그러하다. 예를 들어 1996년 뉴햄프셔주에서는 교실에서 게이와 레즈비언의 이슈를 가르치지 못하도록 규정해 놓은 것을 간과한 교사들의 직업적 위기가 있었다. 위스콘신 주의 미들레튼 크로스 지역 교육청(Middleton-Cross Plain School District)에서도 교사가 읽기 수업에서 『열 명 중 한 명: 게이와 레즈비언 청소년의 작문들(One Teenager in Ten: Writings by Gay and Lesbian Youth)』이라는 책을 중심으로 사회부정의에 저항하는 교육과정을 개발했을 때 거센 반발이 있었다.

이와 같은 동성애 혐오적인 사례들은 성적 지향성에 대한 교육의 필요성뿐만 아니라 어떻게 다양성과 관련한 문제가 대도시만의 문제가 아니라 소도시나 외곽 주거지역의 문제로 확산되고 있는지 보여준다. 그럼에도 불구하고 몇몇 다문화주의 학자들은 다문화주의라는 우산 아래 성적 지향성의 문제를 포괄하여 교육관련 학회에서 이 문제를 거론한다. 동성애 혐오에 대해 적지만 지속적으로 교육 자료들이 발간되고 전통적인 학교 교육에서 게이와 레즈비언 학생의 영향력에 대한 논의가 그 효과를 발휘하기도 한다.

사회 계층에 대한 제한적인 관심 역시 다문화교육적 접근방법과 관련한 또 다른 문제이다. 인종과 관련하여 연구하는 많은 교육자들이 계층의 문제에 대해서는 오직 유색인종이 부적합하게 빈곤으로 시달리는 문제를 논의하는 선에서만 이를 문제시한다. 성에 관심이 있는 교육자들은 여성의 빈곤문제에만 역점을 둔다. 다문화교육의 지지자들은 종종 아동들이 사회 계층에 관계없이 동등한 기회를 지녀야 한다고 말한다.

그렇지만, 이상적인 사회에서 인종, 성에 대한 차이가 사라진다면 계층의 문제는 어떻게 될까? 다문화교육 지지자들은 나태하게 계층 없는 사회가 계층으로 구분된 사회보다 더 낫다고 말하지 않을 것이다. 그들은 또한 미국 원주민의 문화가 앵글로 문화와 그 가치 면에서 동등하게 중요하다는 논리로, 빈곤층에서 사는 사람들의 문화가 중산층의 문화와 비교해서 그 동등성을 주장하지 않을 것이다. 그들은 사람들이 동등하게 가치 있다는 주장은 유지하지만, 계층별 문화가 동등하고 바람직하다고 논하지는 않을 것이다. 다문화교육적 접근방법에서는 사회 계층에 대해 많이 논의하지 않는다. 특히 이상적인 사회에서 어느 선까지 다른 사회적 계층이 존재해야 하는지에 대해 언급하지 않는다. 존, 마리, 엘렌의 수업에서는 사회 계층에 대한 논의가 거의 없었다. 단일집단과 사회정의 다문화교육 접근방법은 사회 계층에 대한 비판을 제공하지만, 다문화교육적 접근방법은 이 주제에 대해 침묵을 지킨다.

다문화교육에 불만족스러워 하는 이들은 또 다른 차원의 불만을 토로하는데 이는 다음 장에서 소개할 것이다. 간략히 말해 이들은 다문화교육적 접근은 문화적 이슈에 너무나 많은 초점을 둔 나머지 사회 구조적인 불평등과 학생들이 이를 변화시키기 위해 필요한 기술을 가르치지 않는다고 비판한다. 예를 들어, 학교의 젊은이들은 반성차별주의적인 가치와 역할에 대해 배우고 성과 무관한 선택을 하겠다고 배웠다고 하자. 그렇지만 그들이 학교를 졸업하고 성차별이 존재하는 현실 세계에 진출했을 때 그들은 어떻게 대응할 것인가? 사회학자들은 그들이 자신의 신념에 대해 다시 한 번 재고하고 그들이 처해 있는 상황에서 적합한 행동을 하기 마련이라고 설명한다. 남학생들은 학교에서 명령하기보다는 바느질하는 법을 배우면서 반성차별적인 학교 교육을 받았으나, 학교를 졸업한 상황에서 좀 더 '남성적' 인 행동을 통해 보상에 접근할 수 있고, 명령하고 지배하며 경쟁하는 식의 역할을 접하게 될 것이다. 결국 뱅크스와 뱅크스(Banks and Banks, 1995)가 강조하듯이 평등의 교육학, 다시 말해 학생들에게 주류 문화의 가정에 대해 질문하는 것뿐만이 아니라 불평등을 지지하는 구조를 변혁하는 데 참여하는 것을 포괄하는 교육이 필요하다. 프래저(Fraser, 1997)는 다른 문화를 표현하고 인지하는 것에 대한 요구와 구조적 변혁과 재분배에 대한 요구 사이의 복잡한 관계에 대해 논의하였다. 사실 이 두 입장이 서로 근접하게 연결되었을 때, 서로간의 다른 문제들(agendas)에 대해 강조한다.

생각해볼 문제

1. 다문화교육적 접근방법에 대해 누가 가장 설득당할 확률이 높아 보이는가?
2. 어떻게 다양한 관점이 다문화교육적 접근에서 역할을 하는지 설명해보자.
3. 다문화교육적 접근방법의 강점과 약점에 대해 비교해보자.
4. 문화적 다원주의(cultural pluralism)와 개정된(modified) 문화적 다원주의를 설명해보자. 다양성을 경축하고 지지하는 것이 여러분의 교실에서 중요하다고 생각하는가? 이 상황에서 어떻게 응집력을 유지할 수 있는가?
5. 문화전파이론에 근거했을 때, 학생을 이해하기 위해 교사에게 중요한 것은 무엇인가? 이러한 정보가 그들의 교수에 어떻게 정보를 제공하는가?
6. 다문화교육적 접근방법을 접목하는 데 있어서 어떠한 어려움이 있는가?

참고문헌

American Association of University Women Educational Foundation. (1992). *How schools shortchange girls*. Washington, DC: Author.

Amrein, A. L., & Berliner, D. C. (2002). High-stakes testing, uncertainty, and student learning. *Education Policy Analysis Archives, 10*(18). Retrieved January 15, 2003, from http://epaa.asu.edu/epaa/v10n18

Anderson, T. (1996). The national standards for arts education: A (multi)cultural assessment. *Studies in Art Education, 38*(1), 55–60.

Baker, G. C. (1994). *Planning and organizing for multicultural instruction*. Reading, MA: Addison-Wesley.

Bandura, A., & Walters, R. H. (1963). *Social learning and personality development*. New York: Holt, Rinehart, & Winston.

Banks, C. M., & Banks, J. A. (1995). Equity pedagogy: An essential component of multicultural education. *Theory into Practice*, *34*(3), 152–158.

Banks, J. A. (1993). The canon debate, knowledge construction, and multicultural education. *Educational Researcher*, *22*(5), 4–14.

Banks, J. A. (1994). *Multiethnic education: Theory and practice* (3rd ed.). Boston: Allyn and Bacon.

Barry, B. (2001). *Culture and equality: An egalitarian critique of multiculturalism*. Cambridge, MA: Harvard University Press.

Bennett, C. I. (1999). *Comprehensive multicultural education* (4th ed.). Boston: Allyn and Bacon.

Bigler, R. S. (1995). The role of classification skill in moderating environmental influences on children's gender stereotyping: A study of the functional use of gender in the classroom. *Child Development*, *66*, 1072–1087.

Bigler, R. S. (1999). The use of multicultural curricula and materials to counter racism in children. *Journal of Social Issues*, *55*, 687–705.

Bloom, A. C. (1989). *The closing of the American mind*. New York: Simon & Schuster.

Bloom, L. R., & Munro, P. (1995). Conflicts of selves: Nonunitary subjectivity in women administrator's life history narratives. In J. A. Hatch & R. Wisniewski (Eds.), *Life history and narrative* (pp. 99–112). Washington, DC: Falmer Press.

Bogdan, R. C., & Biklen, S. K. (1992). *Qualitative research for education* (2nd ed.). Boston: Allyn and Bacon.

Brown v. Board of Education, 347 U.S. 483, 493. (1954).

Burris, C. C., Heubert, J., & Levin, H. (2004). Math acceleration for all. *Educational Leadership*, *61*(5), 68–71.

Crawford, J. (1999). *Bilingual education: History, politics, theory and practice*. Trenton, NJ: Crane Publishing.

Cummins, J. (2000). *Language, power and pedagogy*. Buffalo, NY: Multilingual Matters.

Edley, C., Jr. (1998). Foreword. In G. Orfield & E. Miller (Eds.), *Chilling admissions* (pp. vii–x). Cambridge, MA: The Harvard University Civil Rights Project.

Epstein, J. L. (1991, January). Paths to partnership. *Phi Delta Kappan*, *72*(5), 344–349.

Epstein, J. L. (1995). School/family/community partnerships: Caring for the children we share. *Phi Delta Kappan*, *76*, 701–712.

Epstein, J. L., & Sheldon, S. B. (2002). Present and accounted for: Improving student attendance through family and community involvement. *Journal of Educational Research*, *95*(5), 308–318.

Fillmore, L. W., & Valadez, C. (1985). Teaching bilingual learners. In M. C. Wittrock (Ed.), *Handbook of research on teaching* (pp. 648–685). New York: Macmillan.

Foerster, L. (1982). Moving from ethnic studies to multicultural education. *The Urban Review*, *14*, 121–126.

Fraser, N. (1997). *Justice interruptus: Critical reflections on the "postsocialist" condition*. New York: Routledge.

Freedman, R. (2006). People flow in globalization. National Bureau of Economic Research, Working Paper 12315. Retrieved December 25, 2007, http://www.nber.org/papers/w12315.pdf

Fuller E. J., & Johnson, J. F., Jr. (2001). Can state accountability systems drive improvements in school performance for children of color and children from low-income homes? *Education and Urban Society*, *33*(3), 260–283.

Gale, T. (2001). Under what conditions? Including students with disabilities within Australian classrooms. *Journal of Moral Education*, *30*(3), 261–272.

Gándara, P., Rumberger, R., Maxwell-Jolly, J., & Callahan, R., (2003, October 7). English learners in California schools: Unequal resources, unequal outcomes. *Education Policy*

Analysis Archives, 11(36). Retrieved July 10, 2008, http://www.usc.eds/dept/education/CMMR/FullText/ELLs_in_California_Schools.pdf.

Gay, G. (1983). Multiethnic education: Historical developments and future prospects. *Phi Delta Kappan, 64*, 560–563.

Gay, G. (2000). *Culturally responsive teaching*. New York: Teachers College Press.

Gollnick, D. M. (1980). Multicultural education. *Viewpoints in Teaching and Learning, 56*, 1–17.

Gollnick, D. M., & Chinn, P. C. (2002). *Multicultural education in a pluralistic society* (5th ed.). Upper Saddle River, NJ: Merrill.

Gorski, P. (2000). *The challenge of defining a single "multicultural education."* McGraw-Hill multicultural supersite. Retrieved April 18, 2005, from http://www.mhhe.com/socscience/education/multi/define.html

Grant, C. A. (1991). Culture and teaching: What do teachers need to know? In M. Kennedy (Ed.), *Teaching academic subjects to diverse learners* (pp. 237–256). New York: Teachers College Press.

Grant C. A., & Ladson-Billings, G. (Eds.). (1997). *Dictionary of multicultural education*. Phoenix, AZ: Oryx Press.

Grant, C. A., & Sleeter, C. E. (1986). Race, class, and gender in education research: An argument for integrative analysis. *Review of Educational Research, 56*, 195–211.

Grant, C. A., & Sleeter, C. E. (2002). Race, class, gender exceptionality, and educational reform. In J. A. Banks & C. A. Banks (Eds.), *Multicultural education: Issues and perspectives* (pp. 49–66). Boston: Allyn and Bacon.

Grant, C. A., & Sleeter, C. E. (2009). *Turning on learning* (5th ed.). New York: Wiley.

Guerrero, J. G. (2004). *Merengue and salsa: The cultural expression of the Spanish speaking Caribbean*. Caribseek. Retrieved July 2008, from http://kaleidoscope.caribseek.com/Articles/publish/printer_Merengue_and_Salsa.shtml

Guthrie, G. P. (1985). *A school divided*. Hillsdale, NJ: Erlbaum.

Gutiérrez, K. D., & Rogoff, B. (2003). Cultural ways of learning: Individual traits or repertoires of practice. *Educational Researcher, 32*(5), 19–25.

Haycock, K. (2001). Closing the achievement gap. *Educational Leadership, 58*(6), 6–11.

Hirsch, E. D., Jr. (1996). *The schools we need and why we don't have them*. New York: Doubleday.

Hollins, E. R. (1982). Beyond multicultural education. *Negro Educational Review, 33*, 140–145.

Hood, S. (1998). Culturally responsive performance-based assessment: Conceptual and psychometric considerations. *Journal of Negro Education, 67*(3), 187–196.

Hunter, W. (1974). *Multicultural education through competency-based teacher education*. Washington, DC: American Association of Colleges for Teacher Education.

Kavale, K. A., & Mostert, M. P. (2003). River of ideology, islands of evidence. *Exceptionality, 11*(4), 191–208.

Kessler-Sklar, S. L., & Baker, A. J. L. (2000). School district parent involvement policies and programs. *Elementary School Journal, 101*(1), 101–118.

Knight, J. L., & Giuliano, T. A. (2001). He's a Laker; She's a "looker": The consequences of gender-stereotypical portrayals of male and female athletes by the print media. *Sex Roles: A Journal of Research, 45*(3–4), 217–229.

Kohler, P. D., & Rusch, F. R. (1995). Secondary educational programs and transition perspectives. In M. C. Wang, M. C. Reynolds, & H. J. Walberg (Eds.), *Handbook of special and remedial education, Research and practice* (2nd ed., pp. 107–129). Tarrytown, NY: Pergamon.

Koppelman, K. L., & Goodhart, R. L. (2005). *Understanding human differences: Multicultural education for a diverse America*. Boston: Allyn and Bacon.

Kornhaber, M. L. (2004). Assessment, standards and equity. In J. A. Banks & C. A. M. Banks (Eds.), *Handbook of research on multicultural education* (pp. 91–109). San Francisco:

Jossey-Bass.

Ladson-Billings, G. (1994). *The dreamkeepers: Successful teachers of African American children.* San Francisco: Jossey-Bass.

Lau, et al. v. Nichols, et al., 414 U.S. 563. (1974).

Lawson, M. A. (2003). School-family relations in context: Parent and teacher perceptions of parent involvement. *Urban Education, 38*(1), 77–133.

Lindholm-Leary, K. J. (2001). *Dual language education.* Buffalo: Multilingual Matters.

Linn, R. L., Baker, E. L., & Betebenner, D. W. (2002). Accountability systems: Implications of requirements of the No Child Left Behind Act of 2001. *Educational Researcher, 31*(6), 3–16.

Manset-Williamson, G., & Washburn, S. (2002). Administrators' perspectives of the impact of mandatory graduation qualifying examinations for students with learning disabilities. *Journal of Special Education Leadership, 15*(2), 49–59.

McCarthy, C. (1990). *Race and curriculum: Social inequality and the theories and politics of difference in contemporary research on schooling.* New York: Falmer Press.

Mensh, E., & Mensh, H. (1991). *The IQ mythology: Class, race, gender, and inequality.* Carbondale: Southern Illinois University Press.

Metzger, D. (2002). Finding common ground: Citizenship education in a pluralistic democracy. *American Secondary Education, 30*(2), 14–32.

Milligan, J. K., & Bigler, R. S. (2006). Addressing race and racism in the classroom. In G. Orfield & E. Frankenburg (Eds.), *Lessons in integration: Realizing the promise of racial diversity in America's schools.* Charlottesville: University of Virginia Press.

Montano, M. (1979). School and community: Boss-worker or partners? In C. A. Grant (Ed.), *Community participation in education.* Boston: Allyn and Bacon.

National Institute of Health (2000). NIH Pub. No. 00–4756. Retrieved July 2008 from ..... http://www.nidcd.niti.gov/health/hearing/asl.htm

Neill, M., Bursh, P., Schaeffer, B., Thall, C., Yohe, M., & Zappardino, P. (1995). *Implementing performance assessments.* Cambridge, MA: FairTest.

Newman, W. N. (1973). *A study of minority groups and social theory.* New York: Harper & Row.

New York City Public Schools. (1990). *United States and New York State history: A multicultural perspective.* New York: Author.

Nieto, S. (2001). *Affirming diversity* (3rd ed.). New York: Longman.

Oakes, J., Blasi, G., & Rogers, J. (2004). Accountability for adequate and equitable opportunities to learn. In K. Sirtonik (Ed.), *Holding accountability accountable: What ought to matter in public education.* New York: Teachers College Press.

Orfield, G. (1998). Campus resegregation and its alternatives. In G. Orfield & E. Miller (Eds.), *Chilling admissions* (pp. 1–16). Cambridge, MA: Harvard University Civil Rights Project.

Pieterse, J. N. (1996). Globalisation and culture: Three paradigms. *Economic and Political Weekly, 31*(23), 1389–1393.

Ravitch, D. (1990). Multiculturalism: E pluribus plures. *The American Scholar, 59*(3), 337–354.

Ryan, D., & Martin, A. (2000). Lesbian, gay, bisexual, and transgender parents in the school systems. *School Psychology Review, 29*(2), 207–216.

Sadker, M., & Sadker, D. (1994). *Failing at fairness: How our schools cheat girls.* New York: Simon & Schuster.

Schirling, E., Contreras, F., & Ayala, C. (2000). Population 227: Tales from the schoolhouse. *Bilingual Research Journal, 24,* 1–14.

Schlesinger, A. M., Jr. (1992). *The disuniting of America.* New York: Norton.

Sheldon, S. B., & Epstein, J. L. (2002). Improving student behavior and school discipline with family and community involvement. *Education and Urban Society, 35*(1), 4–26.

Skrla, L., Scheurich, J. J., Johnson, J. F., Jr., & Koschoreck, J. W. (2001). Accountability for equity: Can state policy leverage social justice? *International Leadership in Education*, *4*(3), 237–260.

Sleeter, C. E. (2005). *Un-standardizing curriculum: Multicultural teaching in standards-based classrooms*. New York: Teachers College Press.

Solomon, G. (2002). Digital equity: It's not just about access anymore. *Technology & Learning*, *22*(9), 18–20, 22–24, 26.

Spender, D. (1982). *Invisible women: The schooling scandal*. London: Writers and Readers Publishing Cooperative Society.

Stearns, P. N. (1988). Social history in the American history course: Whats, whys, and hows. In B. R. Gifford (Ed.), *History in the schools: What shall we teach?* (pp. 138–161). New York: Macmillan.

Stent, M., Hazard, W., & Rivlin, H. (1973). *Cultural pluralism in education: A mandate for change*. New York: Appleton-Century-Crofts.

Stotsky, S. (1991). Cultural politics. *American School Board Journal*, *178*(10), 26–28.

Suggs, W. (2001). Female athletes thrive, but budget pressures loom. *Chronicle of Higher Education*, *47*(36), A 45.

Surge in Global Migration. (1997). *Futurist*, *31*(1), 40.

Tavris, C., & Wade, C. (1984). *The longest war: Sex differences in perspective* (2nd ed.). New York: Harcourt Brace Jovanovich.

Tharp, R. G., Estrada, P., Dalton, S. S., & Yamauchi, L. (2000). *Teaching transformed*. Boulder, CO: Westview.

Thomas, W. P., & Collier, V. P. (1999). Accelerated schooling for English language learners. *Educational Leadership*, *56*(7), 46.

Townsend, B. L. (2002). Testing while Black. *Remedial & Special Education*, *23*(4), 222.

World Christian Encyclopedia. (2001). *A comparative survey of churches and religions in the modern world* (2nd ed.) New York: Oxford University Press.

제 6 장

다문화사회정의교육

핵심 질문

1. '사회정의' 라는 단어를 들으면 어떤 생각이 드는가?
2. 현재 우리 사회가 사회정의를 얼마나 잘 실현하고 있다고 생각하는가?
3. 교실 내에서 '다문화적 사회정의' 를 위한 교수법은 무엇인가?
4. 다문화교육을 위한 방법과 다문화사회정의교육을 위한 방법 사이에는 어떠한 차이가 있는가?
5. 이 책에서 제시하는 다문화교육을 위한 다섯 가지 방법 중 어느 접근방법이 자신에게 가장 편안한가? 그 이유는 무엇인가?

초기의 다문화교육은 권력관계, 특히 인종차별과 관련된 권력에 도전했었다. 그러나 점차 시간이 지나면서 권력은 종종 관용과 같이 정치적 색채가 옅고 부드러운 용어로 대치되어 왔다. 다문화교육에 대한 많은 자료들은 권력관계에 대한 비판적인 분석 없이 문화 간의 차이에 중점을 두고 있다. 많은 이들이 **다문화**(multicultural)라는 용어를 '다양한 문화' 라는 아이디어로부터 시작하기를 권하고 있다. 이러한 아이디어는 미국과 같이 이민자들이 다양한 지역에서 각각의 문화를 동반하는 상황에서 적합하다. 하지만 다문화에 대한 이와 같은 방식의 접근은 제도화된 차별이나 인종차별과 같이 인간을 소외시키는 행위에는 주의를 기울이지 않는다. 다문화교육은 정의에 대한 언급 없이 다양성을 전제로 그 논의가 시작될 경우 다양성만 언급하고 정작 정의의 문제에 대해 소홀하기 쉽다. 벌랙과 모옌다(Berlak & Moyenda, 2001)는 자유주의에 근거한 다문화교육의 개념은 "눈에 보이지 않는 제도화된 인종차별을 통해 백인의 특권"을 강화한다고 지적한다. 여기에는 사람들이 서로 조화롭게 지내면 사회의 부정의가 사라진다는 신념을 기조로 한다(p. 94). 이 저자들은 "비판적 다문화교육은 단순히 사람들 사이의 차이를 인지하고 이를 격려하고 편견을 줄이는 차원을 넘어, 인종차별과 다른 사회적 부정의에 대해 논의하고 이에 대해 적극적으로 도전하는 것"이라고 설명한다(p. 92).

다섯 번째 접근방법인 다문화사회정의교육은 평등과 정의가 모든 이들을 위한 목표여야 하고, 차이를 아우르는 단합이 정의를 위한 필수요건이라는 전제에서 시작한다. 평등과 정의는 기회의 평등뿐만이 아니라 다양한 공동체 간의 결과의 평등까지 포괄한다. 이는 곧 공평하고 정의로운 사회란 어떠한 공동체에 속해있든 지간에 모든 시민들이 사회의 다양한 조직과 기관을 통해 자생할 수 있고 기본적의 인권을 보장받을 수 있다는 것을 의미하기도 한다(주거, 의료보험, 교육, 직장).

다문화사회정의교육은 '현대 문화를 비판하는'(p. 37) 브라멜드(Brameld, 1956)의 사회재건주의에 기초하고 있다. 이 주의에 따르면 "과거에는 주요 기관들이 사회에 기여하는 바가 탁월했지만, 현대에는 이러한 주요 기관들이나 지난 세기와 현 세기를 통해 발달해 온 사회, 경제, 그 외 분야의 기관들이 ~하는 것이 불가능하다"(pp. 37-38). 이 빈칸에는 본인이 생각하기에 지금 중요하게 생각하는 주요 사회 문제를 대입하여 문장을 완성할 수 있다. 브라멜드는 전쟁의 종료와 경제공황을 주요 문제로 지적하였다. 다문화사회정의교육의 관점에서 본다면, 한 집단이 다른 집단을 억압하는 것을 제거하는 것이 당면 과제라 말할 수 있다. 결국 다문화사회정의교육은 단순한 실행이 아니라 정치적인 지향점이 있는 실천이다.

목표

제1장에서 다루었던 다양한 형태의 사회 불평등을 상기해 보자. 다문화사회정의교육은 억압이나 인종, 계층, 성, 장애와 같은 사회의 구조적인 불평등에 대해 다른 4가지 접근방법에 비해 좀 더 직접적이고 명시적이다. 표 6.1을 통해 볼 수 있듯이, 이 접근방법은 미래의 시민들이 유색인종, 빈곤층, 여성, 동성애자, 성전환자, 장애인의 이권을 더 잘 배려할 수 있는 사회를 재건할 수 있도록 준비시킨다.

이 접근방법은 비전을 제시한다. 이 비전은 비록 우리가 생활하고 경험하는 일상의 세계에 기초하지만, 현재의 세상에 제한되지 않는다. 사실 이는 조지 버나드 쇼(George Bernard Shaw, 1921)의 세계관과 유사한 점이 있다: "사물들을 보고 너는 '왜?' 라고 묻는다. 하지만 나는 전혀 존재하지 않았던 것을 상상한다. 그리고 되묻는다. '왜 안 되는데?'" 아로노비츠와 지루(Aronowitz & Giroux, 1985)는 사회재건주의는 '가능성이라는 언어' 를 통해 이야기한다고 설명한다. "이 경우 우리는 새로운 삶을 선택하고 건설적인 대안을 제공하는 비전에 몰입함으로써 희망과 행동가(agency)의 영역으로 그리고 역경과 실행의 공간으로 이동하게 된다"(p. 19).

이 접근방법의 지지자는 이상적인 사회에 대한 비전을 목청 높여 제시하거나 명료하게 구체화하지 않는다. 그들은 자원이 지금보다는 좀 더 평등하고 공평한 방향으로 분배되어야 한다고 주장하고, 각 개인의 재산, 권력, 행복, 혹은 존중을 위해 '정상' 혹은 '바람직하다' 고 정형화된 한 가지 모델에 모든 사람을 끼어 맞추지 않아야 한다고 제시한다. 그럼에도 불구하고, 지지자들은 소집단의 교육자들이 다른 사람들에게 무엇이 좀 더 나은 사회를 위한 '바람직한' 비전인지를 알리는 것은 또 다른 형태의 엘리트주의라고 믿는다. 오히려 젊은이들, 특히 억압된 계층에 있는 젊은이들은 현대 사회의 억압의 본성에 대해 파악해야 한다. 다시 말해, 젊은이들은 자신들에게 주어지는 특성(예, 인종, 계층, 성)과 문화가 어떻게 억압에 영향을 미치는지 이해해야 한다. 그리고 그들의 목표와 모든 이들을 위한 사회정의에 대한 비전을 증진시키고 이 목표를 향해 조직적으로 일할 수 있도록 힘과 기술을 연마해야 한다. 이러한 접근방법은

표 6.1 다문화사회정의교육

사회적 목표	사회 구조의 평등과 문화적 다원주의의 고양
학교의 목표	시민들의 사회 구조적 평등을 위해 적극적으로 활동할 수 있도록 준비시키기 문화적 다원주의와 대안적인 삶의 방식에 대한 고양 학교 내에서 평등한 기회를 가질 수 있도록 고양
대상 학생	모든 학생들
실행	
교육과정	인종차별, 사회계층차별, 성차별, 성적 지향, 장애자 차별과 같은 현재의 사회 문제를 다루는 학습 내용 구성하기 한 국가 내에 존재하는 다양한 경험과 관점을 중심으로 개념 구성하기 사회적 억압을 분석할 때 학생들의 구체적인 삶의 경험을 출발점으로 하기 비판적 사고력, 대안적인 관점에 대한 분석력을 가르치기 사회 참여(social action) 기술, 임파워먼트 기술에 대한 교수
수업	민주적의 의사결정 과정에 학생들을 적극적으로 참여시키기 학생들의 학습 유형에 기초하기 학생들의 수준에 대한 인지 및 적용 협력학습의 활용
교실 내에서 유의할 점	사회 참여, 문화적 다양성, 학생의 관심을 반영하는 교실 환경 미화 일부 학생들을 실패자로 낙인찍을 수 있는 시험과 소규모 집단을 형성하는 과정을 지양하기
학교 차원에서 유의할 점	학교 차원의 중요한 문제들에 대해 학생들이 민주적인 의사 결정을 할 수 있도록 참여시키기 저소득층이나 소수인종 학부모들을 학교 활동에 적극적으로 참여시키기 학교가 지역 공동체 사회 활동 프로젝트에 참여하기 인력을 고용할 때 다양한 인종, 성, 장애인을 고려하기 교실 환경 미화, 특별 이벤트, 학교 메뉴를 설정할 때 다양한 집단의 요구를 염두하고 반영하기 도서관에 다양한 집단의 다양한 역할을 반영하는 자료들을 배치하기 방과 후 활동이 모든 학생들의 요구를 수용할 수 있도록 확인하고, 일정 집단에 대해 고정관념으로 고착화하지 않기 특정 집단을 벌 주지 않는 훈육방법 사용하기 학교가 모든 이에게 개방적이라는 것을 주지하기

정치적 문해성(political literacy)을 가르침으로써 사회정의에 대한 비전으로 한 걸음 나아갈 수 있다. 프레이리(Freire, 1995)의 설명에 따르면,

> 정치적 문맹이란 읽고 쓸 수 있는 문해능력과 상관없이 인간과 사회의 관계에 대해 몰지각한 관점을 지니는 것을 의미한다. 이러한 사람은 사회에 대해 나태한 관점을 지니면서 사회적 실제가 여전히 형성되고 있는 진행형이 아니라 우리에게 주어지거나 이미 고착화된 완료형으로 이해한다(p. 103).

프레이리는 의식화(conscientization)라고 부르는 과정을 통해 민중이 사회에 대해 질문하는 법을 배워야 하고, 이들에게 불공평이나 비인간적인 대우를 인지하는 법을 가르침으로써 '진리'를 통해 세상을 보는 방법을 알아야 한다고 믿는다. 결국 이들은 의식화를 통해 미래를 상상하고, 이상적인 사회를 정의 내리고, 좀 더 나은 인간 세상을 향해 일할 수 있도록 권력을 부여받게 된다. 이와 같은 접근방법은 다른 지지자나 지지자에 따라 다르게 명명된다. 예를 들어 혹자는 다음과 같은 용어를 접해 보았을 것이다. 해방 교육학(emancipatory pedagogy: Gordon, 1985), 비판적 교수(critical teaching: Shor, 1980), 비판적 다문화주의(critical multiculturalism: Kincheloe & Seinberg, 1997; Obidah, 2000), 반인종주의 교수(antiracist teaching: Dei, 1996; Gillborn, 1995; Lee, 1995), 반억압주의 교육(anti-oppressive education: Kumashiro, 2002), 문화에 적합한 교수(culturally responsive teaching: Irvine, 2003), 변혁적 교육학(transformative pedagogy: Cummins, 2000), 사회적 실행(social action; Banks, 1999). 비록 교육학자들이 다른 용어를 사용하고 동일한 사항을 지지하지는 않지만(어떤 학자는 인종에, 다른 학자는 성에, 또 다른 학자는 사회 계층에 주력하지만), 그들의 기본적인 목표나 이론적 전제는 매우 유사하다.

이 접근방법은 인종, 사회 계층, 성, 성적 지향, 장애, 언어, 그리고 동성애 혐오증과 같은 다른 형태의 억압과 관련한 사항들을 통합하고자 노력한다. 대부분의 지지자들은 이 모든 사항들을 잘 통합하지 못하지만, 대부분은 이것의 중요성을 인지한다. 어떠한 용어를 사용하든지 간에 다문화사회정의교육은 사회의 성격과 학습의 본질에 대한 몇 가지 이론적 전제에 동의한다.

전제와 이론

다문화사회정의교육 접근방법은 개인의 신념/행동과 거대한 사회 질서와의 관계에 대한 상식적인 선의 사고방식을 전복한다. 사람들은 대개 개개인이 좀 더 인간적이고, 더 기술적이고, 더 많이 배우고, 더 시민적일 때, 사회 전체 역시 하나의 유기체로서 더 정의로워진다고 믿는다. 앞에 설명한 두 가지 접근방법은 이러한 사고방식에서 비롯되고 네 번째 접근방법 역시 이러한 사고방식을 일부분 수용한다. 그렇지만 사회학의 가장 근본적인 전제는 이러한 개념이 옳다는 생각을 뒤집어엎는 것에서 비롯한다. 개인들은 자신의 신념이나 행동이 사회의 구조 안에 잘 들어맞도록 그것을 형성해 나간다. 이와 유사하게, 한 개인의 사회 내의 생태적 지위(niche)나 이러한 지위를 통해 부여받게 되는 사회-문화적 행동 양식은 개인의 수행(performance)이나 그 수행이 남들에 의해 어떻게 반영되고 받아들여지는지에 영향을 미친다. 다른 개개인들을 바꾸려고 시도해 보다가 만약 그들이 체험하는 세계가 바뀌지 않은 채 남아있는 것을 깨닫는다면, 그들은 재빨리 자기에게 익숙한 행동 방식으로 되돌아간다.

예를 들어, 중산층 사람들은 종종 왜 저소득층이 사는 지역의 집들이 그렇게 허술한지 궁금해 한다. 종종 좋은 의도를 지닌 사람들은 저소득층 지역주민이 집수리나 관리에 대한 지식이 없거나 관심이 부족하다는 가정하에 집을 잘 보수하는 기술에 대해 가르치려고 한다(심지어 주민들에게 집을 잘 관리하는 것이 매우 중요하고 가치 있다고 연설을 하려는 나태한 태도를 보이기도 한다). 하지만 종종 거주민들은 집주인이 나타나지 않고, 비싼 임대료에 시달리고, 그들이 소유하고 있는 건물을 관리하지 않게 되는 등 다른 요인들 때문에 고전분투한다. 그 주민들은 쥐꼬리만한 월급을 가지고 자기 소유가 아닌 건물을 보수 관리하는 것, 혹은 세입자에 대해 아무런 관심도 보이지 않는 집주인의 자산을 보수 관리하는 것, 특히 그 집에 언제까지 살 수 있을지 확실치 않은 상황에서 투자하는 것 자체가 가치가 없다고 생각할지도 모른다. 만약 누군가가 그러한 주거 상태에 대해 진심으로 걱정한다면, 주택 소유 정책이나 저가 주택과 같이 주거 공간에 대한 실질적인 구매 접근성을 높이는 방안을 논의하는 것이 더 적절한 쟁점이다.

그 저변에는 우리가 사람들의 세계를 확연하게 바꾼다면, 그들의 태도, 신념, 행동 역시 이와 동시에 바뀌게 된다는 전제가 깔려 있다. 그렇다면 '개개인이 아닌 누가 사회를 바꾸는가?' 라는 질문이 제기될 수 있다. 이 접근방법의 지지자들은 사회를 바꾸기 위해서는 개개인들이 조직을 구성하여 함께 일하는 방식을 배울 필요가 있다고 주장한다.

이 접근방법은 이러한 아이디어를 더욱 구체화한다. 우리는 세 가지 이론, 즉 비판이론, 사회학적 문화이론(a sociological theory of culture), 정체성과 민주주의를 연계 짓는 이론을 통해 이 개념을 설명할 것이다.

비판이론

비판이론은 그 출발점으로 삼는 억압의 종류가 다양지만, 행동의 기원을 개인보다는 집단에 의해 조직화되는 것으로 이해하고, 사회적 행동을 권력(power)과 자원(resources) 간의 집단적인 갈등으로 본다. 비판이론에는 비판이론(사회 계층 간의 관계를 분석하는 것에서 출발함), 비판적 인종이론(critical race theory: 인종에 대한 비판적 분석에서 출발함), 다문화적 페미니즘(예, Collins, 1998), 비판적 문화이론(예, Hall, 1993), 비판적 장애 연구(예, Linton, 1998), 퀴어 이론(queer theory) 혹은 이반(異般) 이론[41](예, Pinar, 1998), 후기식민주의 연구(postcolonial studies: Smith, 1999)가 있다.

비판이론은 제2차 세계대전 이후 독일에서부터 시작되었는데, 억압적인 계층 관계가 어떻게 생산되고 재생산되는지 설명하는 방안으로써, 사회의 계층 구조에 대한 맑시스트적인 분석과 무의식에 대한 심리학적인 이론을 결합하였다. 1980년대에 헨리 지루(Henry Giroux)와 피터 맥라렌(Peter McLaren)과 같은 이론가들이 비판이론을 교육학(pedagogy)에 접목하여 '비판이론의 교육학

---

41) 역주: 한국 내의 게이, 레즈비언, 양성애자, 성전환자들은 자신들의 성 정체성을 일반(一般)인들과 다르다는 의미에서 다른 이(異)자를 활용하여 이반(異般)으로 표현한다. queer를 번역하는 데에는 이와 같은 집단의 목소리를 반영하는 것이 적합하다고 간주하여, queer theory를 이반(異般)이론으로 번역하였다. 김부용(2004)의 번역서에서도 queer theory를 이반이론으로 번역하였다(김부용 역. 2004. 푸코와 이반이론. Tamsin Spargo(저) Foucault and Queer Theory. 서울: 이제이북스).

(pedagogy of critical theory)' 을 창안하여, 일상의 살아있는 생생한 문화를 사회적 고전분투나 사회 변혁의 장으로 개념화하였다. 비판적 인종이론은 유색 인종 법학자들이 기존의 비판이론이 인종에 대해 과도할 만큼 관심을 기울이지 않는 점을 지적하면서 고안한 이론으로서, "인종, 인종주의, 권력의 관계"를 조명한다(Delgado & Stefancic, 2001, p. 2). 래드슨-빌링스와 테이트(Ladson-Billings & Tate, 1995)는 비판적 인종이론을 교육에 접목하면서 백인성이나 백인다움(whiteness)을 자산(property)으로 분석하였다. 가장 좋은 자산을 지닌 사람들은 최고의 학교에 간다. 이 경우에서 보듯이 인종은 자본과 유사한 역할을 한다. 교육과정은 '지적 자산' 의 형태를 취하는데, 이는 인종과 연계된다. 교육과정의 질은 학교 공동체의 자산 가치에 따라 가변적인데, 사회 계층과 인종에 따라 제공되는 강좌나 수업, 교실에 배치된 교수-학습 자료, 과학 실험실, 기술력, 교사의 자질 등에 차이가 생기게 된다. 인종, 사회 계층, 성, 장애, 언어, 혹은 성적 지향에 대한 분석 중 어느 것에서부터 출발하든지 간에 "다양한 형태의 억압은 학교 내에서 지속적으로 발생하고 있다" (Kumashiro, 2002, p. 11). 비판 이론가들은 어떻게 그리고 왜 이러한 억압이 발생하고 어떠한 방법으로 피상적인 상태가 아닌 구체적인 차원에서 행동할 수 있을지 설명할 수 있는 지적 수단을 제공한다.

비판이론은 어떻게 여러 집단들이 자원과 아이디어를 통제하기 위해 서로 고전분투하는지 살펴본다. 우리는 쉽게 자신의 공동체 내에서 직업, 토지, 주택, 정치적 영향력, 심지어 음식과 물과 같이 희박한 자원의 예를 생각할 수 있다. 또한 우리는 환경 문제나 낙태문제처럼 여러 집단들이 다른 의견을 가지고 서로 싸워가는 아이디어나 신념에 대해 생각할 수 있다. 사람은 본성적으로 자기 자신, 자기 가정, 자기와 비슷하게 생기거나 같은 신념을 공유하는 사람들의 복지에 대해 우선적으로 염려하기 때문에 집단 간에 경쟁이 생기기 마련이다. 주요한 자원이 부족할 때, 우리 대부분은 우리와 가까운 사람들을 위해 자원을 보유하는 것에 주력한다. 우리가 잘 알지 못하거나 자신과 동일시하지 않는 사람들에 대해서는 관심이나 동정심이 적기 마련이고, 심지어 전혀 그러한 감정이 없기도 하다.

자원이 부족하면 부족할수록 그러한 고전분투는 더 강화되기 마련이고, 집단의 한 구성원이라는 점이 더욱 중요해진다. 미국은 개인이 열심히 일하면 성공할 수 있다는 이념에 기초하고 있으나, 갈등 이론(conflict theory)의 관점에 볼 때 이 이념은 실제로 벌어지고 있는 현상에 대해 눈 먼 듯하다. 한 개인이 어느 집단에 속해 있는지에 따라 그 개인이 어떠한 자원을 가지고 출발하는지, 그 개인에게 어떠한 기회들이 열려 있는지, 그 개인이 어떠한 환경에서 살아가고 있는지, 그리고 타인들이 그 사람에게 반응하는 방식에는 확연한 차이가 존재한다.

예를 들어, 오클리(Oakley, 1981)는 성과 권력에 대해 기술하면서 "권력은 대부분 사회에서 불평등하게 배분되어 있는데, 이는 개인의 자질뿐만 아니라 사회적 지위에 따라 좌우된다. 사람들은 서로 다른 사회적 지위를 차지하고 있고, 사회 내에서 남성은 여성과 서로 다른 지위를 차지한다"(p. 281)고 진술한다. 한 여성이 공동체 내에서 권력을 갖고자 노력하나, 그녀의 개인적인 노력은 성을 통해 부분적으로 형성된다. 그녀는 어머니로서 집안 살림이나 육아의 책임이 있는 관계로 시간적인 제한을 받고, 그 공동체 있는 몇몇 남성들은 그녀로부터 지시받는 것을 꺼려 한다. 그리고 성과 연계된 쟁점에 대한 그녀의 입지는 성에 따라 양극화되는 결과를 초래한다. 그녀가 더 영향력 있고 남들이 부러워하는 위치를 추구하고 여성의 권익을 지지할수록, 사람들은 성에 대한 고정관념을 고수하려 하고 '얌전하게 그 자리에나 있지'라는 식으로 여성을 모욕한다.

자신의 통제 역량을 강화하고, 확대하고, 합법화하기 위해, 지배 집단은 자신들의 이권을 유지하거나 더 고양하는 방향으로 사회 조직을 구조화한다. 그렇지만 지배 집단은 모든 사람들이 시스템 자체는 공평하다고 생각하는 방식으로 사회의 법칙을 설정하거나 공표한다. 예를 들어, 자본주의 경제체제에서 사람들은 여유 자금을 투자함으로써 재산을 증식한다. 투자자는 이자, 배당액, 혹은 이윤을 취하는 반면 다른 이들은 돈을 모으기 위해 필요한 노동력을 수행한다. 여유 자금이 많으면 많을수록 그 개인은 더 부자가 된다. 간신히 생계를 꾸려나가는 비서는 투자한 자산이 적거나 아예 없는 반면, 기업의 이사는 꽤 많은 자산을 보유하고 있다. 하지만 많은 사람들이 이 시스템이 공평하다고 받아들이는데, 누구나 공평하게 투자할 수 있는 기회가 있다고 믿기 때문이다. 경제적으로 가장 급박한 사람이 오히려 투자할 자본이 거의 없는 일이 발생한다.

또 다른 예로, 장애자를 경제적인 손실로 보는 관점이 있다(Linton, 1998). 애벌리(Abberley, 1987)는 지배 계급이 프로테스탄트적인 직업 윤리성(노동에 대한 헌신 · 검약 · 노동의 성과 강조)을 일반 직장인들에게 바람직한 것으로 확산시키면서, 장애인들이 직업을 가지려는 노력에 대한 접근성을 억압한다고 주장한다. 사람들은 정상인이라면 상근 직원으로 일하는 것이 당연하고, 상근 직원처럼 전업으로 일하지 않는 사람은 비정상이거나 무엇인가 결핍된 사람으로 믿게 된다. 애벌리의 지적에 따르면, 사람들은 장애에 대한 대부분의 개념이 자연적이고 순전히 생물학적인 것이라고 권고받기 때문에, 무엇인가 결핍된 사람이 '정상' 인이 누리는 바와 똑같은 이득을 원하거나 가져서는 안 된다고 생각한다. 예를 들어, 사람들은 대개 귀먹음(deafness)이 청각 시스템의 결함으로 인해 발생한다고 이해할 뿐, 사회 환경이 농인을 얼마만큼 수용할 수 있을지에 대해서는 관심을 기울이지 않는다. 장애를 생물학적 결함으로 볼 때, 우리는 장애인이 일반인보다 작은 보상에 만족하며 살아야 한다고 가정하기 쉽다. 애벌리의 논조에 의하면, 장애인의 "불이익을 자연적인 '결함' 의 결과로 치부하는 것은 사회 복지 시설의 부족과 장애인의 일반적인 사회적 요구를 제공해야 하는 분배 시스템의 실패를 합법화한다. 즉, 이는 불평등한 사회적 분배의 효과를 개인적 결함의 결과로 해석한다" (p. 17).

지배 집단의 이익을 위해 조직을 구축하는 것은 제도화된 억압이라는 결과를 초래한다. 신맑스주의 사회학자들이 지적하듯이, 자본주의 경제는 거대한 부의 차별을 체계화하고 자산을 통제하는 지배 계급으로 하여금 부를 유지하고 확장시키게 한다. 소수의 개인들만이 경제 계급의 이동을 체험하고, 대부분의 서민이나 노동자 계급은 이러한 기회를 가지지 못한다. 그렇지만, 일부 사람들의 경제적 신분이 상승되고 대부분의 사람이 자율적인 개인으로 활동하는 것처럼 보이기 때문에, 이 계층 시스템은 공평하게 보이게 된다. 많은 사람들은 어떻게 부자들이 그들의 부를 다른 이들의 경제적 정치적 삶의 통제하는 데 사용하는지 인지하거나 이해하지 않는다. 애플(Apple, 1985)이 제시하듯이, "우리는 서로 엉켜 있는 생산적이고 정치적인 사회장치를 보는 대신, 소수의 기업가나 회사와 일부의 정부 인사를 힐책하고, 기술력이라고 불리는 애매하고 추상적인 개념을 비판한다" (p. 5).

거대한 기업, 특히 미국에 기반을 둔 기업들을 비판적인 눈으로 바라볼 때, 이들이 자원에 대한 증가량과 세계의 노동력에 대한 통제력을 확장시키는 과정을 발견할 수 있다. 1994년 UN은 경제 발달을 도모하기 위해 국제통화기금(IMF)과 월드 뱅크를 창설하였다. 제2차 세계대전 직후 관세무역 일반협정(GATT)이라는 기구가 무역 정책, 관세, 그리고 수입/수출 할당량에 대한 국제적인 분쟁을 해결하기 위해 창설되었다. 이러한 기구들은 17세기와 19세기에 걸쳐 유럽 국가들과 미국이 식민지화하는 과정과 유사한 방식으로 국제적 회사들을 통제하는 현대적 수단이 되었다.

전통적인 경제 개념에 의하면, 사람들은 자신이 필요한 물품을 만들고 그들이 만들지 않는 물품을 교역한다. IMF와 월드 뱅크를 통해 선진국들은 제3세계 국가들이 국내 소모품을 만드는 것이 아니라 해외 수출 품목을 생산하게끔 이들을 압박해 오고 있다. 일반적으로, 이는 경제적 예측도를 만들면서 진행되어 왔는데, 이 예측도란 제3세계 국가들이 월드 뱅크 대출이 꼭 필요한 근대화 프로젝트를 실행하게 함으로써 그 부를 예측하는 것이다. 그렇지만 이 경제적 예측도는 이익을 고의로 과장되게 부풀리고 그 국가가 대출금을 상환할 수 있는 가능성을 과소평가한다(Perkins, 2004). 선진국들은 다른 지역에서 더 값싼 대안품을 찾지 전까지 수출품을 구매한다. 1980년대에 극적으로 발생했던 것처럼, 수출품 판매가 저조해지거나 물건값이 하락하면 제3세계는 더 많은 돈을 빌려야 한다. 월드 뱅크를 통해 대출한 돈의 이자율은 점점 더 높아지고 이 기구는 압력을 가해 규제철폐, 공기업의 사기업화, 수출 중심의 경제 전환, 천연자원의 수출, 사회적 소비의 감소, 해외투자의 규제완화 등의 변화를 조정한다. 이러한 '조정' 을 통해 부유국들은 특히 그들의 초국가적 회사를 통해 제3국의 자원에 대한 접근방법을 촉진시켜 왔다.

결과적으로 제3국들은 주도권을 상실해온 반면, 빚의 규모와 일부 부유 엘리트들을 제외한 다른 국민들의 가난만이 증진되었다. 1984년에서 1990년 사이, 제3세계는 1,780억 달러를 서구 상업 은행에 입금하였고(Ismi, 1998) 1990년 초반까지 부유국의 신용자들에게 150만조 달러의 빚을 지었다. 이와 동시에 지역 소모품을 생산하던 사람들은 토지를 잃거나, 무직이거나, 초국가적 기업에 의존하는 직업을 갖게 되었다. 그러나 초국가적 기업들이 값싼 노동력을 추구하기 때문에 제3세계의 국민들은 직업을 갖기 위해 서로 임금을 낮추는 경쟁을 벌여 왔다. 결과적으로 수백만 명에 이르는 제3세계의 국민들의 삶의 수준은 바닥으로 떨어지고, 부자와 빈자 간의 격차가 치솟고, 국제적으로 보았을 때 기업에 대한 통제가 거대해졌다.

1994년에 행해진 GATT 개정은 국가의 통치권에 대한 기업적 권력을 증가시켰다. 이는 국제무역기구(WTO)의 창설로 이어졌고, 무제한적 국제무역에 대한 규칙을 세우는 데 권력을 발휘하였다. WTO의 규정은 회원국의 법보다 우위적이다. 환경 보호나 에너지 보존 조항법과 같이 무역을 제한하는 국내법은 다른 나라에 의해 전복될 수도 있다. 결국 점차적으로 국가 정부는 기업의 요구를 규제할 수 없게 되었다. 국가 중심의 통제에서 기업의 전 세계적인 통제로의 전환은 우리 대부분에게 생소할 수밖에 없다. 우리가 접하는 뉴스를 보도하는 주요 방송국이 초강대, 초국가적 기업들의 소유이기 때문이다. 이와 더불어 미국은 기업을 통한 세계 통치로부터 강화된 군사적 중재를 통한 통치 전략으로 전환하였다.

이와 같은 억압적인 상황하에서 보통 사람들이 무엇을 할 수 있겠는가? 일반인들은 무기력하게 보일 수 있다. 그러나 비판이론은 집단적 저항을 해방을 위한 활동(agent)으로 지적한다. 저항이론에 깔려있는 주요 아이디어는 억압을 당하는 사람들이 가만히 앉아 있거나 억압을 당연한 것으로 받아들여서는 안 된다는 점이다. 사람들이 어떻게 억압박고 있는지가 언제나 명료한 것은 아니지만, 그들은 종종 억압에 대해 반대하는 방식으로 행동할 수 있다.

이러한 저항은 다양한 여러 가지 양상을 띤다. 행동으로 보여주는 명백한 저항은 다른 이들에게 가시적인 반면, 개인적이거나 정신적인 저항은 다른 이들이 간파하기에 어렵다. 사람들은 종종 명시적으로 그들이 접하고 있는 환경에 적응하며 살면서, 개인적으로는 그러한 환경에 저항한다. 애니언(Anyon, 1983)과 애플(Apple, 1985)은 이러한 방식의 저항을 적응(accommodation) 혹은 실용적 수용(pragmatic acceptance)이라고 명명하였다. 예를 들어, 이중언어를 사용하는 사람들은 공적인 자리에서 영어를 사용함으로써 영어 전용 정책에 적응하지만, 개인적으로는 이중언어 정책을 지지한다.

행동을 통한 공공연한 저항은 확장적이거나 장기적인 사회 변화로 의식적으로 나아갈 수도 있고, 아니면 자신의 삶을 조금이나마 즉각적으로 개선할 수도 있다. 혹은 이 둘 사이의 어느 한 지점이 될 수도 있다. 예를 들어, 1990년대와 2000년대에 있었던 WTO에 대한 저항 운동과 미국의 전쟁 정책에 대한 반대 시위는 전 세계적으로 수천 명의 사람을 모았다. 비록 이러한 시위가 주요 정책을 번복시키지 못했지만, 결과적으로 몇몇 부유국이 제3국의 빚을 탕감해 주거나 세계의 빈곤을 알리는 계기가 되었다. 그렇지만 모든 권위에 대한 저항이 의식적으로 확장적인 사회 변화로 향한 것은 아니다. 예를 들어, 몇몇 유색인종 청소년, 특히 남자 청소년들은 갱에 가입하기로 결심하는데, 이는 자신이 가난하므로 앞으로의 미래를 제한적으로 보기 때문이기도 하고, 자신들이 알고 있는 남자 성인들이 소외당하고 억압당해 왔기 때문이기도 하고, 사회의 직업 시장에서 자신들의 인종이나 문화가 백인들의 인종이나 문화와 동등하게 취급되지 않기 때문이기도 하다. 비록 사회가 그들에게 학교에 가서 자신의 삶의 환경을 백인들과 같게 만들라고 권고하더라도, 몇몇 학생들은 이 충고를 받아들이지 않고 자기-도움이나 저항의 일환으로 갱에 가입한다. 이러한 십대들의 지배적인 사회 규범에 대한 저항은 자신들의 삶을 더욱 의미 있게 만들려는 노력으로 이해할 수 있다. 영(Young, 2004)이 기술하듯이, 많은 경우에 이들은 성공을 위해 분투해야 하는 그러한 복잡한 환경에서 벗어나 갱을 통한 자신들의 사회적 경험을 통해 또 다른 의미를 찾는다. 그렇지만 대부분의 공동체 구성원들은 이러한 행동을 그들 집단의 지위를 손상시킨다고 본다.

이러한 사례들은 사뭇 억압에 대한 또 다른 저항의 형태를 묘사하지만, 사회 시스템이 자신들의 삶과 행복을 부여하기 위해 시도하는 제약점을 인정하기 위해 사람들을 거부한다는 점에서 공통점이 있다. 이와 더불어 이러한 사례들은 교사나 학교의 다른 인사들이 제시하는 왜 가난한 학생들과 유색인종 학생들이 학교에서 어려움을 겪는지에 대한 상식적인 설명을 번복하고 도전한다. 이러한 학생들이 당면하고 있는 문제들을 문화나 가족 환경으로 생각하기보다, 비판이론은 구조적이고 제도적인 요소, 예를 들어 인종차별, 불평등한 학교 재정 지원, 학생에 대한 낮은 기대감, 학생의 학업적 몰입에 대한 방해 요소들을 인지한다.

교사들이 깨달아야 할 중요한 점은 많은 사람들이 비록 사회 이론을 배우지 않았더라도 억압에 대해 이미 고전분투하고 있다는 사실이다. 많은 사람들은 종종 집단의 구성원으로서 그들이 겪는 불공평한 권위나 다른 이가 부여하는 제약점에 대해 매일 저항한다. 학교에서는 셀 수 없는 형태로 이러한 일들이 벌어질 것이다. 예를 들어 여학생들은 자신들이 성행위 대상으로 간주된다는 점에 대해 저항하거나, 휠체어를 이용하는 학생들은 그들을 놀리는 이들에 대항하여 조직을 구성한다. 혹은 빈곤층 출신의 학생은 자신에 대해 낮은 기대수준을 갖는 중산층 교사의 말을 듣기를 거부한다. 더 나아가, 비록 아동들은 그 지역의 성인들이 이슈를 보는 관점만큼 인지하지 못할지라도, 억압을 당하는 처지에 있는 공동체는 대개 조직을 통해 저항을 한다. 예를 들어 미국 유색인종의 이익 증진을 위한 연합회(NAACP: National Association for the Advancement of Colored People), 미국 인디안 운동(American Indian Movement)과 같은 미국 원주민 인권 기구, 각 지역 게이 인권과 장애의 인권을 위한 기구, 각 지역의 여성을 위한 기구(NOW: National Organization of Women)들은 차별과 관련한 구체적인 이슈를 제시하기 위한 전략들을 기획해 왔다.

이와 같이 자연스럽게 불거지는 저항의 사례들은 사회 이슈들을 가르치는 데 좋은 출발점이 되는데, 이는 학생들도 이해할 수 있고 동일시할 수 있는 실제 삶과 관련된 이슈의 일환이기 때문이다. 또한 기구들은 소식지를 발행함으로써, 여러 이슈에 대한 유용한 정보를 보급한다. 이슈에 대해 학습한 후 학생들은 현재의 저항 양상이 대안적인 저항 형태에 비해 효과적인지 아닌지 결정할 수 있을 것이다. 예를 들어 학습을 거부함으로써 인종차별에 저항하는 것은 일부 백인 교사들이 가지고 있는 유색인종 학생에 대한 낮은 기대감을 오히려 합리화할 수 있다. 이 방법은 대개 최선을 다해 공부하고 사회적 패권을 획득하기 위해 학업 성취도를 높임으로써 인종차별에 저항하는 것보다 효과적이지 못하다. 이를 통해 결국 다른 이들이 유사한 경험을 할 필요가 없다는 점을 확고히 할 수 있다. 교육자는 이러한 저항을 권위에 대한 저항으로 치부하여 학생을 무시하거나 그들의 의견을 간과하기보다, 사회적 이슈를 분석하는 시작점으로 활용할 수 있다.

쿠마시로(Kumashiro, 2002)는 사회정의를 통한 세상의 변화를 원하는 많은 교육자들이 우리가 보통 '상식선' 이라고 편안함을 느끼는 분야에서는 실질적으로 정의의 실행을 거부한다고 지적한다. 그에 따르면, "아마도 우리는 반억압적인 실행에 대해 저항하는데, 이는 그들[비판이론 교육자들]이 실행에 대해 다른 이들뿐만이 아니라 자신까지도 우리의 의견과 감정에 대해 문제 삼기 때문이다" (p. 57). 예를 들어, 사회정의에 관심이 있는 많은 비판 교육자들이 "퀴어 이론 혹은 이반 이론을 거부하는데" (p. 57), 이는 교육자들이 성적 억압에 대한 가해자로서 이성애자의 역할에 주의를 기울이기 때문이다.

사회학적 문화이론

제5장에서 인류학자들이 개발해 온 문화전파이론(cultural transmission theory)에 대해 설명하였다. 많은 인류학자들과 '다문화교육적 접근방법' 의 지지자들은 주로 문화적으로 습득된 아이디어가 사람들의 행동 양식을 좌우하고, 사회란 우리의 문화적 신념과 가치로 인해 대개 그러한 방식으로 존재한다고 믿는다. 이들에 따르면, 문화를 바꾸면 사회의 기구나 조직은 바뀌기 마련이다. 더 나아가 많은 문화적 실제들은 그 자체 안에서나 그 자체를 통해 가치를 창출하고, 그러한 문화적 실제들은 한 집단이 변화를 통해 그 삶의 정황이 바뀌더라도 유지된다.

다문화사회정의교육의 지지자들은 문화를 다르게 이해한다. 그들에게 일상의 문화 대부분은 삶의 정황에 대한 적응(adaptation)이고, 자원에 대한 집단 간의 경쟁으로 인해 부분적으로 결정된다. 확실히 문화의 일부 측면은 한 세대에서 다른 세대로 전수되어 내려온다. 언어가 좋은 예인데, 우리 대부분은 살아있는 동안 이 언어의 발달에 약간의 기여를 할 수 있지만, 대개 우리 조상들이 개발한 언어를 배우고 사용한다.

그렇지만 문화는 이와 동시에 날마다 지속적으로 창조되고 재창조된다. 역사적인 맥락 속에서 일본계 미국인의 문화를 생각해보자. 다까끼(Takaki, 1989)는 저서 『다른 해변에서 온 이방인(Strangers from a Different Shore)』에서 아시아계 미국인이 주류 사회의 승인을 구하기 위해 얼마나 지속적으로 고전분투해 왔는지 의견을 제시한다.

> 아시아에서 새롭게 온 이민자들은 미국 내의 만연된 백인 중심의 비전, 즉 유럽계 이민자들이 백인 사회를 하나의 주류 사회로 형성해 놓고 백인이 아닌 사람들을 '이방인' 으로 구조화시킨 상황에 당면하게 된다. …… 그러나 아시아계 이민자들은 미국 내에서 만연하는 인종과 계층이라는 '필수품' 에 의해 그들 삶의 방향이 전적으로 결정되는 상황을 자발적으로 선택하지 않았다. …… 그들의 역사를 볼 때, 아시아인들은 미국이 다양성을 수용하도록 다른 방식으로 고전분투 해 왔다(pp. 472-473).

스즈끼(Suzuki, 1977)는 많은 사회과학자들이 일본계 미국인들이 모국 문화의 패턴을 잘 계승하였기 때문에 경제적, 교육적으로 성공하였다고 이해한다고 지적한다. 예를 들어 "강한 가족 중심의 구조, 교육의 중요성에 대한 강조, 프로테스탄트적인 직업 윤리, 높은 성취 동기 등은 메이지 유신 시대의 문화적 유산을 이어온 것이라고 분석한다" (p. 153). 이러한 사회과학자들은 문화란 과거 세대로부터 물려받는 것으로 가정하고, 일본계 미국인의 문화는 일본 문화와 앵글로 문화의 혼합이라고 간주한다. 스즈끼는 비록 일본계 미국인들 이조상들로부터 문화의 양식을 물려받았지만, 결국 이들이 직면했던 미국의 사회정치적 여건에 따라 문화가 유지되기도 하고, 변화되기도 하고, 재개발되기도 하였다고 주장한다. 일본계 미국인들은 여러 가지 요인들을 겪어야만 했다. 제2차 세계대전 동안의 인종차별과 일본인 수용 캠프, 수용 캠프로 끌려가면서 상실한 소유물, 일본인 이민에 대한 제한의 결과로 인해 작아진 일본계 미국인의 규모, 그리고 전쟁 직후 기술자들을 끌어들인 것 등이 그 예이다. 스즈끼는 일본계 미국인들이 전쟁 이후 어떻게 자신들을 재건하려고 노력하였는지 기술하였다. "그들이 주변으로부터 주목을 받거나 적대적인 감정을 불러일으키지 않도록 자신의 존재를 낮추는 소극적인 전략(low-profile strategies)을 생존전략으로 받아들인 것이 명백하다. 결과적으로 왜 일본계 미국인 2세(니세이)들이 조용하고, 성실하고, 소극적이고, 의존적이고, 수용적이라는 고정관념을 형성하게 되었는지 이해할 수 있다(p. 151).

가치와 문화의 패턴은 미국의 경험을 이해하고 적용하는 기본 자료가 되지만, 문화 정치적 요인, 예를 들어 인종차별이나 경제적 상황 또한 중요하였다. 일본계 미국인의 문화는 이들이 사회적 조건에 부딪히고, 이를 이해하고, 이에 대응함에 따라 끊임없이 재창조되었다. 이와 같은 이유로 스즈끼(1984)는 문화에 대한 지나친 강조는 "민족성을 위해 민족성을 추구하는 결과를 초래하였다"고 경고해왔다. 이와 동시에 그는 이러한 접근은 다문화교육의 정의를 단순히 다양한 민족의 특성을 교육과정 내에 포함시키는 것으로 축소해 왔다고 논의한다. 이러한 신념하에 문화는 제한적인 의미로 사용되고, 음식, 축제, 박람회, 민화 그리고 이국적이거나 토속적인 삶의 방식만을 나타내는 것으로 제안되곤 하였다. 스즈끼는 또한 이러한 문화에 대한 강조와 축소된 의미로 인해 "인종차별, 성차별, 그리고 계층 간의 불평등과 같은 사회적인 현실들이 간과되거나 쉽게 망각되곤 한다"(p. 300)고 설명한다. 결국 그는 사회 구조와 "한 민족 집단이 그 구조 내에 어떠한 위치를 차지하는지 간과하거나 그 의미를 축소화하는 것은 각 민족의 하부문화가 과거에서 비롯되고 이는 고정적이며 불변한다"(p. 300)는 그릇되고 보수적인 견해를 초래한다고 지적하였다.

만약 문화가 사람들이 삶의 조건을 어떻게 운영해 나가는지를 포괄한다면 문화 자체보다 그 조건들에 대해 주의를 기울이는 것이 더욱 의미 있을 수 있다. 남성과 여성의 문화가 성에 의해 분리된 직업 환경에서 어떠한 형태를 보이는지 생각해보자. 비서직과 관련된 직종에서 일하는 이들은, 특히 여성은, 고용주에 의해 보상을 받는데, 이 보상이라는 것이 앞으로 승진할 수 있는 기회가 아예 없거나 희박하고 상대적으로 박봉에 시달린다. 결과적으로 그러한 직업을 지닌 여성들은 다른 동료들과의 관계를 통해 간접적으로나마 보상을 받으려 한다(다른 비서들과 친구처럼 재미있게 지내는 것이 문서작업만 하고 박봉을 받는 것보다 더 큰 만족을 가져온다). 그리고 업무 시간 외에 작업을 하는 것이 전문성 개발에 도움이 되지 않을 뿐만 아니라 초과 수당을 받지도 못한다는 사실을 아는 이상, 일과 시간에 맞추어 업무량을 한정시키는 방법도 배우게 된다. 그러한 여성들은 대인관계를 좋게 하고 협력해서 일하는 것을 배우는데, 이는 업무시간에 맞추어 업무량을 마치려는 데에 기인한다. 반대로 직장의 상사들, 대개 남성들은, 대부분 승진할 수 있는 기회의 접근성을 가지고 있는데, 이는 높은 보수와 권력을 수반한다. 업무를 완수하고 일상적인 업무 외에 업무와 관련한 다른 일에 시간을 투자하는 것이 다른 동료들과의 관계를 돈독히 하는 것보다 더 중요하다. 결국 이 남성들은 어느 정도 비인간적이고, 심각하고, 경쟁적인 문화를 개발한다. 문화란 불평등한 집단의 구성원들이 사회나 조직의 조건에 적응하고 한정된 자원에 접근하는 방식으로 생성되기 때문에 결국 행동의 변화를 가져오는 것은 조건이고 접근성이다.

그렇지만 문화를 만약 일상의 지속적인 창조로 이해한다면, 문화는 공동체가 살아가는 조건에 대한 반영일 뿐만 아니라 권력의 장이 된다. 대중문화는 영화, 음악, 잡지, 비디오게임, 패션, 벽의 낙서와 같이 젊은이들이 소비하고 생산하는 것을 포함한다. 문화는 권력의 장으로서 젊은이들이 의미를 만들고 통제를 훈련할 수 있는 맥락의 역할을 한다. 지루(Giroux, 2000)가 지적하듯이 아동들에게 대중문화는 "그들이 상호간에 이야기 나눌 수 있고 대안적인 대중 공간을 생성하며, 그들 자신의 흥미를 표현할 수 있는 몇몇 안 되는 공간 중 하나이다" (p. 13). 젊은이들은 음악이나 벽에 칠하는 낙서예술과 같은 대중문화의 양식을 통해 그들의 삶을 통제하는 다양한 형태들을 향해 자신의 목소리를 내고, 일반 사람들이 이야기하고 무엇인가를 창조할 수 있는 힘을 지닌 공공의 장소를 상상한다. 일부 교사들은 학생들에게 문해능력을 가르칠 때 뮤직비디오나 노랫말 가사와 같은 대중문화를 이용한다. 대중문화를 정치적으로 볼 때, 이는 젊은이들이 행동할 수 있는 힘을 키우기 위해 대중문화를 활용하여 궁극적으로 이들의 능력을 개발하는 것이다.

또한 문화에 대해 비판적인 관점을 지니는 것은 주류 문화에 의문을 갖는 것을 의미한다. 예를 들어 다문화교육 분야에서 일하는 많은 교사는 '다른' 문화를 학습하지만(예, 유색인종 공동체 내의 문화, 외국의 문화), 백인 문화 중심의 주류 문화를 비판적으로 관찰하지 않는다. 혹자는 유럽계 사람들의 역사를 계승해 온 백인들의 미국 문화가 지구상의 다른 사람들보다 우월하다고 주장하는 것은 무슨 이유인지 질문할 수 있을 것이다. 또 다른 예로 장애에 대해 연구하는 학자들은 '정상' 이라는 개념이 당연시하는 전제가 무엇인지 질문을 던진다. 티츠코스키(Titchkosky, 2000)가 지적하듯이 "정상은 결핍을 부각시키는 보이지 않는 관점이다" (p. 207). 하지만 만약 '정상' 을 '비정상' 이라고 여겨온 시점으로 재조명한다면, 소위 정상적인 사회라는 뜻이 다른 사람들의 희생을 전제로 일부 사람들의 이익을 위해 사회적으로 만들어진 개념이라는 점을 보기 시작할 것이다. 이러한 관점에서 장애는 주류 문화를 제대로 보고 이를 해석하기 위한 출발점이 된다. 이와 동시에, '유색'은 백인 문화를 비판적으로 분석할 수 있는 거점의 역할을 하고 여성은 가부장 문화를 비판적으로 분석하는 기점이 된다.

결국 핵심적으로 말해 문화를 연구할 때는 이를 감상하거나 감탄하는 방식뿐만 아니라, 그러한 문화를 형성시킨 사회문화적 여건을 이해하는 방식으로 접근해야 한다. 우리는 특정 집단의 구성원들이 그들의 사회정치적 환경을 변화시키기 위해 고전분투하고 결과적으로 문화적 변화를 가져온다는 점을 인지해야 한다.

정체성과 민주주의

다문화사회정의교육자들은 학습을 적극적이고, 사회적이며, 정체성 발달과 연계된 복잡한 것으로 이해한다. '다문화교육' 지지자와 마찬가지로, 이들은 학습을 정신(mind)과 경험 사이의 상호작용을 통해 지식을 구성하는 과정으로 본다. 지식은 언제나 구체적인 기반이 있는데, 젊은이들은 구체적인 경험을 필요로 한다. 이러한 경험은 정신적 상호작용이라든지 아니면 다른 사람이나 사물들과 실제적으로 맺는 관련을 통해 지식을 발달해 가는 데 중요한 역할을 한다. 주의를 기울이지 않는 지식은 쉽게 잊어버리기 마련이다. 듀이(Dewey, 1938)가 언급하듯이, "교육자는 교육을 할 때 이미 구조화되어 있는 지식에서 시작하거나 일정량씩 지식을 풀어내는 방식으로 교육을 진행할 수 없다"(p. 82). 그리고 비고츠키(Vygotsky, 1986)의 사회인지이론에서 언급하듯이 학습을 촉진하는 데 있어 문화와 언어의 중요성은 간과할 수 없다. 그는 언어란 사고를 발달시키는 데 주요한 역할을 하는 사회적 문화적 현상이라고 믿으며, 그 인지 발달은 한 개인의 문화적 사회적 환경의 큰 영향을 받는다고 말한다. 아동이 기억하거나 사용하는 지식은 그들의 관심과 관련이 있으며, 아동은 자신이 이해하는 언어에서 비롯되는 사회문화적 환경을 구조화해 나가고 또한 이러한 지식은 그들을 사회에 적극적으로 개입시킨다.

지적인 힘이란 자신이 지식을 생산하고 활용하는 존재라는 점을 배우고, 이러한 관점을 자신의 민족, 인종, 성, 성적 지향적인 정체성과 관련짓는 것을 의미한다. 일반적으로 말해 백인이고 이성애자인 남학생은, 특히 중산층이나 부유한 가정에서 자란 사람은 자신을 지식의 생산자라고 생각하는 데에 아무런 어려움이 없다. 그들 자신을 그러한 방식으로 생각하지 않더라도 말이다.(아동에게 과학자를 그려보라고 시켜봄으로써 이 주장의 논리를 시험해 볼 수 있다. 어떤 아동든지 상관없이 대부분이 백인 남자가 실험복을 입고 있는 그림을 그린다.)

머렐(Murrell, 2002, pp. 52-54)은 학생과 이들의 정체성 발달을 그 핵심으로 놓는 구조를 개발하였다. 여기에는 학습의 다섯 가지 요소가 있다.

- 자기 정립(self-definition): 젊은이들이 자신을 탐색하고 다른 역할을 시도한다.
- 자기 동원(self-mobilization): 젊은이들이 노력, 헌신, 그리고 학습에 몰입하는 것을 지속시키는 일환으로 자신의 흥미를 활용하는 법을 배운다.
- 상징의 반복적인 사용(recursive appropriation of signs): 젊은이들이 상징체계와 다양한 학습 문화의 틀을 해석과 의미 형성의 도구로 사용하는 법을 배운다.
- 상징에 대한 창의적인 재사용(inventive reappropriation of sings): 젊은이들이 상징과 자기 자신의 의미를 표현하기 위해 창안한 다른 형태의 표현을 사용한다.
- 소속(belonging): 젊은이들이 자신 자신을 지적인 학습자 공동체에 결합시키는 정체성을 발달시킨다.

여기서 정체성의 탐색, 지식 창조자로서의 자기 자신에 대한 학습, 그리고 공동체적 맥락이나 다른 이들과의 관계 속에서 형성되는 정체성의 개발에 주목하라. 다문화사회정의교육을 지지하는 사람들은 자기 자신(self)을 자신의 목표를 위해 지식을 창출하고 이용하는 권위와 연결시킨다. 또 이들에게 공동체를 위한 최선의 방법은 주도권(empowering)을 갖는 것이다. 대도시 빈민가에 있는 고등학교에 다니는 유색인종 학생들을 생각해보자. 그들은 연구를 통해 자기 동네가 시의 기본 서비스로부터 거부당한다는 것을 구체적으로 규명하는 법을 배웠다. 그들은 연구 질문을 만들고 자료를 모으는 동시에 제도화된 인종차별과 제도화된 빈곤을 세밀하게 분석하는 방법을 배웠다. 기존과는 달리 학교가 이제 그들에게 의미 있는 공간이 되었다. 학교의 지식이 자신의 삶의 현실과 연관되고 이러한 현실을 세밀하게 조사할 수 있는 연구 도구를 배우면서 이들은 점차 사회 운동가로서의 정체성을 형성하기 시작하였다. 이러한 학생들의 일부가 지금 우리가 가르치는 대학교의 3학년과 4학년이다. 그 도시 빈민 출신 학생들은 여기서 기술해 온 것처럼 교육을 자신과 자신의 공동체를 위한 중요한 도구라는 사실을 배울 수 있게 해 준 교사들의 노고를 높이 산다.

실제를 위한 제안

다문화사회정의교육은 다문화교육적 접근방법과 많은 부분에서 유사하기도 하고 다른 세 가지 접근방법의 개념들을 차용하기도 한다. 그렇지만 다른 접근방법과는 확연한 차이가 있다. 첫째, 이 접근방법의 독특한 4가지 실제들을 기술하고 논의한 후, 앞에서 논의했던 접근방법들에서 유추할 수 있는 실제들에 대해서도 간략히 기술할 것이다. 앞의 표 6.1에는 이 접근방법뿐만 아니라, 다른 접근방법을 활용할 수 있는 구체적인 실제들이 제시되어 있다. 『학습으로의 전환』(Grant & Sleeter, 2009)에서는 이러한 제안점들을 어떻게 구체적으로 교실에서 실행할지 설명하고 있다.

민주주의의 실천

미국 시민들은 헌법, 권리장전, 독립 선언문과 같은 문서에 기재된 이상적인 민주주의를 믿는다. 그러나 다문화사회정의교육의 지지자들은 대부분의 학교에서 민주주의를 적극적으로 권장하지 않는다고 지적한다. 학교에서 민주주의를 실천하는 것은 헌법을 읽거나 사회과 수업에서 정부의 세 가지 주요 부처를 배우는 것을 넘지 못한다.

다문화사회정의교육의 지지자들은 이 밖에 민주주의를 실천한다는 의미가 한 개인이 자신의 이익을 구체화하는 것을 배우고, 사회문제에 대해 다른 학생들과 논쟁하며, 다른 이들과 함께 조직을 구성하여 협력하는 것을 배우고, 권력을 획득하고, 권력을 연습하는 것 등을 배우는 것을 포함한다고 제시한다. 학교는 민주주의를 연습하고 훈련하는 기관 중 하나이다. 듀이(Dewey, 1938)는 민주주의에서는 비판적인 사고를 하고 집단을 통한 사회 행동을 할 수 있는 시민이 필요하다고 믿었다. 이러한 기술은 다른 이들에게 어떻게 생각할지 이야기하거나 민주주의의 원리를 설명함으로써 개발되는 것이 아니라, 학교에서 비판적인 사고와 사회적인 의사 결정을 훈련함으로써 개발된다. 듀이는 학교가 미래의 시민들이 함께 살아가는 사회적 기관이기 때문에, 학교를 다박다식하고 적극적인 시민을 양성할 수 있는 이상적인 실험실이라고 보았다. 그는 "대부분의 아동은 본성적으로 '사회적' 이다. 아동들에게 고립은 성인들이 느끼는 것보다 더 지루하다. 진정한 공동체적 삶이란 이러한 자연적인 사회성에 기반을 둔다. 그렇지만 공동체적인 삶이란 그 자체가 순순히 자발적인 유지 방식으로 구조화되지 않는다. 오히려 공동체적인 삶에는 사고와 사전 계획이 필요하다" (1938, p. 56). 단순히 헌법이 존재한다는 사실이나 모든 국민은 평등하다는 법을 아는 것만으로는 부족하다. 시민은 이러한 아이디어를 현실화하는 방법을 배워야 한다. 뱅크스(Banks, 2004)가 강조하듯이, "우리가 계층화된 사회와 국가의 정치, 사회, 경제적 구조를 바꾸고자 한다면 미래의 시민이고 리더인 학생들은 학교에서 민주주의의 가치를 습득해야 한다" (p. 10).

파커(Parker, 2003)는 민주주의를 가르친다는 것은 젊은이들에게 계몽된 정치적 개입을 준비시키는 것이라고 설명하였다. 즉, 투표, 공무원과의 접촉, 심의, 불매운동 등은 계몽에 기초한 "시민권의 활동과 참여적 영역" (p. 33)이거나 "이러한 개입을 형성하는 지식, 기준, 가치, 원리" (p. 34)가 된다. 이러한 기준, 가치, 지식에는 문해능력, 쟁점과 정치적 과정에 대한 지식, 다양한 공동체와 각양의 관점에 대한 관용, 자유에 대한 헌신이 포함된다. 프레리(1985)에게 있어 이러한 실행은 모든 남성과 여성이 "자신들의 행동을 위해 수동적이지 않고, 적극적으로 조직하는 것을 의미한다" (p. 82).

쇼어(Shor, 1980)는 학생들이 교실에서 객체가 아니라 주체가 될 수 있도록 도와줄 수 있는지 논의한다. 이러한 관점에 의하면 학생들은 다른 사람들의 지시에 따라 행동하는 것이 아니라 자기주도적인 학습을 하는 것을 배워야 한다. 그렇다고 이는 교사가 자신의 역할을 저버리고 학생들이 하고 싶어하는 것을 하도록 방치하는 것을 의미하지는 않는다. 이와 같은 반응은 혼란을 초래하거나 '하찮은 것을 추구하는(trivial pursuit)' 결과를 가져올 수 있다. 이와 반대로 교사는 학생들이 성장하고 의사결정을 할 수 있는 감각을 기르고 이를 발달시킬 수 있도록 인도하고 지시해야 한다. 맥피(McPhie, 1988)는 학생들이 이슈에 대해 논쟁하고 그들의 삶에 영향을 미치는 사항에 대해 이와 같은 결정이 위계적인 권위의 법칙을 따르는 한 직접적으로 그리고 표현을 통해 결정을 내릴 수 있는 있는 기회를 누려야 하고 주장한다. 그는 교육자들이 학생회장 선거가 축제와 같은 분위기 속에서 인기투표를 하는 것처럼 되는 것을 방치해왔고, 결과적으로 변화를 촉진시키기 위해 학생들이 효과적으로 정치적 로비 활동을 펼 것인지에 대해서는 강조된 바가 없다고 지적한다(p. 152).

많은 이들은 학생들에게 권한을 부여하는 것은 훈육의 관점에서 볼 때 가장 윤리적이라는 점은 말할 것도 없고 가장 효과적인 방법이라고 주장한다. 다른 이들에게 수동적으로 순종하는 것을 배움으로써, 젊은이들은 정해진 규칙을 지키는 법을 배울지 모르지만, 상대적으로 책임감에 대해 학습할 기회를 갖지 못하게 된다. 이는 권위에 순종하는 태도에서는 적극적으로 현재 상황을 조사하고, 다른 행동양상에 대해 생각해 보며, 다양한 행동에 대한 미래의 결과를 예측하는 것을 배우지 못하기 때문이다.

노동자 계층이나 인종적으로 다양한 배경을 지닌 학생들이 사회 조직이나 단체에 영향력을 발휘할 수 있도록 학생들이 의사결정을 하고 권한을 훈련할 수 있는 기회를 제공하는 교육과정을 개발해 온 중학교 사회과 교사의 예를 고려해보자. 그는 학생들에게 다양한 형태의 정부 조직에 대해 가르친 후, 학생들에게 스스로 어떠한 정부의 형태를 선택하게 하였다(대개의 경우 대표 민주주의제를 선택한다). 교사의 지시에 따라 학생들은 일정 시간 동안 그 정부의 형태를 훈련하게 된다. 그는 또는 학급의 학생들이 학교 규모의 선거를 치를 수 있도록 조력한다. 예를 들어 학생들은 선거위원회를 구성하고, 선전 포스터를 만들며, 선거 전략 캠페인을 벌이는 등 다양하게 활동한다. 그는 학생들이 소규모로 연구할 수 있도록 주제를 선정하는 기회를 마련한다. 다시 말해, 그는 학생들의 사고력 증진을 위해 조력하는데, 학생들이 자신의 결정이 바람직한 결과로 연결되지 않으면 그 원인이 무엇인지 그리고 다음 기회에는 어떠한 선택을 해야 하는지 스스로 생각하게끔 한다.

민주주의를 훈련하는 것은 또한 교사가 자신의 공동체와 어떻게 상호작용하는지에 대한 시사점을 제공한다. 민주주의를 지향하는 교사와 학교가 학부모의 참여를 통해 학교의 교육 목표와 그 실행을 결정하게 되면, 학부모와 공동체는 학생 교육의 조력자 내지는 주요한 자원으로 간주된다. 지역 공동체는 학교와 긴밀히 연계되어 적극적으로 활동하고, 각종 프로그램이나 경험의 폭을 확장시킨다. 예를 들어 지역 공동체의 도서관 사서와 교사들은 합심하여 학생들이 지역의 지도자를 방문할 수 있도록 준비할 수 있다. 학부모들은 자녀 교육의 주요한 구성원이자 자원으로 활약하게 된다. 학부모들은 단지 자녀들에게 학교에 가라고 지시하는 수준이 아니라 교사의 이야기를 듣고 행동하는 데 기여할 수 있는 주요한 자원이 된다. 학생들이 학교에서 민주주의를 발달시키고 이에 참여하는 주요한 기회를 제공하며, 교사, 학부모, 지역 공동체가 협력적으로 활동하는 것은 교육을 민주화하기 위해 학교의 역할을 기술하는 최근의 설득력 있는 출판물에 잘 나타나 있다(Apple & Beane, 1995).

자신의 삶에 대한 분석

앞서 저항의 개념에 대해 분석한 바 있는데, 여기서는 그 시사점에 대해 살펴보고자 한다. 애니언(Anyon, 1981)은 사람들에게는 이론적인 의식과 공존하는 실제적인 의식이 있다고 설명한 바 있다. 실제적인 의식이란 한 개인이 자신의 삶을 이해하고, 시스템의 운영을 알며, "우리가 처해 있는 계급, 인종, 성, 그리고 다른 갈등들을 해결하려는 노력"(p. 126)을 일컫는다. 이론적 의식이란 지배적인 사회의 이데올로기를 말하는데, 이는 정정당당한 세상의 사회 구조가 어떠한 형태인가에 대한 가르침이라고 할 수 있다. 이 두 종류의 의식이 언제나 조화를 이루는 것은 아니다. 우리 대부분은 이 둘 사이의 혼합된 형태를 믿게 된다. 예를 들어, 학생들은 미국이 기회를 위한 황금의 땅이고, 열심히 일하면 그만큼의 성과를 누릴 수 있다고 배운다. 그렇지만 저임금을 받는 부모님을 둔 빈곤층의 아동은 이러한 수업 내용이 자신의 가족에게 언제나 적용되는 것이 아니라는 점을 알고 있다. 그리고 유색인종 학생들은 인종차별이 종종 자신들의 기회를 꺽는다는 점도 알고 있다. 그럼에도 불구하고, 학교에서는 지배적인 이데올로기를 공표하고 이에 반하지만 삶을 개설시킬 수 있는 안목에 대해서는 주의를 기울이지 않는다.

다문화사회정의교육의 지지자들은 학교의 역할이란 학생들이 교육을 통해 정의롭지 못한 사회에 대한 실제적인 의식을 개발하고, 이에 대해 건설적으로 대응하는 법을 발달시키기 위해 자신의 삶을 분석할 수 있도록 도와주는 것이라고 제안한다. 프레이리(Freire, 1985)는 오랫동안 이 방법을 통해 남미 소작농들의 문해능력을 개발하는 것을 돕고, 사회적 불평등과 토지의 분배를 중심으로 이들이 처한 삶의 제한점을 살펴보게끔 조력하였다. 대부분의 읽기 교재는 소작농들의 삶과 관련이 없으며 오직 지배 집단의 삶의 실제를 반영하고 있다. 프레이리는 이러한 교재를 아예 사용하지 않거나, 이러한 이데올로기를 비판하기 위해 이러한 교재를 사용하였다. 그는 교육(학)에 권한을 부여하는 것을 대화의 과정으로 보았다. 이는 교사가 학생과 협력하여 일하면서 학생들이 문제를 제시하고, 자신의 삶과 역사적 고찰을 통해 세상을 비판적으로 볼 수 있도록 도와주는 것이다.

기존의 연구들에서는 학교에 다니는 일반 학생들에 대한 지침(Bigelow, 1990; Goldstein, 1995; Peterson, 2000/2001)보다 성인들을 어떻게 교육시킬지에 대한 지침(예, Ada, 1988; Curtis & Rasool, 1997; Mayo, 1999; Simon, 1992; Solorzano, 1989)들을 더 많이 제시하는데, 이는 특히 자신의 삶을 둘러싸고 있는 권력 관계 분석과정을 통해 진행된다. 프레이리의 이론을 따라 교사는 학생들의 삶의 경험을 바탕으로 학생들이 자신의 삶을 분석하도록 인도하고, 학생들을 지식 창출의 적극적인 에이전트로 간주하며, 교실은 민주주의를 실현하는 공공의 장소로 활용한다. 수업 자료는 학생들이 단순히 축적해 나가는 내용이 아니라 학생들의 사회에 대한 분석력을 키워 나가는 툴로 사용된다. 예를 들어, 쇼어(Shore, 1980)는 학생들에게 햄버거의 영양성분을 분석하게 시키고 우리가 몸에 건강한 음식보다 인스턴트 식품을 먹을 때 결국 경제적으로 누구에게 이득이 되는지 분석하게 시킨다. 코브린(Kobrin, 1992)은 4개 공립학교의 교사들과 함께 프로젝트를 실행하였는데, 이 프로젝트에서 학생들은 역사학자가 되어 자신이 처한 문제들을 분석하는 방법으로 역사를 사용하는 것에 대해 배웠다.

초등학교 교사인 살라스(Salas, 2003)는 학생들의 건강, 특히 천식과 점차적으로 그 수가 증가하는 납중독에 관심을 가지게 되었다. 결국 그녀는 이 두 가지 건강문제를 보건과 과학 과목의 내용에 통합하였다. 그녀는 학생들로 하여금 일단 천식의 현상, 원인, 반응과 관련되는 자료들을 찾게 하였다. 학생들은 이를 바탕으로 질문을 만들고 천식을 막기 위해 필요한 방법들의 목록을 구상하였다. 또한 천식의 공격에 대처하는 건설적인 반응에 대해서도 연구하였다. 그 다음으로 살라스는 학생들과 함께 천식과 납중독에 대해 조사하고 결과적으로 부유층의 지역 공동체보다 더 개선된 결과를 낳았다. 이와 같은 쟁점의 배경을 조사하고 난 후, 학생들은 건강을 탐색하는 과학 프로젝트를 구상하였다. 이 프로젝트에서 학생들은 가설을 설정하고, 자료를 수집하며, 이를 바탕으로 결론을 내렸다. 살라스의 수업은 기존의 교육과정 교과목 영역을 통해 교사가 어떻게 학생들의 개인 삶에 영향을 미치는 조건을 탐색하고, 이러한 개인의 경험을 좀 더 넓은 권력의 관계로 연계시킬 수 있는지 보여준다.

이와 유사하게 교사는 라틴계 학생들이 불법 체류자와 현재 시민권을 가지고 있는 이들을 연구함으로써, 최근의 이민법이 자신과 자신의 공동체에 어떠한 영향을 주는지 조사하도록 도와줄 수 있다. 학생들은 자신의 이웃을 대상으로 고용의 형태에 대한 설문조사를 실시할 수 있고, 가능하다면 이를 푸에르토리코, 멕시코, 쿠바 등과 같은 지역에 있는 친척들과 연계시킬 수 있다. 테이트(Tate, 1995)는 수학 교사들이 문화적으로 적합한 교수법을 수용할 것을 권장한다. 그는 수학을 통해 지역 공동체의 문제를 분석하고(예, 학교 주변의 주류판매소의 수를 증가하게 만든 세금 우대 정책), 자료를 양적으로 분석하여(예, 시 위원회에 지도나 그래프를 제시함) 공식으로 배포하면서 사회 변화를 도모하는 사례를 보여주었다.

역사적으로 특권을 누려왔던 집단의 구성원들도 그들이 어떻게 남들이 누리지 못하는 그러한 특권을 가질 수 있는지 그들 자신의 삶을 통해 배울 수 있다. 예를 들어 중산층 출신의 백인 학생들은 다양한 인종, 민족, 사회 계층의 집단이 사는지에 대해 결정하기 위해 자신의 지역 공동체의 주거 형태를 분석할 수 있다. 주거 지역의 기본 형태를 살펴보기 위해서 학생들은 부동산 관련 업자들을 만나 인터뷰할 수 있다. 그리고 주거지역 관련 법규가 어떻게 그리고 누구에 의해 형성되었는지 조사할 수 있다. 주거 지역 형태의 효과를 살펴보기 위해 이들은 두 개의 다른 지역에 대해 학교, 공공운송수단, 혹은 은행 대출의 접근성을 비교할 수 있다. 사실, 학생들은 '백인'이라는 점이 어떻게 자신들에게 특권을 부여해 주었는지 꼭 돌이켜 보아야 한다. 이와 같은 방식을 통해 학생들은 억압을 형성하는 데 있어서 자신이 어떻게 연루되어 있는지, 자신의 박애성에 파괴적인 역할을 하는지, 그리고 사회 부정의에 대항하여 싸워야 하는 필요성을 인지할 수 있을 것이다(Frankenberg, 1993; Sleeter, 1993; Tatum, 1994).

학생들은 자신의 삶뿐만 아니라 삶의 정황에 대해서도 생각해 보아야 한다. 예를 들어, 빈곤층 학생들, 동성애자 학생들, 유색인종 학생들이 학교를 자퇴하는 경우가 많고 사회와 학교가 이들에 대해 심한 편견을 가지고 있다는 점을 인지해야 한다.

비록 사회에 대한 그들의 해석이 상당히 정확할지라도, 그들의 대응 방식은 건설적이지 않다. 헤일(Hale, 1982)에 의하면, 그들은 학교를 고난과 생존을 위한 교육을 획득하는 장소로 보지 않는다. 자퇴, 출산, 마약복용, 불량조직 가입, 그리고 다른 형태의 행동은 저항의 적극적인 양태이지만, 이러한 방식으로는 그들이 처한 환경을 바꿀 수 있는 권한을 향상시키지 못한다. 1960년대 학생 운동의 면모를 비판하면서 아로노위츠와 지루(Aronowitz & Giroux, 1985)는 "학생들이 학교 경험 속에서 권력을 표출하기 위해 가장 중요한 점은, 학생들이 주요한 언어를 획득하는 것은 물론 개념적이고 비판적으로 사고하는 능력을 양성할 수 있는 교육이다"(p. 158)라고 주장하였다. 위의 저자들이 강조하는 바는 젊은이들이 자신들의 권한을 증진시킬 수 있는 이러한 대응들을 인지하는 것이 필요하다는 점이다. 젊은이들은 학교를 활용하여 사회 변화와 자신의 삶을 개선하는 데 필요한 기술을 연마하는 것이 필요하다. 벨 훅스(bell hooks, 1994)는 학교를 해방의 수단으로 구상하였고, 교사와 학생에게 권한을 부여하는 교육학을 지지하였다. 이 교육학은 교사와 학생들이 교실 내부적으로, 외부적으로 지배하는 세력에 대해 적극적으로 대항하는 것이다.

사회행동 기술 연마

사회행동 기술을 연마하는 것은 민주적 정치 기술을 수반하는데 이러한 기술은 학생들의 일상 세계에 존재하는 인종, 계층, 성의 평등과 같은 쟁점들을 포괄한다. 베네트(Bennett, 2002)는 사회행동 기술을 "정치, 사회, 경제적 개혁을 불러일으키는 데 필요한 지식, 태도, 기술"(p. 210)이라고 정의 내렸다. 그녀는 일부 집단이 "정치적 권력을 획득하고, 유지하며, 효과적으로 활용하지 못한다는 점"을 간과하는 것은 "다문화교육의 목표를 무시하는 일이며 제반 다문화교육은 그 핵심을 잃어버리는 것"(p. 210)이라고 주장하였다.

다문화사회정의교육의 지지자들은 학생들이 세상을 재건하기를 기대하지 않는다. 대신 다문화사회정의교육의 지지자들은 학교를 사회의 다른 조직, 즉 사회 불평등의 악화를 초래하는 기관이든지 아니면 기관의 변화를 위해 저항의 움직임을 보이는 기관이든지 간에, 학교를 이들과 연계하여 본다. 스즈끼(Suzuki, 1984)는 "학교는 가치의 보급을 피할 수 없다. …… 교육자들이 취할 수 있는 유일하고 정직한 방법은 이상적인 인간 사회를 위한 그들의 신념과 가치를 보급하는 일이다"라고 주장하였다. 교육자들은 "학교가 독립적으로 만연된 문화를 조작할 수 없지만, 여전히 학교가 사회 변혁의 과정에서 주요한 역할을 담당한다"(pp. 303-304)는 점을 주지해야 한다.

이러한 접근방법 지지자들은 학교를 사회적으로 적극적인 시민을 양성하는 실험실이나 훈련의 장으로 간주한다. 베네트(2002)는 앞에서 진술한 바와 같이 이러한 준비는 민주적으로 운영되는 유치원 교실에서부터 시작해야한다고 주장한다. 결과적으로 학생들은 자신을 한 사회의 조직 내에서 힘 있는 에이전트로 보기 시작한다. 초등학교 저학년 교사들은 학생들이 이러한 사회 활동에 참여할 수 있는지 종종 의문을 던진다. 그에 대한 대답은 학생들이 사회 활동에 실제적으로 참여할 수 있다는 점이다. 예를 들어 학생들은 자신의 이익이나 필요성에 의해서 가정이나 학교의 규칙을 바꿀 것을 요청한다. 비근한 예로 흰 우유를 매일 마시는 것에 질린 초등학교 1학년생들은 일주일에 한두 번 정도 왜 초콜릿 맛 우유를 마실 수 없는지 의문을 던졌다. 이러한 학생들은 학급의 다른 아동들과 협력하여 교사에게 이 의견을 내고 상의하였다. 교사는 학교에서 초콜릿 우유를 주문하지 않는다고 답변하였다. 그러자 학생들은 "왜 학교에서는 가끔 초콜릿 우유를 주문하지 않는 거에요?"라고 물었다. 그들은 학교에서 마시는 우유 회사에서는 흰 우유와 초콜릿 우유를 모두 판다고 주장하였다. 몇몇 학생들은 부모님께서 초콜릿 우유를 사준다고 이야기하였다. 결국 교사는 이 문제를 결정하기 위해 학교 식당 지배인에게 이 사실을 알렸다. 학생들은 지배인에게 편지를 쓰면서 자신들이 이 문제에 대해 어떻게 느끼는지 전달하였다. 학생들의 편지는 빠른 시일 내에 전달되었고 학생들은 일주일에 두 번씩 초콜릿우유를 마시게 되었다.

고학년 학생들은 좀 더 복잡한 사회 참여 프로젝트에 참여할 수 있다. 뱅크스(Banks, 1994)는 다음과 같은 다양한 프로젝트를 제시한 바 있다.

> 대부분의 소수 인종들이 지역 호텔, 식당, 기업 등지에서 어떤 종류의 직업을 결정하는지 설문조사하고, 가능하다면 지역의 비즈니스에서 더 많은 소수 인종 사람들을 높은 직위에 채용하도록 촉구할 수 있다.
>
> 높은 지위에 소수 인종 사람을 채용하기를 꺼리는 비즈니스에 대해 불매운동을 벌일 수도 있고 …… 해당 지역에 주거 공간, 공공장소에 대한 차별 등과 같이 어떠한 법률이 존재하고(그리고 이러한 법률이 어떻게 강화되고) 만약 가능하다면 법률이 어떻게 조정되어야 하고 이들이 어떻게 적용되어야 하는지에 대한 권고사항을 개발할 수 있다. 이와 같은 제안을 해당 공무원에게 제시하고 이를 실행하도록 권고해야 한다.(pp. 123-124)

이와 같은 프로젝트의 목표는 학생들의 저항을 정치화하는 것인데, 즉 학생들로 하여금 저항적인 행동을 건설적인 정치적 행동으로 승화시키도록 도와주는 것이다.

예를 들어, 리드와 데이비스(Reed & Davis, 1999)는 교사가 도심지역 고등학생들로 하여금 그들의 삶에서 이루고 싶은 변화에 대해 고려하도록 도와주는 프로젝트를 개발하였다. 학생들은 자신들의 환경을 좀 더 밝고 호감이 가도록 만드는 것부터 결정하였다. 그들은 학교 정화운동 캠페인을 구성하고 정립해 나갔는데 이는 그들이 실제적으로 할 수 있는 부분이었다. 몇 년간에 걸쳐 학생들은 실질적인 차원의 학교 개선을 위해 또래들과 지역의 주민들을 조직화하는 책임을 맡았다. 이 과정을 통해 학생들은 효율감을 개발해 나갔다. 리드와 데이비스는 학년 말이 된 시점에서 학생들의 결석률이 낮아지고 성적이 향상되었다는 것을 발견하였다. 그리고 학생들은 자신의 삶을 변화시키기 위해 주도적인 역할을 하고 있다고 느끼게 되었다.

「평등을 위한 열린 마음(Open mind to Equality: Schniedwind & Davison)」과 같은 수많은 교육과정 자료에서는 교사가 학생들에게 어떻게 사회 참여 기술의 개발을 가르칠 것인지 소개하고 있다. 「평등을 위한 열린 마음」에서는 협력적인 집단 형성을 위한 활동을 단계별로 설명하고 있으며, 지역의 쟁점과 이에 대한 실행노선을 분석하기 위한 협력적인 기술을 제시하고 있다. 「국제화에 대한 재조명(Rethinking Globalization」(Bigelow & Peterson, 2002)에서는 학생들의 이해력을 돕기 위한 풍부한 내용을 제시한다. 예를 들어, 어떻게 현 시대에서 패권이 국제 경제가 재구조화되는 과정에서 작용하는지, 그리고 일반인들이 어떻게 영향을 받는지, 그리고 일반 사람들이 무엇을 할 수 있는지 여러 자료를 제공하고 있다. '사람 대 노동착취공장(People vs. Sweatshops)' 이라고 불리는 역할극에서는 학생들이 사회체제와 개인적인 사람을 구별하는 것을 배울 수 있게 한다. 여기에는 다섯 가지 특성이 있다. 첫째, 다국적 기업, 둘째, 빈민국의 엘리트, 셋째, 빈민국의 노동자, 넷째, 미국의 소비자, 다섯째, 이득의 체제가 그것이다. '이득의 체제' 는 다음과 같은 설명이 가능하다. "이는 더욱 복잡해진다. 당신은 하나의 개인도 아니고 집단에 속한 사람도 아니며 단지 체제, 즉 시스템일 뿐이다. 우리는 사람들이 저지르는 범죄를 비난하는 것을 즐긴다. 하지만 이와 같은 경우에 진정한 범죄는 인간이 아니다. 당신이 남의 눈에 보이지 않는다는 것이 당신 강점의 일부분이다" (p. 185).

그 방향성은 사람들이 이익 추구를 시스템에 엄청난 힘을 부여하는 것이 아니라 인간의 본성으로 간주한다는 것을 나타낸다. 역할극은 이와 같은 시스템을 가시화함으로써 학생들이 이 주제에 대해 질문하고 이를 변화시키기 위해 여러 가지를 시도하게끔 한다. 「국제화에 대한 재조명」은 학생들이 취할 수 있는 다양한 형태의 행동을 제시한다. 예를 들어 캐나다의 노동운동가인 크레이그 키일버거(Craig Kielburger)는 13세부터 사회 운동에 참여하였다. 그는 1996년 미국 교사 연맹에서 발표하기 전에 교사들이 젊은 학생들을 믿고, 그들이 사회에서 좀 더 큰 역할을 하며, 자신의 힘을 과소평가하지 말 것을 요청하였다.

연합

다문화사회정의교육을 위한 접근방법과 단일집단 연구 접근방법 사이의 가장 주요한 차이는 전자가 인종, 계층, 성을 초월하는 연계를 지향한다는 점이다. 연합체를 형성하는 것을 배우는 데에는 여러 가지 이유들이 있다. 먼저, 인종, 사회 계층, 성은 서로 별개의 문제로 취급되어서는 안 된다. 이들은 모두 억압이라는 공통된 주제를 가질 뿐만 아니라, 개개인의 정체성은 성, 언어, 종교, 인종, 민족성, 사회 계층과 같은 측면들이 결합된 것이다. 이러한 쟁점들을 별개의 것으로 분리하는 것은 인위적일 수밖에 없다.

연합(coalescing)은 개개 집단보다 훨씬 더 강력하다. 예를 들어, 빈자는 경제적으로 힘을 형성하기에 부족하지만, 이들은 중산층의 유색인종들이나 백인 여성들과 연합함으로써 더 큰 세력을 형성할 수 있게 된다. 인권운동가들이 이미 지적한 바와 같이 사회적 소수인 집단들은 서로서로 분산되어 투쟁하게 되지만, 만약 이들이 힘을 합친다면 그들은 괄목할 만한 진보를 이룰 수도 있다.

더 나아가, 연합은 인종, 사회 계층, 성과 같이 여러 쟁점이 분산되고 추상적인 선상에서 투쟁이 진행되는 각종 '주의(ism)' 의 한계를 피하는 데 도움이 되고, 결국에는 이러한 맹목주의에 맞설 수 있는 기초를 제공한다. 예를 들어 훅스(hooks, 1994)는 "삶의 방법에 근거한 페미니즘"(p. 70)을 비판하였는데, 이는 그녀가 다양한 배경을 지닌 여성들이 당면하게 되는 실세계의 쟁점들을 받아들이지 않고 페미니즘이 상징적인 차원에서 논의되는 것을 보아왔기 때문이다. 그녀는 "자본주의 문화에서 페미니즘과 페미니즘 이론은 급격하게 오직 특권층만이 누릴 수 있는 공통점이 되고 있다"고 기술하였다. 페미니즘의 문제를 유색인종 여성과 빈곤층 여성에 대한 문제와 결부시킬 때, 백인 여성은 정의를 향해 확연한 진보를 가져올 수 있다. 만약 이러한 연계에 실패한다면 경제적으로 특권층인 백인 여성은 삶을 향상시킬 수 있겠지만 이와 동시에 다른 사람들을 억압하는 존재로 남게 된다.

연합체를 형성하는 것이 그리 쉽지만은 않다. 미국의 역사를 돌이켜볼 때, 집단들이 상호연합을 시도해 왔으나 내부 경쟁의 결과로 분산되고 말았다. 예를 들어, 로디거(Roediger, 1991)는 미국 독립전쟁 이후에 백인 노동계층의 근저에서 형성된 역동성에 대해 연구하였는데, 이들 백인 노동 계층은 흑인 노예 계층과는 다른 정체성을 형성하기 위해 노력해 왔고, 기존 경제 체제 내에서 이 두 집단 모두에게 적용 가능했던 경제적 착취에서 그들 자신들을 분리시키는 경향이 있었다. 사회정의를 위한 지지자들은 모든 형태의 억압을 인지하고 이에 대항하여 투쟁하며, 자신의 이익만을 추구하기보다 억압을 종식시키기 위해 공동의 목표를 가지는 것이 필요하다고 주지한다. 이와 같은 자각은 어떻게 절충안을 만들고 다양한 집단과 서로 협력하는지를 배우는 것에서 시작한다. 이는 또한 자신의 편견을 지속적으로 관찰하고 자신의 이익을 위한 자원이 무엇인지 인지하는 것을 포괄한다.

예를 들어, 아프리카계 미국인, 라틴계 미국인, 아시아인들은 자신들이 성이나 계층으로 분할되어 있어서, 유색인종 중산층의 남성이 여성의 문제나 자신의 인종에 속해있는 노동 계층의 문제에 대해 심각하게 생각하지 않는다는 점을 발견한다. 이중언어를 사용하는 라틴계 사람들은 언어와 정체성이 절대 분리될 수 없는 문제라고 제시하면서 이중언어주의가 이중문화 정체성의 형성에 절대적이라고 주장하는 반면, 많은 이중언어를 쓰지 않는 아프리카계 미국인들은 언어에 대한 이와 같은 논의가 단일 언어를 사용하는 아프리카계 미국인 자녀들의 교육을 위한 자원과 에너지를 앗아간다고 생각한다.

연합체 형성을 위한 한 가지 희망적인 접근은 학교를 지역사회 활동 프로젝트를 위한 발판으로 삼고 공동체 형성을 위해 여러 집단이 협력할 수 있게 하는 것이다. 학교가 단순히 학부모-교사 연합회(PTA)와 같은 역할에서 벗어나 공동체적 활동에 대해 심각하게 고려할 때, 학교는 집단 간의 연합을 위한 정점이 된다. 예를 들어, 카터와 채트필드(Carter & Chatfield, 1986)는 백인 중산층, 멕시코 이주민, 필리핀, 동남아시아인들이 함께 학습하는 학교를 묘사하였다. 이 학교에서는 학교 근처에 있는 어르신들을 도왔고, 이러한 활동은 지역 공동체의 발달을 위해 연합하고 그 안에서 정체성을 찾아가는 것으로 발전되었다.

앞선 접근방법들의 공통점

다문화사회정의교육은 사회 쟁점에 대해 강조한다는 점에서 단일집단 연구와 상호 연관성이 있다. 즉 이는 억압받는 집단의 이익을 대변하고 젊은이들은 사회정의를 위해 적극적으로 활동할 수 있도록 힘을 불어넣어 준다.

이는 인간관계 접근방법과 일부분 교차하는데 이는 학생 간의 협력을 증진시키고 학생들의 자아 개념의 개발에 중점을 둔다. 이는 또한 선입견을 제거하는 데 역점을 두는데, 선입견에 대한 수업을 실시하는 것만으로는 이를 제거하는 것이 효과적이지 않다는 점, 선입견을 갖게 만드는 사회적인 자원을 변화시키지 않고서는 이러한 노력이 효율적이지 않다는 점을 주지한다. 특수학생과 문화적으로 다른 학생들에 대한 교수에서 설명한 바와 같이 이 접근방법은 교수가 학생들의 위치에서 출발해야 하고, 그들의 경험적인 배경과 연관되어야 하며, 그들이 가정에서부터 가져오는 언어와 학습 유형을 기초로 수업이 진행되어야 하고, 학생들이 기본 기술을 연마할 수 있는 방향으로 교수-학습이 개발되어야 한다는 점을 강조한다. 그렇지만 장기적인 목적의 관점에서 볼 때 다문화사회정의교육과, 특수학생과 문화적으로 다른 학생들에 대한 교수법은 서로 상이하다.

다문화사회정의교육은 학교와 교실이 다양성을 반영하고 이를 경축하는 장소가 되어야 한다는 점에서 다문화교육적 접근방법을 포괄한다. 이 두 접근방법에서 교수-학습 자료, 시각적 전시, 영화, 초청 강사, 구어를 통한 교수 내용 등을 포함하는 교육과정은 다양한 집단들의 경험, 관점, 기여도를 대표해야 하고, 조각조각 분산된 방법이 아니라 통합적인 방법을 통해 진행되어야 한다. 결국 교육과정은 언제나 모두 교과에 걸쳐 통합적으로 이루어져야 한다. 학생의 성을 감안한 언어가 사용되어야 하고, 이중언어주의나 다중언어주의가 승인되어야 한다. 교육과정은 모든 학생들에게 접근 가능해야 하고, 학생들의 집단 활동이나 교수의 절차에서는 일부 학생들만이 고차원의 지식을 획득하거나 이들을 위해 특별한 교수-학습을 개발하는 것은 지양되어야 한다. 교사는 모든 학생이 같은 방식으로 배워도 잘 배울 수 있다는 가정을 버리고 학생들의 학습 유형이나 문화적 자산을 염두에 두어야 한다. 협력학습은 기술을 발달시키고 협력을 위한 태도를 증진시키기 위해 활용되어야 한다.

교사는 다양한 학생들을 포괄하고 이들을 이해하는 행동을 개발해야 하고, 모든 학생들이 긍정적인 자아 개념을 지닐 수 있도록 노력해야 한다(간혹 교육자들은 백인 남학생들이 이 장에서 설명하는 접근방법이 자신의 자아 개념을 위협한다고 이야기하곤 한다. 그리고 그들은 교사가 이러한 학생들을 한 개인으로 인정하고 사회 활동을 위한 노력의 동반자로 합류시킬 수 있도록 적극 권장한다). 학습에 대해 편중된 형태의 평가는 사라져야 한다. 평가는 수업을 개선하는 데 사용되어야 하는 것이지 학생들을 분류하거나 서열을 매기는 것으로 사용되어서는 안 된다. 학교, 지역사회, 가정 사이에 관계가 개발되어야 하고, 학부모들을 초대하거나 함께 일하고자 하는 노력은 지속되어야 한다. 특히 빈곤층 가정이나 소수집단 가정의 학부모들의 참여가 필수적이다. 교직원을 고용하는 방향에서도 다양성이 고려되어야 하고, 이들은 다른 인종, 계층적 배경을 지닌 남녀 학생들의 역할 모델이 될 수 있어야 한다.

실행

리즈 할비(Elizabeth Harvey)는 40번째 생일을 앞두고 여러 가지 감정이 교차하고 있다. 그녀는 이 거대한 생일을 경축하는 것이 행복하기도 하고 행복하지 않기도 하지만, 특히 대학 시절 단짝인 베스(Beth)가 자신의 생일을 축하하기 위해 찾아오는 것이 너무 특별하다. 대학시절, 그녀에게는 오래전 이야기처럼 여겨지지만, 베스와 함께라면 그들은 좋은 추억을 되살아나게 할 수 있을 것 같다. 리즈(Liz)는 학교 활동가였었다. 그녀는 학생들에게 '비유럽의 시민화' 에 대한 강좌를 개설하도록 투쟁한 학생 지도자 중 한 명이었다. 이 강좌를 개설하기 위해 함께 싸웠던 학생들의 얼굴이 스쳐지나가는 순간 종소리가 들려왔다. 이는 3분 후에 9학년 미국 역사 수업이 시작될 것을 알리는 소리였다. 그녀는 재빨리 커피 잔을 씻고 물에 젖은 손도 말리고 교사 휴게실을 떠나 교실로 향했다.

교실에는 28명의 학생이 있었다. 백인 13명, 아프리카계 미국인 8명, 라틴계 미국인 6명(멕시코계 미국인 3명, 푸에르토리코인 2명, 과테말라에서 온 난민 1명), 그리고 미국 원주민 1명(위네바고 부족). 학생들의 사회경제적 신분도 노동계층에서부터 극빈층까지 다양했다. 학생들은 여느 교실에서나 볼 수 있는 전형적인 학생들이었다. 그들의 학업 성취도나 읽기 점수의 편차는 컸다. 10명의 학생들은 현재 자신의 학년 수준이거나 그보다 높았다. 12명은 자신의 학년보다 한 학년 혹은 두 학년 정도 뒤처져 있었다. 그리고 6명은 6학년 수준의 읽기 실력을 가지고 있었다. 이 학급은 리즈가 지난 7년 동안 오헨리 고등학교에서 가르쳐왔던 전형적인 교실의 모습을 띠고 있었다.

리즈의 교실 반대쪽에서는 에릭 코스비(Erick Cosby) 교사가 공통과학을 가르치고 있었다. 에릭과 리즈는 동갑내기로서, 서로 자신들의 40번째 생일에 대해 농담하곤 했다. 에릭은 테네시의 내슈빌에서 자라났고 4년간의 군복무 이후 센트럴 시티로 이주했다. 에릭의 교실도, 2명의 학생이 휠체어를 사용하고 2명의 학생이 몽(Hmong) 출신의 학생이라는 점을 제외하고는, 리즈의 교실과 매우 유사하였다.

리즈의 옆 교실은 로스 위저(Ross Wisser)의 교실이다. 로스는 지난 20년 동안 오헨리 고등학교에서 교편을 잡았다. 그는 이혼하여 혼자 살고 있으며 스포츠 열광자이다. 그는 대부분의 여가시간을 센트럴 시티의 주요 스포츠 팀을 응원하면서 보낸다. 그는 종종 리즈와 에릭과 함께 팀을 이루어 학생들을 가르쳤는데, 로스는 리즈와 에릭의 수업 방식을 좋아하고 특별 단원에 대해 함께 가르치는 것을 즐겼기 때문이다.

리즈, 로스, 에릭이 같은 학생들을 가르쳤기 때문에, 영어, 사회, 과학 과목에 대한 활동과 과제를 구상하는 데 함께 일하곤 했다. 현재 에릭의 교실에서는 건강에 대해 배우고 있고, 리즈의 교실에서는 도시의 정치와 지역 공무원의 역할에 대해 논의하고 있으며, 로스의 교실에서는 일반 작문에 대해 배우고 있었다. 이 세 교사의 교육 철학과 수업 유형은 교육과정 개발과 수업 지도안 개발 과정 속에서 학생들의 가정환경 및 배경, 경제적 수준, 그리고 소위 학습장애나 신체장애 등을 고려할 수 있는 활동과 경험을 포함시키는 것이었다. 그리고 이들 모두는 학생들이 삶에서 성공하기 위해서는 사회 시스템이 어떻게 운용되는지 알아야 하고 자신의 삶을 가늠할 수 있는 기술과 지식을 쌓아 나가야 한다는 점을 믿고 있었다.

그날도 교육과정 개발 시간 동안 에릭은 리즈와 로스를 설득하여 근처에 있는 종합병원을 수업의 주제로 삼자고 설득하였다. 그는 이 병원의 폐원에 대한 논의가 최근 매스컴의 뜨거운 논쟁거리가 되고 있다는 점을 주지하였다. 시장 사무실과 시의회는 폐원과 관련한 여러 가지 가능성에 대한 논의로 굳게 닫혀 있었다. 다시 말해 이들은 이 병원을 직접 폐원해야 하는지, 주변 병원들이 지역 주민을 자신들의 병원으로 모시는 서비스를 제공할지, 이 병원을 개선하여 지역 주민들이 자기 지역의 병원을 이용하게 할지, 도시 중심에 새로운 병원을 설립할지 토의하였다. 그는 이러한 생동감 있는 쟁점이 리즈의 수업에 매우 훌륭할 것이라고 생각하였다. 학생들은 정부의 다양한 기관과 법 제정의 과정에 대해 학습할 수 있을 뿐만 아니라, 시의회 구성원, 시장, 그리고 시의회 내의 이익집단들이 어떻게 자신의 의견을 관철하고 타협하는지 배울 수 있을 것이다. 또한 학생들은 사람들이 어떻게 자신의 인종배경을 바탕으로 투표하고, 시의회에서 결정하는 이익이나 보상에 대한 내용이 이들의 선거에 영향을 미치는지 학습할 수 있을 것이다. 에릭은 "그러니까, 어떤 회사가 병원 보수나 새 병원 건립과 관련한 재계약을 성사시킬지 여러 가지 방향성을 제시할 수 있을 겁니다. 토론의 한 면모는 그 회사들의 소수 인종 대표자들이 계약에 대해 입찰하는지 살펴보는 것으로 하지요"라고 덧붙였다. 그는 로즈에게 만약 학생들이 이 주제에 대해 자신들의 입장을 표명하는 서신을 준비하는 동시에 지역 주민들과 인터뷰를 하면 어떻겠냐고 제안하였다. 그는 또한 학생들이 이 주제에 대한 신문을 만들면 어떻겠냐고 제시하였다. 로즈는 학생들이 실시간 TV 인터뷰를 할 수 있도록 소형 TV 카메라를 대여할 수 있다고 첨부하였다.

에릭은 학생들에게 의사나 다른 건강 관련 종사자들을 만나 의사 결정 과정에서 과학이 미치는 영향과 이 사업을 찬성하거나 반대하게 되는 의학적 배경지식에 대해 조사하도록 하겠다고 말했다. 그는 "학생들의 연구에 대한 결과를 신문에 기고하여 출판할 수도 있겠네요. 학생들이 이러한 과정을 통해 배우는 것이 현재 시청에서 논의하고 있는 병원에 대한 의사결정에는 직접적인 영향을 주지 않겠지만, 시청에서 의사 결정을 하는데 참조는 될 수가 있고 미래에 학생 자신의 삶과 관련한 문제가 있을 때 도움이 되겠네요!"라고 덧붙였다.

리즈와 로즈도 이에 동의하면서 에릭에게 이것이 훌륭한 아이디어이고 그렇다면 이제 이를 어떻게 구체화할지 세부사항으로 넘어가자고 제안했다. 로즈는 이 아이디어를 그들이 따라야 하는 주에서 지정한 규준에 맞추어 어떻게 개념화할지 논의해야 한다고 지적하였다. 리즈가 불평을 토하자 로즈는 다음과 같이 말했다. "자, 우리는 좀 더 창의적이어야 합니다. 예를 들어 내 교육과정의 가장 주요한 부분은 설명적 글쓰기를 하는 겁니다. 학생들에게 무엇이든 작문하게끔 가르칠 수 있고 설명적 글쓰기는 매우 중요합니다." 에릭은 이 수업에서 다루고자 하는 내용이 과학 규준으로 설명할 수 있다고 말했고 리즈 역시 이 프로젝트를 그녀의 사회과 규준에 접목시킬 방법을 찾을 수 있을 거라는데 동의했다. 그녀는 "그렇지만 나는 여전히 시민의식에 대한 교육이 시험 성적을 산출하는 방식의 교육 목표보다 훨씬 중요하다고 생각해요!"라고 말했다.

그러고 나서 리즈는 다음주 월요일에 소강당을 예약해서 세 학급의 학생들이 한자리에 모이는 장을 마련하고 학생 자신들이 이 아이디어에 대해 어떻게 생각하는지 들어보고 세 교과를 통합하는 작업을 시작하자고 제안하였다. 그녀는 "학생들에게 해야 할 과제가 무엇인지 설명하는 동시에 자신의 관심 분야에서 일할 수 있는 기회를 제공할 수 있겠네요"라고 말했다.

"한 가지 과제는 학생들이 집단을 조직할 때, 학생들이 인종, 성, 사회계층을 넘어 통합적으로 그룹화를 하는 것입니다. 또한 우리가 평소에는 장애가 있는 학생들과 수업하는 것에 대해 문제점을 많이 느끼지 않지만, 이번 기회에는 그들이 집단의 진정한 일원이 되는지 확인해 봅시다" 로즈의 말에 이어 리즈는 다음과 같이 말했다. "학생들이 어떻게 시스템을 잘 운용하고 자신의 목적을 위해 이를 어떻게 잘 조직해야 하는지에 대한 것을 배울 수 있도록 우리가 학생들을 지도하는 것이 매우 중요할 것 같아요. 그리고 제가 따라야 하는 사회과 규준에 이 부분의 내용이 명시되어 있어요!"

에릭은 "전 세계 어디를 가든지 간에, 자신의 삶에 영향을 미치는 의사를 결정하는 사람들이 있어요. 이 사실을 이해함과 동시에 그 과정의 일원이 되어야 한다는 점을 알아야 합니다. 그렇지 않으면 의사 결정가들이 대신해서 상당 부분 자신의 삶에 대한 의사 결정을 하게 되니까요"라고 말하였다.

수업 종소리가 울리고 이제 리즈는 미국 역사 수업을 시작해야 할 시간이 왔다. 그녀는 학생들에게 인사하고 교실 문을 닫기 걸어갔다. 그녀는 조용한 목소리로 복도 건너편에서 같은 일을 하고 있는 에릭을 불렀다. "오랜 친구, 행복한 40살!" 에릭도 자신의 휠체어의 버튼을 눌러 리즈를 바라보는 방향으로 몸을 돌린 후 말했다. "오랜 친구, 나도 동감. 학생들이 새로운 단원에 대해 어떻게 생각하는지 한번 보자구. 그리고 내일 우리 미팅을 준비하자." ■

비평

처음 이 장을 소개할 때 사람들마다 이 접근방법에 대한 의견이 다양하다고 밝힌 바 있다. 그렇기 때문에 이 접근방법이 현재 당면하고 있는 문제점을 지적하거나 이 접근방법을 어떻게 비판할지에 대해서는 많은 어려움이 있다.

다문화교육에 대한 문헌을 고찰하면서 우리는 다른 접근방법들보다 이 접근방법에 대한 연구가 많지 않다는 점을 발견하였다(Grant, Elsbree, & Fondrie, 2004; Sleeter & Grant, 1987). 사실 지지자들도 다양한 입지에서 이 방법에 접근한다. 일부는 다문화교육의 접근방법에 기원하고, 어떤 이들은 흑인학, 여성학, 아시아계 미국학, 혹은 다른 형태의 단일집단 연구에서부터 출발한다. 어떤 이들은 많은 프로그램들이 따르고 있는 치료/보정(remidial/compensatory) 모델을 거부하는 방식의 이중언어 교육에 그 기원을 두고 있다. 네오 맑시스트들은 사회 계층에 대한 비판이 너무 제한적이라는 불만으로부터 연구를 시작한다. 일부 사회재건주의자들은 이 철학을 인종, 계층, 성에 접목하기도 한다. 그리고 어떤 이들은 평화 교육, 세계 기아, 혹은 환경 문제에 주력하기도 한다. 결과적으로 이 접근방법에 기반을 두는 연구는 산발적이고, 지지자들 역시 서로를 잘 알지 못하거나 대화하지 않는다. 앞에서 연합체를 건설한다는 것이 어렵다는 것을 주지한바 있는데, 다문화 사회정의의 지지자들 역시 상호간에 자동적인 협력이 이루어지지는 않는다.

결과적으로 이 접근방법에 대해 배우고자 하는 교육자는 여러 분야를 통합하고자 하는 시도를 하다가 실망하기도 한다. 왜냐하면 자료들이 다른 제목하에 기술되어 있는데다 그 자료들이 많지 않기 때문이다. 이와 더불어 교사들에게 지침이 될 만한 자료들도 상대적으로 빈곤하다. 우리는 잘 개발된 자료와 일부 매우 구체적인 교수 자료를 소개하고자 한다(예, Schniedenwind & Davison, 1998; Bigelow et al., 1994; Bigelow & Peterson, 2002). 상대적으로 많지 않은 자료들이 개방형의 형태로 전개되어 있어서 이론과 실제를 연결하는 데에는 다소 부족하다. 결국 교사들은 스스로 활동 계획을 개발해야 한다. 그렇지만 교사들은 「학교에 대한 재고(Rethinking Schools)」라는 잡지를 구독함으로써 이 접근방법에 대한 지속적이고 풍부한 토론과 실제적 방법들을 발견할 수 있을 것이다. 이 잡지는 인터넷 http://rethinkingschools.org에서도 이용 가능하다.

이 접근방법에 대한 몇 가지 비판이 있다. 물론 다문화교육이 일반적으로 너무 진보적이라고 말하는 상황에서 이 접근방법은 더욱더 개혁적이고 진보적일 것이다. 우리는 이 접근방법을 진보적이라고 여기는 사람들은 종종 이를 무시할 것이라고 의심한다. 다음으로 우리는 이 접근방법과 관련한 4가지 일반적인 문제점을 제시함과 동시에, 다른 네 가지 접근방법이 이 접근방법에 대해 비판하는 점도 기술할 것이다. 첫 번째 문제는 '새로운 사회 질서' 를 건설하는 과정에서 학교의 역할이다(Counts, 1982). 조지 카운트(Goerge Counts)는 특히 사회재건에 대해 많은 글을 썼는데, 학교가 그러한 역학을 할 수 있는지에 대해 의문을 던졌다. 비판가들은 만약 학교가 그렇게 할 수 있다면 정말 그럴 수 있는지 다시 되물을 수 있는 좋은 구실이 된다고 논의한다. 학교는 사회의 한 기구이고 젊은 학생들이 사회에 나갈 수 있도록 준비시키는 사명을 지니고 있다. 제1장에서 설명하였듯이, 학교는 기존의 사회 구조를 재생산하는 역할을 하기도 한다. 1990년대에 한창 확산된 성취규준에 대한 논의는 학교가 학생들에게 전통적인 지식을 얼마나 잘 전달할 수 있을지의 문제에 초점을 맞추고 있다. 이러한 활동은 학교가 기존의 사회를 잘 전달하기를 원할 뿐, 이에 대한 변화를 원하지 않는다. 학교가 사회를 변화시키리라는 기대는 비현실적이다.

다문화사회정의교육의 지지자들은 학교 단독으로는 사회를 변화시킬 수 없다고 생각한다. 그렇지만 그들은 다른 기관들과 협력하여 일할 수 있다. 교사는 사회에 대한 자신의 입장을 피해갈 수 없는데, 결국 교사가 어떠한 입장을 취하느냐가 관건이 된다. 학교가 사회 변화에 얼마나 지대한 영향을 미칠 수 있는지에 대해서는 열린 질문이 되리라 생각한다. 아직 이러한 접근방법이나 이에 대한 적용이 그리 많지 않기 때문에, 이것이 어떠한 결과를 가져올지에 대해서는 충분한 자료가 없다.

두 번째 문제는 학생들이 자발적으로 생각하게 하는 것과 교사가 자신처럼 생각하게끔 학생들을 설득하는 것 사이의 갈등이다. 다문화사회정의교육의 지지자들은 학생들이 무엇을 생각하는지에 대해 심혈을 기울이지만, 학생들은 교사가 생각하는 문제점들을 문제라고 종종 인식하지 않는다. 또한 학생들은 교사의 해석이나 해결방안에 대해 언제나 수긍하는 것도 아니다. 이러한 상황은 학생들의 경험의 부족, 배경, 혹은 사회에 대한 제한된 노출 등에서 비롯한다. 교사들 역시 어떻게 수업이나 토론을 진척시키고 여러 이해집단이나 자신을 둘러싼 이권을 보호해야 하는지 모르는 상태에 있다. 앞에 기술한 일화에서 에릭, 리즈, 로즈는 컨트리 병원을 폐쇄하고 직원들은 다른 병원의 직업을 알아보아야 한다고 말하는 학생들을 대면해야 한다. 학생들에게 구체적으로 설명하지 않아도 이 교사들은 병원을 폐쇄하는 것이 저임금 사람들에게 치명타가 되고, 이러한 조치가 불평등하며, 세금을 지불하는 지역 주민들이 모두 공평하게 지역의 병원에서 치료받을 수 있는 권리가 있다고 믿고 있다. 수업 단원을 계획하는 과정에서 교사들은 병원을 폐쇄하는 것을 지지하는 입장의 논쟁을 제시하고 이 논쟁에 찬성하는 학생들에게 어떻게 반응해야 할지 결정해야 한다.

사고의 자유와 다문화사회정의교육 사이의 긴장 관계는 '정치적 올바름'(political correctness)이라는 논쟁이 관건이 된다. 예를 들어 클로슨(Closson, 1992)은 다문화교육이 주제에 대한 '올바른' 입장을 표명하는 데 실패하는 학생들의 '표현의 자유'를 제거한다는 점을 비난하였다. 그는 비록 학생이 일부 공동체가 피해를 입는 방식의 의견을 가졌다 하더라도 그 학생에게 표현의 자유를 허락하지 않는 것은 또 다른 차별이라고 밝히고 있다. 표현의 자유와 자신의 정치적 분석 사이의 갈등은 쉽지 않지만 매우 중요한 문제이다.

세 번째 문제는 이 접근방법에 대한 개념보다 실행에 대한 논의이다. 이 접근방법의 이상을 믿고 있는 교사들도 실제적으로는 매우 전형적인 강의 중심의 수업을 하고 있다(Pruyn, 1999). 그렇지만 학생들이 적극적으로 다문화사회정의교육에 몰입하기 위해서는 학습의 단계나 수업 계획을 그대로 따르는 것 이상이 되어야 한다. 왜냐하면 다문화사회정의교육은 교실 내에서 매우 다루기 힘들고 아픔이 있는 주제들을 다루기 때문이다(Ellsworth, 1989; Obidah, 2000). 교육자는 사회 쟁점에 대해 학생들의 감정을 자극하고 학생들을 분노의 도가니로 몰아넣을 수 있다. 예를 들어 학생들은 이러한 쟁점에 대해 자신들이 어떻게 행동해야 할지 좌절하거나 무기력해지는 감정을 느끼게 된다. 쇼어(Shor, 1980)는 비판적 교수가 교사를 궁지에 몰아넣을 수 있다는 점을 주지하였는데 특히 교사가 학생들이 어떻게 반응할지에 대해 대비하지 못하고 그러한 에너지를 어떻게 발산시킬지에 대해 계획하지 않았을 경우 더욱 그럴 수 있다고 제시하였다. 예를 들어 학생들이 자본주의의 맹점을 인지한다 하더라도, 사회 전체의 경제 구조를 바꾸기 위한 자신들의 역할에 대해서는 명료하게 잘 알지 못하는 경우가 대부분이다. 학생들은 그렇게 하기에는 능력이 부족하고, 대안적인 사회 구조가 무엇인지 알지 못하고 그러한 대안적인 사회구조를 하나의 시스템으로 구체화하는 것에 대해서 무기력하다. 물론 학생들에게는 건설적인 활동을 통해 주변의 문제에 접근할 수 있다. 예를 들어, 자신의 지역사회에서 벌어지는 사회 빈곤층에 대한 의료 복지의 문제를 다룰 수 있다. 그렇지만 교사는 이러한 문제를 어떻게 다룰지 그리고 이와 관련된 학생들의 감정 문제를 어떻게 처리할지 고려해야 한다.

네 번째 문제는 이 접근방법을 매우 단순한 차원에서 접목하는 것으로, 결과적으로 정작 자신의 학교에서 벌어지고 있는 어마어마한 불평등의 문제를 다루는 데 실패할 수 있다는 점이다(Nieto, 2003, p. 7). 니에토(Nieto)는 자신이 사회정의에 기초한 다문화교육을 지지하고 이를 위해 노력하고 있지만, 많은 경우 이 프로그램들이 학생들의 기분을 좋게 만드는 차원에서 머문다고 지적한다. 사회 쟁점에 대해 가르치면서도 결과적으로 학생들의 학업 성취를 위한 노력이 약화되고 학교에 구조화되어 있는 불평등을 더욱 강화시키는 모습을 보아 왔다. 니에토는 “비록 교육자가 미국의 교육과정이 다문화에 대해 더 주력한다는 점을 알고 있지만, 백인 학생과 유색인종 학생 사이의 성취 수준의 차이가 점점 더 깊어진다는 점에 대해서는 간과하고 있다”(p. 7)고 지적하였다. 그녀는 교육과정을 담당하고 있는 이들이 대학에 입학할 수 있도록 준비시키는 교육과정(college preparation curriculum)에 대한 접근성의 불평등에 도전할 수 있는 문제들도 함께 다루어야 한다고 말하고 있다. 사회 활동에 관여하지 않거나 사회 활동 조직에 참여하지 않는 교사들은 대개 이러한 거대한 쟁점에 대해 소극적인 경향이 있다.

다른 접근방법에 대한 이해를 바탕으로 이 접근방법을 비판할 수 있다. 무엇보다 특수학생과 문화적으로 다른 학생들에 대한 교수법의 지지자들은 이 접근방법이 너무 이상적이라는 점을 지적한다. 다시 말해 이 접근방법이 너무나 비실제적인 변화를 추구하고 빈곤층과 유색인종 학생들에게 지금 당장 필요한 것을 제공하지 못한다고 비난한다. 많은 교육자들은 사회가 근본적으로 결함이 많다고 보지 않고 교육의 목적이란 젊은이들이 즐겁게 사회에 참여할 수 있도록 준비시키는 것이라고 입장을 표명한다. 그들은 다문화사회정의교육이 인종주의와 같은 문제점을 과장하고, 우수한 학업 중심의 교수에 대한 관심을 분산시킨다고 믿는다. 거대한 사회 문제에 대해 인지하고 있는 교사들 역시 이 접근방법이 학생들에게 꼭 필요한 기술 연마나 지식 습득을 멀리하게 한다고 우려한다. 커민스(Cummins, 2000)가 제시하듯이, “시험 성적에 집착하는 것을 비판하고 성취의 편협한 개념”을 비판하는 이들은 결국 학업 성취에 대한 무관심으로 연결된다. 도심의 한 고등학교 교장은 학생들에게 비우호적인 사회 구조 내에서 생산적인 역할을 하기 위해서는 그들이 직업을 갖거나 대학에 입학하는 것에 필요한 기술을 획득하는 것이 매우 중요하다고 밝히고 있다. 그는 이 장에서 설명하는 접근방법이 이러한 작업을 위한 시간을 앗아가고 학생들에게 사회 변화에 대한 비관적 입장을 갖게 할 수도 있다는 점에 주의를 기울인다.

대인관계 접근방법의 교육자들은 이 접근방법이 사람들 간의 갈등을 악화시키고 문제를 줄이기보다는 더 강화시킬 수 있다는 점을 두려워한다. 이 접근방법 역시 협력을 강조하지만, 대인 관계에 주력하는 교육자들은 과거와 현재의 비정의에 대한 너무 많은 열린 대화는 증오와 불신의 불에 기름을 붓는 격과 같고 사회 활동 프로젝트는 갈등을 더 확산시킨다는 점을 우려한다. 이들은 사회정의라는 이름하에 이루어지는 활동들이 더 나은 사회를 만들기보다 무정부상태를 초래할 수도 있다는 점을 염려한다.

특수학생과 문화적으로 다른 학생들에 대한 교수를 지지하는 이들은 대인관계 접근방법과 마찬가지로 다문화사회정의교육의 근본적인 전제에서부터 시작한다. 다시 말해 이들은 모든 이의 공평성을 위해 주류 사회의 진지한 재건이 필요하다는 점을 지적한다. 단일집단 연구나 다문화교육의 지지자들은 이러한 전제와 목표에는 동의하지만 전략 면에서 다른 입장을 취한다. 단일집단 연구의 지지자들은 이 장에서 설명한 접근방법이 집단을 초월하는 연합체를 건설하는 데 장애가 되고 변화를 위한 노력을 비효율적으로 한다고 지적한다. 예를 들어, 이중언어 교육자들은 양성평등을 위한 운동가들과 유사한 염려를 공유하지만 이 두 집단 사이에는 현저한 차이가 존재한다. 두 집단이 연합하는 것이 더 강력한 목소리를 낼 수도 있지만, 공통된 실행 계획을 만드는 것이 불가능하고 결국 두 집단 모두의 힘을 소진시킬 수 있다. 역사적으로 볼 때 만약 연합체를 구성한 경우라 하더라도 이들의 힘은 매우 미약했었다. 그러므로 우려나 관심사가 일부분 비슷한 이들이 비록 함께 일하기를 원하기는 하지만 결과적으로 같이 일하지 않기로 결심하게 된다.

마지막으로 다문화교육의 지지자들은 이 접근방법의 의도는 받아들이지만 그것의 실효성에 대해서는 부정적이다. 다문화사회정의교육의 지지자들에게 다문화교육적 접근은 매우 제한적이고 대개 강력하지 않다. 그렇지만 많은 '일상적인 비즈니스(business as usual)' 처럼 살아가는 교육자들에게 다문화교육 접근방법도 매우 진보적이라는 평가를 받는다. 다문화교육 지지자들은 특히 규준이나 시험 결과가 중요시되는 상황에서 교육자와 행정가들의 관심을 이쪽으로 몰고온다는 것이 매우 힘들다는 점을 지적한다. 하물며 다문화사회정의교육은 이들을 설득하는 것이 더 어렵고, 더 많은 논쟁거리가 되며, 일상적인 비즈니스에 몰두하는 이들과는 많은 차이가 있다. 우리는 또한 사회재건주의자들 내에서 일종의 엘리트주의적인 모습을 발견하게 되는데, 이들은 자신들이 '옳고' 다문화교육 지지자들은 너무 수용적이라고 비판한다. 이러한 엘리트주의가 이 두 접근방법 사이의 불신을 양성하고 목표, 전제, 전략에 대한 분쟁을 양산한다.

이제 마지막 장에서는 우리가 어떠한 입장을 선호하는지 그리고 그 이유가 무엇인지 설명할 것이다. 여러 접근방법들이 제시한 대부분의 반대들이 서로 다른 우선순위, 전제, 관점을 지양하고 있다. 한 접근방법이 옳고 다른 접근방법들이 그르다는 방식으로 설명할 수 없다. 우리의 선택은 사회에 대한 우리 자신의 연구, 사람들과의 상호작용에 대한 우리의 연구, 그리고 어떠한 활동이 사회 개선을 위해 가장 효과적인지에 대한 우리의 신념 등에 기초한다. 만약 우리의 입장이나 자신의 동료들과 의견의 차이가 있다면 열린 대화를 해볼 것을 권고한다. 왜냐하면 이것이야말로 더 나은 학습과 성장을 위한 훌륭한 발판이 될 것이기 때문이다.

생각해볼 문제

1. 사회문화이론에 근거했을 때 무엇이 문화이고 무엇이 문화가 아닌지 설명해보자. 이 설명을 제5장의 세 번째 질문과 비교해 보고 왜 지금 입장을 변경하였는지 설명해보자.
2. 다문화사회정의 접근방법을 지지하는 이들이 당면한 주요한 우려사항은 무엇인가?
3. 학생들이 스스로 학습을 주도하고 교실 내에서 혼란을 초래하지 않도록 당신이 어떻게 조력할 수 있을지 토의해보자.
4. 교사는 어떻게 인종, 계층, 성을 초월하여 교실 내의 연합공동체를 형성하는 것을 도모할 수 있을까?
5. 교사가 다문화사회정의 접근방법을 접목하려고 할 때 당면하는 저항의 관점이나 쟁점은 무엇인가?

참고문헌

Abberley, P. (1987). The concept of oppression and the development of a social theory of disability. *Disability, Handicap, and Society*, 2, 5–20.

Ada, A. F. (1988). The Pajaro Valley experience. In T. Skutnabb-Kangas & J. Cummins (Eds.), *Minority education: From shame to struggle* (pp. 223–238). Philadelphia: Multilingual Matters.

Anyon, J. (1981). Elementary schooling and distinctions of social class. *Interchange*, 12, 118–132.

Anyon, J. (1983). Intersections of gender and class: Accommodation and resistance by working class and affluent females to contradictory sex-role ideologies. In S. Walker & L. Barton (Eds.), *Gender, class and education* (pp. 19–38). Barcombe, England: Falmer Press.

Apple, M. W. (1985). *Education and power* (Ark ed.). Boston: Routledge & Kegan Paul.

Apple, M. W., & Beane, J. A. (1995). *Democratic schools*. Alexandria, VA: Association for Supervision and Curriculum Development.

Aronowitz, S., & Giroux, H. A. (1985). *Education under siege*. South Hadley, MA: Bergin & Garvey.

Banks, J. A. (1994). *Multiethnic education: Theory and practice* (3rd ed.). Boston: Allyn and Bacon.

Banks, J. A. (1999). *An introduction to multicultural education*, (2nd ed.). Boston: Allyn and Bacon.

Banks, J. A. (2004). Introduction: Democratic citizenship in multicultural societies. In J. A. Banks (Ed.), *Diversity and citizenship education* (pp. 1–16). San Francisco: Jossey-Bass.

Bennett, C. I. (2002). *Comprehensive multicultural education*, (5th ed.). Boston: Allyn and Bacon.

Berlak, A., & Moyenda, S. (2001). *Taking it personally*. Philadelphia: Temple University Press.

Bigelow, B., Christensen, L., Karp, S., Miner, B., and Peterson B. (1994). *Rethinking our classrooms: Teaching for equality and justice*. Milwaukee, WI: Milwaukee Rethinking Schools Press.

Bigelow, B., & Peterson, B., Eds. (2002). *Rethinking globalization*. Milwaukee, WI: Milwaukee Rethinking Schools Press.

Bigelow, W. (1990). Inside the classroom: Social vision and critical pedagogy. *Teachers College Record*, *91*(3), 437–448.

Brameld, T. (1956). *Toward a reconstructed philosophy of education*. New York: Holt, Rinehart, & Winston.

Carter, T. P., & Chatfield, M. L. (1986). Effective bilingual schools: Implications for policy and practice. *American Journal of Education*, *95*, 26–57.

Closson, D. (1992). *Politically correct education*. Probe Ministries International. Retrieved on May 10, 2005, from http://www.leaderu.com/orgs/probe/docs/pc-educ.html

Collins, P. H. (1998). *Fighting words*. Minneapolis: University of Minnesota Press.

Counts, G. (1982). *Dare the school build a new social order?* New York: John Day.

Cummins, J. (2000). *Language, power and pedagogy*. Buffalo, NY: Multilingual Matters.

Curtis, A. C., & Rasool, J. A. (1997). Motivating future educators through empowerment: A special case. *Educational Forum*, *61*(4), 307–313.

Dei, G. J. S. (1996). *Anti-racism education*. Halifax, Nova Scotia: Fernwood Publishing.

Delgado, R., & Stefancic, J. (2001). *Critical race theory; An introduction*. New York: New York University Press.

Dewey, J. (1938). *Experience and education*. New York: Macmillan.

Ellsworth, E. (1989). Why doesn't this feel empowering? Working through the repressive

myths of critical pedagogy. *Harvard Educational Review, 59*(3), 297–324.
Frankenberg, R. (1993). *The social construction of whiteness: White women, race matters.* Minneapolis: University of Minnesota Press.
Freire, P. (1985). *The politics of education: Culture, power, and liberation* (D. Macedo, Trans.). South Hadley, MA: Bergin & Garvey.
Gillborn, D. (1995). *Racism and anti-racism in real schools.* Buckingham, England: Open University Press.
Giroux, H. A. (2000). *Stealing innocence.* New York: St. Martin's Press.
Goldstein, B. S. C. (1995). Critical pedagogy in a bilingual special education classroom. *Journal of Learning Disabilities, 28*(8), 463, 7 charts
Gordon, B. M. (1985). Toward emancipation in citizenship education: The case of African-American cultural knowledge. *Theory and Research in Social Education, 12,* 1–23.
Grant, C. A., Elsbree, A. R., & Fondrie, S. (2004). A decade of research on the changing terrain of multicultural education research. In J. A. Banks & C. M. Banks (Eds.), *Handbook of research on multicultural education* (2nd ed., pp. 184–210). San Francisco: Jossey Bass.
Grant, C. A., & Sleeter, C. E. (2009). *Turning on learning* (5th ed.). New York: Wiley.
Hale, J. E. (1982). *Black children, their roots, culture, and learning styles.* Provo, UT: Brigham Young University.
Hall, S. (1993). What is this "black" in black popular culture? *Social Justice, 20*(1–2), 104–115.
hooks, b. (1994). *Teaching to transgress: Education as the practice of freedom.* New York: Routledge.
Irvine, J. J. (2003). *Educating teachers for diversity: Seeing with a cultural eye.* New York: Teachers College Press.
Ismi, A. (1998). World Bank: Plunder with a human face. *Z Magazine, 11*(2), 9–11.
Kincheloe, J. L., & Steinberg, S. R. (1997). *Changing multiculturalism.* Buckingham, England: Open University Press.
Kobrin, D. (1992). My country, too: A proposal for a student historian's history of the United States. *Teachers College Record, 94*(2), 329–342.
Kumashiro, K. (2002). *Troubling education: Queer activism and antioppressive pedagogy.* New York: RoutledgeFalmer.
Ladson-Billings, G., & Tate, W. (1995). Toward a critical race theory of education. *Teachers College Record, 97,* 47–68.
Lee, E. (1995). Taking multicultural, antiracist education seriously. In D. P. Levine et al. (Eds.), *Rethinking schools: An agenda for change* (pp. 10–16). New York: New Press, distributed by W.W. Norton.
Linton, S. (1998). *Claiming disability.* New York: New York University Press.
Mayo, P. (1999). *Gramsci, Freire and adult education: Possibilities for transformative action.* London: Zed Books.
McCarthy, C. (1998). *The uses of culture.* New York: Routledge.
McPhie, W. E. (1988). Teaching American democracy in American public schools. *Social Education, 52*(2), 152.
Murrell, P. C., Jr. (2002). *African-centered pedagogy.* Albany, NY: SUNY Press.
Nieto, S. M. (2003). Profoundly multicultural questions. *Educational Leadership, 60*(4), 6–10.
Oakley, A. (1981). *Subject women.* New York: Pantheon.
Obidah, J. E. (2000). Mediating boundaries of race, class, and professional authority as a critical multiculturalist. *Teachers College Record, 102*(6), 1035–1060.
Parker, W. C. (2003). *Teaching democracy.* New York: Teachers College Press.
Perkins, J. (2004). *Confessions of an economic hit man.* San Francisco: Berrett-Koehler Publisher.
Peterson, B. (2000/2001). Planting the seeds of solidarity. *Rethinking Schools, 15*(2). Retrieved on July 2008, from http://www.rethinkingschools.org/archive/15_02/seed152.shtml

Pinar, W. F. (Ed.) (1998). *Queer theory in education*. Mahwah, NJ: Erlbaum.

Pruyn, M. (1994). Becoming subjects through critical practice: How students in one elementary classroom critically read and wrote their world. *International Journal of Educational Reform, 3*(1), 37–50.

Pruyn, M. (1999). *Discourse wars in Gotham West*. Boulder, CO: Westview.

Reed, D. F., & Davis, M. D. (1999). Social reconstructionism for urban students. *Clearinghouse, 72*(5), 291–294.

Roediger, D. R. (1991). *The wages of whiteness: Race and the making of the American working class*. New York: Verso.

Salas, K. D. (2003). Teaching about toxins. *Rethinking Schools, 18*(2). Retrieved July 2008, from http://www.rethingschools.org/archive/18_02/toxi182.shtml

Schniedewind, N., & Davidson, E. (1998). *Open minds to equality*. 2nd ed. Needham Heights, MA: Allyn & Bacon.

Shaw, G. B. (1922). *Back to Methuselah*, Pt. 1, Act I. New York: Brentano's.

Shor, I. (1980). *Critical teaching and everyday life*. Boston: South End Press.

Simon, R. I. (1992). *Teaching against the grain: Texts for a pedagogy of possibility*. New York: Bergin & Garvey.

Sleeter, C. E. (1994, Spring). White racism. *Multicultural Education, 1*(4), 5–9.

Sleeter, C. E., & Grant, C. A. (1987). An analysis of multicultural education in the U.S.A. *Harvard Educational Review, 57*, 421–444.

Smith, L. T. (1999). *Decolonizing methodologies*. London: Zed Books, Ltd.

Solorzano, D. G. (1989). Teaching and social change: Reflections on a Freirean approach in a college classroom. *Teaching Sociology, 17*, 218–225.

Suzuki, B. H. (1977). The Japanese-American experience. In M. J. Gold, C. A. Grant, & H. N. Rivlin (Eds.), *In praise of diversity: A resource book for multicultural education* (pp. 139–162). Washington, DC: Teacher Corps.

Suzuki, B. H. (1984). Curriculum transformation for multicultural education. *Education and Urban Society, 16*, 294–322.

Takaki, R. (1989). *Strangers from a different shore*. Boston: Little, Brown.

Tate, W. F. (1995). Returning to the root: A culturally relevant approach to mathematics pedagogy. *Theory into Practice, 34*(3), 166–173.

Tatum, B. D. (1994). Teaching white students about racism: The search for white allies and the restoration of hope. *Teachers College Record, 95*(4), 462–476.

Titchkosky, T. (2000). Disability studies: The old and the new. *Canadian Journal of Sociology, 25*(2), 197–224.

Vygotsky, L. S. (1986). *Thought and language*. E. Hamsman & G. Vankan (Eds. and Trans.). Cambridge, MA: MIT Press.

Young, A. A. Jr. (2004). *The minds of marginalized black men: Making sense of mobility, opportunity, and future life chances*. Princeton, NJ: Princeton University Press.

제 7 장

우리의 선택: 다문화사회정의교육

핵심 질문

1. 다섯 가지 접근방법 중 학교에서 가장 보편적으로 적용되는 것은 어느 것인가?
2. 무엇이 교사가 다른 접근방법을 적용하지 못하게 한다고 생각하는가?
3. 이 책의 저자인 슬리터와 그랜트가 다문화사회정의교육을 선택하라고 제시하는 이유는 무엇이라고 생각하는가?

지금쯤이면 아마도 여러분의 마음속에는 다문화교육의 다양한 접근방법 중에서 특히 선호하게 된 것이 있을 것이다. 여러분이 직접 선택할 수 있도록 하기 위해 다양한 접근방법들을 객관적이고 총괄적으로 소개하고 비평해 왔다. 이와 동시에 우리는 중립적이고 분리적으로 생각할 수 없다. 왜냐하면 좀 더 나은 학교 교육과 좀 더 개선된 사회를 건설하는 데에 어떠한 방법이 가장 적합한가에 대한 우리 나름대로의 신념이 있기 때문이다. 더 나아가 학교와 관련한 우리의 연구 경험과 다문화교육에 대한 장기적인 연구를 돌이켜 볼 때, 우리의 신념을 공유해야 한다는 의무감도 있다.

우리의 생각은 많은 이들의 삶을 유지하거나 제한하거나 혹은 이를 훼손하고 파괴하는 사회적인 조건들에 주로 기초한다. 미국 사회의 많은 이들이 가난과 그들의 역량을 초월하는 사회 경제적인 통제로 인해 어려움을 겪어 왔다. 그리고 이들의 규모가 최근 들어 감소하기보다는 오히려 증가세에 있다. 전 세계적으로, 가난과 기아의 규모는 우리가 당연하다고 생각하는 것보다 더 심하다. 미국 내의 인종주의는 수십 년 전과 비교해 보았을 때 그 형태는 다소 변했을지 모르지만 여전히 제자리이고, 미국 내의 유색인종 인구가 증가함에 따라 인종 집단 간의 경쟁도 증가한다는 것을 예측할 수 있다. 미국의 가족 형태를 살펴보았을 때 더 많은 여성들이 직업 전선에 참여하고 있는데 이는 일부분 그들의 자발적인 참여이기도 하지만 다른 한편으로는 경제적 이유로 인해 의무적으로 참여하기도 한다. 가족의 역할이 변화하기는 하지만, 협력적인 네트워크 체제는 제대로 형성되지 않는다. 예를 들어 많은 가정에서는 주부가 부가적인 역할을 수행하는 동안, 남편, 다른 남성들, 혹은 친척들은 좀 더 적극적으로 육아에 참여하지 않고, 단순히 육아에 보내는 시간을 줄여나간다. 이것이 현재의 상황이고 우리가 우려하는 지속적인 문제점들이다.

사람들은 소규모의 세계, 아니 격리된 세계 속에서 자신의 이익과 불이익을 공유하며 살아가는 경향이 있다. 따라서 비교적으로 편안하고 특권을 누리며 살아가는 교육자는 다른 이들이 겪는 실제적인 문제를 감지하고 이해하는 데 어려움을 겪을 수도 있다. 예를 들어 그들은 필사적으로 구직에 애쓰는 멕시코계 미국인 아버지, 생계를 꾸려나가기 위해 전전긍긍하는 편모, 지역의 공장이 폐쇄함에 따라 해고된 노동자의 어려움을 이해하지 못할 수도 있다. 어려운 시기를 겪었던 교육자라면 그들과의 유사한 경험을 바탕으로 그들과 공감할 수 있지만, 다른 한편으로는 그들이 스스로의 노력으로 그러한 어려움을 극복할 수 있을 것이라고 가정한다. 그럼에도 불구하고 문제점이나 부정의는 존재하며 이는 미국 사회와 전 세계의 한 구조로 자리 잡고 있다. 물론 일시적으로 개선되는 것도 있고 이것이 거국적으로 공론화되기도 하지만, 문제의 성격이나 그 중량은 지난 이삼십 년 동안 변하지 않았다.

1992년 4월 흑인 로드니 킹(Rodney King)에게 잔인하게 폭력을 행사한 백인 경찰을 무죄 석방한 것에 대한 반발로 일어난 LA 폭동, 1996년 심슨(O.J.

Simpson) 판결을 둘러싼 백인과 흑인 간의 구두 논쟁, 9 · 11사태 이후 아랍인들에 대한 학대와 이들에 대한 불심 검열수색(profiling), 선거를 앞두고 벌어지는 민주당을 지지하는 주(blue states)와 공화당을 지지하는 주(red states) 사이의 갈등은 미국 내에 존재하는 사회적 분열의 깊이를 보여준다. 많은 이들이 더 이상 심각한 분열이 존재하지 않고 국가적으로 민주주의의 열망을 실현했다고 믿지만, 이러한 증거들은 이를 뒷받침하지 못한다. 학생들을 포함한 많은 미국인들은 이러한 사건들을 마치 허리케인을 예측하지 못하는 것처럼 고립적이고 불운한 것으로 간주한다. 이제 반란은 사라졌고 심판은 종결되었으며, 불심 검열수색도 사라지고 있다. 선거는 이미 지나갔고 이와 같은 '사건' 들은 일반 시민의 기억에서 사라졌다.

우리는 이와 같은 사건들이야말로 왜 다문화사회정의교육을 심각하게 고려해야 하는지 잘 보여주는 전형적인 사례라고 생각한다. 예를 들어 1992년 LA 폭동이 일어나기 1년 전에 캘리포니아 주 남부에 사는 교육자들은 국가 수준에서 사회의 부정의에 대해 심각하게 논의해야 하고, 다양성에 대해서도 현재 캘리포니아 주에서 논의하는 수준보다 더욱더 진지하게 고려해야 한다고 우리에게 설명했었다. 빈곤, 무직, 해고, 절망이 더욱 심화되고, 이는 특히 저소득층 주민들이 밀집해있는 대도시 지역(inner-city)에서 더욱 가시화되고 있다. 사실 우리는 반란이라는 단어를 주의 깊게 사용한다. **폭동(riot)**이라는 단어는 즉각적인 사태에 대한 비조직적이고 과잉적인 반응을 의미하는 반면, **반란(revolt)**은 장기적으로 지속되는 박탈에 대한 봉기라고 할 수 있다.

이러한 반란에 놀란 나머지 더욱더 강화된 법만이 주요 해결책이라고 생각하는 이들이 있다. 하지만 그들은 미국 사회에 만연한 구조화된 빈곤을 자세히 살피지 않고 있다. 전국적으로 볼 때 더 많은 사람들, 특히 저소득층 지역에 있는 젊은 학생들은, 사회적으로 갇혀 있고, 자신의 삶을 개선하기에는 역량이 부족하며, 인간으로서의 존엄성을 박탈당하고, 사회적으로 침묵을 강요받고 있다고 느낀다. 우리는 국가를 재생시키고 사회정의의 문제를 더욱 심각하게 고려하는 것이 필수적이라고 믿는다. 이 책에서 제시한 다문화사회정의교육 접근방법은 사회정의 쟁점에 대해 가장 명시적이다. 1997년 클린턴 정부의 인종 관계 개선을 위한 정책 수립과정에 대한 반응을 지켜볼 때 다문화교육과 사회정의의 중요성이 더욱 부각된다. 당시 클린턴 대통령은 인종 문제 위원회를 구성하면서 미국 사회가 다양성을 더 많이 인정하기를 희망하였다. 그러나 많은 이들이 그의 안건에 대해 비판하였는데, 그들은 클린턴 대통령의 구상이 정책 수립, 자금 조달, 주택, 교육, 직업과 같은 사회 프로그램을 개발하지도 않은 상태에서 실제적인 목표도 없이 대중의 태도를 변화시키려고 한다고 지적하였다. 조지 메이슨 대학 교수인 로저 윌킨스(Roger Wilkins)는 "한 사회의 극빈층과 그들의 절망을 형성해 온 역사적인 역량을 다루려고 할 때, 그러한 장려책이 그러한 목표에 도달할 수 있을 것이라고 생각하지 않는다"고 자신의 입장을 밝혔다(Mitchell, 1997).

클린턴 대통령의 노력은 무산되었으며 그의 정치적 계획도 미완성된 채 남게 되었다. 이 계획은 조화로운 다문화사회를 도모하기 위한 시도였는데, 이를 실현하기 위해서는 구체적인 계획을 바탕으로 다양성을 인정하고 많은 시민에게 불이익을 조성하는 사회 구조를 재설립하는 데 중심을 둔 사회 활동을 도모하는 것이 중점적으로 필요했던 것이다.

전 세계적으로 우리는 폭력으로 인해 평등과 정의를 열망하는 사람들이 겪는 좌절감을 맛보고 있다. 예를 들어, 대부분의 미국인들은 중동지방에서 미국이 이라크의 석유를 관리한다는 사실을 거의 알지 못한다. 영국은 제1차 세계대전 이전에 이라크에 브리티시 페트로륨이라는 회사를 건립하였고 영국이 1921년 영국의 보호를 받는 이라크를 설립하였으며, 심지어 그 국가에 이라크라는 이름을 지어주었다. 그 당시 영국의 정책은 이라크를 무력화하고 영국의 통치하에 두기 위해 개발되었다. 그러던 중 1919년 미국의 스탠더드 오일 회사가 관여하게 되었다. 1920년대까지 미국은 이라크 내의 패권을 차지하기 위해 영국과 경쟁을 벌였으며, 중동지방의 석유에 대해 미국, 영국, 그리고 프랑스와 네덜란드가 서로 나누어 통치를 하였다. 그 이후로 미국의 정책은 이 지역의 석유를 관리하는 데 초점이 맞춰져 있다. 이러한 역사를 정리한 에버레스트(Everest, 2004)는 미국이 이라크의 통치권 교체를 위해 뛰어든 주요 이유는 자유와 민주주의가 아니라 정작 미국의 지시에 따르지 않는 지도자에 대한 퇴출이라고 지적한다.

우리가 이 사례를 제시하는 이유는 미국 내에서 접하는 사실과 미국 외에서 접하는 사실 간에 차이가 있기 때문이다. 만약 이라크인들이 미국에 대항한다면 그 이유가 과연 우리가 미디어를 통해 듣는 바와 같이 그들이 자유를 증오해서일까, 아니면 미국의 간섭을 받는 것이 싫어서일까? 젊은이들에게 이 질문에 대해 한 가지 입장만 제시하지 말고, 그들이 다양한 입장들에 대해 생각해 볼 수 있도록 도와주고 다양한 관점의 정보에 대해 평가하고 사고하는 법을 배우며, 다른 사람의 판단이 아닌 자신의 분석에 근거하여 행동을 취하는 것을 배우는 것이 중요할 것이다.

제1장에서 묘사한 가상적인 교실로 돌아가 보자. 그들은 무엇을 배워야 할까? 교사는 현상 유지를 위한 접근이나 다문화교육적인 접근방법을 사용하기에 앞서 이 학생들과 현재의 삶, 미래의 삶과의 관련성에 대해 고려해야 한다. 그들이 성장함에 따라 무엇이 펼쳐져 있는가? 교육에서 어떠한 접근방법이 진정한 차이를 가져올 수 있는가?

학급의 절반은 남학생이고 나머지 절반은 여학생이다. 만약 현재의 경향이 유지된다면 모든 학생들이 성인으로서 직업 전선에 합류하려고 시도할 것이다. 여학생들은 자신에게는 가사를 돌보거나 최저 임금수준의 월급을 받는 직업을 갖게 된다는 두 가지 진로가 있다는 것을 어렴풋이 알고 있을 것이다. 많은 여학생들은 빈곤선을 벗어나기 위해 가계를 돌보게 될 것이다. 아프리카계 미국인 여학생들은 가난하게 살지 않을 확률이 50-50이라는 점을 알고 있을 것이다. 남학생의 경우 경제적으로 유복하게 되더라도 자식들로부터 심리적으로 고립되거나 떨어져 살게 될 것이라는 점을 알 것이다. 많은 학생들은 자신이 조직 폭력집단에 참여하도록 권고받거나 그 조직에서 요구하는 바에 따라 살아야 하는 자신을 발견할 것이다. 많은 이들은 자신이 싫어하지만 생계를 유지하기 위해 직업 전선에 뛰어드는 모습을 발견할 것이다. 일부는 화를 참을 수 없어 가정폭력을 일으킬 것이다. 일부 여학생들은 어린 나이에 자녀를 출산하지만 막상 양육을 책임질 파트너가 없다는 것을 알게 될 것이다. 일부 여학생들은 지칠 대로 지친 주부의 모습을 떠올릴 것이다. 많은 학생들은 이러한 사실을 부모의 경험을 통해 알게 된다. 미디어를 통해 접하게 되는 여성적인 이미지에 발맞추기 위해 일부 여학생들은 식이요법이나 성형수술을 통해 몸매를 관리할 것이다. 여성협력집단(Girl Incorporated, 2006)의 발표에 따르면 "오늘날의 여학생들은 어렸을 때부터 모든 이를 위한 모든 것이 되어야 한다는 많은 압박감을 받으며 살아가게 된다. 여학생들은 특히 여자는 매우 날씬하고 옷을 잘 입어서 다른 이들을 즐겁게 해 주어야한다는 점에 좌절감을 느낀다. 여학생의 지도력과 수학/과학에서의 능력에 대한 선입견이 줄어들고 있지만, 여전히 존재하는 성에 대한 선입견과 증가되는 스트레스 수준은 여학생의 잠재력을 제한하고 그들의 삶의 질을 떨어뜨린다. 그럼에도 불구하고, 이 시점에서 많은 학생들은 성인이 되면 차별화된 성역할과 안정된 수입을 바탕으로 행복한 결혼생활을 영위할 수 있다고 믿고 있다(Sidel, 1988).

이 책에서 소개한 첫 번째 접근방법, 다시 말해 특수학생과 문화적으로 다른 학생들을 위한 교수에서는 여학생들이 수학, 과학, 컴퓨터와 관련한 남성 중심적인 직업시장에서 경쟁력을 가질 수 있도록 이들을 교육한다. 이 전략에서는 15명의 여학생 중에서 한두 명의 학생에게 중점을 둔다. 그렇지만 이 접근방법은 대부분의 여성들이 책임지게 되는 두 가지 진로, 다시 말해 직업 전문성과 가사를 다 다루지 않는다. 다시 말해, 여성들은 가정 내에서의 역할과 상치되는 문제 때문에 전업에 종사하는 문제를 심각하게 고려하게 된다. 또한 이 접근방법은 가정주부가 자신의 일에 대해 충분한 보상을 받는 문제를 언급하지 않는다. 이는 여성들이 대부분인 직업에서 생기는 저임금의 문제에 대해 논의하지 않는다. 예를 들어 비서직에서 과학 분야로 여성의 직업을 바꾼다 하더라도 이는 비서의 월급보다 높아지지 않는다. 다만 더 매력적인 직업을 위한 경쟁을 구축할 뿐이다. 더 나아가 이 접근방법은 여성을 통제하려는 시도를 간과한다.

이 책에서 소개한 두 번째 접근방법, 즉 대인관계 접근방법은 성 교차적인(cross-sex) 이해를 돕는 데 기여함으로써 양성 간의 의사소통을 원활히 하고 양성 간의 상호존중을 도모할 것이다. 그렇지만 이 역시 경제적인 문제와 역할 책임에 대한 문제는 논의되지 않은 채 남아있게 되고 결과적으로 남성과 여성 사이의 관계를 분열시키게 된다. 비록 이 시도가 서로 잘 지내게 되는 점을 양성하려 하지만, 상호간의 불화를 일으키는 경제적, 정치적 불평등의 문제에 대해서는 거론하지 않는다.

이 책의 세 번째 접근방법, 다시 말해 단일집단 연구의 일환으로 제시되는 여성학에서는 성차별주의에 대해 언급하고 특히 여학생들의 이익을 증진하려는 노력을 한다. 비록 이 접근방법이 앞에서 제시한 두 가지 접근방법에 비해 양성 평등 차원에서 더 긍정적인 잠재력을 지니고 있지만, 제도화된 성차별을 인지하고 이에 대항하여 고전분투하도록 학생들을 가르치는 데 한계가 있다. 여성학은 인간의 다양성에 대한 논의에서 한 가지 형태에 초점을 맞추고 빈곤이나 인종차별의 문제에는 그리 주목하지 않는다. 또한 의도한 것은 아니지만, 성차별주의 문제에서 남성을 제외시키고 이것이 오직 여성의 문제인 것으로 제시한다.

이 책의 네 번째 접근방법인 다문화교육적 접근방법에서는 성차별주의의 강조를 위해 남녀 균등의 역할과 이에 따른 직업 선택의 문제를 증진시키고 교육과정 내에서 여학생이 남학생이 교육받는 것과 최대한 동일하게 교육을 받도록 하는 데 중점을 둔다. 또한 유색인종 여학생이 백인 여학생이 경험하는 것과 동일하게 경험하도록 교육과정을 개발하는 동시에, 노동계층 여성이 중산층 여성들과 최대한 동일한 학교 경험을 하도록 추구한다. 여기에서는 가정 내에서 존재하는 고정화된 성 역할 분담을 제거하고 젊은이들이 남성, 여성이라는 틀을 넘어서 직업을 선택하도록 격려한다. 그렇지만 이 접근방법 역시 여러 가지 제한점이 있다. 이 접근방법에서 발생하는 가장 중요한 문제점은 사회 내에서 성차별주의를 합리화하는 기본적인 경기의 규칙을 바꿀 수 있도록 학생들을 교육하지 않는다는 점이다. 우리는 성차별주의를 지속시키는 세 가지 근본 구조에 대해 설명하고자 한다.

첫째, 많은 직업, 특히 고소득 직업에서는 사람들이 가사에 적극적으로 참여할 수 있는 여유를 주지 않는다. 시간적으로나 책임의 양으로나 자녀 양육을 위해 별도의 시간을 할애하는 것을 불가능하게 하는 직업의 구도가 성차별주의를 더 지속시키는 첫째 이유이다. 이러한 직업의 종사자에게는 자동적으로 자녀 양육에 적극적으로 참여하는 것이 허락되지 않으며 자녀 양육에는 여성에게 그 주요 책임이 있다는 가정아래 이들의 사회 참여를 제한한다. 이러한 직업군에서는 남성의 수가 여성의 수를 훨씬 능가하며, 주부나 동거 여성이 대부분 양육의 문제를 책임지게 된다.

핵가족 구조체제, 다시 말해 여성의 주요 역할을 양육으로, 남성의 주요 역할을 돈 벌어 오는 것으로 제시하게 되는 구조가 성차별주의를 지속시키는 두 번째 구조적인 문제이다. 비록 결혼 초기에는 성에 상관없이 서로 역할을 분담하지만, 시간이 지날수록 그 대안책이 뚜렷하지 않기 때문에 성에 따라 역할을 분담하게 된다. 예를 들어 자녀가 어릴 때에는 부모 중 한 명이 집에서 자녀를 돌보거나 보모를 구하게 된다. 보모에게 지불하는 금액은 많은 여성이 직장에서 벌 수 있는 경제 규모와 유사하거나 때로는 더 크다. 결국, 여성이 주로 집에 남게 된다. 유색인종에게 친숙한 대가족 체제에서는 다른 사람들이 자녀를 돌볼 수 있는 대안책을 제시할 수 있는데, 이는 더 많은 성인들이 가내에서 순번을 정해 가면서 역할을 분담할 수 있기 때문이다. 비록 이러한 대가족 체제가 대중화되고 있지만, 핵가족 체제가 집 구조나 세금의 구조상 하나의 규범으로 작용한다. 역할의 가변성을 권장하고 지지하며 이러한 역할 분담을 격려하는 태도를 장려하기 위해서는 핵가족 체제와 마찬가지로 대가족 체제를 합법화하는 것이 요구된다.

세 번째 구조적인 문제는 가정부의 제도화이다. 많은 직업적 성공을 지향하는 사람들은 가정부를 고용하여 가사나 자녀 양육의 문제를 해결한다. 여기에는 여러 가지 실용적인 선택이 있기는 하지만, 이들 직업 대부분이 저임금이고 여성들인 특히 유색인종 여성들이 여기에 종사한다. 더 나아가, '환경 미화원'과 같은 직업은 의료보험이나 퇴직금 같은 혜택이 없다. 더 많은 경기 규칙이 있으며, 사회는 이를 받아들이고 결과적으로는 많은 여성을 그 올가미로 몰아넣는다.

마지막 접근방법인 다문화사회정의교육은 학생들이 이러한 종류의 쟁점을 조사하고 이에 도전하거나 재구조화하기 위해 어떠한 점이 필요한지 사고하게끔 시작할 수 있다. 첫째, 이 접근방법은 많은 학생들이 당면하고 있는 쟁점에서 출발하여 그 범위를 모든 사람들로 넓힐 수 있다. 경제학이 자신과 관련 없다고 생각하던 학생들도 경제학과의 직업 시장의 가용성이나 정부가 지원하던 대학 융자금이 축소되는 점에서 관련성을 확연히 발견하게 된다. 둘째, 이 접근방법은 그들 삶에 주인의식을 가지고 적극적인 행동을 취할 수 있도록 격려한다. 이는 학생들이 현재 자신의 미래를 위해 어떻게 노력하고 있는지 조력한다. 특히 그 모든 사회 구조가 재생산해 내는 자신의 사회경제적 위치에 적합하도록 행동하는 것이 아니라, 그러한 위치에 도전하도록 교육한다. 마지막으로 이 접근방법은 학생들이 자신들이 원하는 방향을 위해 집단적으로 자신들의 목소리를 내고 효과적으로 변화를 추구하도록 가르친다. 더 나아가, 단일집단 연구와 달리, 이 접근방법은 공통적이거나 관련된 관심사를 조사하기 위해 백인 여학생들을 유색인종 학생들과, 그리고 중산층 학생들을 노동자계층 학생들과 같이 집단화한다.

우리의 가상적인 교실에는 라틴계 학생이 4명 있다. 만약 현재의 경향이 지속된다면 이들 중 한두 명은 고등학교를 졸업하지 않을 것이다. 그들은 가정을 돌보기 위해 집에 남거나 학교에서 소외된 느낌을 받게 될 것이다. 문화적으로 학교는 그들 자신의 삶과 단지 부분적으로 연결될 뿐이며 대부분의 선생님과 권위 있는 분들은 백인일 것이다. 10대인 이들 모두 직업을 구하지만 4명 중 1명은 직업을 구하지 못할 것이다. 직업을 구하지도 못하고 학교에서 소외되는 느낌을 받으면서 이들 중 한 명은 조직 폭력배에 가입하기로 결심할 수 있다. 조직 폭력배는 비록 한 도시의 구성원 중 일부에 지나지 않지만, 이들에게 정체성, 지하 경제, 수입의 원천, 그리고 통제의 방법 등을 제공한다. 이 4명의 라틴계 학생들이 성장하여 성인이 되면 평균 수입은 백인 가족 수입의 75%에 불과할 것이다. 4명 중 1명은 아마 빈곤 속에 허덕일 것이며, 나머지 3명은 중하류층에 속하게 될 것이다. 이들 모두는 더욱 강화되는 문화적 줄다리기에 사로잡혀 있다는 것을 느낄 것이다. 라틴계 인구가 미국 내에서 가장 급속히 증가되는 인종적, 민족적 소수 집단이기에 멕시코 문화는 더욱 확고한 기반이 된다. 아마도 백인은 이에 대해 영어의 중요성과 앵글로 미국계 문화의 합법성을 밝히는 것으로 대응할 것이다. 거의 7백만의 미국 학생들이 집에서 스페인어를 사용하고 있으며(Pearson Education, 2005), 언어 정책은 긴장의 근원이 될 것이다. 예를 들어, 라틴계 학생들은 주류 미디어에서 다소 소외되는 느낌을 받으며, 이는 멕시코 음식에 대한 광고나 조직 폭력배에 대한 영화를 제외하고는 비가시적인 존재가 된다. 비록 라틴계 미국인들이 정치적 의사 결정에서 여러 가지로 권익을 획득하고 있지만, 표현의 제약은 다른 분야에서도 문제가 될 것이다. 더 나아가, 라틴계 학생들은 성인이 되어 전 학급 친구들이나 새로 유입된 이민자들과 빈민 도시의 대표자 자리를 두고 서로 경쟁하는 모습을 발견할 것이다.

문화적으로 다른 이들에 대한 교수법에서는 이러한 학생들을 학교로 데려오고, 영어를 가르치고, 직업을 준비시키는 것에 중점을 둔다. 이러한 방법은 매우 중요하지만 동시에 매우 제한적이다. 이러한 접근방법은 백인 세상에서 효과적으로 활동한다는 가정아래에서만 라틴계로 남는 것을 용납할 뿐, 문화적 줄다리기의 문제를 다루지 않는다. 이는 인종차별에 대해 등한시한다. 아니, 사실 이를 부정한다. 대인관계 접근방법은 라틴계 학생들에 대한 선입견을 배우지 않도록 가르치며 이들에 대해 더 호의적인 입장을 지니도록 교육한다. 그렇지만 이는 빈곤이나 정치적 무기력에 대해서는 다루지 않는다. 이 접근방법은 모든 사람들이 더 잘 의사소통하고 서로를 잘 이해함으로써 이러한 문제점들을 해결할 수 있다고 가르칠 뿐이다.

치카노학(Chicano studies)과 푸에르토리코 연구학(Puerto Rican Studies)은 라틴계 학생들에게 다른 라틴계 학생들과의 집단 연계감을 도모하는 데 도움을 준다. 이 연구학은 학교에서의 정체감의 원천을 제공하고 문화적 소외감을 최소화하는 자료가 된다. 왜냐하면 이러한 학문 분야는 라틴계 문화와 염려를 수용하고 삶의 환경과 라틴계로서의 필요한 점들을 조사하는 데 도움이 되는 기반을 제공한다. 그렇지만 단일집단 연구는 라틴계 여성의 문제를 간과할 수 있으며, 다른 억압받는 집단과 연계하지 않게끔 조장할 수 있으며, 집단 간의 갈등을 악화시킬 수도 있다. 더 나아가 멕시코계나 푸에르토리코계가 아닌 다른 라틴계 사람들의 쟁점이 전적으로 무시될 수도 있다.

다문화교육적 접근방법은 라틴계 문화와 우려를 다른 집단의 문화와 우려와 더불어 교육과정의 일부로 통합한다. 이는 학습 유형이나 경험적인 배경을 바탕으로 라틴계 학생들이 학교에서 더 성공할 수 있도록 돕는다. 이는 성공한 라틴계 남성이나 여성을 역할 모델로 제시하고 이중언어 교육을 하나의 규준으로 하게끔 격려하기도 한다. 모범적인 다문화교육 교육과정은 라틴계 집단 내의 다양성을 정확하게 대표할 수 있다. 그렇지만 이는 빈곤, 실직을 공격하는 방식이 아니라 학생들이 정치적 기술을 연마하고 라틴계로서 필요한 집단 연대감을 키우는 방식이 되어야 한다.

다문화사회정의교육은 다문화교육 접근방법의 다른 이점에 덧붙여 더 직접적인 반응을 제시한다. 예를 들어, 라틴계 사람들은 여러 기관들에서 의사결정의 표현을 위한 정치적 역할을 개선해야 한다는 압박감을 가지고 있다. 비록 라틴계인들이 이들의 인구가 집중화된 지역 내에서 정치적 권력을 더욱더 개발하고 있지만, 여전히 대부분의 주에서나 연방정부 차원에서 그 영향력을 발휘하지 못한다. 크게 언어 정책과 이민자 정책이라는 두 가지 쟁점이 라틴계 인구에 정치적으로 영향을 미친다. 라틴계 인구가 점차 증가함에 따라 그리고 만약 멕시코의 경제가 지속적으로 침체 상황이거나 중앙아메리카의 정치상황이 불안정하게 된다면 이러한 문제는 더욱더 시급해질 것이다. 예를 들어, 멕시코와의 자유무역협정은 직업에 대한 경쟁을 바탕으로 제3세계인들을 멕시코계 미국인과 분리하려는 앵글로인들의 시도로 볼 수 있다. 앤너(Anner, 1991)가 지적하듯이, "최악의 아이러니는, 경제적으로 말해서, 미국 내의 저소득 노동자가 같은 직업에서 경쟁하고 있는 멕시코계 경쟁자들과 겨루게 되는 상황이다." (p. 4). 우리가 제시하는 마지막 접근방법은 쟁점에 대해 특정한 입장을 가르치지 않는다. 대신 이는 이러한 쟁점을 어떻게 연구하고, 행동하는지, 그리고 어떠한 입장을 정립하고, 미디어에 대한 접근성을 높이며, 법을 이용하는지, 결국 이를 바탕으로 다른 활동을 실행하도록 젊은이들을 격려한다. 마지막으로 실업은 이와 관련한 마지막 쟁점이다. 주변에 충분한 직업이 없거나 기존의 직업들이 소수인종 지역에 충분하지 않을 때 단순히 이들에게 직업을 잘 수행할 수 있는 교육을 시키는 것으로는 부족하다. 유색인종 젊은이들은 더 효과적으로 직업을 모색해야 하며, 인터뷰를 잘 하고, 학업을 완수하며, 다른 구직 활동을 잘 수행해야 한다. 그렇지만 미래의 시민은 또한 직업의 구조 자체를 면밀히 조사하고 개선을 고려해야 한다. 예를 들어 학생들은 아프리카계 미국인, 라틴계, 백인 동네, 그리고 인디안 보호구역에 가능한 직업에 대해 검색할 수 있다. 그들은 왜 비즈니스맨들이 하류층 지역에 거주하려 하지 않는지 그리고 이들을 유인할 수 있는 방법에 대해 연구할 수 있다. 학생들은 고용 차별을 평가하고 이에 대해 효과적으로 투쟁하는 방법을 모색할 수 있다. 학생들은 생활비와 관련한 임금 구조에 대해 분석할 수 있는데, 이를 통해 학생들은 지역 고용주가 저임금을 통해 암묵적으로 빈곤의 존재를 지지하는 것을 이해할 수 있고 이러한 상황을 어떻게 변화시킬 수 있을지 모색할 수 있다.

우리가 마치 사회과 교육과정을 개발하는 것으로 보일 수도 있지만, 실상 그렇지 않다. 우리가 제시하는 주제들은 읽기, 수학기술, 쓰기, 과학적 방법, 그리고 일부 과학 토픽, 예술, 음악, 그리고 사회과와 연결된다.

우리는 앞서 제시한 가상적인 교실을 바탕으로 사례들을 제시할 수 있지만 우리가 말하고자 하는 요점이 이미 전달되었는지 의문스럽다. 그렇지만 우리가 여기서 주지하고자 하는 한 집단이 있다. 백인, 중산층, 혹은 상류층 남성이다. 우리의 가상적인 교실에는 이 집단에 해당하는 학생이 8명 있고 독자 중에는 더 많이 있을 것이다. 방과 후 이 집단에 속하는 사람들이 처한 문제점을 나열하자면 이 역시 한 권이 될 것이다. 지난 수십 년에 걸쳐 경제가 어려워짐에 따라 이 집단에 속하는 많은 이들 역시 어려움을 겪고 있다. 그렇지만 백인, 이성애자, 중산층 남성들은 다른 집단보다 더 많은 자원과 권력에 대한 접근성이 높다.

다문화사회정의교육은 백인, 중산층, 혹은 상류층 남성들을 어떻게 간주하는가? 대개 이들은 필수적인 잠재적 동지이다. 억압에 저항하여 함께 투쟁해온 백인 남성이 존재했었고 지금도 존재한다. 이들은 주류층의 사람들보다 억압받는 집단과 함께 일해 왔다. 그들의 존재와 협력은 필수적인데 왜냐하면 그들이 인종, 계층, 성 집단임에도 불구하고가 아니라, 그 집단의 일환이기 때문이다. 교실 상황에서 백인 남학생들은 그들의 가치를 인정받고 협동에 대한 진정한 윤리의식이 배양된 상황에서 종종 다른 집단과 함께 기꺼이 참여한다. 그들이 자라 성인이 되면 그들은 다른 급우들이 누리지 못하는 여러 이익을 접하게 될 것이다. 그때 그들은 자신의 특권적인 위치를 자기 자신의 이익을 위해 사용할지 아니면 다른 이들의 이익을 위해 사용할지 결정해야 한다.

마무리하기에 앞서 열정적인 독자에게 한 가지 주의사항을 전하고자 한다. 우리의 경험상 독자들은 이 모든 쟁점들을 스스로 검토해 보지 않은 상태에서 다문화사회정의가 최고의 접근방법이라는 것에 동의할 것이다. 만약 여러분이 사회정의와 다문화의 이슈에 생소하다면, 머나먼 학습의 여정에 막 첫발을 내딛었다고 생각하는 것이 좋다. 이것들은 매우 복잡한 쟁점들이다. 여러 가지 접근방법 중 우리의 선택에 공감하는 이들은 단지 수사학적인(rhetorical) 수준에서 공감하기 쉽다. 그들은 우리의 표현과 언어를 이해하지만, 이러한 단어들이 삶과 교수에 어떠한 시사점을 주는지 아직 생각해보지 않았다. 이러한 접근방법들을 잘 배우는 것은 일상적인 비즈니스, 다시 말해 현상유지를 위해 애쓰지 않고 다른 방법으로 가르치는 방법을 배우는 것을 의미한다.

어떠한 접근방법이 가장 좋은지는 개개의 교육자가 만들어가는 가치가 담긴 결정이다. 이 책은 교실에서 다양성을 수용하는 다섯 가지 접근방법의 목표, 가정, 기저의 가치, 실행의 윤곽을 제시하였다. 누구든 아무것도 선택하지 않을 수는 없다. 왜냐하면 현상 그대로를 받아들이는 것 역시 선택이기 때문이다. 우리는 교육자들이 자신에게 최선의 결정을 하는 데 이 책이 도움이 되기를 기대한다.

생각해볼 문제

1. 슬리터와 그랜트는 그들이 선택한 접근방법에 대해 설득적인 논의를 하고 있는가? 왜 그런가? 왜 그러하지 않은가?
2. 이 접근방법을 실행하는 데 있어서 예상되는 단점이나 어려움이 무엇이고 이것들을 어떻게 학생들에게 제시할 수 있을지에 대한 실행 계획 차트를 만들어보자. 그 실행 계획에 더 근접하기 위해 향후 12개월간의 목표를 수립해보자.

참고문헌

Anner, J. (1991, Summer). Trading away labor rights. *The Minority Trendsletter*, 4, 3–5, 14–15.

Everest, L. (2004). *Oil, power and empire* Monroe, ME: Common Courage Press.

Girl Incorporated. (2006). The supergirl dilemma: Girls feel the pressure to be perfect, accomplished, thin, and accommodating. Retrieved July 11, 2008, www.girlsinc.org/ic/page.php?id=2.1.36

Mitchell, A. (1997, June 16). Clinton feels sure-footed on the tightrope of race. *The New York Times*, p. A12.

Pearson Education. (2005). *Education facts at a glance*. Fact monster. Retrieved May 27, 2005, from http://www.factmonster.com/spot/schoolfacts1.html.

Sidel, R. (1988). *On her own: Growing up in the shadow of the American dream*. New York: Penguin.

역자

문승호
한양대학교 사범대학 교육학과 졸업, 한양대학교 대학원 교육학과 졸업(교육과정 전공), 미국 Columbia University 교육과정과 교수학 박사과정 수료. 박사 논문 작업 중.
연구 분야: 교육과정, 범국가적 세계 관계 속에서의 다문화교육과 정체성 연구.

김영천
한양대학교 사범대학 교육학과 졸업, 한양대학교 대학원 교육학과 졸업(교육과정 전공), 미국 Ohio State University 철학박사(질적연구방법론과 교육과정이론 전공), 진주교육대학교 교육학과 교수, 한국다문화교육학회 부회장, International Journal of Qualitative Studies in Education, Regional Editor of Asia.

정정훈
진주교육대학교 졸업, 진주교육대학교 교육대학원 졸업(교육과정 전공), 거창 아림 초등학교 교사. 진주교육대학교 교육학과 강사, <미운 오리 새끼: 한국 초임교사의 일년 생활> 공저.

다문화교육의 탐구: 다섯 가지 방법들, 6판

발 행 일 • 2009년 10월 28일 1쇄 발행
저 자 • Christine E. Sleeter, Carl A. Grant
역 자 • 문승호, 김영천, 정정훈
발 행 인 • 홍진기
발 행 처 • 아카데미프레스
주 소 • 122-900 서울시 은평구 역촌동 58-9 부호아파트 102동 상가 3호
전 화 • (02)2694-2563
팩 스 • (02)2694-2564
편 집 • 디자인 드림
웹사이트 • www.academypress.co.kr
등 록 일 • 2003. 6. 18, 제313-2003-220호
I S B N • 978-89-91517-37-0

정가 18,000원